| 제3판 |

NCS 직업기초능력의 이해와 실습

진로 탐색 및 직업 선택

박윤희 지음

(주)시그마프레스

NCS 직업기초능력의 이해와 실습
진로 탐색 및 직업 선택, 제3판

발행일 | 2018년 7월 10일 3판 1쇄 발행

저 자 | 박윤희
발행인 | 강학경
발행처 | ㈜시그마프레스
디자인 | 고유진
편 집 | 김은실

등록번호 | 제10-2642호
주소 | 서울특별시 영등포구 양평로 22길 21 선유도코오롱디지털타워 A401~403호
전자우편 | sigma@spress.co.kr
홈페이지 | http://www.sigmapress.co.kr
전화 | (02)323-4845, (02)2062-5184~8
팩스 | (02)323-4197

ISBN | 979-11-6226-085-2

이 책은 필자가 대학교육 현장에서 느꼈던 목마름의 산물이다. 산업구조의 변화와 느린 성장의 결과는 기업의 신규채용 감소로 나타났고 이는 고스란히 대학 졸업생들이 감당해야 할 몫이 되었다. 이에 각 대학들은 취업과 진로지도 교육의 필요성을 인식하고 다양한 교과목을 개설하여 학생들의 취업을 돕고 있다. 학생들의 취업과 진로 교육에 대한 관심 증가와 학교 당국의 학생 취업에 대한 관심 증가로 인해 취업과 진로 교육은 향후 더욱 확대될 것으로 예상된다. 하지만 실제 교육현장에서는 마땅히 사용할 만한 교재의 부재로 인해 효과적인 수업이 이루어지지 못하고 있는 것이 현실이다. 이렇듯 필자의 경험을 토대로 교재에 대한 목마름의 해소를 위해 이 책은 집필되었다.

또 이 책은 필자의 오랜 커리어코칭 경험의 결실이다. 이론 서적과 워크북을 혼합한 형태로 집필된 이 책은 커리어코치와 일대일 코칭 혹은 그룹 코칭을 받고 있는 것과 동일하게 수업이 진행될 수 있도록 구성하였다. 특히 다양한 워크시트를 사용함으로써 조별 활동을 강화하고 동료학습의 효과를 극대화할 수 있도록 하였다.

이 책의 모든 내용은 학생들의 진로 탐색과 직업 선택의 이해를 돕기 위한 이론 부분과 이를 토대로 자신을 성찰해 보고 스스로 답을 찾을 수 있도록 하기 위한 다양한 검사지 및 워크시트 부분으로 구성되었다. 다양한 검사지와 워크시트를 첨부함으로써 학습의 효과성 제고는 물론 교수자의 교수 편의성을 제공하고자 하였다. 검사지와 워크시트들은 이론과의 조화를 위해 각 장의 후반부에 일괄적으로 배치하지 않고 해당 이론과 바로 연결할 수 있도록 해당 이론과 함께 배치하였다.

이 책이 다루고 있는 내용은 한 학기 이상의 분량으로, 학생들의 진로와 취업을 위해 필요한 내용을 모두 담고자 하였다. 따라서 일주일에 2시간 정도로 수업이 운영될 경우 2학기 혹은 3학기까지도 나누어 수업이 가능하다. 만약 한 학기 정도의 수업만을 진행할 경우 교수자가 필요하다고 생각되는 부분만을 선별하여 수업을 진행할 수도 있다. 제7장 취업서류 작성, 제8장 면접, 제9장 프레젠테이션 내용은 수업시간에 꼭 다루지 않더라도 취업을 준비하는 학생이라면 반드시 숙지해야 할 내용이므로 수업용이 아니더라도 이 책은 학생들에게 매우 유용하게 활용될 수 있다.

이 책의 효과적인 활용을 위해서는 조별 수업을 권장한다. 먼저 학기가 시작되면 적정 인원수를 고려해 조를 나누고 조별로 수업이 이루어질 수 있도록 하는 절차가 필요하다. 교수자는 너무 많은 설명이나 이론을 제시하는 것보다는 학생들 스스로 성찰하고 동료학습을 할 수 있도록 촉진자의 역할을 할 필요가 있다. 따라서 교수자는 학생들에게 꼭 필요한 이론과 정보를 제공하는 것 외에 학생들이 스스로 생각하고 답할 수 있도록 수업을 진행하는 것이 바람직하다. 이것이 바로 필자가 의도한 코칭식 수업 방법이다.

이 책의 내용은 크게 자기이해, 진로 선택과 취업 준비 부분으로 구성되었다.

먼저 제1장에서는 21세기 인재상과 미래의 직업세계에 대해 구체적으로 살펴보고 21세기를 살아가야 할 대학생들이 자신의 커리어 관리의 필요성을 인식하고 준비해야 할 것들에 대해 점검할 수 있도록 하였다.

제2장에서는 자기이해 부분으로 DISC와 MBTI 이론을 중심으로 구성하였다. 자신의 성격을 살펴보고 현재 자신에 대한 이해를 돕기 위해 보유한 지식과 스킬, 이제까지 자신의 경험 등을 성찰해 보는 내용을 포함하였다.

제3장 진로 및 직업 탐색은 자신의 진로와 직업 선택을 위해 필요한 직업 적성, 직업 흥미와 직업 가치관을 중심으로 구성하였다. 특히 제3장에서는 직업 적성, 직업 흥미와 직업 가치관을 토대로 자신에게 적합한 직업을 선정하고 취업을 원할 경우 희망하는 직무와 기업에 대해서도 탐색해 보는 시간을 갖도록 하였다.

제4장 비전은 비전 만들기, 목표 설정과 실행계획 수립, 역할모델과 멘토에 대한 내용으로 구성하였다. 특히 비전 만들기에서는 자신의 삶에서 중요한 것과 꿈의 목록을 작성해 보는 시간을 통해 비전을 직접 찾을 수 있도록 하였다.

제5장 자기관리는 비전과 목표 달성을 위해 필요한 자기관리 능력인 스트레스 관리와 시간관리에 대한 내용으로 구성하였다. 특히 스트레스 정도와 시간관리 능력에 대해 스스로 검사해 볼 수 있는 내용을 포함하였다.

제6장 NCS 직업기초능력의 이해와 실습에서는 NCS 10가지 직업기초능력에 대한 내용으로 구성하였다. 10가지 직업기초능력에 대한 이해와 이를 개발할 수 있는 실습 위주의 내용을 포함하였다.

제7장 취업서류 작성에서는 자신의 취업 상태를 점검해 볼 수 있는 내용으로 구성하였다. 또 마스터 이력서와 마스터 자기소개서 작성법과 함께 양식을 첨부하여 직접 수업시간에 마스터 이력서와 자기소개서를 작성할 수 있도록 하였다. 대학생들에게 많이 활용되고 있지는 않지만 영문이력서와 커버레터에 대한 내용도 다루었다.

제8장 면접에서는 면접시험의 종류와 방법은 물론 성공적인 면접 프로세스에 대해 살펴봄

으로써 실전에 대비할 수 있도록 하였다. 또 면접시험을 대비한 유용한 면접 질문들과 면접시험 기출문제들을 제시함으로써 학생들의 취업에 직접적인 도움을 줄 수 있도록 하였다.

제9장 프레젠테이션에서는 특히 면접에서 중요한 비중을 차지하고 있는 프레젠테이션의 중요성을 인식하고 프레젠테이션을 위해 필요한 스피치에 대해 이론적 학습과 함께 실습할 수 있도록 구성하였다. 아울러 성공적인 프레젠테이션 프로세스에 대해 살펴봄으로써 프레젠테이션에서 성공 가능성을 높일 수 있도록 하였다.

이 책의 내용 중 제7장에서부터 제9장까지는 취업을 바로 앞둔 학생들에게 특히 유용하게 활용될 수 있으며 제1장에서 제6장까지는 1~3학년 학생들에게 두루 적용될 수 있다. 각 장의 서두에는 수업 가이드와 함께 학습목표를 제시하였고, 각 장의 내용을 학습한 후에는 이를 정리할 수 있는 연습문제를 배치하였다.

인간은 누구나 행복한 삶을 영위할 권리가 있다. 이를 위해 필요한 것 중 하나가 자신의 직업과 관련된 영역이다. 이 책은 대학생들이 자신의 커리어를 설계하고 미래를 준비하는 데 도움을 줄 수 있을 뿐 아니라 궁극적으로 자신의 삶의 진정한 주인으로 행복한 삶을 영위하는 데 기여할 것이다. 그런 점에서 향후 강화될 것으로 예상되는 취업 및 진로지도 관련 교육에 적합한 교재라고 생각한다.

이 책은 대학생들의 취업과 진로지도 교육뿐 아니라 중·고등학교의 진로교육 현장, 성인들을 위한 커리어코칭, 또 커리어 관리와 개발을 위한 특강이나 워크숍 등에도 유용한 교재로 사용될 수 있다. 특히 이 책에 소개되어 있는 다양한 커리어코칭 워크시트는 취업 및 진로지도 교육의 효과성을 높여 줄 수 있는 유용한 툴이다.

이 책이 나오기까지 사랑과 격려로 함께해 준 사랑하는 가족들에게 감사의 마음을 전한다. 또 출판에 도움을 주신 (주)시그마프레스 강학경 대표와 편집부, 영업부 직원 분들께도 감사드린다.

2018년 7월
상도동 연구실에서
박윤희

✔ 차례

JOB

제1장

21세기 커리어 관리

📍 수업 가이드

제1장에서는 21세기 커리어의 의미변화, 기업이 요구하는 인재들의 특징, 4차 산업혁명시대 미래의 직업세계와 개인들이 커리어 관리를 위해 준비해야 할 사항들에 대해 살펴본다. 또 교재에 제시되어 있는 툴을 이용해 조를 구성하고 서로 인사를 나누는 아이스브레이킹 시간을 갖는다.

📍 학습목표

1. 커리어의 의미 변화와 커리어 발달단계에 대해 이해한다.
2. 21세기 인재상에 대해 살펴보고 미래의 직업변화에 대해 생각해 본다.
3. 21세기 개인의 커리어 관리에 대한 필요성과 중요성을 이해한다.

1. 21세기 커리어

1) 커리어의 의미 변화

Career를 사전(DAUM 온라인 사전)에서 검색해 보면 명사로 직업, 경력, 이력, 생애, 출세, 성공, 진로, 진행, 경과 등의 의미로 해석되고 형용사로는 직업적인, 전문적인, 생애의, 동사로는 질주하다, 질주시키다, 재빨리 움직인다는 의미로 해석된다. 단어의 해석으로만 본다면 직업과 관련된 의미가 강하다. 하지만 커리어의 의미는 단순히 직업이나 경력을 일컫는 것 이상이다. 이제 직업이나 경력은 삶 그 자체라고 보아야 할 것이다. 이는 현대인의 삶에서 직업이 차지하는 비중이 매우 높아졌고 삶에서 직업을 떼어 내서 생각하기 어려워졌기 때문이다.

직업은 개인의 재능과 능력에 따라 업에 종사하며 정신적·육체적 에너지의 소모에 따른 대가로 경제적 급부를 받아 생활을 지속해 나가는 활동양식이다. 직업이 지속적으로 유지되기 위해서는 개인의 능력, 적성, 개성 등이 합치되어야 한다. 또 직업은 사회적으로 합법적인 것이어야 하고 사회적 역할을 수행할 수 있어야 한다. 다음은 직업에 해당되지 않는 활동들이다.

- 이자, 주식배당, 임대료 등과 같은 재산 수입이 있는 경우
- 연금법, 생활보호법, 국민연금법, 고용보험법 등의 사회보장에 의한 수입이 있는 경우
- 경마, 경륜 등에 의한 배당금 수입이 있는 경우
- 예금·적금의 인출, 보험금 수취, 차용 또는 토지나 금융자산 매각에 의한 수입이 있는 경우
- 자기 집에서 가사활동을 하는 경우
- 정규 교육기관에 재학 중인 경우
- 시민봉사활동 등에 의한 무급 봉사활동을 하는 경우
- 법률위반 행위나 법률에 의한 강제 노동을 하는 경우

과거 평생직장의 사회적 풍토 속에서 개인들은 직업에 대해 상당히 안정적이고 변화를 기피하는 특성을 보여 왔다. 하지만 기업을 위시한 다양한 조직들이 갖는 고용 형태의 다변화는 개인들의 조직 충성도에도 변화를 가져왔다. 지난 수십 년 동안 기업들은 비정규직 채용과 아웃소싱(outsourcing) 등을 늘리는 대신 정규직 고용 규모를 적정 수준으로 유지하려고 노력해 왔다. 이로 인해 근로자들은 평생직장이란 개념에서 벗어나 자신의 능력에 맞는 직장을 찾아 자리를 이동하거나, 자신의 능력을 지속적으로 개발할 수밖에 없는 상황에 직면하게 되었다.

더글러스 홀(Douglas T. Hall) 교수는 이러한 현상을 연구해 왔고 이러한 근로자들을 **프로틴**(Protean)이라고 명명하였다. 프로틴이란 변덕스럽게 자신의 모습을 계속해서 변화시켰던 그리스 신화에 나오는 신, 프로테우스(Proteus)에서 따온 것으로 한 직장에 오랫동안 속해 있지 못하

표 1.1	프로틴과 전통적 근로자 비교	

프로틴	전통적 근로자
스스로 자신의 정체성을 확인하려고 함	고용주나 조직을 통해 자신의 정체성을 확인하려고 함
자신의 커리어를 스스로 관리	타인이나 조직에 의해 커리어 관리
기업가적 사고방식 (자신의 일 이외의 분야에도 관심이 많음)	자신의 업무 분야에만 관심을 기울임
개인적 성취감에 의해 동기부여됨	급여 수준이나 소득에 따라 동기부여됨
이동성이 높고, 결코 한 사람의 고용주에게 충성하지 않음	이동성이 낮고, 조직이나 고용주에게 높은 충성심을 보임

출처 : Karen O. Dowd · Herrie Gong Taguchi, 최종옥 역(2009). 커리어비전. p. 68.

고 자신의 정체성을 확인하기 위해 끊임없이 자신의 커리어나 직업을 변화시키는 사람을 의미한다.

그들은 매우 강한 '자기정체성'을 가지고 있기 때문에 자신이 속한 조직에 도움이 되는 것과 상관없이 자신에게 필요하다고 생각되는 커리어나 능력들을 개발하고 발전시켜 나가는 행동양식을 보인다. 이들은 또한 이동 성향이 매우 높고, 자신이 속한 조직의 내부와 외부에서 기회를 찾기 위해 끊임없이 노력한다. 가끔 이들은 기업가로서 능력을 보이기도 하는데, 자신이 속한 조직과 동일한 산업 내에서 또는 자신만의 독자적인 영역을 개발해 새로운 기업을 설립하기도 한다.

이들의 또 다른 특징은 경제적 안정보다는 개인적인 성취감이나 만족감을 통해 동기부여되는 성향이 높다는 것이다. 그들은 자신의 삶과 직업의 관계에서 균형을 유지하고자 하는 욕구로 인해 예전보다 근무시간을 줄이려는 경향도 보인다. 프로틴은 결코 어떤 특정한 조직에 의존하지 않으며, 스스로 자신이 설정한 계획에 따라 자신의 커리어를 관리해 나간다. 그들 스스로가 자신의 커리어 관리자인 것이다. 바로 이러한 점들이 21세기 프로틴의 특징이다.

〈표 1.1〉은 위에서 설명한 프로틴과 전통적 근로자들을 비교한 것이다. 기존의 전통적 근로자들은 회사에 충성과 헌신을 하고 이에 대한 보답으로 장기적인 고용안정을 보상받았다. 즉 전통적 근로자들은 개인의 삶을 희생해서 회사의 목표를 달성하고, 그에 따라 승진, 고소득, 고용안정과 같은 외적 보상을 받는 것을 당연하게 생각했다. 그러나 세계화에 따른 무한경쟁의 심화, 급속한 기술발전, 기업 간의 인수합병 등은 충성과 헌신을 바탕으로 한 회사와 근로자 간의 거래 규칙을 깨뜨렸다. 그 결과 근로자들은 더 이상 한 회사에서 평생고용을 꿈꾸지 않으며, 고소득과 승진을 위해 개인의 삶을 무조건 희생하려고 하지 않는다. 프로틴의 관점에서 개인의 경력은

직업 환경의 변화에 의해서만이 아니라 개인 자신의 관심, 능력, 가치관의 변화 등에 따라 달라질 수 있다.

프로틴 경력에서 궁극적 목적은 고소득, 지위, 명성과 같은 외적 성공이 아니라 자아실현, 가정의 행복, 마음의 평안과 같은 심리적 성공이며, 심리적 성공을 달성하기 위해 개인이 다양한 경력개발을 시도할 수 있다. 다시 말하면 한 직장 내에서 수직 상승만을 가정했던 기존의 경력개발과 달리, 프로틴 경력은 개인이 다양한 직장 경험과 경력개발을 통해 자아를 실현하고 동시에 삶의 균형을 추구해 나가는 과정을 의미한다. 직업세계의 불확실성이 더욱 심화될 미래에는 직장에서 제공하는 금전적 보상이나 승진에만 의존하는 수동적 경력개발이 아니라, 심리적 만족과 성공을 위해 개인이 주도하는 프로틴 경력개발 움직임이 더욱 활발해질 것이다.

2) 박윤희의 커리어 발달 단계

박윤희(2013)의 커리어 발달 이론은 인간의 생애주기 전체를 커리어 발달 단계 측면에서 살펴본 이론으로 개인의 생애를 커리어와 관련된 다섯 단계로 나누어 설명하고 있다. 커리어 발달 단계에 대해 구체적으로 살펴보면 다음과 같다.

첫 번째 단계는 개발기로 신체나 정신발달 수준으로 볼 때 유아기와 아동기에 해당된다. 개발기는 가정이나 학교에서 실시하는 다양한 학습활동들을 통해 자아정체성 형성과 진로선택 가능성을 개발하는 시기이다. 두 번째 단계는 준비기이다. 준비기는 대학생활까지 포함하는 청소년기이며 자신의 진로를 탐색하고 직업을 선택하며 직업생활을 본격적으로 준비하는 시기이다. 세 번째 단계는 제1직업 생활기로, 생애 처음으로 직업생활을 시작해서 직업적 성공을 추구하는 시기이다. 이 시기는 중·장년기라고 분류되는 성인전기에 해당된다고 볼 수 있다. 네 번째 단계는 제2직업 생활기로, 제1직업 생활기 이후 재취업이나 창업을 통해 제2의 직업생활을 하는 시기이며 신체발달 단계상 성인후기와 노인전기를 포함하는 시기이다. 마지막 단계는 안정기로, 노인후기에 해당된다. 이 시기는 모든 직업생활에서 은퇴하고 신체적, 정신적으로 편안한 삶을 유지하는 시기이다.

[그림 1.1]은 커리어 발달 이론에서 제시한 다섯 단계를 나타낸 것이다.

커리어 발달 이론은 다음과 같은 특징을 갖는다. 첫째, 커리어 발달 이론에서 발달은 과정의 개념이지 완성의 개념이 아니다. 인간은 어느 시기까지만 발달하고 그 이후에는 퇴보하는 것이 아니라 죽음에 이를 때까지 발달과정을 거친다. 발달은 과정이지 완성의 개념이 아니기 때문이다. 따라서 개인의 커리어는 인간발달 단계에 따라 함께 변화되고 발전되어야 한다.

둘째, 커리어 발달 이론에서 각 단계별 시기는 일정하지 않으며 여기에는 개인차가 존재한다. 개인에 따라서는 개발기가 준비기까지 이어지기도 하고, 20세에 첫 직업을 갖기도 하지만 또 30세에 첫 직업을 갖기도 한다. 뿐만 아니라 늦게까지 자격시험 공부를 하는 사람의 경우에는

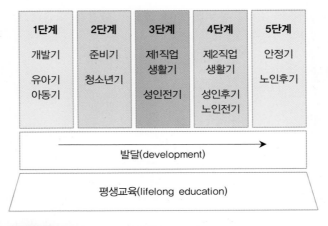

그림 1.1 박윤희의 커리어 발달 단계

출처 : 박윤희(2013). 커리어코칭 입문. p. 30 수정.

성인기까지도 직업을 갖지 못하고 준비기가 계속 이어지기도 한다. 그 수가 많다고는 볼 수 없지만 평생 직업생활을 하지 않는 경우도 있다. 제1직업 생활기와 제2직업 생활기의 구분이 모호한 경우도 있으며, 안정기 없이 죽을 때까지 직업생활을 계속하는 경우도 있다. 평생 동안 사용할 수 있는 자격증을 소유한 경우, 예를 들어 변호사, 의사, 공인회계사, 변리사 등은 은퇴 없이 직업생활을 계속하기도 한다. 또 개인에 따라 50세 정도에 제1직업 생활기를 끝내는 경우도 있지만 60세 이후에 제1직업 생활기를 끝내는 경우도 있다. 여기에서 제1직업 생활기와 제2직업 생활기의 구분이 모호해질 수 있는데, 이는 개인이 처한 상황과 심리적인 판단이 작용할 수 있다. 즉 성인기에 가졌던 자신의 일에서 은퇴했다고 생각한다면 제1직업 생활기를 종료한 것이라고 볼 수 있다. 이를 위해서는 자신의 신체적 · 지적 능력 등을 고려한 판단이 뒤따라야 한다. 따라서 커리어 발달 단계의 각 시기는 가변적이며 이는 개인의 상황과 판단에 따라 유연하게 적용되어야 한다.

셋째, 커리어 발달 이론의 각 단계에서 수행해야 할 개인의 커리어 과업이 완성되지 않은 경우 그다음 단계의 과업수행에 부정적인 영향을 미칠 수 있다. 만약 개인이 준비기에서 직업 선택과 직업생활 시작을 위한 준비가 제대로 되지 않았다면 제1직업 생활기를 순조롭게 시작할 수 없을 뿐 아니라 이는 자칫 제2직업 생활기까지 부정적인 영향을 미칠 수 있다는 것이다. 따라서 개인은 각 단계에서 요구되는 커리어 과업을 잘 수행할 수 있도록 해야 한다.

넷째, 자기개발과 평생교육은 계속되어야 한다. 개인의 지속적인 커리어 발달을 위해 필요한 것이 자기개발인데, 자기개발을 위해 수반되어야 하는 것이 학습과 교육이다. 최근에는 나이를 불문하고 교육에 지속적으로 참여하는 사람들이 늘어나고 있다. 이제 평생교육은 트렌드나 이슈가 아니라 삶 자체가 되었고, 평생 동안 삶과 함께 지속되어야 한다. 개인의 지속적인 커리어 발달은 자신에게 적합한 커리어를 준비하는 데 필요한 내용을 학습함으로써 달성될 수 있다.

2. 21세기 인재상

1) 21세기 인재의 특징

앞서 커리어 의미 변화에서는 기업을 위시한 조직들의 고용 형태에도 변화가 있었지만 이에 대처하는 개인들의 커리어 관리에 대한 의식 또한 변화했음을 살펴보았다. 특히 기업들은 지식과 기술의 개방성 및 재화와 용역의 자유로운 이동으로 인해 치열한 경쟁 상황에 직면하게 되었고, 고용 형태의 변화를 통한 비용 절감을 위해 많은 노력을 기울이고 있다. 인건비 절감을 위한 제3국으로 산업설비 이전, 비정규직 채용 증대 및 아웃소싱의 확대 등은 기업들이 선택할 수 있는 유용한 비용 절감 수단으로 자리매김하고 있다.

이러한 고용 형태의 변화를 통한 비용 절감과는 반대로 여전히 기업에서는 우수한 인재의 확보를 중요한 기업 전략으로 채택하고 있다. '만 명을 먹여 살릴 수 있는 천재'가 필요하다는 것은 이를 두고 한 말이다. 그렇다면 21세기 더욱더 치열해지는 경쟁 상황 속에서 유능한 인재의 조건은 무엇인가? 유능한 인재의 특징에 대해 살펴보자.

21세기 인재의 특징은 창의력, 글로벌능력, 정보화능력, 학습능력, 대인관계능력, 커뮤니케이션능력, 윤리성으로 정리할 수 있다. 다음은 각각의 능력에 대해 좀 더 구체적으로 살펴보자.

먼저 **창의력**이다. 창의력은 21세기 인재에게 요구되는 매우 중요한 능력 중 하나이다. 과거 조직에는 순응하고 협조적인 인재가 필요했다면 21세기에는 새로운 것을 생각해 내고 이를 실제 현장에 적용할 수 있는 창의력을 갖춘 인재가 필요하다. 21세기는 디지털 시대이다. 디지털 시대에는 새로운 아이디어가 바로 기업의 경쟁력으로 나타난다. 그렇기 때문에 기업들은 창의력을 갖춘 유능한 인재를 선호하는 것이다. 창의력은 타고나기도 하지만 길러질 수 있는 능력이다. 또 인간은 누구나 창의력을 가지고 있다. 따라서 기존의 방식과 다르게 생각하고 틀을 깨려는 사고를 할 수 있을 때 창의력은 더욱더 배양될 수 있다.

두 번째, **글로벌**(global)**능력**이다. 오늘날과 같은 디지털 시대에는 인터넷 선만 연결되어 있다면 세계 어느 곳과도 소통이 가능하다. 뿐만 아니라 우리가 매일 먹고 마시고 사용하는 것들 중에 순수하게 우리나라 안에서 생산된 것들은 많지 않다. 여러분이 지금 사용하거나 가지고 있는 전자제품이 있다면 뒷면에 표기되어 있는 원산지를 확인해 보라! 아마도 한국이 아닌 외국인 경우가 대부분일 것이다. 이렇듯 이제 전 세계는 서로 소통하고 교역하지 않고는 살 수 없다. 이때 우리에게 필요한 능력이 바로 글로벌능력이다.

본래 글로벌은 전 세계, 지구 전체라는 의미를 가지고 있다. 이는 기업 등이 세계로 나아간다는 의미와 경제적으로는 각국 경제의 통합화를 의미한다고 볼 수 있다. 여기에서 우리가 주목해야 할 점은 특히 경제 부문에 있어서 국가 간의 경계인 국경이 사라지고 있다는 점이다. 여전히 경제 부문에 국가 간 장벽들이 존재하기는 하지만 과거와 비교해 볼 때 국가 간 교역은 많이 자유로워졌다. 특히 규모의 경제 측면에서 보더라도 인구 규모가 적은 우리 나라의 경우 제품 소비량이 많지 않아 해외 판매를 할 수밖에 없는 상황이다. 따라서 각 기업들은 해외 시장을 개척하고 해외 비즈니스를 주도할 수 있는 글로벌능력을 갖춘 인재를 원하고 있다.

글로벌능력은 과거 단순히 어학능력, 특히 영어구사능력만을 그 평가 대상으로 삼았으나 최근에는 중국어, 일본어 등의 제2외국어구사능력과 함께 외국의 관습, 매너, 문화에 대한 이해까지도 그 능력의 범위에 포함시키고 있다. 실제 대기업의 경우 해외에 파견할 직원들을 대상으로 그 나라의 문화나 생활 매너, 관습 등에 대한 사전 교육을 실시하는 사례가 늘고 있다. 이는 글로벌능력에 대한 중요성을 보여 주는 것이다. 따라서 이에 대한 능력을 갖추는 것이 필요하다.

세 번째, **정보화능력**이다. 정보화능력은 디지털능력으로도 표현할 수 있을 것이다. 이는 단순히 컴퓨터를 비롯한 정보화 기기 그리고 그 적용 프로그램을 잘 다루는 것에서부터 지식과 정보의 소유와 독점이 아닌 활용과 공유(networking)의 마인드를 갖추는 능력까지를 의미하는 것이다. 흔히 오늘날 정보의 흐름을 '빛의 속도'라는 말에 비유한다. 기업의 경영이 바로 이러한 빛의 속도로 이루어질 수 있을 때 기업은 경쟁력을 갖게 될 것이다. 따라서 정보의 흐름을 읽고 그것을 잘 활용하고 이를 기업의 시너지 창출을 위해 공유할 수 있는 능력을 갖추는 것이야 말로 21세기 인재들에게 필요한 능력이라고 볼 수 있다.

네 번째, **학습능력**이다. 앞서 커리어 발달 단계를 설명하면서도 개인의 능력개발을 위한 평생학습에 대해 설명한 바 있다. 오늘날 많은 기업들은 조직원들의 학습능력을 키우는 것이 조직의 성과 향상으로 이어질 수 있다는 데 주목하고 있다. 이를 위해 기업들은 조직원들의 역량강화를 위한 다양한 온라인(on-line)과 오프라인(off-line) 교육을 실시하고 있다. 또 조직을 학습조직화 하려는 움직임은 비형식 학습의 촉진으로 나타나고 있다. 이를 위해 기업들은 실행공동체(COP, Community of Practice) 등을 활성화하고 있다.

개인적인 차원에서 학습능력은 자신의 커리어 관리를 위해 스스로 다양한 학습 경험을 하고 이를 통해 능력을 함양하는 것을 의미한다. 샐러던트(saladent=salaryman+student)라는 단어에서도 알 수 있듯이 직업을 가지고 일을 하면서 남는 시간을 활용해 학생의 역할을 하는 직장인들이 점차 늘고 있다. 이들에게 스스로 학습계획을 세우고 프로그램을 직접 선택해서 학습하는 자기주도적 학습 태도는 학습능력 향상을 위해 필요한 자질이다.

다섯 번째, **대인관계능력**이다. 우리는 흔히 대인관계능력을 사회성이 좋다라는 말로 표현한다. 대인관계능력은 조직 내 개인 간의 관계에서부터 조직 외부의 사회 구성원들 간의 관계에 이르기까지 의미하는 바가 상당히 넓다.

대인관계능력은 두 가지 측면에서 다루어야 할 문제이다. 하나는 점차 개인화되어 가는 상황에서 개인들이 조직 내부의 구성원들과 원만한 대인관계를 유지함으로써 조직의 시너지를 창출해 낼 수 있는 것과 관련된 문제이고, 다른 하나는 최근 사회연결망(social network)이 중요한 이슈로 등장하고 있는 것과 관련하여 인터넷 등 정보전달 매체를 통한 대인관계 유지와 확산에 관한 문제이다. 사회연결망(DAUM, 온라인 사전)은 개인적인 인간관계가 확산되어 사회적인 네트워크를 형성하는 것으로 블로그의 확산과 함께 지난 1998년부터 등장한 개념으로 촌수 맺기, 친구 맺기, 인맥 쌓기, 인맥 구축 등이 이에 속한다. 사회연결망은 같은 취미나 생각을 가진 사람들끼리 네트워크가 형성되면 단기간 내에 폭발적으로 확대될 수도 있다. 따라서 21세기 정보화 시대에는 대인관계의 두 가지 측면을 모두 갖추는 것이 필요하다.

여섯 번째, **커뮤니케이션능력**이다. 커뮤니케이션은 인간이 생존을 시작하면서부터 늘 문제가 되어 온 것이고, 늘 개선되어야 하는 부분 중 하나이다. 커뮤니케이션은 특히 조직 내 많은 문제의 주요 원인으로 작용할 뿐만 아니라 조직의 성과 향상과 시너지 창출에도 많은 영향을 미치는 요인이다. 조직 내에서 활용할 수 있는 커뮤니케이션능력으로는 경청, 질문, 피드백능력에서부터 스피치와 프레젠테이션능력에 이르기까지 다양하다. 최근에는 신입사원 채용시험에 면접과 함께 프레젠테이션능력을 측정하는 프레젠테이션 면접을 포함하는 기업이 늘고 있다. 이는 조직의 일원으로서 갖추어야 하는 커뮤니케이션능력의 다양성과 중요성을 잘 보여 주는 현상이라고 볼 수 있다.

마지막은 **윤리성**이다. 흔히 윤리성이라고 하면 기업 경영자의 윤리성을 먼저 떠올리게 된다. 실제로 2001년 발생한 미국의 엔론(Enron) 사태는 경영자의 윤리성이 얼마나 중요한지 잘 보여 주는 사례이다. 엔론의 경영진들은 없는 실적을 있는 것처럼 부풀리는 분식회계를 통해 매출실적을 조작했고, 그 대가로 고액의 연봉과 인센티브를 챙길 수 있었다. 이는 경영진들이 돈에 대한 유혹을 뿌리치지 못했기 때문에 발생한 일이다. 결국 돈에 눈이 먼 회계사와 경영진의 비윤리적 행위로 인해 엔론은 파산했다.

반면에 조직원 한 사람의 윤리성이 문제가 된 경우도 있다. 1995년 베어링(Baring) 사라는 한 투자회사는 닉 리슨(Nicholas Leeson)이라는 단 한 사람의 직원 때문에 파산했다. 그는 매도, 매수에서 발생하는 오류로 인한 손실을 88888이란 비밀계좌에 숨겼다. 또 발생한 손실을 막기 위해 비밀계좌를 이용해서 투기를 했다. 물론 발생하는 모든 손실은 88888계좌의 것이었다. 본사에서는 장부상에서 막대한 이익을 내는 그를 믿고 거액의 자금을 맡겼다. 일본의 고베 대지진으로 인해 감당하기 어려운 손실이 발생하자 닉 리슨은 늘 해 온 것처럼 사건을 은폐하다가 결국 내부 감사에 의해 적발되었고 회사는 파산했다. 200년 전통을 자랑하는 베어링 사는 네덜란드 ING 기업에 단돈 1달러에 매각되었다. 이 사례는 조직 내 개인의 윤리의식이 얼마나 중요한가를 잘 보여 주고 있다. 윤리성은 기업 경영자뿐 아니라 21세기를 이끌어 갈 유능한 인재들에게도 필요한 성품이다.

2) 기업이 원하는 인재

기업은 영리를 추구하는 집단이다. 기업이 이윤 창출에 계속해서 실패한다면 존립 자체가 어려워진다. 따라서 기업은 자신들의 이윤 창출에 도움이 될 수 있는 인재를 채용하려고 한다. 그이유는 기업들이 우수한 인재를 채용하는 것이 성과를 내고 경쟁력을 높이는 가장 확실한 방법이라는 것을 잘 알고 있기 때문이다.

기업은 자신들에게 이익을 가져다줄 사람을 채용한다. 해를 끼칠 여지가 조금이라도 보이면 절대로 채용하지 않는다. 그러니 입사를 원하는 지원자라면 자신이 해를 끼칠 사람이 아니라 이익을 가져다줄 사람이라는 것을 확실하게 보여 줄 수 있어야 한다.

기업은 가르치는 데 비용이 많이 드는 사람도 채용하지 않는다. 채용하려는 직무에 가장 적합한 사람으로 별도의 교육 없이 바로 실무에 투입이 가능한 사람을 채용하고자 한다. 그렇기 때문에 채용시장에서 가장 좋은 사람을 선택하려고 하는 것이다.

기업은 쉽게 이직을 하는 사람보다는 오랫동안 근무할 사람을 원한다. 따라서 기업을 선택한 이유가 명확하고 그 기업에서 성장하겠다는 포부를 가진 사람을 원하는 것이다. 다른 기업의 채용시험에서 떨어져서 어쩔 수 없이 선택한 것이 아니라 소신을 가지고 지원한 사람을 원하는 것이다.

기업은 밥값을 하는 사람을 원한다. 적어도 자신이 받는 연봉의 몇 배 이상의 이익을 가져다줄 수 있는 사람을 원하는 것이다. 일본의 모 기업은 직원들이 회사가 지급하는 연봉의 13배의 성과를 낼 수 있어야 한다고 주장한다. 이렇게 성과를 낼 수 있는 직원을 기업은 원한다.

따라서 취업 준비생들은 21세기 인재의 특징과 기업이 원하는 인재에 대해 잘 이해하고 이러한 인재가 될 수 있도록 준비해야 한다.

3. 미래의 직업세계

1) 4차 산업혁명

2016년 1월 스위스 다보스에서 세계경제포럼(WEF, World Economic Forum)이 개최되었고 이곳에서 처음으로 4차 산업혁명(4th Industrial Revolution)이라는 말이 사용되었다. 세계경제포럼은 '디지털 혁명에 기반하여 물리적 공간, 디지털적 공간 및 생물학적 공간의 경계가 희석되는 기술융합의 시대'로 4차 산업혁명을 정의하였다.

1차와 2차 산업혁명이 육체적 노동을 기계가 대신하게 된 혁신이라면 3차와 4차 산업혁명은

그림 1.2 4차 산업혁명과 핵심기술

출처 : 차두원·김서현(2016). 잡킬러. p. 92.
(원출처 : J. Weissmann(2013. 6. 17). Will the Robots Steal Your Paycheck? Breaking : They Already Have. The Atlantic.)

지적인 노동을 대신할 기계가 만들어진 혁신이다. 1차와 2차 산업혁명 시기에도 기계가 많은 일자리를 대신했지만 또 다른 일자리들이 만들어졌고 결국 3차, 4차 산업혁명으로 이어졌다(이종호, 2017). 4차 산업혁명은 기술이 융합되는 디지털 혁명이다. 인공지능과 로봇공학, 빅데이터, 3D프린팅, IOT(Internet of Things, 사물인터넷) 등이 핵심기술이 될 것이다(차두원·김서현, 2016).

클라우드 슈밥(Klaus Schwab)은 4차 산업혁명으로 인공지능, 로봇, 사물인터넷, 자율주행차, 3D 프린팅, 나노기술, 바이오기술, 재료공학, 에너지 저장기술, 양자 컴퓨터, 드론 등이 부상하고 세상 모든 것이 융합될 것이라고 주장하였다. 이러한 변화는 이미 시작되고 있다. 앞으로 이러한 첨단 기술들이 널리 활용되면 새롭고 다양한 형태의 제품과 서비스들이 등장할 것이다(미래전략정책연구원, 2016).

알파고로 유명해진 인공지능(AI, Artificial Intelligence)은 인간과 비슷한 의사결정이 가능하다. 알파고가 이세돌을 이길 수 있었던 이유는 이세돌이 과거에 행했던 바둑대결 사례들을 알파고에게 데이터로 제공하고 알파고는 기계학습을 통해 스스로 지식을 계속 쌓아가면서 공부했기 때문이다. 이러한 방식을 딥 러닝(Deep Learning)이라고 부른다.

딥 러닝은 사람처럼 스스로 지식을 계속 쌓아가면서 공부하는 인공지능 학습법이다. 인공지능이 보고 배운 것을 기억하고 그것을 토대로 새로운 사실을 추론한다는 점에서 인간의 사고와 유사한 기술이라고 할 수 있다. 딥 러닝은 컴퓨터가 여러 데이터를 이용해 마치 사람처럼 스스로 학습할 수 있도록 하기 위해 인공 신경망(artificial neural network)을 기반으로 한 기계학습

기술이며 인간의 두뇌가 수많은 데이터 속에서 패턴을 발견한 뒤 사물을 구분하는 정보처리 방식을 모방해 컴퓨터가 사물을 분별하도록 기계를 학습시킨다. 딥 러닝 기술을 적용하면 사람이 모든 판단 기준을 정해주지 않아도 컴퓨터가 스스로 인지하고 추론 및 판단할 수 있게 된다. 그리고 이 기술은 음성, 텍스트, 이미지 인식과 사진 분석 등에 광범위하게 활용된다(미래전략정책연구원, 2016).

인공지능과 함께 4차 산업혁명 시대를 이끌 핵심기술 중 하나는 로봇(Robot)공학이다. 본래 로봇은 1920년 체코슬라비아 소설가 카렐 차펙(Karel Capek)이 쓴 '로섬의 만능로봇(Rosuum's Universal Robots)'이란 희곡에서 처음 사용된 단어이다. 로봇은 카렐 차펙의 형인 요셉 차펙(Josef Capek)이 만든 단어로 강제 노역, 고된 노동 등을 뜻하는 체코어인 로보타(Robota)가 그 어원이다. 전쟁과 노동 등을 담당하던 로봇들의 지능이 점차 발달해 그들을 지배하던 인간을 멸망시키지만 인간이 없어 재생산이 불가능했던 로봇들에게도 사랑의 감정이 있다는 것을 확인하는 등 기계 문명의 위협에서도 인간은 생존할 것이라는 낙관적 결론을 남기는 희곡이다(차두원 · 김서현, 2016).

희곡의 낙관적 결론과는 대조적으로 로봇공학의 발전에 대해 우려하는 목소리가 커지고 있다. 미국 조지메이슨대학의 타일러 코웬(Tyler Cowen) 교수는 "로봇공학의 발달로 미국의 소득계층은 상위 10%와 하위 90%로 양분될 것"이며 "로봇의 발전을 주도할 수 있는 상위 10%는 고임금을 누리지만 하위 90%는 로봇에게 일자리를 빼앗겨 저임금 일자리로 내몰릴 것"이라는 '로보틱스 디바이드(robotics divide, 로봇공학 격차)'를 주장하였다(DAUM 온라인사전). 이는 로봇공학의 발전에 따른 일자리 파괴 현상과 더불어 소득격차로 인한 경제적 불평등에 대한 우려를 나타낸 것이다.

2) 미래의 직업세계

2015년 세계경제포럼에서 전문가들은 세계 고용의 65%를 차지하는 주요 15개국에서 2020년까지 향후 5년간 710만 개의 일자리가 사라지고 새로운 일자리는 불과 200만 개 정도가 창출되어 결과적으로 510만 개의 일자리가 사라질 것이라고 예측하였다. 또 현재 초등학교 입학을 앞둔 7세 아이들의 65%가 기존에 존재하지 않았던 새로운 직종에서 일하게 된다는 전망을 내놓았다(이종호, 2017).

인공지능의 발달로 인해 조만간 인간의 일자리 중 전문직에 속했던 의사, 약사, 판사, 변호사 같은 고도의 전문지식과 인지능력을 확보한 직업군조차 인공지능에게 일자리를 빼앗길 것으로 보인다. 앞으로 10년 후 미국 내 모든 직업의 49%가 자동화로 위험에 처할 수 있으며 공장노동자와 단순사무직 등 많은 일자리들이 임시직으로 바뀔 것이다. 스마트하게 일하지 못하는 사람들은 인공지능에게 일자리를 빼앗겨 정규직이 누렸던 고용보험과 장기근속의 혜택을 받지 못할 것이다(미래전략정책연구원, 2016).

구글이 선정한 최고의 미래학자인 토마스 프레이(Thomas Frey)는 "인류는 지금까지 모든 인류역사보다 앞으로 다가오는 20년간 더 많은 변화를 경험하게 될 것이다."라고 주장하며 미래 직업에 큰 변화가 일 것이라고 예측하였다. 프레이는 2030년까지 인간의 일자리 40억 개 중 20억 개가 사라질 것이라고 주장하였다(미래전략정책연구원, 2016).

프레이는 미래 혁신적인 기술의 발전으로 파괴적 기술이 등장해 현재 직업을 소멸시킬 것이라고 주장하였다. 새롭게 등장하는 파괴적 기술은 세상 모든 것을 연결하는 사물인터넷, 기존 자동차 시장을 뒤바꿀 자율주행차, 아마존과 알리바바 등이 물류운송에 적용할 드론, 제조업 혁명을 불러올 3D 프린터, 이미 글로벌 기업들이 사용 중인 빅데이터와 인공지능 등이다(미래전략정책연구원, 2016).

다음 〈표 1.2〉는 프레이가 주장한 2030년까지 소멸되는 대표적인 직업 100개와 파괴적 기술들을 보여주는 것이다. 표에 따르면 자율주행차가 등장해 연간 124만 건의 교통사고가 크게 감소하고 이와 관련해 택시, 트럭, 버스 등의 운전기사가 사라질 것이다. 또 교통경찰, 판사, 변호사, 대리운전 및 주차장 직원 등의 일자리가 줄어들 전망이다(미래전략정책연구원, 2016).

표 1.2	2030년까지 소멸되는 대표적인 직업 100개와 파괴적 기술
현재 직업을 소멸시키는 파괴적 기술	**소멸되는 직업**
자율주행차	택시기사, 버스기사, 트럭기사, 우편배달부, 교통경찰, 판사, 변호사, 주차장 직원, 대리운전사, 세차장 직원
드론(무인비행기)	택배기사, 음식 및 피자 배달, 우편배달, 해충구제 서비스, 토지현장 측량사, 지질학자, 긴급구조요원, 비상구조대원, 소방관, 경비원
3D프린터	보석, 신발 등 산업 디자이너, 건축, 건설, 자동차, 우주항공 노동자, 치과 및 의료 산업 노동자, 토목공학자, 기계기술자, 물류창고 직원
3D빌딩 프린터	목수 등 건설노동자, 홈 리모델링 노동자, 도시계획가, 주택보험사, 부동산전문가, 부동산중개사
빅데이터	기자, 저자 및 소설가, 군사기획관, 암호전문가, 영양사, 다이어트 전문가, 방사선과 의사, 회계사, 경리, 변호사, 법률사무소 직원
인공지능	이벤트 기획가, 피트니스 트레이너, 통번역 전문가, 고객 서비스 전문가, 교사
로봇기술	소매점 직원, 계산대 직원, 외과의사, 약사, 수의사, 경비원, 미화원, 해충구제 및 산림관리자

출처 : 국제미래학회(2016). 대한민국미래보고서. p. 242.

이와 반대로 기술 발전에 따라 새로운 일자리가 창출된다는 반론도 적지 않다. 기술의 발전이 고용이나 경제에 도움이 된다고 보는 낙관론자들은 비관론자들이 인간 일자리가 파괴적 수준으로 사라지거나 고용시장이 제로섬게임과 같다고 주장하는 노동총량의 오류(한 국가경제의 일자리 수가 한정돼 있다는 전제 아래 한 분야에서 고용이 증가하면 다른 분야에서 고용이 감소한다는 주장을 말한다. 이 이론은 일자리 총 수는 임금수준·생산성 등에 따라 끊임없이 변화한다는 속성을 간과한 것이라는 비판이 있다. 한경 경제용어사전)에 빠져 있음을 지적한다. 미래학자이며 경영전략가인 피터 슈워츠(Peter Schwartz)는 비관적 관점은 인류의 기술 도약 능력을 과소평가하는 것이며, 기술은 새로운 전환단계에 들어섰고 앞으로 수많은 신산업을 만들어 현재 존재하지 않는 다양한 직업들이 생겨날 것이라고 주장하였다. 낙관론자들은 장기적인 관점에서 사라지는 일자리에 비해 오히려 새롭게 생겨나는 일자리가 많을 것으로 전망하였다(차두원·김서현, 2016).

프레이는 2020년대 가장 많이 성장할 것으로 전망되는 미래 혁신기술과 이를 통해 새롭게 탄생하게 될 직업들에 대해 다음과 같이 소개하였다.

표 1.3 미래 혁신기술로 탄생하는 미래직업

미래 혁신기술	미래직업	미래 혁신기술	미래직업
소프트웨어 및 데이터	데이터 폐기물 관리자	드론	드론 조정 인증전문가
	데이터 인터페이스 전문가		드론 분류전문가
	컴퓨터 개성 디자이너		드론 표준전문가
	데이터 인질 전문가		드론 설계 및 엔지니어
	개인정보보호 관리자		환경오염 최소화 전문가
	데이터 모델러		악영향 최소화 전문가
			자동화 엔지니어
3D 프린터	3D 프린터 소재 전문가	무인자동차	무인시승 체험 디자이너
	3D 프린터 잉크 개발자		무인운영 시스템 엔지니어
	3D 프린터 패션디자이너		교통수요 전문가
	3D 음식프린터 요리사		무인 운영시스템 엔지니어
	3D 비주얼 상상가		응급상황 처리대원
	3D 프린터 비용산정가		자동교통 건축가 및 엔지니어
	3D 프린터 신체장기 에이젠트		충격최소화 전문가

출처 : 국제미래학회(2016). 대한민국미래보고서. p. 244.

한국고용정보원은 "4차 산업혁명 미래 일자리 전망" 보고서를 통해 4차 산업혁명 시대 유망직업 10가지와 위기직업 6가지를 선정하고 그 이유와 관련기술을 다음과 같이 제시하였다(김동규 외, 2018).

표 1.4	4차 산업혁명 시대 10가지 유망직업	
	이유	관련기술
사물인터넷 전문가	사물과 사물이 대화를 나누기 위하여 센싱할 수 있는 기기를 통해서 자료를 수집하고 이 자료를 데이터베이스에 저장하고 또한 저장된 정보를 불러내어 서로 통신할 수 있게 하는 사물인터넷 전문가의 수요가 더욱 증가할 것임.	무선통신, 프로그램 개발 등
인공지능 전문가	인간의 인지·학습·감성 방식을 모방하는 컴퓨터 구현 프로그램과 알고리즘을 개발하는 사람의 수요가 많음.	인공지능, 딥러닝
빅데이터 전문가	비정형 및 정형 데이터 분석을 통한 패턴 확인 및 미래 예측에 빅데이터전문가를 금융·의료·공공·제조 등에서 많이 요구함. 인공지능이 구현되기 위해서도 빅데이터 분석은 필수적임.	빅데이터
가상 (증강·혼합) 현실전문가	가상(증강)현실은 게임·교육·마케팅 등에서 널리 사용하고 있으며 가상현실 콘텐츠 기획, 개발·운영 등에서 많은 일자리 생성이 기대됨.	가상(증강) 현실
3D프린팅 전문가	3D프린터의 속도와 재료 문제가 해결되면 제조업의 혁신을 유도할 것으로 기대됨. 다양한 영역(의료·제조·공학·건축·스타트업 등)에서 3D프린팅을 위한 모델링 수요 증가 기대됨.	3D프린팅
드론전문가	드론의 적용 분야(농약살포, 재난구조, 산불감시, 드라마·영화촬영, 기상관측, 항공촬영, 건축물 안전진단, 생활스포츠 기록 등)가 다양해지고 있음.	드론
생명공학자	생명공학 분야에서 IT와 NT가 융합되어 새로운 기술이 탄생하고 있음. 생명정보학, 유전자가위 등을 활용하여 질병치료 및 인간의 건강 증진을 위한 신약·의료기술이 개발되고 있음.	생명공학, IT
정보보호 전문가	사물인터넷과 모바일 그리고 클라우드 시스템의 확산으로 정보보호 중요성과 역할이 더욱 중요해짐.	보안
응용소프트웨어 개발자	온라인과 오프라인 연계, 다양한 산업과 ICT의 융합 그리고 공유경제 등의 새로운 사업 분야에서 소프트웨어의 개발 필요성이 더욱 증가함.	ICT
로봇공학자	스마트공장의 확대를 위해 산업용 로봇이 더 필요하며 인공지능을 적용한 로봇이 교육·판매·엔터테인먼트·개인 서비스에 더 많이 이용될 것임.	기계공학, 재료공학, 컴퓨터공학, 인공지능 등

출처 : 김동규 외(2018). 4차 산업혁명 미래 일자리 전망. 한국고용정보원. p. 158-159.

표 1.5	4차 산업혁명 시대 6가지 위기직업	
직업명	**이유**	**관련기술**
콜센터 요원 (고객상담원 및 안내원)	고객의 문의가 정형화되어 있어 질문에 대한 답변이 동일하게 반복되는 경우 인공지능에 의해 콜센터 요원이 수행하는 업무는 대체하기 용이할 수 있다. 현재 통신회사에서 콜센터 운영을 사람에서 챗봇(인공지능의 일종)으로 바꾸고 사람들을 줄이고 있다.	인공지능, 빅데이터 분석
생산 및 제조관련 단순종사원	스마트공장이 확산되면서 제품을 조립하고 물건을 나르며 불량품을 검사하는 일이 산업용 로봇으로 그리고 제품의 이미지를 보고 불량 여부를 진단하는 일이 인공지능으로 대체될 가능성이 높다. 국내 스마트공장화가 진행되는 곳에서 생산 및 제조 관련 단순 종사원이 줄어들고 있다. 아디다스는 외국에 있던 공장을 독일 내로 이전하면서 스마트팩토리를 구축하여 동일한 양의 제품을 생산하는 인력을 600명에서 10명으로 줄였다.	스마트공장
의료진단 전문가	IBM의 Watson이 의사보다 CT 이미지를 보고 폐암을 더 정확하게 진단할 수 있다. 수많은 이미지 데이터를 분석하고 판독하고 진단하는 일은 인공지능이 인간보다 더 빠르게 잘할 수 있는 일이다. 스마트폰과 웨어러블 기기는 심박수뿐 아니라 스트레스지수, 산소포화도 등 더 다양한 건강 관련 지수를 측정할 수 있다. 향후 혈당, 혈압, 콜레스테롤 수치 등을 간단히 측정하는 기기가 발명되면 의료진단 업무 수행자의 업무가 변화될 수 있다.	의료기기 헬스, 인공지능
금융사무원 (은행텔러, 증권중개인, 투자분석가, 보험인수심사원 등)	금융권에서 비교적 단순한 업무를 하거나 혹은 데이터에 근거해서 의사결정을 하는 업무가 위기에 빠질 수 있다. 은행직원이 없는 인터넷전문은행, 핀테크가 확산되고 있다. 소액결제 및 이체 시스템이 모바일을 통해 급속히 확산되고 있다. 공인인증서가 없어도 그리고 상대방의 계좌번호를 몰라도 예금 이체 등이 자유로워지면서 금융사무원의 입지가 더욱 좁아지고 있다. 금융계의 인공지능 로보어드바이저는 고객의 투자 성향, 목표 등을 입력하면 시황을 투자분석가보다 더 정확하고 빠르게 분석하여 투자 조언을 한다. 보험계약자의 위험 요소를 평가하여 보험가입 여부와 승인을 결정하는 일도 인공지능이 잘할 수 있는 일이다.	핀테크, 빅데이터, 인공지능
창고작업원	아마존의 키바 로봇이나 자동컨베이어시스템 등 무인 자동운반시스템 도입으로 근로자는 업무 부담과 안전 사고로부터 벗어날 수 있지만, 한편으로는 일자리 감소를 피하기 어려울 것이다. 또한 독일 BECHTLE 등에서 사용되고 있는 증강현실 스마트글라스 등이 창고관리 업무에 도입됨에 따라 물류 오류를 줄이는 동시에 생산성 향상으로 창고작업원의 인력도 감소할 것으로 예상된다.	사물인터넷, 센서 기술, 증강현실 기술 등
계산원	디지털기술이 산업현장뿐만 아니라 사회 곳곳으로 확산되고 있다. 셀프주유소가 도입된 지는 오래며, 아파트 관리에도 무인시스템이 도입되어 경비원의 일자리가 사회문제화되고 있다. 메뉴 주문 터치스크린(키오스크)이 햄버거 패스트푸드점이나 프랜차이즈 식당, 커피 전문점 등을 중심으로 빠르게 확산되고 있다. 또 대기업 마트나 편의점에서는 무인화를 위한 기술개발에 적극 나서고 있고 시범 시행 중인 곳도 있다.	디지털화, 핀테크

출처 : 김동규 외(2018). 4차 산업혁명 미래 일자리 전망. 한국고용정보원. p. 197-198.

　　고용노동부가 발표한 "2016~2030 4차 산업혁명에 따른 인력수요 전망"에 따르면 2030년까지 기술발전, 자동화 등으로 발생하는 일자리 대체는 18.5% 수준으로 나타났다. 일자리 대체가 빠르게 진행될 고위험 직업군으로는 자동화 등으로 대체가 예상되는 매장판매직, 운송·운전관련직, 청소·경비관련 단순노무직, 가사·음식 판매관련 단순노무직, 제조관련 단순노무직 등이 해당된다. 반면 일자리 대체가 서서히 진행될 것으로 전망된 저위험 직업군으로는 과학 전문가 및 관련직, 정보통신 전문가, 보건복지 관련직, 문화예술 스포츠 전문가, 공학전문가 및 기술직 등으로 나타났다. 4차 산업혁명이 가속화 되면서 기준전망에 비해 기술발전에 따른 고용 변화는 더욱 가속화될 전망이어서 직업별로 증가하는 일자리는 92만 개, 감소하는 일자리는 80만 개로 총 172만 개의 고용 변화가 발생할 것으로 예상된다(고용노동부, 2018).

　　과학기술 혁신이 노동시장에 끼치는 영향을 두고 두 가지 의견이 상충한다. 해피엔딩을 확신하는 쪽에서는 기술 발달로 일자리를 잃은 노동자는 새로운 직업을 찾게 되고 기술은 새로운 번영의 시대를 열 것이라고 말한다. 또 다른 의견은 기술적 실업이 대대적으로 발생하여 점차 사회적·정치적 혼란이 일어나게 될 것이라고 보고 있다. 역사를 들여다보면 결과는 어느 한 쪽에도 치우치지 않은 이 두 가지 관점의 중간에서 일어났다(Schwab, 2017). 프레이에 따르면 10년 후 새롭게 생겨날 일자리의 60% 이상이 아직 탄생하지 않았다. 다시 말해서 새로운 과학기술의 탄생으로 생겨날 직업들은 아직 우리 앞에 나타나지 않은 상태이다. 이에 대해 프레이는 로봇과 인공지능에 대한 너무 성급한 판단을 하고 있는 것은 아닌지 생각해 볼 필요가 있다고 주장하였다(이종호, 2017).

| 표 1.6 | 일자리 대체율 상위 10대 직업과 하위 10대 직업 |

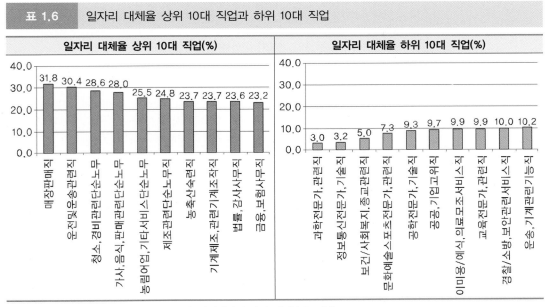

출처 : 고용노동부(2018. 3). 2016~2030 4차 산업혁명에 따른 인력수요 전망. p. 11.

그럼에도 불구하고 지금까지 드러난 사실은 이렇다. 제4차 산업혁명으로 창출되는 직업은 과거 산업혁명으로 인해 발생한 직업의 수보다 분명히 적다. 이는 과거의 산업혁명에 비해 훨씬 넓은 범위의 일자리 붕괴 현상이 일어나고 더욱 빠른 속도로 노동시장이 변화하고 있음을 의미한다. 더욱이 노동시장 내 양극화 현상은 심화될 것으로 보인다. 고소득 전문직과 창의성을 요하는 직군, 저소득 노무직에서는 고용이 늘어날 전망이지만 중간소득층의 단순 반복 업무 일자리는 크게 줄어들 것으로 보인다. 따라서 21세기 제4차 산업혁명 시대에는 기술혁신의 빠른 진보 때문에 직업인들이 지속적으로 적응해 나가며 새로운 능력을 배우고 다양한 상황에 접근할 수 있는 능력을 구축하는 것이 더욱 중요할 것이다(Schwab, 2017).

그렇다면 4차 산업혁명 시대에 쉽게 사라지지 않고 인간의 강점을 발휘할 수 있는 지속 가능한 일자리는 무엇일까? 일반적으로 언급되는 인공지능과 로봇이 인간을 대체하기 어려운 직업들은 정형적이지 않고 이동성이 높으며 인지와 코디네이션 능력, 판단력과 창의력, 대인관계 능력이 중요하게 작용되는 영역들이다. 이러한 특성들은 창의적이고 희소성이 높으며 모방이 어려운 특징을 가지고 있기 때문에 기술 발전과 관계없이 한동안 지속될 것으로 판단된다(차두원·김서현, 2016).

첫째, 창의성과 기획력이 요구되고 새로운 가치를 창출하는 직업군이다. 영국 국립과학기술예술재단과 옥스퍼드대학교 연구진들은 예술가, 건축가, 디자이너, 작가, 안무가, 배우, 인문사회과학자 등을 매우 창의적인 직업으로 분류하였다(차두원·김서현, 2016).

둘째, 대인관계가 필요한 직업으로 사람 간의 의사소통이 빈번해 높은 사회적 지능과 정서적 교감 능력이 중요한 직업군이다. 뉴욕대학 교수인 얀 르쿤(Yann LeCun)은 인공지능이 인간과 유사한 감정을 가질 수 있다는 생각은 큰 착각이라고 주장하였다. MIT 수석연구원인 앤드류 맥아피(Andrew McAfee)는 인간이 지닌 섬세한 감정과 열정, 원동력 등을 기계가 흉내 내는 것은 힘들다고 보았다. 넘어지면서 부끄러워하는 인간의 본능이나 감정까지 모방하기는 아직 힘들다고 판단하기 때문이다. 따라서 상대의 감정을 파악하고 교류할 수 있는 간호사, 보모 등은 인간만이 수행할 수 있는 직업이다(차두원·김서현, 2016).

셋째, 업무가 비정형적이며 고도의 손재주가 필요한 기능은 인공지능과 로봇보다 인간이 우수하다(차두원·김서현, 2016). 카네기 멜런대학교의 로봇 공학자인 한스 모라벡(Hans Moravec) 교수는 인간과 인공지능의 일자리 경쟁이 불가피해 보이지만 인공지능이 차지할 수 있는 인간의 일자리에는 한계가 있다고 지적하였다. 그는 인간에게 어려운 일이 로봇에게는 쉽고, 로봇에게 어려운 일이 인간에게 쉽다는 것이 인공지능의 한계라고 보았다. 사무실이나 교실 청소를 한다고 가정할 때 로봇 청소기는 유용하다. 넓은 바닥 청소는 인간에게 힘들고 귀찮은 일이지만 로봇 청소기는 이런 일을 간단히 해치운다. 그런데 청소에 대한 사람과 로봇의 접근은 다르다. 청소를 제대로 하려면 바닥에 떨어진 잡지를 줍고 의자도 치우고 카펫도 들추어야 한다. 그래서 사람은 청소 전에 이런 일들을 먼저 한다. 그러나 인공지능 로봇은 이런 일들과 청소의 상관관계를 이해하지 못하므로 한계가 있을 수밖에 없다(이종호, 2017).

넷째, 문제해결능력이다. 관리직 및 전문직의 업무에서 요구되는 문제해결 능력, 포괄적 시각, 판단력 등을 대신할 수 있는 완벽한 인공지능의 개발이 어렵기 때문에 통찰력, 전략적 사고, 직관력 등을 통해 판단해야 하는 경영인이 속하는 직업군은 계속 존재한다는 것이다. MIT 경제학 교수 에릭 브린욜프슨(Erick Brynjolfsson)은 현존하는 직업의 대부분은 판단력과 같은 능력의 융합이 필요하므로 자동화의 범위는 한정적일 것이라고 주장하였다(차두원·김서현, 2016).

3) 미래 예측

세계경제포럼(WEF)은 2025년 다음과 같은 일들이 벌어질 것이라고 예측하였다.

- 세계 인구의 10%가 인터넷에 연결된 의류를 입고, 인터넷에 연결된 스마트글라스(Smart Glass)를 착용한다.
- 1조 개의 센서가 인터넷에 연결된다.
- 미국 최초의 약사 로봇이 등장한다.
- 미국 도로를 달리는 차들 중 10%는 자율주행차가 될 것이다.
- 3D 프린터로 제작된 간이 인간에게 최초로 이식된다.
- 인공지능이 기업 감사 업무의 30%를 수행한다.
- 가정용 기기의 50% 이상이 인터넷과 연결된다.
- 전 세계적으로 자가용보다 카셰어링(car sharing)을 이용하는 사람들이 크게 늘어난다.
- 5만 명 이상이 거주하지만 신호등이 하나도 없는 스마트시티(Smart City)가 등장한다.

다음은 2030년 한 직장인의 하루를 시나리오 기법을 사용하여 예측한 것이다.

2030년 직장인 한빛 씨의 하루

한빛 씨가 아침에 일어나면 인공지능 에이전트 라라는 스케줄을 알려준다. 라라는 친근한 목소리로 아침을 깨우면서 꿈 이야기를 해 준다. 또한 이 꿈속에 인공지능 라라 자신이 개입되어 학습정보를 입력했다는 것을 알려준다. 그러면서 매직 미러를 통해 오늘의 스케줄과 관련 학습이 연관되어 있음을 알려준다.

아침 시간 출근은 9시 그러나 회사가 아닌 서재에서 홀로렌즈를 통한 혼합현실로 가상사무실에 연결하면 출근으로 인정된다.

혼합현실 사무실에서 오늘 스케줄에 따라 아침 회의를 한다. 혼합현실 글래스를 쓰면,

데스크에는 세계 곳곳의 사무실 직원들이 홀로그램 영상으로 나타난다. 직접 만나서 이야기하지 않아도 현실처럼 느낄 수 있도록 한다. 또한 서로 다른 언어를 사용해도 바로 통역해 준다. 이러한 기술로 인해 국적이 다른 세계 각국의 근무자들이 혼합현실 업무 환경에서 함께 일한다.

비록 혼합현실이 발전되었지만 여전히 사람들 간의 만남은 중요하다. 그렇기에 오후 아시아 사무실이 있는 홍콩사무소에 방문하기로 했다. 이에 따른 스케줄은 인공지능 라라가 비행기 표까지 예약해주었다.

한빛 씨는 인공지능 라라 덕분에 효율적으로 업무를 할 수 있었고 한빛 씨뿐 아니라 이 시기 근무자들의 하루 법정 근무시간은 최대 6시간 이내로 규정되어 있다. 근무시간이 줄었지만 오히려 생산성은 높아졌고 주로 창의성 높은 업무 위주로 집중할 수 있게 되었다.

출처 : 국제미래학회 · 한국교육학술정보원(2017). 대한민국 미래교육보고서.

4. 개인의 커리어 관리

1) 이직의 법칙(박윤희의 법칙)

앞서 프로틴 세대의 특징에 대해 살펴보면서 그들의 이동 성향에 대해 언급한 바 있다. 프로틴 세대들은 조직에 대한 충성도가 상대적으로 낮고 자신이 원하는 것을 찾아서 쉽게 직업이나 직장을 바꾼다. 이러한 프로틴 세대의 특징은 우리 사회에서도 쉽게 찾아볼 수 있다.

채용정보업체 잡코리아는 기업 인사담당자들을 대상으로 2007년 입사자의 퇴직률을 조사한 결과 정규직으로 들어온 신입사원 중 1년 이내에 그만둔 직원의 비율이 29.3%로 나타났다고 밝혔다. 이는 세 사람 중 한 사람꼴로 회사를 그만둔 셈이다. 기업의 입장에서는 신입사원 한 사람을 채용하고 교육하는 데 적지 않은 비용이 소요된다. 그럼에도 불구하고 기업들은 바로 직무수행이 가능하도록 장시간 신입사원 교육을 시켜 현장에 배치하고 있다. 그런데 이렇게 퇴직률이 높다면 기업은 채용된 인력이 퇴사함으로써 발생하는 손해와 이 인력을 채용하고 교육시키는 데 소요된 비용까지 이중의 손해를 감수해야 한다. 따라서 기업에서는 신입사원의 마음을 붙잡기 위해 멘토링을 비롯해 다양한 이벤트를 실시하고 있다.

또 1년 이내에 직장을 퇴직하지는 않는다 하더라도 오래 근무하지 못하고 직장을 그만두는 경향 또한 늘어가고 있다. 최근에는 2~3년 주기로 직장을 옮겨 다니는 사람들도 있다. 이렇게 자신이 원하는 것을 찾아 미련 없이 근무하던 직장을 그만두고 새 직장을 찾아 옮겨 다니는 사람들은 전형적인 프로틴이라고 볼 수 있다.

하지만 인력의 수요가 부족한 특정 분야나 고도의 전문직 이외에 잦은 이직(한 직장 내 근무 경력이 3년 미만의 경우)은 이후에 선택할 수 있는 직장의 질을 현저히 떨어뜨린다. 이것이 바로 이직의 법칙(박윤희의 법칙)이다. 이는 저자의 경험에 근거한 것으로 실제 인력시장에서 가장 인기 있고 유능하다고 인정받는 구직자는 굴지의 대기업에서 7~10년 정도 꾸준히 근무한 사람들이었다. 우리가 어떤 사람에게 달인이라는 표현을 쓰는 때는 그 사람이 적어도 한 분야에서 10년 정도의 경력을 가졌을 때이다. 기업에서는 바로 이러한 달인을 원하는 것이다.

아무리 프로틴 세대가 대세라고 하더라도 인력 채용 분야에서 변하지 않는 황금률은 한 분야의 전문적인 능력을 갖추고 원만한 대인관계를 유지하며 한 직장에서 오랫동안 근무한 사람을 선호한다는 것이다. 실제로 우리 주변에서 볼 수 있는 50대 초반의 조기 퇴직 원인은 잦은 이직으로 인한 경력관리 문제로 더 일할 곳을 찾기 어렵기 때문에 발생하는 경우가 많다.

따라서 구직자들은 기업을 선택하고 지원할 때부터 나에게 정말 잘 맞는 직장인지 심사숙고하는 자세가 필요하다. 채용이 된다면 적어도 10년 정도는 근무할 수 있는 그런 직장을 선택해서 입사해야 한다. 이제 60세 퇴직 이후에도 경제적인 사정 때문에 직업을 계속 가져야 하는 문제가 발생할 수 있다. 그렇다면 졸업 이후 취업 단계에서부터 철저한 계획과 준비를 통해 성공적인 경력관리를 해야 할 것이다.

2) 커리어 관리를 위해 준비해야 할 것

21세기를 살아가는 개인들은 자신들의 커리어 관리를 위해 무엇을 준비해야 할까? 다음은 21세기 커리어 관리를 위해 점검하고 준비해야 할 것들에 대해 살펴보자.

🔍 커리어 관리를 위해 점검하고 준비해야 할 것들

- 자신에 대한 이해
- 자신의 진로적성, 직업 흥미와 직업 가치관 이해
- 자신에게 맞는 직업 선택
- 자신에게 맞는 직무, 업종, 기업 선택
- 삶의 비전과 목표 설정
- 목표 달성을 위한 구체적 실행계획 수립
- 취업을 위한 준비(이력서와 자기소개서 작성, 면접 준비 등)
- 자기개발을 위한 평생학습

이 책에서는 개인들이 21세기 커리어 관리를 위해 점검하고 준비해야 할 것들에 대해 보다 구체적으로 살펴볼 것이다.

5. 조 구성

수업의 효과성을 높이기 위해 조별 수업을 진행한다. 다음의 지시사항에 따라 조를 구성한다.

🔍 조 구성하기

- 조를 구성할 때는 가급적 서로 모르는 사람들과 한 조가 될 수 있도록 한다.
- 조원들이 서로 돌아가며 간단한 자기소개(학년, 학과, 나이, 이름 등)를 한다.
- 조장을 선출한다.
- 조 이름을 만든다.
- 다음의 표를 이용해 조별 출석부를 작성한다.
  (조원들의 인적 사항과 연락처를 모든 조원들이 서로 공유한다.)

조 이름(   )   조장(   )

학년	학과	이름	전화번호	이메일

6. 인사 나누기

한 학기 동안 함께 수업을 들어야 하는 조원들이 서로를 좀 더 이해하고 알 수 있도록 인사를 나눈다.

🔍 조 안에서 자기소개 하기

다음 질문에 각자 답을 작성한 후 조원들이 한 사람씩 돌아가며 자신이 작성한 내용을 조 안에서 발표한다.

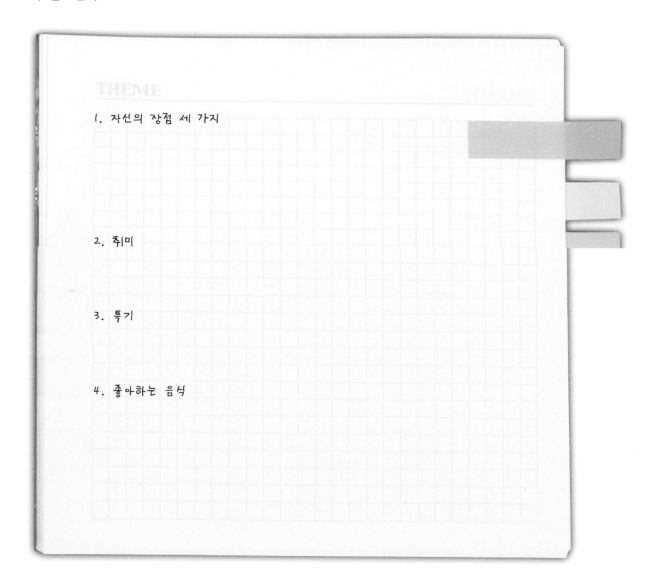

1. 프로틴 커리어의 특징을 요약하고 프로틴 커리어에 대한 자신의 견해를 설명하시오.

2. 미래에 새롭게 등장할 것으로 예상되는 직업들을 적어 보고 이에 대해 설명하시오.

3. 21세기 커리어 관리를 위해 개인이 가져야 할 기본적인 자세는 무엇인지 설명하시오.

제2장

자기이해

🔎 수업 가이드

사람들이 가장 궁금해하는 것 중 하나가 '자신이 어떤 사람인가?' 하는 것이다. 제2장의 자기 이해에서는 자신의 성격 특성에 대한 이해와 자기평가 부분을 다룬다.

자기이해는 진로 선택이나 비전을 설정하는 데 기초가 되는 작업이다. 성격 특성에 대한 이해를 위해 DISC 이론과 MBTI 이론에 대해 구체적으로 살펴본다. 또 자기평가 부분에서는 성격의 장단점과 개선점에 대해 생각해 보고, 지식과 스킬, 자격증 취득 현황과 경험에 대해 살펴봄으로써 자신의 역량과 경험에 대해 평가해 본다.

🔎 학습목표

1. DISC와 MBTI에서 분류하고 있는 성격 유형의 학습을 통해 자신이 어떤 사람인지 이해한다.
2. 자신의 성격 장단점과 개선점에 대해 생각해 보고 개선 방법을 모색한다.
3. 자신이 현재 보유하고 있는 지식, 스킬, 자격증과 삶의 경험에 대해 살펴봄으로써 현재 자신을 평가한다.

1. DISC

성격은 개인이 가지고 있는 고유의 성질이나 품성으로 그것을 유지하고 발전시킨 개인의 독특한 심리적 체계로 볼 수 있다. 또 각 개인이 가진 타인과 다른 자신만의 행동 양식으로, 선천적인 요인과 후천적인 영향에 의하여 형성된다고 할 수 있다.

1) DISC의 개념

인간은 환경의 지배를 받는 동물이며 자신이 속한 환경과 영향을 주고받으며 살아가고 있다. 행동주의 심리학은 객관적으로 관찰 가능한 인간의 행동을 연구 대상으로 삼고 있는 학문이다. 행동주의 심리학자들은 인간이 환경과 영향을 주고받는 가운데 나타내는 행동에 대해 이를 규명하고 객관화하려는 다양한 시도를 하고 있다. DISC 이론은 이러한 행동주의 심리학에 기초하고 있다.

1920~1930년대 미국의 행동주의 심리학자이며 콜롬비아대학교의 교수인 윌리엄 마스턴 (William Marstone)은 네 가지 체액설을 바탕으로 모든 사람에게 적용 가능한 행동 유형 모델을 개발했다. 이 모델은 오랫동안 적용되고 검증되는 절차를 통해 오늘날 많은 사람들이 행동 특성에 근거한 성격 분류의 중요한 기준으로 사용하게 되었다. 이것이 바로 DISC이다. **DISC**는 인간의 행동 특성을 D(주도형), I(사교형), S(안정형), C(신중형)로 구분한다.

마스턴은 체액설에 바탕을 두고 DISC 행동 유형 모델을 개발했는데, 이는 히포크라테스 (Hippocrates, BC 460~377)의 네 가지 체액설에 근거하고 있다. 히포크라테스는 인간의 신체를 네 가지 체액인 혈액(blood), 흑담즙(black bile), 황담즙(yellow bile), 점액(phlegm)으로 구분하여 성격을 분류하였다. 히포크라테스는 사람들을 치료하면서 중요한 사실을 발견했는데 똑같은 질병에 똑같은 약을 처방해도 낫는 사람이 있는가 하면, 낫지 않는 사람이 있다는 것이다. 결국 그는 인간의 모든 내부 장기의 체액이 사람마다 다르다는 것을 밝혀냈다.

갈렌(Galen, AD 130~200)은 히포크라테스의 체액론에 근거하여 네 가지 체액에 일치하는 기질(temperament), 즉 다혈질(sanguine), 우울질(melancholic), 답즙질(choleric), 점액질 (phlegmatic)이 있다고 주장하였다. 바로 이러한 히포크라테스와 갈렌의 체액과 기질이 DISC 행동 유형 모델의 근간이 되었다. 〈표 2.1〉은 히포크라테스, 갈렌과 마스턴의 유형을 비교한 것이다.

표 2.1	체액 유형과 DISC 유형	
히포크라테스의 체액	**갈렌의 기질**	**마스턴의 DISC 유형**
황담즙(yellow bile)	담즙질(choleric)	D형(주도형, dominance)
혈액(blood)	다혈질(sanguine)	I형(사교형, influence)
점액(phlegm)	점액질(phlegmatic)	S형(안정형, steadiness)
흑담즙(black bile)	우울질(melancholic)	C형(신중형, conscientiousness)

출처 : 홍광수(2010). 관계. p. 47 수정.

기질검사

검사 시 유의할 사항

- 사회적으로 바람직하다고 생각되는 것에 답을 하려는 경향이 있을 수 있다. 이 검사는 성격 기질을 알아보기 위한 것이므로 바람직하거나 바람직하지 않은 것은 없다.
- 너무 깊게 생각하지 말고 자신을 생각하면 가장 먼저 떠오르는 것을 선택한다.
- 현재 자신의 모습에 충실한 검사가 되도록 한다.

검사 방법

- 다음 문항들은 강점을 묻는 것과 약점을 묻는 것으로 구성되어 있다.
- 문항을 읽고 4개의 보기 중 가장 자신을 잘 설명하는 하나의 보기에만 표시(✔)를 한다.
- 문항의 보기에 표시(✔)를 마치면 강점과 약점별로 합계란을 작성한다.
- 강점과 약점의 합계를 총계란에 더해서 기재한다.
- 가장 점수가 높은 유형이 본인의 기질이 된다.
- 다음의 예시를 참고해서 검사를 실시한다.

(예시)

문항	가	나	다	라
1	생동감 있는	모험적인	✔분석적인	융통성 있는
20	활기 있는	담대한	예의 바른	✔치우치지 않는
합계	3	4	8	5
총계	6	8	16	10

강점				
문항	가	나	다	라
1	생동감 있는	모험적인	분석적인	융통성 있는
2	쾌활한	설득력 있는	끈기 있는	평온한
3	사교적인	의지가 강한	희생적인	순응하는
4	매력 있는	경쟁심이 강한	상대를 배려하는	감정을 다스리는
5	활력을 주는	신속히 대처하는	상대를 존중하는	표현을 자제하는
6	생기발랄한	독자적인	민감한	수용하는
7	함께 권장하는	긍정적인	계획적인	참을성 있는
8	충동적인	확신 있는	계획에 따라 하는	과묵한
9	낙천적인	솔직한	체계적인	포용력 있는
10	재치 있는	주관이 뚜렷한	꾸준하고 성실한	상대를 따르는
11	즐거운	겁 없는	섬세한	온화한
12	명랑한	자신감 있는	침착한	정서적으로 안정된
13	즐거움을 주는	독립적인	이상을 추구하는	남을 불편케 하지 않는
14	감정을 표현하는	결단력 있는	몰두하는	순간 위트 있는
15	쉽게 어울리는	행동가적인	정확한	중재하는
16	말하기 좋아하는	목표 지향적인	사려 깊은	관대한
17	열정적인	책임을 지는	신의 있는	잘 경청하는
18	무대 체질인	지도력 있는	조직적인	현실에 만족하는
19	인기 있는	성취하는	완벽을 추구하는	편안한
20	활기 있는	담대한	예의 바른	치우치지 않는
합계				

		약점		
문항	가	나	다	라
1	허세를 부리는	남을 압도하는	무표정한	숫기 없는
2	규율이 없는	동정심이 없는	오래 용서 안 하는	열정이 없는
3	한 말 또 하는	대항하는	상처가 오래가는	상관하지 않는
4	건망증이 있는	노골적인	까다로운	두려워하는
5	중간에 끼어드는	마음이 조급한	자신감 없는	결단력 없는
6	예측할 수 없는	애정 표현이 없는	재미없는	모임, 활동에 흥미가 없는
7	되는대로 하는	완고한	불만스러운	망설이는
8	인기에 민감한	항상 내가 옳은	미리 걱정하는	감정이 밋밋한
9	쉽게 흥분하는	논쟁을 좋아하는	소외감을 느끼는	목표가 없는
10	깊이가 없는	자만하는	부정적인	안일한
11	칭찬을 바라는	일만 하는	혼자 있으려 하는	염려하는
12	말이 많은	무례한	과민한	소심한
13	무질서한	남을 지배하려는	기분이 저조한	확신 없는
14	일관성 없는	관대하지 못한	내성적인	무관심한
15	어지르는	남을 조종하는	쉽게 우울해지는	불분명하게 말하는
16	과시하는	고집 센	회의적인	느린
17	시끄러운	주장하는	사람을 가리는	게으른
18	산만한	성미가 급한	의심 많은	나태한
19	쉽게 싫증 내는	행동이 성급한	마음을 닫는	마지못해 하는
20	변덕스러운	약삭빠른	비판적인	타협하는
합계				
총계				

출처 : Littauer F., 정동섭 역(2006). 부부와 기질플러스. pp. 266~269 내용 수정 및 정리.

> 가 : 다혈질(사교형, I형)
> 나 : 담즙질(주도형, D형)
> 다 : 우울질(신중형, C형)
> 라 : 점액질(안정형, S형)

2) DISC 유형별 공통점과 차이점

DISC 네 가지 유형들은 서로 공통점과 차이점을 가지고 있다. 우선 성격의 개방성과 속도를 기준으로 살펴볼 수 있다. **주도형**(D)과 **사교형**(I)이 갖는 공통점은 외향적이며 빠르다는 것이다. 주도형과 사교형의 사람들은 외부로부터 에너지를 얻는 사람들이다. 따라서 다른 사람들에게 먼저 접근하고 먼저 대화를 시도하는 편이다. 또 말이나 행동이 빠른 편이고 사고나 판단도 빠르다.

반면 **안정형**(S)과 **신중형**(C)이 갖는 공통점은 내향적이고 느리다는 것이다. 안정형과 신중형의 사람들은 자기 안에서 에너지를 얻는다. 따라서 안정형과 신중형의 사람들이 에너지가 필요할 때는 혼자 조용히 있는 시간을 가짐으로써 필요한 에너지를 얻게 된다. 이들은 타인에게 먼저 말을 걸고 다가가는 편이 아니다. 또 말이나 행동이 느린 편이고 사고나 판단도 천천히 한다. 주도형과 사교형이 말을 하면서 생각을 하는 편이라면 안정형과 신중형은 생각을 하고 말을 한다. 하지만 이것은 어디까지나 상대적인 것이다. 주도형과 사교형의 사람들에 비해 상대적으로 안정형과 신중형의 사람들이 내향적이고 느리다는 것이다. 이는 절대적 기준에 근거한 것은 아니다.

이번에는 DISC 네 가지 유형들을 업무 지향적이냐 또는 인간 지향적이냐의 기준으로 살펴볼 수 있다. 주도형과 신중형은 업무 지향형의 사람들이다. 이 유형의 사람들은 사람과의 관계보다는 자신에게 주어진 업무를 잘 마무리하는 것이 우선이기 때문에 일을 할 때는 사람 관계가 눈에 잘 들어오지 않는다. 반면 사교형과 안정형의 사람들은 이와는 대조적이다. 이들은 업무를 처리할 때도 여전히 사람과의 관계가 중요하고 이를 먼저 고려하는 자세를 취한다.

이러한 유형별 공통점과 차이점으로 인해 각 유형들이 서로 다른 성격을 갖게 된다. 다음 [그림 2.1]은 DISC 유형의 공통점과 차이점을 간단하게 보여 주는 것이다.

3) DISC 유형별 특징

위에서 각 유형들이 갖는 공통점과 차이점에 대해 살펴보았다. 이를 토대로 각 유형이 어떤 특징들을 갖는지 구체적으로 살펴보자.

주도형은 단어 자체의 느낌에서도 알 수 있듯이 상당히 주도적이고 도전적인 성향을 갖는다. 주도형(D)과 관련된 영어 단어로는 Dogmatic(독단적인), Directive(지배적인), Demanding(요구

외향형/빠름

업무지향형

D
주도형

I
사교형

C
신중형

S
안정형

인간지향형

내향형/느림

그림 2.1 DISC 유형의 공통점과 차이점

출처 : Robert A. Rohm, 박옥 역(2009). 성격으로 알아보는 속 시원한 대화법. p. 20.

하는), Decisive(단호한), Determined doer(결연한 실행가), Dictatorial(독재적인), Defiant(도전적인) 등이 있다. 주도형은 다른 어떤 유형보다 리더십이 뛰어난 유형이다. 항상 자신감에 차 있고, 도전적이며 목표를 세우고 이를 달성하기 위해 앞으로 나아가는 추진력이 뛰어나다. 또 반드시 목표를 달성하려고 하는 결과 지향적 성향을 지닌다. 때로는 경쟁도 불사하고 공격적인 성향을 보이기도 한다. 다른 사람의 의견을 듣기보다는 자신의 생각대로 일을 추진하려는 성향을 보이고 변화를 주도하려는 모습을 보이기도 한다. 자신이 주도하는 환경을 선호하고 자신의 역할이 미미하거나 통제당하는 환경을 싫어하며 그러한 환경에 놓이게 되면 스트레스를 받는다. 추진력을 발휘해 일을 할 때 다른 사람의 감정을 무시하는 언행을 할 수 있다.

사교형은 사람이나 대인관계에 관심이 많은 유형으로 말하기를 좋아하고 재미있는 것을 추구하는 성향이 강하다. 사교형(I)과 관련된 영어 단어로는 Interacting(영향을 끼치는), Impressive(인상적인), Interested(흥미 있는), Interchangeable (융통성 있는), Intercept(남의 말을 중간에 가로채는) 등이 있다. 사교형은 상당히 감정적이고 자신의 감정을 솔직하게 잘 표현한다. 또 다른 사람들과 이야기하기를 좋아하고 특히 흥미롭고 재미있는 것을 좋아한다. 항상 긍정적인 마인드를 가지고 있고 적극적인 성향을 보인다. 또 다른 사람들에게 인정받고 칭찬받기를 원한다. 자신들이 칭찬받는 것이 너무 좋기 때문에 다른 사람들에게도 칭찬을 많이 해 주는 유형이다. 또 사교형들 중에는 달변가들이 많은데 이들이 가지는 설득력 있고 흥미로운 대화기술은 많은 친구들이 이들을 따르게 하는 중요한 기술이다. 사교형 성향이 강할 경우 계획성이 부족하고 일 처리에 맺고 끊음이 불명확할 수 있다. 실제 사교형의 성향이 매우 강한 사람의 경우 다이어리 작성의 필요성을 느끼지 못하고 다이어리를 사용하지 않을 수 있다. 업무나 공부를 할 때도 스트레스를 많이 받을 경우 마무리가 흐지부지되는 경우가 있다.

안정형은 단어 자체의 느낌과 같이 급격한 변화를 싫어하고 안정을 추구하려는 성향을 갖는다. 안정형(S)과 관련된 영어 단어로는 Sweet(부드러운), Steady(한결같은), Stable(안정적인), Shy(부끄러워하는), Sensitive(민감한), Service(봉사하는) 등이 있다. 안정형은 주어진 환경에 순응하고 꾸준하게 무언가를 해 나가며 다툼과 갈등을 싫어하는 평화주의자의 성향을 가지고 있다. 또 다른 사람을 위해 희생하거나 봉사하는 성향도 강한 편이다. 안정형은 다른 어떤 성격보다도 협력정신이 뛰어나다. 사교형과 동일하게 인간 지향적인 성향을 가지고 있어 타인에게 친근감을 주고 호의적이다. 자신을 잘 드러내지 않고 겸손한 자세를 취한다. 안정형들은 있는 듯 없는 듯 존재감을 드러내지 않는 상황을 좋아하고 자신의 주장을 강하게 펼치는 것을 싫어한다. 이러한 자신들의 성향 때문에 안정형들은 힘들어하기도 하는데, 자신이 쉽게 해 줄 수 없는 일임에도 불구하고 선뜻 도와주겠다고 하고 후회한다거나, 정작 해야 될 말을 못하고 돌아와서 혼자 마음고생을 하는 일도 적지 않다. 또 안정형은 안정을 추구하려는 성향 때문에 급격한 변화나 혁신이 필요한 상황에 잘 적응하지 못하는 특성을 보인다.

신중형은 DISC 네 가지 성격 유형 중 가장 원칙을 잘 지키려는 성향을 지닌 유형이다. 신중형(C)과 관련된 영어 단어로는 Cautious(신중한), Calculating(계산적인), Competent(유능한), Conservative(보수적인), Correct(정확한), Concise(간결한), Critical(비판적인), Concrete(구체적인) 등이 있다. 신중형은 자신이 납득할 수 있을 때 그것을 인정하고 받아들이는 성향이 있다. 자신이 직접 경험하지 않은 것을 쉽사리 믿지 않으며 돌다리를 몇 번씩 두드린 후에도 잘 건너지 않는다. 정확하고 올바른 방법으로 일하는 것을 좋아하고 핵심적인 세부사항에 주의를 기울이며 매우 분석적이다. 업무를 처리하는 데 있어서 자신이 세운 기준이 매우 높은 편으로 이 기준을 만족시키기 위해서 노력한다. 질서나 규정을 준수하는 것을 선호하고 감정에 흔들리지 않고 자신을 잘 통제하는 편이다. 워낙 신중한 성격으로 의사결정이나 판단에 있어 다소 늦는 경향을 보이며 기대치가 높아 이로 인해 주변 사람은 물론 자기 자신도 힘들어할 때가 있다.

4) DISC 유형별 행동 특성 분석

다음은 DISC 유형별 팀 프로젝트 수행, 리더십 스타일, 감정 처리, 시간 사용, 스트레스 표현과 해소, 커뮤니케이션 스타일, 자신과 타인에 대한 기대에 대해 각각 살펴보자.

(1) 팀 프로젝트 수행

DISC 각 유형들이 함께 프로젝트를 수행한다면 어떤 흥미로운 일들이 일어날까? 먼저 주도형의 경우 전체적인 프로젝트의 책임을 맡고 이를 주도적으로 이끌어 나가려는 성향을 보일 것이다. 또 강력한 추진력을 발휘함으로써 프로젝트 목표를 달성하려고 한다. 이들은 일단 실행에 옮기고 나서 이후의 상황을 살피는 경향이 있다. 따라서 다른 사람들이 옆에서 일이 되어 가는 것을 잘 확인하고 체크해 주는 것이 필요하다.

사교형의 경우 무엇을 추진하는가보다는 누구와 함께하느냐가 중요할 수 있는 사람들이다. 그래서 이들은 함께 프로젝트를 수행할 사람들을 모은다. 또 프로젝트 팀의 분위기를 살리고 팀원들이 즐거운 마음으로 프로젝트를 함께할 수 있도록 노력한다. 이들은 실행보다는 말이 앞설 수 있기 때문에 다른 사람들이 옆에서 잘 실행될 수 있도록 역할을 해 주어야 한다.

안정형의 경우 일이 잘될 수 있도록 앞에 나서기보다는 뒤에서 지원해 주고 준비를 하는 사람들이다. 이들은 다른 사람들에게 잘 협조하고 일이 잘될 수 있도록 노력을 아끼지 않는다. 따라서 다른 사람들이 안정형 옆에서 추진력 있게 일을 잘할 수 있도록 도와주는 것이 필요하다.

신중형의 경우 프로젝트를 잘 계획하고 일의 진행 프로세스를 만들며 프로젝트가 진행되는 동안에는 착오나 실수가 발생하지 않도록 이를 잘 점검하는 역할을 담당한다. 이들은 정확한지, 즉 오류나 실수가 없는지에 대해서 관심을 집중하고 있기 때문에 일이 진행되는 속도가 느릴 수 있다. 따라서 누군가 옆에서 일의 진행 속도가 너무 늦어지지 않도록 실행 부분에 힘을 실어 줄 필요가 있다.

위에서 살펴본 바와 같이 DISC 네 가지 유형들은 팀 프로젝트를 진행할 때 상호보완적인 특징들을 가지고 있다. 일단 실행에 옮기고 보는 주도형과 함께 프로젝트를 수행할 사람들을 모으고 일할 수 있는 분위기를 만드는 사교형, 프로젝트가 잘 진행될 수 있도록 준비하고 지원하는 안정형 그리고 프로젝트를 계획하고 프로세스를 만들고 일이 오류 없이 잘 진행되는지를 점검하는 신중형이 있을 때 완벽한 프로젝트 성공이 가능하다. 따라서 기업과 같은 조직에는 DISC 네 가지 유형들이 모두 있어야 하고 이들이 서로 자신의 역할에 충실할 수 있을 때 조직의 성과 창출과 목표 달성이 가능하다.

(2) 리더십 스타일

DISC 네 가지 유형의 사람들이 조직의 리더가 된다면 그들의 리더십은 어떻게 발휘될까? 주도형은 어려운 일과 목표에 도전하는 것을 좋아하는 유형으로 힘든 문제를 해결함으로써 성취감을 느끼는 것을 선호한다. 이들이 리더십을 발휘하게 된다면 자신의 지위를 사용한 카리스마 리더십을 발휘할 것이다.

사교형은 자유롭고 공개적인 상황에서 의사소통하기를 원하는 민주적인 리더십 스타일을 선호한다. 또 어떤 사항에 대해 의사결정을 할 때도 자기 지위를 사용하거나 권위를 내세우지 않고 서로의 의견을 모아 공감대를 형성하고자 하는 리더십을 발휘할 것이다.

안정형은 조용하고 차분한 리더십 스타일을 선호하며 다른 사람에게 업무나 의사결정을 위임하는 일에도 주저하지 않는다. 또 다른 사람들이 자신에게 할당된 업무를 완수하도록 허용하고 이를 지원하는 모습을 보이기도 한다. 많은 사람들에게 참여의 기회를 주는 참여적 리더십 스타일이라고 볼 수 있다.

신중형은 관료적인 리더십을 발휘하는 유형으로 볼 수 있다. 원칙중심의 업무 처리를 선호하는 신중형은 실수 없는 완전한 업무 처리를 원한다. 또 자신이 전면에 나서 업무를 지시하고 지휘하기보다는 다른 사람이 주도할 수 있도록 하고 자신은 이를 따르는 업무 처리를 선호한다.

(3) 감정 처리

DISC 각 유형들은 자신의 감정을 어떻게 표현할까? 행동 특성들이 상이했던 것과 같이 감정 처리 역시 서로 다른 특징을 갖는다.

먼저 주도형의 경우 화가 나면 자신의 감정을 잘 통제하지 못하고 버럭 소리를 지르거나 화를 내는 편이다. 또 기본적으로 감정 자체를 중요하게 생각하지 않는다. 사람보다는 업무 지향적인 성향 탓으로 인해 삶을 치열한 전쟁으로 생각하는 경향도 있다. 이런 주도형이 감정 처리에서 주의해야 할 것은 자신의 감정 처리에 인색한 것처럼 타인의 감정에도 무관심해서는 안 된다는 것이다. 이는 자칫 대인관계에 악영향을 미칠 수 있는 부분이고 이로 인해 주변 사람에게 정이 없는 매정한 사람이란 얘기를 들을 수 있다.

사교형은 자신의 감정에 솔직하고 이를 잘 표현하는 유형이다. 흔히 감정이 풍부하다는 말을 하는데 바로 사교형을 두고 하는 말이다. 사교형은 자신의 감정이 풍부한 만큼 다른 사람의 감정 상태를 잘 이해하고 이를 격려하거나 위로하는 일을 잘한다. 또 다른 사람의 감정에 민감하게 반응하고 다른 사람의 마음이 편해지기를 바란다. 자신의 감정 조절이 잘 안 될 경우 다른 유형이 보기에 지나친 감정표현으로 보여질 수도 있다.

안정형은 얼굴에 감정 변화가 거의 없는 편이나 안정형의 얼굴은 상당히 편안해 보인다. 안정형은 평화주의자로 다른 사람과의 언쟁이나 갈등을 싫어하고 이러한 상황을 피하려고 한다. 또 다른 사람이 자신으로 인해 상처를 받거나 힘들어하는 것을 원하지 않기 때문에 다른 사람의 감정을 잘 의식하는 편이다. 안정형들은 자신의 감정에 좀 더 솔직해질 필요가 있다. 인내하는 것만이 능사는 아니다.

신중형은 주도형과 동일하게 업무 지향적인 유형이다. 따라서 다른 사람의 감정에 민감하게 반응하기보다는 이를 분석하고자 하는 성향이 있다. 신중형은 어떤 사람이 지금 몹시 화가 나 있다면 그 사람의 화가 난 현재의 감정이 중요한 것이 아니라 그 사람이 화가 난 이유를 논리적으로 분석하려고 한다. 신중형에게는 감정을 있는 그대로 받아들이는 것도 필요하다. 이를 분석하고 원인을 찾는 것은 때로는 무의미하기 때문이다.

(4) 시간 사용

서로 다른 행동 특성을 보이는 DISC 네 가지 유형의 시간에 대한 개념은 어떠할까? 또 이들은 자신들의 시간을 어떻게 사용할까?

먼저 주도형은 항상 정확하게 시간을 사용하고 시간에 대해서도 주도권을 가지려고 한다. 즉 주변의 다른 여건을 고려하지 않고 자신이 의도하는 대로 시간 사용이 가능하다고 보는 것이다. 시간 사용에 있어 주도형이 갖는 강점은 빠른 의사결정과 신속한 행동이다. 반면 충분한 계획을 수립하고 준비를 하는 데 시간을 사용하지 않고 성급하게 일을 진행하는 경향이 있어 자칫 실수를 유발할 가능성이 있다.

사교형은 DISC 네 가지 유형 중에 가장 시간 개념이 약한 유형이다. 지나치게 관대한 시간계획을 세우며 문서화하지 않아 잊어버리는 경우가 있다. 적극적이며 변화에 신속하게 대응하는 능력은 뛰어나나 꼼꼼한 계획수립능력 부족과 무딘 시간감각이 단점으로 지적된다.

안정형은 빠른 편이 아니므로 시간에 쫓길 경우에는 스트레스를 받는다. 여유 있는 시간 사용을 통해 천천히 계획을 수립하고 실행할 수 있는 시간이 필요하다. 체계적인 일 처리와 성실한 태도는 장점으로 작용하나 주도성이 부족하고 변화에 대해 신속하게 적응하지 못하는 점과 느린 출발은 단점으로 지적된다.

신중형은 항상 일을 빈틈없이 정확하고 바르게 처리하기 위해 많은 시간을 사용한다. 철저하게 계획을 세워 시간을 계산하고 그 시간에 맞추려고 노력한다. 항상 계획을 수립하고 예상되는 어려움을 분석하는 노력은 장점으로 작용하나 세세한 것에 너무 집중하는 완벽주의 성향 때문에 지나치게 높은 기준을 세우고 이에 맞추려고 하는 것은 시간 사용에서 단점으로 작용할 수 있다.

(5) 스트레스 표현과 해소

DISC의 어느 유형이건 스트레스 상황에 놓이게 되고 또 이를 극복해야 한다. 그렇다면 각 유형들은 어떻게 스트레스를 표현하고 해소할까?

먼저 주도형은 자신이 이루고자 하는 목표에 이르지 못했을 경우 스트레스를 받고 감정이 폭발하기 쉽다. 이들은 감정 조절을 잘하지 못하고 화를 직접적으로 표현하는 경향이 있다. 이럴 경우 주도형들은 육체적 활동을 통해 스트레스를 풀기 원한다.

사교형은 다른 사람에게 인정받지 못하거나 지나치게 체계적인 업무 처리로 인해 스트레스를 받을 경우, 말이 많아지고 신경질적으로 변할 수 있다. 이럴 경우 다른 사람들과 즐거운 대화를 함으로써 쉽게 스트레스로부터 회복될 수 있다. 스트레스의 지속성이 짧고 회복 속도가 빠른 편이다.

안정형은 말이 많지 않은 유형이다. 따라서 이들이 스트레스를 받는다 해도 겉으로 표현하기보다는 자기 혼자 속으로 삭이는 경향이 있다. 이들은 수면을 통해 스트레스를 해소하는 편이다. 다른 사람들과 부딪히는 일보다는 혼자 편안한 시간을 가짐으로써 스트레스를 해소한다.

신중형은 명확하지 않은 것을 싫어하는 성향이 있으므로 자신이 받고 있는 스트레스의 원인을 밝히려고 한다. 또 자기 안에서 에너지를 얻기 때문에 스트레스를 받으면 혼자 조용히 있는 것을 선호한다. 경우에 따라서는 자신이 선호하는 취미활동을 통해 스트레스를 해소하기도 한다.

(6) 커뮤니케이션 스타일

커뮤니케이션 스타일은 DISC 각 유형들이 선호하는 커뮤니케이션 방식을 말하는 것이다. 주도형과 사교형은 말을 먼저 하는 편이고, 안정형과 신중형은 상대적으로 말을 먼저 하기보다는 듣는 편이다. 이런 점을 고려한 각 유형의 커뮤니케이션 스타일에 대해 살펴보자.

먼저 주도형은 많은 사람들이 모여서 의견을 나누거나 토론하는 것을 선호한다. 또 커뮤니케이션 상황에서 자신이 주도권을 잡을 수 있는 상황을 선호한다. 많은 사람 앞에서 발표를 하거나 자신의 의견을 얘기하는 것에 대해서도 두려워하지 않는 편이다. 이들은 일방적으로 다른 사람의 이야기를 듣는 것을 불편해하고 이메일이나 문서로 전달되는 것보다는 사람들이 직접 모여서 의견을 나누는 것을 선호한다.

사교형은 DISC 네 가지 유형 중 가장 이야기하는 것을 선호하는 유형이다. 이들은 많은 사람들이 모여서 자연스럽게 대화하는 상황을 선호할 뿐만 아니라 자신이 무대 위에 올라가 마이크를 잡는 상황도 두려워하지 않는다. 이들은 자신이 얘기하는 것을 좋아하기 때문에 다른 사람들이 자신의 이야기를 들어주지 않을 때 불편해한다. 주도형과 동일하게 이메일이나 문서로 어떤 의견을 전달하기보다는 얼굴을 맞대고(face-to-face) 얘기 나누는 것을 선호한다.

안정형 성향이 강한 사람들은 말이 많은 사람들은 아니다. 하지만 2~3명 정도가 모여서 조용히 대화하는 것을 좋아하고 전화로 이야기 나누는 것도 선호한다. 얼굴을 맞대고 이야기하는 것을 좋아하는 것은 사교형과 유사하나 사교형과 같이 많은 사람들이 모여서 대화 나누는 것을 선호하기보다는 소수의 사람들이 모이는 것을 선호한다. 그렇기 때문에 많은 사람들이 한꺼번에 모여서 대화를 나눠야 하는 상황을 불편해하고 그룹 토의나 자신이 혼자 발표를 해야 하는 상황을 꺼린다.

신중형은 특히 말이 없는 유형이다. 신중형이 좋아하는 커뮤니케이션 스타일은 이메일이나 문서로 커뮤니케이션하는 것이고 메신저로 대화를 나누는 것도 좋아한다. 꼭 얼굴을 보고 대화를 나눠야 하는 상황이라면 일대일 대화를 선호하는 편이다. 이들도 안정형과 유사하게 많은 사람들이 모여서 대화를 나누는 상황을 좋아하지 않고 많은 사람들 앞에서 혼자 얘기해야 하는 상황을 불편해한다. 말하기보다는 듣는 것이 더 편한 유형이라고 볼 수 있다.

(7) 자신과 타인에 대한 기대

DISC 각 유형들은 자신과 타인에 대해서 얼마만큼의 기대를 가지고 있는 걸까? 자신과 타인에 대한 기대는 각 유형이 자기 자신과 다른 사람들에게 갖는 기대 수준을 보여 주는 것이다. 다음은 각 유형들의 기대 수준에 대해 구체적으로 살펴보자.

먼저 주도형의 사람들은 자신에 대한 기대 수준은 낮은 반면 다른 사람들에게는 높은 기대 수준을 가지고 있다. 주도형은 다른 사람들에게는 잘하라고 하면서 정작 자신이 말한 것은 지키지 않는 경우가 있다. 또 남에게는 큰소리를 치지만 자기가 한 말은 지키지 않는다. 반면 타인에 대한 기대 수준은 높다. 주도형은 뛰어난 인재들에게 둘러싸여 자신이 원할 때마다 무엇이든 그들이 알아서 척척 해 주기를 기대한다. 이들이 바라는 상황은 항상 통제 가능하고 자신의 목표를 도와줄 결정을 내리는 것이다. 다른 사람들에게 높은 기대를 가지고 있기 때문에 주변 사람들이 그만큼 피곤해한다.

사교형은 자기 자신과 다른 사람들에 대해 가장 낮은 기대 수준을 갖는다. 사교형은 복잡하고 피곤한 상황을 선호하지 않고 즐겁고 재미있는 것을 좋아한다. 따라서 자신에 대해서도 지나친 기대 수준을 갖기보다는 편안한 마음을 갖기 원한다. 다른 사람들에 대해서는 사람들 사이에서 조화를 이루려는 욕구가 강하기 때문에 인간관계에 스트레스를 주는 어떤 것도 기대하지 않는다. 즉 상대에게 높은 기대를 함으로써 발생할 수 있는 여러 문제들을 원하지 않기 때문에 많은 기대를 하지 않는 것이다. 이것이 바로 사교형이 가장 편안해하는 상태가 된다.

안정형의 사람들은 기대 수준에 있어서 네 가지 유형 중 가장 중립적인 유형이다. 이들은 자신에 대해서도 지나치지 않을 정도의 기대 수준을 가지고 있을 뿐 아니라 다른 사람에 대해서도 자신에게 갖는 기대 수준 정도만을 갖는다. 기대 수준이 자신과 타인에 대해 가장 공정한 유형이라고 볼 수 있다. 안정형의 생활신조 중 하나가 주어진 일에 최선을 다하자는 것이다. 이들은 일을 찾아서 하거나 일하는 것을 즐겨 하지는 않는다. 다만 자신의 역할에서 주어진 일에 최선을 다하는 스타일이다. 그렇다 보니 자신에게 너무 많은 기대를 하거나 혹은 너무 적은 기대를 하지 않는다. 주어진 역할을 잘 완수해 낼 정도의 기대 수준만을 갖는다. 안정형의 이러한 성향은 다른 사람들에게도 그대로 적용된다.

신중형의 사람들은 자기 자신에 대해 상당히 높은 목표와 기대 수준을 가지고 있다. 반면 일을 잘하기 위한 자신의 능력은 가볍게 보는 경향이 있다. 그래서 이들은 항상 자기 자신이 가진 기대가 높지 않다고 얘기한다. 또 이들은 타인에 대해서도 자신과 동일한 기대치를 적용한다. 따라서 그들과 함께 일하는 사람들은 이러한 기대 수준 때문에 힘들어할 수 있다. 만약 신중형이 조직의 리더가 된다면 그 조직원들은 리더의 기대 수준에 맞추는 것을 힘겨워할 수 있다. 따라서 신중형들은 자신과 타인의 가능성을 인정하고 자신이 가진 기대 수준이 너무 높은 것은 아닌지 객관적인 시각으로 바라볼 필요가 있다.

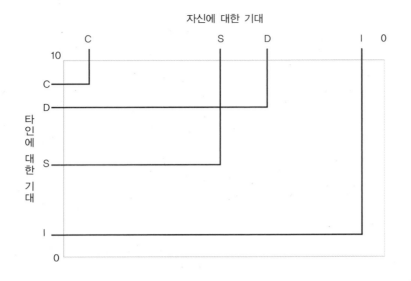

그림 2.2 DISC 유형 간 상호 기대치

출처 : 홍광수(2010). 관계. p. 68.

[그림 2.2]는 앞에서 설명한 내용들을 그림으로 나타낸 것이다.

5) DISC 유형별 갈등 요인과 반응

앞서 살펴본 바와 같이 DISC 각 유형들은 상호 간에 공통점과 차이점을 갖는다. 이러한 공통점과 차이점이 유형 간 갈등 요인으로 작용할 수 있다. 다음 [그림 2.3]은 DISC 각 유형 간의 갈등 요인을 간단히 정리한 것이다.

다음의 그림에서 확인할 수 있는 것과 같이 정확히 일치하는 행동 특성을 갖는 DISC 유형은 없다. 즉 속도와 우선순위에 있어서 정확히 일치하는 유형이 없기 때문에 DISC 네 가지 유형들은 다른 모든 유형들과 갈등 관계에 놓일 수밖에 없다. 이렇게 다른 유형들과 갈등 상황에 놓였을 경우 각 유형들은 어떠한 반응을 보일까?

먼저 주도형의 경우 갈등 상황에 직면하게 되면 지시적이고 공격적이 된다. 또 자신의 지위와 위치를 이용해 상대를 압도하고 상대와의 기 싸움에서 이기려고 한다. 즉 이러한 갈등 상황에서 승부욕이 발동하고 보다 주도적인 입장을 취하게 되는 것이다.

사교형의 경우 자신의 감정을 솔직하게 표현하고 때로는 이 때문에 상대에게 공격적인 말을 하고 감정에 치우쳐 충동적이 될 수 있다. 사교형은 기본적으로 타인과 원만한 관계를 유지하고 싶은 욕구가 있기 때문에 갈등을 피하려고 노력을 하기도 한다. 상대에게 나쁜 인상을 주는 것을 싫어하기 때문에 문제의 핵심을 피하려고 하고 화난 사람을 달래려고도 한다.

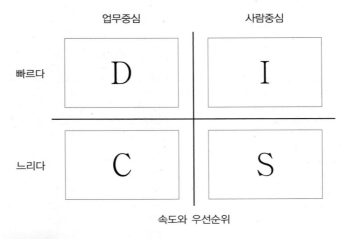

그림 2.3 DISC 유형별 갈등 요인

　안정형의 경우 자신의 감정을 잘 노출하는 편이 아니기 때문에 말을 하지 않거나 침묵하기 쉽다. 만약 주위에 흥분한 사람이 있다면 잘 달래서 흥분을 가라앉게 하고 해결책을 찾기보다는 조화를 위해 덮어버리려는 태도를 보인다. 일단 갈등해결 자체에 대해 무력감을 느낀다.

　신중형의 경우 상대의 공격이 있을 시 방어적으로 행동하고 대응 전략을 마련할 때까지 양보하는 태도를 취한다. 자신이 알고 있는 사실과 논리로 상대를 공격하고 압도하려 할 뿐만 아니라 쉽게 상대에게 굴복하지 않는다.

　DISC의 그 어떤 유형도 상대와의 갈등에서 자유로울 수 없으며 갈등 상황이 발생했을 때 자기 유형이 갖는 행동 특성이 표출되기 쉽다. 따라서 갈등 상황을 만들지 않는 것이 가장 좋은 방법이고 이는 자신과 타인의 유형 특성을 이해하고 존중하려는 노력이 함께할 때 가능하다. 만약 갈등 상황이 발생했다면 다른 사람의 입장에서 먼저 생각해 보고 함께 문제를 해결하려는 노력이 필요할 것이다.

6) DISC 유형별 직업

다음은 DISC 각 유형에 비교적 적합한 직업들을 나열한 것이다. 아래의 직업들은 DISC 각 유형별로 가능성이 있는 직업이지 반드시 이 직업이 적합하다는 것을 의미하지는 않는다. 경우에 따라서는 제시된 직업이 잘 맞는 경우도 있겠지만 그렇지 않은 경우도 있을 수 있다. 따라서 직업선택에 참고자료로만 활용해야 할 것이다.

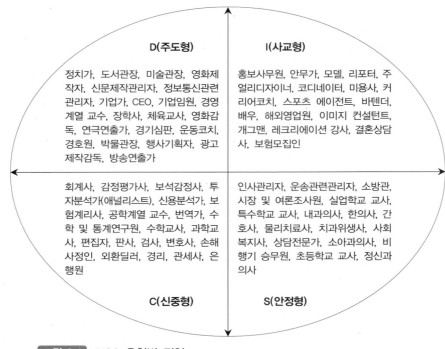

D(주도형)

정치가, 도서관장, 미술관장, 영화제작자, 신문제작관리자, 정보통신관련관리자, 기업가, CEO, 기업임원, 경영계열 교수, 장학사, 체육교사, 영화감독, 연극연출가, 경기심판, 운동코치, 경호원, 박물관장, 행사기획자, 광고제작감독, 방송연출가

I(사교형)

홍보사무원, 안무가, 모델, 리포터, 주얼리디자이너, 코디네이터, 미용사, 커리어코치, 스포츠 에이전트, 바텐더, 배우, 해외영업원, 이미지 컨설턴트, 개그맨, 레크리에이션 강사, 결혼상담사, 보험모집인

회계사, 감정평가사, 보석감정사, 투자분석가(애널리스트), 신용분석가, 보험계리사, 공학계열 교수, 번역가, 수학 및 통계연구원, 수학교사, 과학교사, 편집자, 판사, 검사, 변호사, 손해사정인, 외환딜러, 경리, 관세사, 은행원

인사관리자, 운송관련관리자, 소방관, 시장 및 여론조사원, 실업학교 교사, 특수학교 교사, 내과의사, 한의사, 간호사, 물리치료사, 치과위생사, 사회복지사, 상담전문가, 소아과의사, 비행기 승무원, 초등학교 교사, 정신과의사

C(신중형)

S(안정형)

그림 2.4 DISC 유형별 직업

출처 : I-Sight(2011). 한국교육컨설팅연구소. p. 19 내용 수정.

다음은 자신의 DISC 유형을 쓰고 이제까지 살펴본 내용을 중심으로 자신의 성격과 DISC 유형 특성과의 유사점 및 차이점에 대해 적어 본다. 또 자신이 개선하고 싶은 점에 대해서도 적어 본다.

🔍 자신의 DISC 유형 분석

자신의 DISC 유형	DISC 유형 특성과 자신의 성격
( )형	**유사점** **차이점**
내 성격의 장점	
내 성격 중 개선하고 싶은 점	
내 성격 유형에 적합한 직업	
내 성격 유형에 적합하지 않은 직업	

2. MBTI

MBTI(Myers-Briggs Type Indicator)의 역사는 칼 융(Carl. G. Jung)의 심리유형론(Psychological Type Theory)에서 시작되었다고 할 수 있다. 실제 프로이트(Sigmund Freud)를 친아버지처럼 따르고 존경했던 융이 프로이트와 학문적 의견대립으로 갈라서면서 느꼈던 고민에서부터 그의 이론은 시작되었다. 왜 자신과 프로이트가 생각의 방식이 서로 다르며, 각자 자신의 주장을 끝까지 굽히지 않은 이유는 무엇인지에 대해 고민하면서 연구를 계속했고, 그러한 연구 끝에 1920년 그의 이론이 정립되었다.

1923년 자신의 정체성에 대해 고민하던 미국의 아마추어 문학가 브릭스(Katharine Briggs)는 융의 심리유형론을 접하고 그녀의 딸인 마이어스(Isabel Briggs Myers)와 함께 본격적으로 인간의 성격 유형에 대한 연구를 시작했다. 이들은 약 20여 년의 연구 끝에 1943년 MBTI Form A를 발표했고, 1944년에는 Form C를 발표했다.

MBTI는 1956년 미국에서 검사도구로 첫 선을 보이게 되었고, 1975년에는 성격검사로 임상심리 분야나 상담관련 전문가들에 의해 폭넓게 사용되기 시작했다. 마이어스는 1962년 MBTI 16가지 성격 유형을 소개한 저서를 출판했으며 그 이후 다른 학자들에 의해 수정본이 발간되었다.

1) MBTI 네 가지 선호 유형

MBTI는 각각 대비되는 네 가지 선호 유형 여덟 가지 특성들로 구성되어 있다. 다음 〈표 2.2〉는 이러한 네 가지 선호 유형 여덟 가지 특성들을 한눈에 살펴볼 수 있도록 구성한 것이다.

네 가지 선호 유형들에 대해 보다 구체적으로 살펴보자.

(1) 외향과 내향

외향(Extraversion)과 내향(Introversion)은 에너지의 방향에 관한 것이다. 이는 활동하는 힘을 어디에서 얻느냐의 문제이다. 내향은 활동하는 힘을 자신의 내부에서 얻고 반대로 외향은 활동하는 힘을 외부에서 얻는다.

외향형(E) 사람들은 외향적 성격의 소유자로 다른 사람들과 말하기를 좋아하고 활동적이다. 조용히 있기보다는 밖으로 나가기를 좋아하고 다른 사람들과 함께하면서 무언가 행동하는 가운데 힘을 얻게 된다. 이 유형은 동적이며 인간관계에서 사람을 많이 사귀기는 하나 깊게 사귀지는 못하는 편이다. 내향형(I) 사람은 상대적으로 정적이다. 많은 사람들과 함께 어울리기보다는 조용히 생각하고 자신의 내면세계를 탐색하는 편이다. 외향형의 사람들과 달리 소수의 사람과 친밀한 관계를 맺는다. 또한 말보다는 글로 자신의 마음을 더 잘 표현하고, 하고 싶은 말이 있어도 쉽게 하지 못하고 속으로 삭이는 편이다. 이 때문에 다른 사람들이 쉽게 속을 알 수 없다.

표 2.2	MBTI 네 가지 선호 유형과 특징

에너지를 어디에서 얻는가?	
외향(Extraversion)	**내향(Introversion)**
• 외부에 주의를 집중해서 외부로부터 활력을 얻는다. • 폭넓은 인간관계를 선호하며 활동적이다.	• 내부에 주의를 집중한다. • 깊이 있는 대인관계를 선호하며 조용하고 신중하다.
어떻게 인식하는가?	
감각(Sensing)	**직관(iNtuition)**
• 오감에 의존해서 정보를 받아들이는 한편 경험의 세계를 중시한다. • 숲보다는 나무를 본다.	• 육감에 의존해서 정보를 받아들이는 한편 미래 지향적이다. • 나무보다 숲을 본다.
어떻게 결정을 내리는가?	
사고(Thinking)	**감정(Feeling)**
• 사실에 초점을 두고 논리적이고 분석적으로 판단한다.	• 사람과의 조화로운 관계에 초점을 두고 의사결정을 한다.
어떤 생활양식을 채택하는가?	
판단(Judging)	**인식(Perceiving)**
• 뚜렷한 목표와 계획을 가지고 체계적으로 생활한다. • 빨리 결정을 내리고 조직적인 것을 선호한다.	• 목표와 방향이 상황에 따라 변경 가능하고 융통성이 있다. • 결정을 내리는 데 여유가 있고 개방적이다.

출처 : Paul D. Tieger · Barbara Barron-Tieger, 강주헌 역(1999). 사람의 성격을 읽는 법. p. 58 수정.

표 2.3	외향(E)과 내향(I)의 특성

외향(E)	**내향(I)**
• 먼저 행동하고 이후에 생각한다. • 직접 얼굴을 맞대고 대화하는 것을 선호한다. • 외부 활동시간이 많기 때문에 다른 사람들로부터 '항상 바쁘다'라는 말을 듣는다.	• 먼저 생각해 보고 이후에 행동으로 옮긴다. • 메모나 이메일 등 글로써 의사표현하는 것을 선호한다. • 다른 사람들로부터 '대하기 어렵다'거나 '알 수 없는 사람'이라는 평을 자주 듣는다.

출처 : 조성환(2002). 성격. p. 35 수정.

(2) 감각과 직관

감각(Sensing)과 직관(iNtuition)은 우리가 어떻게 외부 정보를 인식하는가에 관한 것이다. 우리가 살아가면서 주변으로부터 여러 가지 정보를 수집하게 되는데, 감각형(S)들은 주로 감각, 즉 오감에 의존해서 정보를 수집한다. 자신이 직접 보고, 듣고, 만져보고, 냄새 맡고, 맛본 것에 대해서만 확신을 가지고 받아들인다. 그렇지 않은 것에 대해서는 믿으려고 하지 않는다. 그렇기 때문에 감각형은 알 수 없는 미래보다는 자신이 직접 경험한 과거나 현재를 중요하게 생각한다. 또 사물을 바라볼 때도 전체를 파악하기 어려운 숲보다는 더 구체적으로 볼 수 있는 나무를 먼저 보게 된다.

직관형(N)의 사람들은 감각형과 달리 감각보다는 육감이나 예감에 의존해서 정보를 받아들인다. 이는 눈앞에 현실로 존재하는 것이 아니기 때문에 직관형들은 주로 무의식의 영향을 많이 받는다. 직관형은 자신이 직접 경험한 구체적이고 가시적인 과거나 현재보다는 미래의 가능성이나 비전을 중시한다. 그래서 사물을 바라볼 때도 나무를 먼저 보기보다는 숲을 먼저 본다.

(3) 사고와 감정

사고(Thinking)와 감정(Feeling)은 어떻게 의사결정을 내리는가에 관한 것이다. 즉 의사결정을 할 때 무엇을 중요하게 여기느냐의 문제이다. 사고형(T)들은 모든 결정을 내릴 때 원리원칙과 규정을 중요하게 생각한다. 이들은 자신의 판단이 늘 합리적이고 논리적이기를 원하기 때문에 그에 맞는 결정을 내리려고 한다. 항상 옳고 그름을 가리려고 하기 때문에 생각이 많고 얼굴 표정이 근엄하고 말이 엄격하다. 감정형의 의사결정에 대해 지나치게 다른 사람과의 조화로운 관계에 치중한다고 생각하기 때문에 감정형들이 결단력이 부족하다고 생각한다. 이 때문에 감정형들로부터 냉정하다는 평가를 받기도 한다.

감정형(F)들은 의사결정을 하는 과정에서 원리원칙도 중요하지만 이것보다는 상대방의 감정이나 가치를 더욱 중요하게 생각한다. 이들은 다른 사람들과 조화로운 관계를 원하기 때문에 다른 사람의 감정을 최대한 의식하고 다치지 않게 하려고 노력한다. 감정형들은 얼굴 표정이 밝고 말이 부드러운 편이다. 따라서 이들은 사고형들이 너무 냉정해서 인간미가 없다고 생각한다. 이는 옳고 그름을 따지기보다는 인간적인 감정에 많은 관심을 가지고 있기 때문이다.

표 2.4 감각(S)과 직관(N)의 특성	
감각(S)	**직관(N)**
• 정확한 것에 가치를 두고 대단히 꼼꼼하다. • 실제로 적용해 보거나 결과를 원한다. • 돌다리도 두드려 보고 건넌다.	• 통찰(insight)에 가치를 두고 유추적이다. • 추가적인 방법이나 새로운 가능성을 탐색해 본다. • 눈에 보이는 것보다는 그 이면에 있는 무엇을 생각한다.

출처 : 조성환(2002). 성격. p. 38 수정.

표 2.5	사고(T)와 감정(F)의 특징

사고(T)	감정(F)
• 목표 달성을 위한 정확한 정보를 알기 원한다. • 상대방의 결점을 찾기에 신경을 곤두세운다. • 항상 회의적이고 따지기를 좋아한다.	• 인간적인 관계에 영향을 미치는 중요한 사실을 알기 원한다. • 비판하기보다는 상대방을 높이 평가하려 한다. • 가급적 수용하고 참는 편이다.

출처 : 조성환(2002). 성격. p. 42 수정.

(4) 판단과 인식

판단(Judging)과 인식(Perceiving)은 생활양식에 관한 것이다. 판단은 속도나 계획성과 많은 관련이 있는 성향이다. 판단형(J)들은 계획을 중요하게 생각한다. 또 어떤 일을 할 때 항상 미리 계획을 세우고 미리 시작하는 편이다. 다이어리를 충실하게 사용하는 사람들로 시간계획을 세우고 이에 따라 움직인다. 여행을 떠날 때나 중요한 행사가 있을 때 며칠 또는 몇 주 전부터 꼼꼼하게 계획을 세우고 준비한다. 매사 결정이 빠르고 항상 바쁘다. 판단형은 스스로 피곤해하면서도 꼼꼼함을 버리지 못하기 때문에 실수가 많지 않다. 또 정리정돈을 잘하는 편이다.

반면 인식형(P)들은 계획을 너무 꼼꼼하게 세우는 것 자체를 피곤하게 생각한다. 일이 닥칠 때마다 그때그때 문제를 해결하려고 하기 때문에 미리 계획을 세우거나 신경 쓰는 것을 좋아하지 않는다. 그 때문에 인식형들은 다른 사람들에게 시원시원하다는 느낌을 갖게 한다. 이는 인식형들이 꼼꼼하거나 계획적이지 않더라도 일을 몰아서 한꺼번에 해치우는 순발력을 가지고 있기 때문이다. 그래서 판단형들은 인식형들이 계획성 없는 사람이라고 생각한다. 인식형들은 자신이 사용하기에 편한 대로 물건이나 책을 놓고 쓰기 때문에 정리정돈을 잘하는 편은 아니다.

표 2.6	판단(J)과 인식(P)의 특징

판단(J)	인식(P)
• 사전에 알리지 않고(방문자와 정확한 시간) 방문하는 사람에 당황해한다. • 시작과 끝이 분명하고, 한 가지 일을 마친 후에 다음 일을 시작한다. • 미리 모든 것이 안정되어 있기를 원한다.	• 누가 사전에 연락하고 방문하면 그 자체를 피곤해한다. • 어디가 시작이고 어디가 끝인지 모른다. • 한 가지 일을 하다가 다른 일이 들어오면 금방 적응한다. • 과정과 자유로움에 초점을 맞춘다.

출처 : 조성환(2002). 성격. p. 46 수정.

2) MBTI 16가지 성격 유형

(1) 16가지 성격 유형과 대표 특징

위에서 살펴본 네 가지 선호 유형과 여덟 가지 특성을 토대로 MBTI 16가지 성격 유형을 도출할
수 있다. 다음 〈표 2.7〉은 MBTI 16가지 성격 유형과 그 성격을 대표하는 표현들을 정리한 것이다.

(2) MBTI 성격 기능

MBTI 성격의 기능에는 주기능, 부기능, 3차 기능과 열등 기능이 있다. 주기능은 네 가지 기능
중 자신이 가장 선호하고 즐겨 사용하는 기능이고, 부기능은 주기능 다음으로 발달한 기능으로
주기능을 보조하고 균형을 유지하기 위해 사용하는 기능이다. 3차 기능은 자신의 부족한 성격
성향을 의미한다. 열등 기능은 무의식에 묻혀 있는 기능으로 살아가면서 가장 사용하지 않는
기능이다. 사용을 하지 않기 때문에 상당히 약해져 있는 기능이다.

사람들은 네 가지 기능을 모두 가지고 있지만 무의식적으로 자신이 가장 선호하는 기능인
주기능을 가장 많이 사용하고 심한 정신적 고통이나 스트레스 상황에 놓이게 되면 3차 기능이나
열등 기능을 사용하게 된다. 주기능은 외향과 내향, 판단과 인식으로 파악이 가능하다. 판단형

표 2.7 MBTI 16가지 성격 유형과 그 대표 표현

ISTJ	ISFJ	INFJ	INTJ
책임감, 근면, 사실적, 논리적, 경험적, 보수적	헌신적, 체계적, 신중한, 경험적, 감수성, 감각적	성실한, 독창적, 정직한, 계획적, 조직적, 단호한	생각형, 독창적, 미래 지향적, 이론적, 지적 호기심, 독립적
ISTP	**ISFP**	**INFP**	**INTP**
독립적, 실용주의적, 논리적, 개인주의적, 모험적, 냉정한	감수성, 현실중심적, 겸손한, 개인적, 헌신적, 인정 있는	내적인 조화, 진실한, 감수성, 상상력, 사색적, 헌신적	내향적, 논리적, 분석적, 창의적, 권력 지향적, 독립적
ESTP	**ESFP**	**ENFP**	**ENTP**
능동적, 호기심, 충동적, 관찰적, 감각적, 활동적	사교적, 현실적, 개방적, 이해심, 솔직한, 너그러운	열정적, 낙천적, 독창적, 이해심, 온정적, 창의적	사교적, 합리적, 적응력, 협상가, 모험적, 진취적
ESTJ	**ESFJ**	**ENFJ**	**ENTJ**
기획입안자, 계획적, 논리적, 분석적, 리더형, 현실 중시	동정심, 전통적, 성실한, 실리적, 조직적, 조화로운	인간관계 중시, 열정적, 외교적, 온화한, 독창적, 조직적	리더형, 논리적, 결단력, 창의적, 조직적, 활동적

출처 : Paul D. Tieger · Barbara Barron-Tieger, 강주헌 역(1999). 사람의 성격을 읽는 법. p. 101 수정.

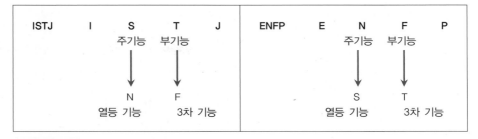

그림 2.5 MBTI 성격 기능

출처 : 조성환(2002). 성격. p. 51.

이면 주기능은 사고 또는 감정 중에, 인식형이면 감각 또는 직관 중에 결정된다. 외향일 경우 판단과 인식에 따라 주기능을 찾을 수 있다. 반면 내향일 경우는 외향의 경우와 주기능, 부기능이 바뀐다. 주기능이 정보인식 기능이면 부기능은 의사결정 기능이 되고, 주기능이 의사결정 기능이면 부기능은 정보인식 기능이 된다. 3차 기능은 부기능의 반대 기능이 되고, 열등 기능은 주기능의 반대 기능이 된다.

[그림 2.5]는 MBTI 성격 기능을 구별하는 방법을 나타낸 것이다.

ISTJ의 경우 마지막 문자가 J이므로 의사결정 기능이 주기능이어야 하나 내향이므로 정보인식 기능인 S가 주기능이 되고, 의사결정 기능 T가 부기능이 된다. T의 반대인 F가 3차 기능이 되고, 주기능인 S의 반대인 N이 열등 기능이 된다.

ENFP의 경우 마지막 문자가 P이고 외향이므로 정보인식 기능인 N이 주기능이 되고 의사결정 기능인 F가 부기능, F의 반대인 T가 3차 기능, 주기능인 N의 반대인 S가 열등 기능이 된다.

〈표 2.8〉은 위와 같이 선정한 MBTI 각 유형의 성격 기능을 정리한 것이다.

(3) 16가지 성격 유형

MBTI 16가지 성격 유형에 대해 자세히 살펴보자.

ISTJ

말이 많지 않고 차분한 성격으로 성실하며 책임감이 강하다. 흔히 이 유형의 사람들을 가리켜 세상에 소금과 같은 존재라고 한다. 이들은 전통을 계승하고 소속감이 강하며 신뢰할 만한 사람들이다. 세세한 것도 놓치지 않고 정확하기 때문에 병원, 도서관, 회사 등에서 우수한 관리자가 되고, 금융, 회계, 세무 분야에서 실력을 발휘한다. 상당히 신중하고 차분하며 상식을 벗어나려 하지 않기 때문에 일관성이 있다. 또 사람 간의 위계를 중시하고 예의범절을 중요하게 생각하는 편이기 때문에 융통성이나 변화 상황에 대한 유연성이 다소 부족할 수 있다.

표 2.8	MBTI 각 유형의 성격 기능		
ISTJ	**ISFJ**	**INFJ**	**INTJ**
주기능 : 감각(Si) 부기능 : 사고(Te) 3차 기능 : 감정(Fi) 열등 기능 : 직관(Ne)	주기능 : 감각(Si) 부기능 : 감정(Fe) 3차 기능 : 사고(Ti) 열등 기능 : 직관(Ne)	주기능 : 직관(Ni) 부기능 : 감정(Fe) 3차 기능 : 사고(Ti) 열등 기능 : 감각(Se)	주기능 : 직관(Ni) 부기능 : 사고(Te) 3차 기능 : 감정(Fi) 열등 기능 : 감각(Se)
ISTP	**ISFP**	**INFP**	**INTP**
주기능 : 사고(Ti) 부기능 : 감각(Se) 3차 기능 : 직관(Ni) 열등 기능 : 감정(Fe)	주기능 : 감정(Fi) 부기능 : 감각(Se) 3차 기능 : 직관(Ni) 열등 기능 : 사고(Te)	주기능 : 감정(Fi) 부기능 : 직관(Ne) 3차 기능 : 감각(Si) 열등 기능 : 사고(Te)	주기능 : 사고(Ti) 부기능 : 직관(Ne) 3차 기능 : 감각(Si) 열등 기능 : 감정(Fe)
ESTP	**ESFP**	**ENFP**	**ENTP**
주기능 : 감각(Se) 부기능 : 사고(Ti) 3차 기능 : 감정(Fe) 열등 기능 : 직관(Ni)	주기능 : 감각(Se) 부기능 : 감정(Fi) 3차 기능 : 사고(Te) 열등 기능 : 직관(Ni)	주기능 : 직관(Ne) 부기능 : 감정(Fi) 3차 기능 : 사고(Te) 열등 기능 : 감각(Si)	주기능 : 직관(Ne) 부기능 : 사고(Ti) 3차 기능 : 감정(Fe) 열등 기능 : 감각(Si)
ESTJ	**ESFJ**	**ENFJ**	**ENTJ**
주기능 : 사고(Te) 부기능 : 감각(Si) 3차 기능 : 직관(Ne) 열등 기능 : 감정(Fi)	주기능 : 감정(Fe) 부기능 : 감각(Si) 3차 기능 : 직관(Ne) 열등 기능 : 사고(Ti)	주기능 : 감정(Fe) 부기능 : 직관(Ni) 3차 기능 : 감각(Se) 열등 기능 : 사고(Ti)	주기능 : 사고(Te) 부기능 : 직관(Ni) 3차 기능 : 감각(Se) 열등 기능 : 감정(Fi)

출처 : Martine, C., 김현숙 외 역(2009). 성격 유형과 진로 탐색. p. 13 수정.

상대가 편안하게 느낄 수 있는 모습을 보이는 것이 필요하고 전체 상황을 보는 시각을 길러야 한다. 또 다른 사람들과 잘 어울릴 수 있도록 유머를 개발하고 타인을 인정하고 칭찬해 주는 것이 필요하다. 다른 사람들에게 하기 어려운 이야기가 있더라도 밖으로 표현하는 습관을 길러야 한다.

ISFJ

차분하고 인내심이 강한 성격으로 헌신적이며 사회규범을 잘 지킨다. 사람에게 봉사하는 것을 선호하는 성격이라 교사, 비서, 간호사, 사서 등의 직업에 종사하는 비율이 높다. 자신에게 맡겨진 책임을 매우 신중하게 처리하고 조직에서 솔선수범하며 조직의 참모 역할에 잘 어울리는 사람들이다. 완벽주의자들로 일 중심적인 삶을 산다. 사람들에게 주목받는 것을 수줍어하고 다른 사람의 이야기를 잘 듣는 편이다. 또 화를 잘 내지 않고 속으로 많이 참는다.

지나친 완벽주의 성향을 탈피할 필요가 있고 맺고 끊는 것을 확실히 할 수 있도록 노력해야 한다. 자신의 주장을 좀 더 논리적이고 분명한 어조로 다른 사람들 앞에서 이야기할 수 있어야 하고 전체를 볼 수 있는 통찰력과 보다 활기찬 생활이 필요하다.

INFJ

조용하고 차분하며 확고한 신념을 가진 이상주의자들이다. 공감능력이 풍부하고 통찰력을 지녔으며 중후한 인격의 소유자로 친구 관계 폭은 넓지 않다. 인간의 정신세계와 관련된 직업, 특히 정신과 의사, 상담가, 철학자, 종교인이 잘 맞는다. 동정심이 많고 자신을 따르는 사람을 잘 도우며 인간사를 통찰하는 능력이 뛰어나다. 이상주의자 중에서 가장 관념주의자에 가깝다. 창의적이고 독창적이며 복잡한 성격의 소유자들이다. 상당히 격식을 따지고 신중하지만 개인적인 신념에 따라서 행동과 의사를 결정한다. 극단적인 집중력을 보여 주며 목표 달성을 위한 집착이 강하다.

생각을 잘 표출하지 않고 단지 글로써 심정을 표현하며 일상적인 일이 반복되는 것을 견디지 못한다. 무한한 가능성과 잠재력을 상상력으로 사용할 수 있는 직업을 선호한다. 정신적인 사랑을 추구하고 인정을 못 받거나 부정적 피드백을 받으면 마음의 상처를 많이 받는다. 일이든 사물이든 정리정돈이 잘되는 것을 좋아한다.

자신의 이상적인 모습을 현실과 맞출 수 있는 노력이 필요하다. 자신의 정체성을 보다 확고히 하고 자기주장을 할 수 있는 훈련을 해야 한다. 다른 사람의 복지를 대변하고 인류애를 갖는 것도 좋지만 지나치다 보면 자신이 희생양이 되기 쉽다는 점을 인식해야 한다. 어려운 문제에 부딪히면 회피하기보다 문제에 도전하는 적극적인 자세가 필요하다.

INTJ

고집이 세고 자기확신이 강한 유형이다. 자기주장이 강하고 그런 논리를 펼칠 수 있는 지적 능력을 갖춘 탁월한 이론가이며 뛰어난 창의적 전략가이다. 미래를 예견하는 능력과 논리적이고 성실한 분석으로 내린 결정은 타의 추종을 불허할 만큼 정확하게 미래를 예측한다. 그들은 독립적 성향이 강하며 의지력이 강한 완벽주의자이다. 언제나 새로운 사고에 마음을 열고 있는 브레인스토머로 가장 자신감 있는 유형이다.

시스템을 개발하고 적용하는 사람들, 인간공학, 물리학 분야에 종사자가 많다. 지적인 면에서는 끝을 보아야 하는 성격으로 협조적이기보다는 잘난 체하는 사람으로 인식될 수 있다. 하지만 가정이나 직장에서 주어진 역할에 충실하고 책임감이 강하다. 인간관계에 어려움을 많이 겪는 유형으로 동료 간의 관계에 불편을 느낄 수 있고 왕따를 당하기도 한다. 하지만 이에 개의치 않고 자신의 일에만 몰두한다. 겉으로 보기에 냉담하고 인간미가 없어 보이나 정서적으로 따뜻하고 포근한 면이 있다.

자신의 생각을 충분히 전달하는 데 약한 편이므로 이를 개발하려는 노력이 필요하다. 독단적인 이미지를 씻을 수 있도록 노력해야 하고, 지적인 면만 강조하지 말고 인간의 정서적이고 심미적인 면에도 관심을 기울여야 한다. 타인을 칭찬하는 습관을 가지도록 노력하고 타인과 조화를 이루고 협력하는 자세를 배울 필요가 있다.

ISTP

모험을 즐기는 도구의 장인이며 두뇌게임에 탁월하다. 낙천적이며 문제에 부딪히면 걱정하지 않고 신속하게 해결하는 것에 관심이 있다. 충동적이며 행동파로 스피드를 즐기는 스포츠를 좋아한다. 조종사 중에 이 유형이 많다. 독립적이고 자율적인 성격으로 구속받기 싫어하고 시간과 공간적 자유를 필요로 한다. 개인적이고 조용한 성품으로 주변의 것을 거의 놓치지 않는 냉철한 관찰자이다. 속마음을 쉽게 표현하지 않고 혼자 성찰을 잘하는 편이다. 순하고 점잖아 보이지만 화가 나면 감정적으로 폭발하기도 한다.

자신의 속마음을 표현하는 훈련이 필요하고, 얼굴 표정이 지나치게 굳고 무거워 보이므로 표정관리에 주의를 기울여야 한다. 또 상대의 감정을 이해하려는 마음 자세가 필요하다. 지나치게 비계획적이어서 일을 합리적으로 처리해 나가는 데 어려움이 있을 수 있으므로 계획성과 인내심을 기르는 훈련을 해야 한다.

ISFP

자연과 인간 모두를 사랑하며 조용하고 부드럽게 살아가는 유형이다. 예술가적 재능을 타고났으며 아름다움을 추구하는 유형으로 순수예술을 좋아해 위대한 예술가가 많다. 자신을 직접 말로 표현하기보다는 행동, 즉 예술 등의 매개체로 표현한다. 음악가, 무용가, 운동선수가 많다. 온화하고 겸손하며 동정심이 많다. 다른 사람이나 동물을 배려하고 헌신적이며 눈에 띄는 즉시 도와주려고 한다. 또 현재의 순간에 충실하게 살아가면서 주변에서 만족할 것을 찾으려고 한다. 타인에게 구속받거나 지시받는 일을 싫어한다.

자신의 속마음을 말로 표현하는 것이 필요하고 때로는 'NO'라는 표현도 할 수 있어야 한다. 계획하고 분석하는 능력도 개발할 필요가 있고, 자신의 예술적 능력을 살려 자신의 진로를 선택하는 것이 바람직하다.

INFP

조용하고 마음이 따뜻하며 신비롭고 이상을 추구하는 유형이다. 흔히 잔다르크 유형이라고 한다. 이상주의자 중 이상주의자로 뚜렷한 개인의 가치관과 독특한 세계관에 따라 행동한다. 자신의 일을 묵묵히 수행하는 편이나 같은 일을 반복해서 시키거나 비효율적인 일을 지시하면 이를 참기 힘들어한다. 학구적이며 언어능력이 뛰어나다. 자신을 믿는 사람과 신념을 위해 기꺼이 목숨을 바치는 소명의식의 소유자들로 교수, 정신병리학자, 건축가, 심리학자가 많고 사업과는 거리가 멀다. 낯설고 믿지 못하는 사람에게는 점잖고 신중하며 때로는 냉정하다. 그러나 깊은 관심을 쏟는 사물이나 사람에게는 따뜻하고 열정적이며 헌신적이다.

타인의 부탁을 냉정하게 끊기가 어려워 마음고생을 많이 하고 평상시 말할 때 자신의 투영된 그림자, 영혼 그리고 신과 속삭이는 것처럼 한다. 조직이나 과업보다는 인간에게 관심이 더 많다. 가정에 충실하고 조직에서도 사람들과의 조화를 중시하는 완벽주의를 추구한다. 이상적인 아이디어가 실현되지 못할 경우 이상과 현실 간의 괴리를 통해 욕구좌절을 경험한다.

꿈과 이상은 갖되 현실과 타협하는 자세가 필요하다. 타인과의 보다 적극적인 교류가 필요하고 자신이 할 말은 하고 살아야 한다. 모든 잘못에 대한 책임을 자신이 다 지려 하지 말고 지나친 완벽주의에서 탈피하려는 노력을 기울여야 한다.

INTP

MBTI 16가지 유형 중 가장 지식에 관심이 많은 유형으로 조용한 편이지만 자신의 관심 분야에 대해서는 달변가이다. 집중력이 뛰어나고 분석력과 인내심이 강하다. 말과 생각이 정확하고 민감한 유형으로 시스템이나 아이디어 설계자이다. 기억력이 좋고 무엇이든 분석하려는 성향 때문에 체계적인 사고를 요하는 직업에 종사한다. 매우 독립적이며 창의력이 뛰어난 사람들로 추상적이고 복잡한 문제에 흥미를 느끼며 자신의 주장을 논리적으로 치우침 없이 분명하게 주장할 수 있다. 이론이나 개념을 연결시키는 초인적인 능력의 소유자로 지적 탐구에 끝이 보이지 않는다. 성적이 상위권이고 대학 교수나 연구소 혹은 다른 직업을 선택했을 경우, 그 곳에서도 지적인 자기개발을 멈추지 않는다.

인간관계에서 다소 어려움을 느끼며 정서적인 부분이 메말랐다는 핀잔을 듣는다. 가정에 충실하나 중요한 행사나 기념일을 잊어버리기 쉽다. 조직에서는 뛰어난 역량을 발휘하나 타인의 감정이나 마음을 이해하지 못해 기계적인 이미지를 갖는다. 조용한 연구실이나 복잡한 문제를 해결해야 하는 토론장에서 유감없이 자신의 능력을 발휘한다. 새로운 아이디어나 정보 간의 연결능력이 뛰어나 항상 큰 그림을 잘 그리고 조직의 비전이나 장기적인 마스터플랜을 짜는 데 가장 뛰어난 능력을 발휘한다.

인간관계에 있어 상대방의 마음을 알아 주는 태도가 필요하다. 인내심을 갖고 상대방의 얘기를 귀담아 듣고 좀 더 현실적인 감각을 키워야 한다. 지나치게 논리적이고 분석적이며 비판적으로만 문제를 볼 것이 아니라 조화와 협력이라는 공동체적인 문화에 익숙해지기 위해 노력해야 한다.

ESTP

MBTI 16가지 유형 중 가장 눈치가 빠르고 신속하게 행동하는 유형이다. 때문에 신속한 상황처리와 문제해결능력이 탁월하다. 진취적이며 뛰어난 사업가이자 국제적인 외교가, 분쟁 조정가, 협상가 역할에 어울리는 유형이다. 사람의 속마음을 잘 파악하고 호탕한 성격으로 기획과 홍보 업무는 잘하지만 주의를 기울여야 하는 세세한 일은 잘 못한다. 현실적이고 관찰력이 뛰어나며 실리적이다. 바쁘게 돌아다니는 것을 좋아하고 현재의 순간에 충실한 것으로 만족한다. 시간적·공간적 구속을 싫어하고 물질적 소유욕이 강한 편이나 돈을 혼자 쓰지 않고 가족을 위해서 쓴다. 상대의 질문이나 요구에 신중하지 않게 쉽게 대답하거나 인간관계에 있어 조건부로 사람을 사귀는 경향이 있다.

　행동 전에 계획을 세우고 행동하는 것이 필요하고 활기찬 것은 좋으나 예의 면에서 다소 부족할 수 있으니 이 점에 주의를 기울어야 한다. 또 현재에 너무 집착한 나머지 미래에 대한 통찰력이 다소 부족할 수 있다. 상대방을 대할 때도 실리적이고 현실적인 것보다 감정이나 내적인 가치에도 신경을 써야 한다.

ESFP

MBTI 16가지 성격 중 가장 관대한 성격으로 인간관계에 있어 가장 인기가 많고 친구가 많다. 부드럽고 쾌활한 성격의 소유자로 사람을 즐겁게 해 준다. 따뜻한 마음과 낙천적인 사고방식의 소유자이다. 재치 있게 말을 잘하고, 함께 있으면 즐거워지는 가장 마음이 넓은 유형이다. 활동적이고 매사에 열심이며 주변 사람들을 몰고 다니는 경향이 있다. 현실적이고 실리적이며 남을 배려하는 편이다. 또한 형식에 얽매이지 않고 느긋한 성품이다. 눈치가 빠르고 행동이 기민한 편이나 계획성이 부족한 관계로 약속을 지키는 데 다소 소홀한 편이다. 기분파로 금전적 자제력이 부족하고 인생을 끝없는 파티로 생각한다.

　느긋한 성격과 계획성 부족으로 상대에게 믿지 못할 사람으로 인식되기 쉽다. 이 부분을 개선하기 위한 노력이 필요하다. 또 사람들과 잘 지내는 것은 좋지만 너무 밖으로만 다닐 게 아니라 좀 더 안정적으로 행동할 필요가 있다. 말과 행동에 있어서도 맺고 끊는 것을 분명히 해야 한다.

ENFP

에너지가 넘치고 정열적이며 새로운 것을 추구하고 대인기술이 탁월하다. 낙천적 성격의 소유자로 직업의 폭이 넓고 다양한 영역에서 성공한다. 따뜻한 열정과 진취적인 정신이 있으며 독창성과 상상력이 필요한 직업에 종사한다. 창의적이며 쾌활한 성격으로 가족과 친구를 우선으로 생각한다. 괴짜 기질이 있고 일하는 것을 즐기며 밖으로 나다니는 것을 좋아한다. 물건에도 내 것, 네 것이 따로 없고 형제나 자매간에도 자유롭게 사용한다. 악의가 없고 화를 낸 사람에게도 금방 상냥하게 인사를 건넨다. 자기 것을 제대로 못 챙기고 구체적이고 계획성 있는 일을 잘 못한다. 어려운 문제에 직면하는 것을 싫어한다.

팔방미인으로 통하고 이상주의자로 현실적인 면에는 다소 적응력이 떨어진다. 신세대 감각이 톡톡 튀는 존재로 자기 손에 돈이 남아나지 않고 저금을 잘하지 않으며 돈을 헤프게 쓰는 편이다. 미래에 대한 준비보다는 현재의 낭만을 즐기려 한다.

계획성이 필요하고 현실감각을 키워야 한다. 상대방의 이야기를 너무 무심코 듣는 경향이 있으므로 상대방의 이야기를 귀담아 듣고 실천에 옮기려는 의지가 필요하다. 자신이 문제에 부딪혀 어렵고 힘든 일이 생기더라도 일을 해결하는 데 인내심을 갖고 임하는 자세를 가져야 한다.

ENTP

열정적이고 설득력이 있으며 카리스마를 보이기도 한다. 사람을 이해하고 관계를 넓혀 가는 능력 그리고 사회적 흐름을 예견하는 능력을 가졌기 때문에 선천적인 사업가나 정치인이라고 할 수 있다. 말이 많고 언어능력이 풍부하며 복잡한 문제해결에 탁월한 능력이 있다. 일을 추진하는 데 힘이 넘치며, 주변 사람들도 그 과업에 참가하도록 격려하고 고무시킨다. 처음 보는 사람에게도 탁월한 유머감각으로 말을 잘 건넨다. 눈치가 빠르고 조직에서 성공하는 경우가 많다.

주변에 항상 많은 사람들이 따르긴 하지만 업무상 그럴 뿐이지 인간관계는 상당히 기계적이다. 냉정하리만큼 사람의 정서적인 부분에 대해서는 반응을 보이지 않는다. 가족에게는 정서적이고 감정적이지만 직장에서는 냉정할 정도로 과업중심적 행동을 보인다. 아이디어 면에서 타의 추종을 불허할 정도로 많은 일거리를 찾아내고 일을 여기저기 많이 벌려 놓지만 실행에 있어서는 책임감과 일관성이 부족해 가끔 주변에서 신뢰를 잃기도 한다.

일을 많이 벌려만 놓지 말고 추진하는 현실감각을 높이는 것이 필요하다. 남자의 경우는 더한데 나이가 들어도 워낙 말하기를 좋아하고 자신이 가진 에너지를 방출하려는 성향으로 인해 품위가 없어 보일 수 있으므로 말을 좀 줄이면서 품위를 지키려는 노력이 필요하다. 인간관계에 있어 너무 냉정할 정도로 감정이나 정서적인 부분에 매너리즘으로 대하는 경향이 많으므로 이 부분을 개선해야 한다. 유머감각이 좋은 대신 칭찬하는 데 인색한 편이고 자신의 지적인 가치만큼 다른 사람의 가치도 인정하려는 습관을 가질 필요가 있다.

ESTJ

가장 무난한 성격으로 자신의 의사표현이 자유롭고 말을 많이 하는 편이다. 사실을 중시하는 현실주의자로 판단이 빨라 처신을 잘한다. 목표를 효과적으로 달성하기 위해 업무와 사람을 잘 조직화하는 데 뛰어난 능력을 가지고 있고 책임감이 강하며 리더의 자질을 가지고 있다. 구체적이고 정확한 것을 선호하는 편이나 직관력이 다소 부족하다. 주변에 친구들은 많은 편이지만 속마음을 털어놓고 얘기를 나눌 만한 진정한 친구는 많지 않다.

상대방의 의견을 잘 듣고 공감해 주는 노력이 필요하며 칭찬과 인정에 인색하지 않도록 주변 사람들을 격려해야 한다. 업무중심의 리더십에 인간관계를 고려한 리더십이 더해진다면 조직의 훌륭한 리더가 될 수 있다.

ESFJ

사람들에게 너그럽고 사교적이며 말이 많은 편이다. 그렇기 때문에 대인업무에 뛰어나고 특히 사회봉사, 복지사업, 서비스나 세일즈 분야에서 일하는 것이 잘 맞는다. MBTI 유형 중 가장 사교적인 유형으로 사람들과의 교류를 통해 힘을 얻고 조직 내에서 조화로운 관계를 만들어 간다. 감수성이 강하고 동정심이 많기 때문에 다른 사람을 실질적으로 도와주는 것에서 즐거움을 찾는다. 질서와 조화를 중시하고 해야만 하는 것과 하지 않아도 되는 것을 구분하여 행동한다. 타인으로부터 인정이나 칭찬을 받길 좋아하고 상대방을 너무 의식한 나머지 자신의 의견을 분명히 말하지 못할 때가 있다.

논리적이거나 분석적이지 못하기 때문에 이 부분에 대한 능력을 키울 필요가 있다. 또 타인과의 좋은 관계를 지나치게 신경 쓴 나머지 자신이 소신껏 해야 할 말을 하지 못할 때가 있다. 이 점에 대한 개선이 필요하다. 또 유연하고 능동적인 사고가 필요하고 문제가 발생했을 때 문제와 직접 부딪혀 해결하려는 생각을 가져야 한다. 결정을 내리기 전에 꼭 이렇게 되어야 한다는 강박관념을 갖지 말고 여유롭고 유연하게 생각할 필요가 있다.

ENFJ

부드럽고 다른 사람과의 관계를 매우 중시하는 유형이다. 친화력 및 사람들과의 조화를 바탕으로 소규모 집단을 이끄는 리더십을 발휘한다. 달변가이며 사람을 잘 다룬다. 타인의 감정에 대한 심적 책임감이 지나쳐 대인관계에 부담이 될 수 있다. 사교성이 뛰어나고 사람과 교류할 수 있는 직업에 잘 맞는다. 특히 타고난 교사 스타일이다.

열정적이고 활달하며 인간관계에서 뛰어난 능력을 이용해, 다른 사람이 잠재능력을 최대한 발휘할 수 있도록 도와준다. 창의적이고 열정적이며 조직적인 까닭에 그들은 어떤 종류의 활동이나 업무에도 적극적으로 뛰어든다. '사랑을 먹고 사는 사람'처럼 주변 사람들로부터 사랑과 인정을 원한다. 꿈속의 왕자가 나타나기를 바라거나 전혀 현실적으로 맞지 않는 대상을 연인이나 배우자로 원한다. 가족을 위한 굳건한 사명감을 가지고 있다. 여러 책들을 읽고 그 내용들을 순식간에 편집하여 자신의 책을 만들어 내는 능력이 있다.

맺고 끊는 것을 분명히 할 필요가 있고, 모든 것을 인간관계 중심으로 생각하고 판단하는 것에서 탈피해야 한다. 이상에서 벗어나 현실을 직시할 필요가 있으며 타인의 부정적 피드백에 너무 주의를 기울일 필요는 없다.

ENTJ

다른 사람을 거느리는 통치자를 꿈꾸는 사람들로 카리스마적 기질이 있다. 상대에게 강력한 인상을 주며, 지시를 하고 따를 수밖에 없는 잠재적 힘을 가지고 있다. 타고난 조직의 리더, 사령관 스타일로 지도자 역할을 좋아한다. 앞을 멀리 내다보며 작은 것보다는 전체적인 부분을 보는 통찰력을 중요하게 생각한다. 따라서 의사결정 시 현재보다는 미래의 가능성에 초점을 맞춘다.

조직적인 환경에서 일하는 경우가 많고 사람들을 잘 이끌며 비능률적이거나 실수를 용납하지 않는다. 자신의 목표 수행에 집중해 타인의 입장이나 감정을 헤아리지 못할 수 있다. 자신이 옳다고 생각하면 자신이 정한 방식대로 밀고 나간다. 대개 성공한 경우가 많아 조직의 최상위 계층에 위치해 있고 평상시 일에 만족하지 않고 많은 일을 만들어 내고 이를 추진해 가는 데서 삶의 에너지를 얻는다. 어떤 유형의 사람들보다 많은 사람들을 다양하게 알고 지낸다. 전화번호부에 수많은 사람들의 이름이 기록되어 있다.

다른 사람의 얘기를 귀담아 들어야 하고 자신과 타인의 감정을 이해하고 이를 받아들이려는 자세가 필요하다. 너무 과업중심적인 태도와 언행으로 진정한 인간관계를 유지하는 사람이 적다. 따라서 깊이 있는 인간관계가 필요하며 보다 유연하고 부드러운 이미지를 갖기 위해 노력해야 한다. 삶의 가치를 겉으로 드러나는 것에만 두지 말고 그 속에 있는 의미도 가끔 생각해 보아야 한다. 자신의 내면의 소리에 귀 기울일 필요가 있다.

3) MBTI 유형 간 갈등과 상호 이해

타인과의 원활하고 바람직한 상호작용을 위해서는 자신의 유형 특성을 먼저 잘 이해하고 다른 유형이 가진 특성을 이해해야 한다. 그리고 이해하는 것에 그치는 것이 아니라 더 나아가 갈등 없이 서로 화합하고 함께 잘 지내기 위한 노력을 기울어야 한다. 이를 위해 각 유형 간 주요 갈등 요인을 살펴보는 것은 매우 의미 있는 일이다.

다음 〈표 2.9〉는 MBTI 유형 간 갈등 요인을 정리한 것이다.

먼저 외향과 내향의 경우는 본인이 할 말을 다하느냐 아니면 할 말을 하지 못하고 속으로 삭이느냐의 차이로 인해 갈등이 존재할 수 있다. 외향형의 경우 내향형이 솔직하지 못하고 속을 알 수 없는 사람이라고 생각할 수 있고, 내향형은 외향형에 대해 말이 너무 많고 말로 다른 사람의 마음을 상하게 한다고 생각할 수 있다.

감각과 직관의 경우는 정보를 받아들일 때 그것을 구체적으로 보느냐 추상적으로 보느냐의 차이로 인해 갈등이 존재할 수 있다. 두 유형의 사람들이 함께 회사의 연간계획서를 작성한다고 생각해 보자. 감각형은 데이터에 근거한 세부적인 사항을 중심으로 작성할 것이고, 직관형은

표 2.9	MBTI 유형 간 갈등 요인

에너지를 어디에서 얻는가?	
외향(Extraversion)	내향(Introversion)
행동, Face-to-face	사색, 글이나 문서
어떻게 인식하는가?	
감각(Sensing)	직관(iNtuition)
감각, 꼼꼼한, 구체적	육감, 유연한, 크게 보려 하는
어떻게 결정을 내리는가?	
사고(Thinking)	감정(Feeling)
옳고 그름, 원리 원칙	감정과 가치, 조화로운 관계
어떤 생활양식을 채택하는가?	
판단(Judging)	인식(Perceiving)
조기 착수, 계획성, 빠른 판단	임박 착수, 임기응변, 일을 미룸

데이터보다는 예측에 의한 미래 전망을 포함해서 큰 그림을 그리는 내용으로 계획서를 작성할 것이다. 이 두 유형이 서로 간에 장점을 인식하고 서로 보완적으로 업무를 처리하지 않는다면 심각한 갈등 상황에 직면하게 될 가능성이 높다.

사고와 감정의 경우는 원리원칙대로 일을 처리하느냐 아니면 사람과의 관계를 더 신경 쓰느냐의 차이로 인해 갈등이 존재할 수 있다. 사고형의 경우 일을 처리할 때 사람과의 관계보다는 일을 옳은 방향으로 원칙대로 처리하려는 경향이 있다. 반면 감정형의 경우는 조화로운 관계를 중요하게 생각하기 때문에 다른 사람의 감정을 존중하고 가치를 인정하는 자세로 일을 처리하려고 한다. 따라서 사고형이 볼 때 감정형의 사람들은 너무 우유부단해 보이고 감정형이 사고형을 볼 때는 너무 인정이 없고 원리원칙만 아는 답답한 사람이라고 생각할 수 있다.

판단과 인식의 경우는 미리 계획을 세워 실행하느냐 계획 없이 일을 미루다가 임박해서 일을 진행하느냐의 차이로 갈등이 존재할 수 있다. 판단형의 경우는 항상 미리 계획을 세우고 그 계획에 따라 차근차근 실행에 옮기는 사람들인 반면, 인식형의 경우는 계획을 잘 세우지 않고 임기응변으로 임박해서 일을 진행한다. 판단형과 인식형 두 사람이 한 팀을 이루어 프로젝트를 진행할 경우 갈등 상황에 직면하게 될 가능성은 매우 높다.

이러한 갈등 상황을 극복하기 위해서는 우선 상대방의 특성을 먼저 이해하고 자신이 갖지 못한 장점을 상대방이 가지고 있다는 것을 인식해야 한다. 또 서로 갈등 관계에 대해 보다 유연한 자세를 갖고 상생(win-win)하려는 노력을 해야 한다.

4) MBTI 유형별 직업

다음 〈표 2.10〉은 MBTI 각 유형별로 비교적 선택률이 높은 직업을 나열한 것이다. 이 직업들은 선택 가능성이 높은 직업이지 반드시 이 직업이 적합하다는 것을 의미하지는 않는다. 경우에

표 2.10	MBTI 각 유형별 선택률이 높은 직업		
ISTJ	**ISFJ**	**INFJ**	**INTJ**
철강노동자	자격증 있는 준간호사	종교교육 지도자	건축가
경찰관리자	사무관리자	순수예술가	변호사
지역공익사업관리자	초·중·고 교사	정신과 의사	컴퓨터 전문가
시·도·정부관리자	유치원 교사	교육분야 컨설턴트	법조인
중소기업관리자	비서	사이코드라마 치료사	행정부 관리자
치과의사	언어병리학자, 치료사	성직자	경영 컨설턴트
회계사	보조교사	건축가	화학 과학자
수학교사	도서관 사서	언론매체 전문가	연구 종사자
전기기사	성직자	영어 교사	사회봉사 종사자
공장·현장 감독관	물리치료사	사회사업가	전기·전자 엔지니어
ISTP	**ISFP**	**INFP**	**INTP**
농부	가게 주인, 점원	순수예술가	화학자
장교, 사병	조사연구원	정신과 의사	컴퓨터전문가
전기·전자 엔지니어	사무관리자	가출청소년 상담가	건축가
조종사	치과보조사	건축가	연구보조원
운송기사	운동선수	편집자	순수예술가
치과 위생사	무용가	연구보조원	컴퓨터프로그래머
현장 감독관	청소서비스 종사자	언론인	법률가
기계공	형사	심리학자	요식업 서비스
조사연구원	목수	종교교육자	조사연구원
법률 비서, 서기	자격증 있는 실무 간호사	작가	정부행정관리자
ESTP	**ESFP**	**ENFP**	**ENTP**
마케팅전문가	아동 보육사	사이코드라마 치료사	사진사
형사	운송업 종사자	언론인	마케팅전문가
목수	공장 현장 감독관	재활상담가	언론인
중소기업관리자	도서관 직원	미술, 연극, 음악 교사	배우
경찰관	회계원	가출청소년 상담가	컴퓨터 시스템 분석가
회계감사원	디자이너	연구 보조원	금융중개인
기능직 종사자	사무관리자 및 타자수	학교상담가	정신과 의사
농부	레크리에이션 보조	심리학자	화학 엔지니어
소방관리자	유치원 교사	종교교육 지도자	건축가
경호원	학생지도 교사	성직자	기계 엔지니어

(계속)

표 2.10	MBTI 각 유형별 선택률이 높은 직업(계속)		
ESTJ	**ESFJ**	**ENFJ**	**ENTJ**
중소기업 관리자	초·중·고교 교사	종교교육 지도자	경영 컨설턴트
소방관리자	의료 보조원	성직자	변호사
구매담당원	메이크업 아티스트	가정 경제학자	인력자원 관리자
상업·기술 교사	요식업 서비스	보건 교사	시스템분석가
요식업 관리자	학생지도 행정가	사이코드라마 치료사	판매관리자
경찰관리자	가정 경제학자	배우	회사 임원
학교장	치과 보조원	미술, 연극, 음악 교사	금융중개인
은행직원	치료 교사	순수예술가	마케팅 전문가
공장·현장 감독관	전문 간호사	학교상담가	기술연구소 행정가
판매관리자	종교교육자	컨설턴트	생물학자

출처 : Martine, C., 김현숙 외 역(2009). 성격 유형과 진로 탐색. pp. 19~63 내용 정리 및 수정.

따라서는 표에 제시된 직업이 잘 맞는 경우도 있겠지만 그렇지 않을 수도 있다. 따라서 전적으로 신뢰하는 것은 문제가 있고 직업 선택에 참고 자료로만 활용해야 할 것이다.

　다음의 표에 자신의 MBTI 유형을 쓰고 이제까지 살펴본 내용을 중심으로 자신의 성격과 MBTI 유형 특성과의 유사점 및 차이점에 대해 적어 본다. 또 자신이 개선하고 싶은 점에 대해서도 적어 본다.

🔍 자신의 MBTI 유형 분석

자신의 MBTI 유형	MBTI 유형 특성과 자신의 성격
유형 ( )	**유사점** **차이점**
내 성격의 장점	
내 성격 중 개선하고 싶은 점	
내 성격 유형에 적합한 직업	
내 성격 유형에 적합하지 않은 직업	

3. 자기평가

1) 자신의 성격 이해

DISC 유형과 MBTI 유형을 통해 살펴본 자신의 성격에 대해 성찰하는 시간을 갖는다. 자신이 생각하는 성격의 장단점과 개선하고 싶은 점에 대해 작성해 본다. 각자 자신이 작성한 내용을 발표하고 서로 의견을 나눈 후 자신의 성격에 대한 생각을 정리한다.

📷 자신의 성격 이해

내가 생각하는 성격 장점	내가 생각하는 성격 단점
내가 좋아하는 내 성격	
내 성격 중 개선하고 싶은 점	개선할 수 있는 방법
그룹 토론을 통해 내 성격에 대해 느낀 점	

2) 자신의 역량과 경험 이해

현재까지 자신이 보유한 지식과 스킬, 자격증 그리고 다양한 삶의 경험에 대해서 살펴본다.

(1) 지식과 스킬

자신이 현재 보유하고 있는 지식과 스킬들에 대해 적어 본다. 자신이 가진 지식과 스킬 분야의 강점에 대해서 인식하고 자신이 앞으로 보완해야 할 지식과 스킬에 대해서도 생각해 본다. 이를 통해 좀 더 노력해야 할 부분과 개발 필요성에 대해 인식한다.

🔍 자신의 지식과 스킬의 강·약점

	보유/강점	보완/약점
지식		
스킬		
개발이 필요한 지식과 스킬		

(2) 자격증

자신이 현재 보유하고 있는 자격증 현황을 살펴봄으로써 그간 노력해 온 결과를 평가할 수 있고 또 앞으로 개발해야 할 부분에 대해서도 생각해 볼 수 있다. 자신이 원하는 직업과 직장을 얻기 위해 필요한 자격증과도 연결시켜 생각해 볼 수 있다.

🔍 자신의 자격증 보유현황

자격증	취득일	발행기관

(3) 경험

초기 심리학자들은 인간의 지능과 학습능력 간의 관계를 규명하고자 하였다. 심리학자인 윌리엄 제임스(William James)는 지능은 청소년기까지 발달하고 그 이후는 퇴보하기 때문에 25세까지는 효과적인 학습이 가능하나 그 이후는 어렵다고 보았다. 또 지능과 학습에 대한 다른 견해로는 40세 정도가 지나면 생산적인 학습능력은 모두 소진되기 때문에 그 이후의 성인들에게 교육을 한다는 것은 무의미하다는 것이다. 지능에 대해 보편적으로 인식되고 있는 것은 지능의 발달은 15세 전후로 최고 수준에 도달하고 그 이후로 안정을 유지하다가 25세 정도 또 시기를 늦게 잡더라도 40세부터 지능이 쇠퇴하기 시작하고 60세가 넘으면 빠른 속도로 퇴보한다는 것이다.

그러나 새롭게 대두되고 있는 지능 이론과 학습 이론에 따르면, 지능이 성인기에 감퇴한다고 보는 것은 인간의 지적 능력을 너무 단순하게 보는 것이라고 주장하고 있다. 지능에 대한 새로운 이론들은 성인이라고 해서 반드시 지능이 감퇴하는 것은 아니라고 밝히고 있다. 인간의 지적 능력은 여러 복합적 능력 요인으로 구성되어 있는데, 그 가운데 어떤 것은 일찍 발달하여 일찍 퇴보하지만 다른 것은 늦게까지 발달하기 때문에 일률적인 곡선 이론은 맞지 않는다는 것이다. 그러므로 지적 능력을 총체적인 단일 요소로 볼 것이 아니라 여러 요소의 복합적 구성체로 보아야 한다는 것이다.

지능을 복합적 요소로 파악하고 이를 체계화시킨 카텔(Cattel)과 혼(Horn)은 지적 능력을 연령에 따라 감퇴하는 요소와 연령의 영향을 받지 않는 두 요소로 나누어 전자를 '유동적 지능(fluid intelligence)'으로 후자를 '결정적 지능(crystallized intelligence)'으로 명명하였다. 이 두 종류의 지능은 기능적으로 동일한 것이나 발달되는 과정이 다르다는 것이 그들의 주장이다. 즉 두 지능 모두 문제해결능력, 추상적 사고능력, 개념형성능력, 추리력, 지각능력 등 인간의 지적 능력의 기본 요소를 모두 포함하고 있지만 그것을 습득하는 방식에 차이가 있으며, 습득방식에 따라 연령의 영향을 받는 모습이 다르다는 것이다.

유동적 지능은 타고난 능력과 같아서 경험이나 학습과 상관없이 가지고 있는 것으로 학습을 많이 한다고 해서 더 발달하지 않으며 오히려 시간이 갈수록 점점 퇴보된다. 반면에 결정적 지능은 의도적 학습과정을 통하여 발달하는 것으로 개인이 살고 있는 문화 속에서 습득하는 경험과 지식이 중요한 영향을 미친다. 그러므로 학습을 많이 할수록, 경험을 많이 할수록, 그리고 지식을 많이 갖출수록 결정적 지능은 높아진다. 즉 연령과 비례하여 결정적 지능은 높아질 수 있는 것이다.

다음 [그림 2.6]에서 유동적 지능과 결정적 지능의 연령에 따른 변화를 살펴보면, 일반적으로 유동적 지능은 연령에 따라 쇠퇴하는 반면 결정적 지능은 반대로 꾸준히 높아지는 경향이 있다. 결국 한 개인이 실제로 발휘하는 지적 능력은 두 지능의 결합으로 나타난다. 인생의 초기에는 결정적 지능보다는 유동적 지능이 중심을 이루지만 인생의 후반기에는 결정적 지능이 중요하다. 그러므로 경험과 학습의 양이 많으냐 적으냐에 따라 개인의 지적 능력에 차이가 있을 수 있다. 인생 경험이 많고 학교나 그 밖의 교육기관에서 학습한 양이 많으며 일상생활에서 습득한 지식이 많을수록 성인기와 노년기에 지적으로 많은 능력을 발휘할 수 있게 된다.

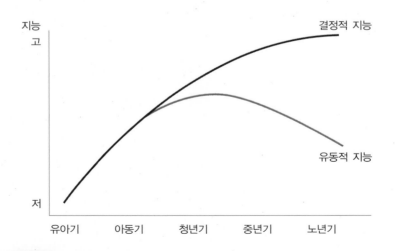

그림 2.6 유동적 지능과 결정적 지능

이러한 지능에 대한 이론을 통해 삶의 경험과 학습의 중요성을 살펴볼 수 있었다. 이제까지 자신의 삶의 경험은 단순한 경험 그 이상이며 이는 자신이 앞으로 미래를 살아가는 데 지적 능력은 물론 풍요로운 삶을 살 수 있게 해 주는 중요한 요소가 될 수 있다. 따라서 경험을 그냥 단순한 경험 자체로 볼 것이 아니라 이를 자신의 삶 속에서 성찰하고 반성해 봄으로써 또 다른 학습의 기회로 만들 수 있어야 한다. 때로는 실수를 통해서 또 성취나 성공 경험들을 통해서 많은 것을 배우고 이를 자신의 미래 삶을 설계하고 구상하는 데 긍정적으로 활용할 수 있어야 한다.

자신의 삶에서 가장 인상적인 경험에 대해 생각해 보고 이를 적어 본다. 적은 내용을 조원들과 공유한다.

자신의 경험

경험 사례	느낀 점 또는 배운 점

1. DISC 각 유형의 공통점과 차이점에 대해서 설명하시오.

2. MBTI 각 유형 간의 갈등 요인에 대해 구체적인 사례를 들어 설명하시오.

3. 삶에서 경험의 의미와 중요성에 대해 결정적 지능의 예를 들어 설명하시오.

제3장

진로 및 직업 탐색

📍 수업 가이드

진로 및 직업 탐색을 위해 직업 적성, 직업 흥미, 직업 가치관에 대해 살펴본다. 이를 바탕으로 자신이 원하는 구체적인 직업을 선정한 후 자신에게 잘 맞는 일인지 확인할 수 있도록 직업 체험을 실시한다.

직업 적성, 직업 흥미, 직업 가치관에 대한 검사는 다양한 기관에서 실시하고 있으므로 가장 적합하다고 판단되는 검사를 선택해 실시한다.

📍 학습목표

1. 직업 적성, 직업 흥미, 직업 가치관에 대해 이해한다.
2. 직업 적성, 직업 흥미, 직업 가치관을 고려해 자신의 직업을 선택할 수 있다.
3. 직업 체험에 대해 이해하고 자신이 선택한 직업에 대해 직업 체험을 실시한다.

1. 직업 적성

직업 적성에 대한 부분은 고용노동부산하 한국고용정보원에서 운영 중인 워크넷(www.work. go.kr)의 직업심리검사 중 성인용 직업 적성 검사를 중심으로 내용을 구성하였다. 워크넷은 별도의 비용 지불 없이 회원가입만 하면 누구나 무료로 이용 가능하다. 워크넷의 직업심리검사는 직업 적성이나 직업 흥미 외에도 직업과 관련된 다양한 심리검사로 구성되어 있다. 또 개인들이 직업심리검사 후 필요하다면 상담을 받을 수 있는 시스템을 갖추고 있다.

1) 직업 적성과 진로

직업 적성은 개인이 가진 적성이 어떤 직업을 갖는 데 적당한가라는 의문에 대한 답이 될 수 있는 부분이다. 고등학교 학생들에게는 대학에서 학과를 선택하기 위한 적성이 중요할 수 있다. 대학생이나 성인의 경우 자신의 적성 파악을 통해 직업 및 진로 선택에 도움을 받을 수 있다. **직업 적성**이란 특정 직업에서 요구하는 일을 효과적으로 수행할 수 있는 능력이나 자질로 개인이 가지고 있는 다양한 능력들이 어떤 구체적인 일과 관련됐을 때 그 일에 '알맞다' 또는 '소질이 있다'로 표현된다.

적성은 타고난다고 할 만큼 유전적인 요인이 강하지만 후천적인 학습이나 경험 또는 훈련에 의해 발전한다. 따라서 적성 검사를 통해 자신의 적성을 이해하고 필요한 부분에 대한 개발 노력을 하는 것이 중요하다. 이러한 개인의 적성은 흥미와 밀접한 관련을 갖는다. 그것을 하고 싶다는 마음이 자신의 적성을 만들어 간다. 따라서 적성은 완성되지 않은 미래의 가능성이다. 적성은 사람을 평가하는 절대적 기준이 아니며 미래의 가능성이기 때문에 자기가 무엇을 좋아하는지 알고 그 관심 분야에 대한 노력 여하에 따라 달라질 수 있다.

적성은 사람에 따라 개인차가 있다. 적성 검사 결과를 보면 어떤 사람은 언어력이 뛰어나고 어떤 사람은 공간지각력이 더 뛰어난 것을 볼 수 있다. 이러한 적성의 개인차는 개인들이 자신들에게 맞는 직업을 선택할 수 있는 근거를 제공한다.

진로는 학교생활을 일찍 마치고 직업을 가질 것인가, 대학 또는 대학원에서 학문을 연구하고 직업을 가질 것인가, 그렇다면 어떤 전공을 하고 어떤 직업을 가져야 할 것인가와 같이 직업적인 의미로도 사용된다. 보다 넓은 의미로, 진로는 한 개인이 일생 동안 일과 관련해서 경험하고 거쳐 가는 모든 체험을 의미한다. 따라서 자신의 직업 적성을 잘 파악하고 희망하는 직업을 갖기 위한 준비를 해 나간다면 자신이 원하는 진로를 설계할 수 있을 것이다.

직업 적성 검사는 과업수행능력의 가능성 수준을 측정하는 것으로 만일 자신이 적성에 맞는 직업만 찾을 수 있다면 그 직업에서 성공할 수 있을 것이라고 생각하는 사람들에게 아주 흥미로운 검사이다. 그러나 적성 검사는 일반적인 적성을 측정하는 것으로 개인의 성공 가능성을 측정하는 것은 불가능하다. 분명한 것은 개인의 성공은 뛰어난 적성만으로는 이루기 어렵다는 것이다. 따라서 직업 적성 검사는 자신의 진로 선택을 위한 하나의 참고자료로 활용해야지 이를 전적으로 신뢰하는 것은 문제가 될 수 있다. 특히 비진단 검사의 경우 자신이 표기한 대로 검사 결과가 나온다는 점을 간과해서는 안 된다.

2) 11가지 직업 적성

워크넷에서 실시하는 성인용 직업 적성 검사는 한국고용정보원이 2000년 개발하고 2004년 개정한 것으로 대학생 및 일반 성인들을 검사 대상자로 한다. 검사시간은 약 90분 정도 소요되며 이 검사의 실시 목적은 적성에 따른 적합 직업 탐색 및 추천을 위한 것이다. 성인용 직업 적성 검사의 적성 요인을 선정하기 위해 304개 직업을 대상으로 직무분석을 실시하였고, 이를 근거로 우리나라에서 필요한 11개 적성 요인을 선정하여 개발하였다. 또 피검사자의 희망 직업에서 요구하는 능력과 피검사자 자신의 능력을 비교할 수 있도록 하여 자신이 희망하는 직업을 선택하기 위해 어떤 적성 요인에 관심을 기울이고 노력해야 하는지 결과로 제시하고 있다.

〈표 3.1〉은 적성 요인과 각각의 적성 요인에서 실시하는 하위검사를 표로 정리한 것이다. 〈표 3.1〉에 나와 있는 적성 요인 검사를 통해 11가지 적성에 대한 검사 결과가 도출된다. 11가지 적성이 의미하는 것은 다음과 같다.

먼저 언어력은 일상생활에서 사용되는 다양한 단어의 의미를 정확히 알고 글로 표현된 문장들의 내용을 올바르게 파악하는 능력이다.

수리력은 사칙연산을 이용하여 수리적 문제들을 풀어내고 일상생활에서 접하게 되는 통계자료(표와 그래프)들의 의미를 정확하게 해석하는 능력이다.

추리력은 일상생활이나 직장생활에서 주어진 정보를 종합해서 이들 간의 관계를 논리적으로 추론해 내는 능력이다.

공간지각력은 물체를 회전시키거나 배열했을 때 변화된 모습을 머릿속에 그릴 수 있으며, 공간 속에서 위치나 방향을 대체로 파악하는 능력이다.

사물지각력은 서로 다른 사물들 간의 유사점이나 차이점을 빠르고 정확하게 지각하는 능력이다.

상황판단력은 실생활에서 자주 당면하는 문제나 갈등 상황에서 문제를 해결하기 위한 여러 가지 가능한 방법들 중 보다 바람직한 대안을 판단하는 능력이다.

기계능력은 기계의 작동원리나 사물의 운동원리를 정확히 이해하는 능력이다.

집중력은 작업을 방해하는 자극이 존재함에도 불구하고 정신을 한곳에 집중하여 지속적으로 문제를 해결할 수 있는 능력이다.

색체지각력은 서로 다른 두 가지 색을 혼합했을 때 색을 유추할 수 있는 능력이다.

표 3.1	성인용 적성 검사 11개 적성 요인과 16개 하위검사 내용

적성 요인	하위검사
언어력	어휘력 검사(동의어 찾기 검사, 반의어 찾기 검사, 단어의 뜻 찾기 검사), 문장 독해력 검사
수리력	계산능력 검사, 자료해석력 검사
추리력	수열추리력 1검사, 수열추리력 2검사, 도형추리력 검사
공간지각력	조각 맞추기 검사, 그림 맞추기 검사
사물지각력	지각속도 검사
상황판단력	상황판단력 검사
기계능력	기계능력 검사
집중력	집중력 검사
색채지각력	색혼합 검사
사고유창력	사고유창성 검사
협응능력	기호 쓰기 검사

출처 : 워크넷 직업심리검사가이드e북(대학생 및 성인의 자기이해/직업 탐색을 위한 검사 종류). p. 29.

사고유창력은 주어진 상황에서 짧은 시간 내에 서로 다른 많은 아이디어를 개발해 내는 능력이다.

협응능력은 눈과 손이 정확하게 협응하여 세밀한 작업을 빠른 시간 내에 정확하게 해내는 능력이다.

2. 직업 흥미

시중에는 직업 흥미를 검사하는 도구(검사지)들이 많이 나와 있다. 이들이 대개 기준으로 삼고 있는 내용은 홀랜드(John L. Holland)의 직업 흥미 이론이다. 따라서 직업 흥미에 대해서는 홀랜드의 직업 흥미 이론을 중심으로 내용을 구성하였다.

🔍 직업 흥미 검사

다음은 자신의 직업 흥미를 알아보기 위한 검사이다. A, B, C 각 항목의 지시사항을 읽고 검사를
실시한 후 D 검사 결과의 육각형 그림을 완성한다. 다음에 제시된 예시를 참고해서 검사를 실시
한다.

(예시)

항목	R	I	A	S	E	C
A(7개 단어)	0	2	2	5	6	4
B(6개 단어)	1	2	1	4	5	3
C(10개 단어)	1	2	2	6	7	4
합계	2	6	5	15	18	11

A. 성격

다음 각 유형별 성격을 설명하는 단어들을 읽고 자신에게 해당된다고 생각하는 단어의 개수를
점수 집계표란에 기재한다.

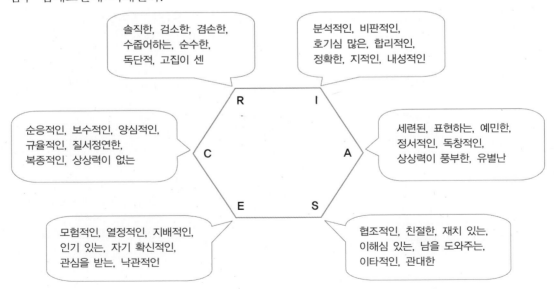

B. 특성

다음 각 유형별 특성을 설명하는 단어들을 읽고 자신에게 해당된다고 생각하는 단어의 개수를
점수 집계표란에 기재한다.

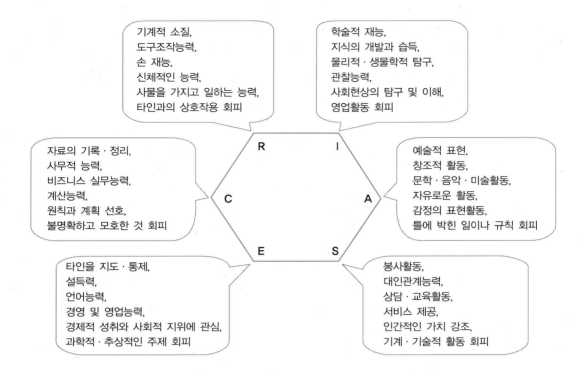

C. 직업

다음 각 유형별로 제시된 직업들을 살펴보고 관심이 있는 직업들의 개수를 점수 집계표란에 기재한다.

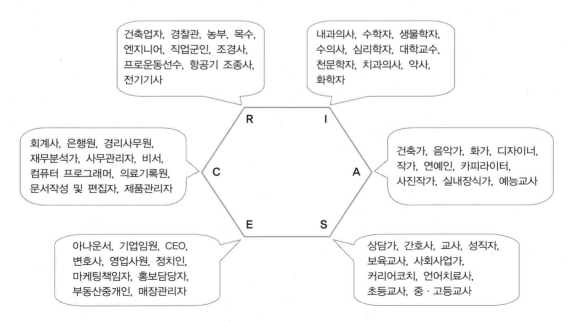

점수 집계표

항목	R	I	A	S	E	C
A(7개 단어)						
B(6개 단어)						
C(10개 단어)						
합계						

D. 검사 결과

합계란의 점수들 중 동점이 나올 경우 위의 항목에 표시된 단어들을 다시 읽어 보고 점수가 동점이 나오지 않도록 합계란의 점수를 조정한다. 점수들을 비교해서 점수가 높은 2개의 유형을 결정한다. 점수 집계표 합계란의 점수를 근거로 다음 그림을 완성한다.

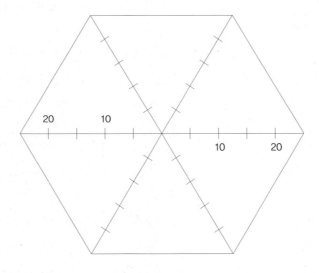

1) 직업 흥미와 진로 선택

오랫동안 흥미는 직업 선택에서 가장 중요한 특성으로 간주되어 왔다. 그 이유는 직업을 갖기 위해 다양한 직업들 중 어느 하나를 선택할 수 있는 능력이 개인의 적성보다는 흥미에 의해 더 정확하게 예측된다고 보았기 때문이다.

진로 선택과 적응이 개인의 성향을 나타낸다는 것이 홀랜드의 관점이다. 사람들은 진로 선택과 경험을 통해 자신을 표현하고 자신의 흥미와 가치를 표현한다. 홀랜드는 자신의 이론에서 사람들이 직업에 대해 갖는 생각과 일반화가 대부분 정확하다고 가정한다. 홀랜드는 이러한 연구를 통해 사람과 직업 환경을 특별한 범주들로 분류하고 있다. 홀랜드는 자신의 이론이 진로 선택의 기초가 되는 여러 요인 중 일부만을 설명할 수 있다는 것을 인정한다. 그는 자신의 이론적 모델이 연령, 성, 사회계층, 지능, 교육의 영향을 받을 수 있다고 본다. 그러한 이해를 근거로 여섯 가지 유형, 즉 현실형(Realistic), 탐구형(Investigative), 예술형(Artistic), 사회형(Social), 진취형(Enterprising), 관습형(Conventional)을 개발하고 개인과 환경이 어떻게 상호작용하는지 설명하고 있다.

홀랜드(1985) 이론은 다음과 같은 네 가지 가정으로 이루어진다.

첫째, 대부분의 사람들이 갖는 직업적 성격은 현실형, 탐구형, 예술형, 사회형, 진취형, 관습형의 여섯 가지 유형으로 분류할 수 있다.

둘째, 대부분의 사람들이 접하는 직업적 환경도 현실형, 탐구형, 예술형, 사회형, 진취형, 관습형의 여섯 가지 유형으로 분류할 수 있다.

셋째, 사람들은 자신들의 기술과 능력을 연습할 수 있고 자신의 태도와 가치들을 표현할 수 있는 환경을 선호하고, 자신에게 알맞고 즐거운 문제들과 역할을 맡는다. 즉 현실형은 현실적인 환경을, 사회형은 사회적인 환경을 추구한다. 환경은 사람들과의 관계나 연습을 통해서도 찾게 된다.

넷째, 행동은 성격과 환경의 상호작용에 의해 결정된다. 만일 개인의 성격 유형과 환경 유형에 대해 알고 있다면, 우리가 가지고 있는 성격 유형과 환경 유형에 대한 지식을 이용하여 성격과 환경의 조합 결과를 예측할 수 있다. 이렇게 예측된 결과는 직업 선택, 직업 변화, 직업 성취, 개인 적성과 교육·사회적 행동에 관한 것이다.

이러한 네 가지 기본 가정을 전제로 성격과 환경과의 상호작용에 의해 결정되는 직업 흥미는 다섯 가지 기본 개념인 일관성(Consistency), 일치성(Congruency), 변별성(Differentiation), 정체성(Identity), 계측성(Calculus)에 의해 그 관계들이 설명된다.

먼저 일관성이다. 홀랜드의 여섯 가지 유형은 [그림 3.1]과 같은 육각형 구조로 설명된다. 그림에 표시되어 있는 선들은 개인 혹은 환경 내 일관성 정도를 나타내고 있다. 육각형에서 서로 간에 인접해 있는 유형들, 즉 바로 옆에 붙어 있는 유형들은 가장 일관성이 높고 흥미, 성향 또는 직무 등의 상호관련성이 높다. 육각형에서 서로 정반대에 위치한 유형 간에는 일관성이 가장 낮고 흥미, 성향 또는 직무 등의 관련이 거의 없다. 예를 들어, RI와 AI의 경우 일관성이 높은 것으로 볼 수 있고 RS, EI, AC의 경우는 일관성이 가장 낮다. 직업 흥미 검사 결과에서 일관성은 보다 안정된 직업 경력을 가진 사람에게서 볼 수 있으며 이러한 일관성은 직업 성취와 자신의 목표가 분명한 사람에게서 나타날 수 있다.

둘째, 일치성이다. 일치성은 개인이 자기 자신의 성격 유형과 동일하거나 유사한 환경에서 일하고 생활할 때를 의미한다. 즉 예술적인 성격 유형의 사람이 예술적인 환경에서 일하고 있는가의 여부를 나타내는 것이다. 현실형의 사람이 현실적인 환경에서 일할 경우 일치성이 높다고

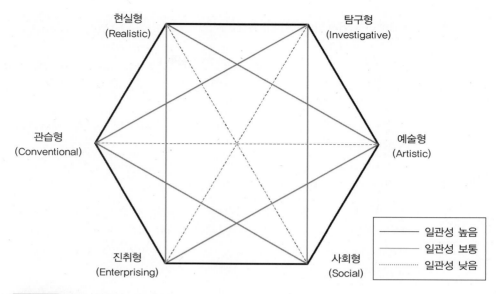

그림 3.1 홀랜드의 육각형 모형

출처 : Richard S. Sharf, 이재창 외 역(2008). 진로발달이론을 적용한 진로상담. p. 97 수정.

볼 수 있다. 반면 예술형의 사람이 관습적인 환경에서 일한다면 빈약한 일치성을 가지고 있다고 볼 수 있다.

셋째, 변별성이다. 변별성은 개인이 성격이나 환경의 어느 한 유형에서 뚜렷하게 높은 경향성을 보이는 것을 의미한다. 즉 어떤 개인의 성격이나 환경은 다른 개인의 성격이나 환경보다 더욱 분명하게 정의될 수 있다는 것이다.

넷째, 정체성이다. 개인의 정체성은 개인이 목표, 흥미, 소질에 대해 얼마나 명확하고 안정된 상태를 가졌는가를 말하는 것이다. 환경적 정체성은 환경이나 조직이 명쾌하고 통합된 목표나 업무 등을 가지고 있을 때 나타난다. 사람과 환경의 상호작용은 이 정체성에 따라 영향을 받게 된다. 분명한 정체성을 가진 사람과 제한된 수의 행동 상황을 가진 환경 간의 상호작용은 불분명한 정체성을 가진 사람과 광범위한 행동 상황을 가진 환경 간의 상호작용보다는 더 예측적이다.

마지막은 계측성이다. 계측성이란 이론을 위한 계산방식을 제공한다는 것을 의미한다. 이에 따르면 육각형 모형 속 유형들 간의 거리는 상호 반비례할 수 있다. 계측이란 양적으로 파악하는 것을 의미하고, 반비례란 한쪽의 양이 커질 때 다른 쪽 양이 그와 같은 비율로 작아지는 것을 말한다. 즉 홀랜드의 계측성이란 개인의 흥미라는 이론적 개념의 양이 한쪽이 커지면 반대쪽은 줄어들게 된다는 것을 의미한다.

표 3.2	홀랜드의 여섯 가지 흥미 유형과 관련 단어
유형	관련 단어
현실형(R)	순응적인, 솔직한, 정직한, 겸손한, 유물론적인, 꾸밈없이 순수한, 지구력 있는, 실용적인, 신중한, 수줍어하는, 착실한, 검소한
탐구형(I)	분석적인, 조심스러운, 비판적인, 호기심이 많은, 독립적인, 지적인, 내향적인, 방법론적인, 신중한, 정확한, 합리적인, 말수가 적은
예술형(A)	세련된, 무질서한, 정서적인, 표현적인, 이상적인, 상상력이 풍부한, 실용적이지 못한, 충동적인, 독립적인, 직관적인, 비순응적인, 독창적인
사회형(S)	설득력 있는, 협조적인, 우애가 있는, 관대한, 남을 도와주는, 이상적인, 통찰적인, 친절한, 책임감 있는, 사교적인, 재치 있는, 이해심 있는
진취형(E)	모험적인, 야망이 있는, 관심을 받는, 지배적인, 정열적인, 충동적인, 낙관적인, 재미 추구적인, 인기 있는, 자기 확신적인, 사교적인, 말이 많은
관습형(C)	순응적인, 양심적인, 조심성 있는, 보수적인, 억제하는(삼가는), 복종적인, 질서정연한, 지구력 있는, 실용적인, 자기 통제적인(조용한), 상상력이 없는, 능력 있는

출처 : 김병숙(2008). 직업상담 심리학. p. 302.

2) 홀랜드의 여섯 가지 직업 흥미 유형

〈표 3.2〉는 홀랜드의 흥미 유형별 관련 단어를 정리한 것이다. 각 유형의 관련 단어들은 유형의 특징을 잘 설명하고 있다.

다음은 각각의 흥미 유형에 대해 유형별 선호활동, 선호 환경, 관련 직업을 중심으로 살펴보자.

(1) 현실형

현실형의 사람들은 직업에서 도구나 기계의 사용을 즐긴다. 그들은 배관, 전자제품과 자동차 수리, 농장 일, 그외 기술적인 분야에서 능력을 개발하려고 노력한다. 그들은 실질적인 과정을 좋아하고 기계와 신체를 이용해 가르치는 것을 좋아한다. 그들은 추상적이며 이론적인 설명을 싫어하고 모든 문제에 대해 현실적인 문제해결 방법으로 접근한다. 또한 인간관계에 가치를 두기보다 돈, 권력, 지위에 더 가치를 두는 편이다.

현실형의 환경은 개인에게 신체적인 것을 요구한다. 현실형의 작업 환경에서는 기계를 고치거나, 전자제품을 수리하거나, 운전을 하거나, 동물을 기르거나 하는 기술적인 능력이 요구된다. 그런 작업 환경에서는 사물을 가지고 일하는 능력이 다른 사람들과 상호작용하는 능력보다 더 중요하다. 현실형의 작업 환경 예로는 건설현장, 공장, 자동차 정비공장 등이 있다. 어떤 현실형 환경은 신체적 민첩성이나 힘을 요구한다. 따라서 이런 환경은 위험할 수도 있고 다른 작업 환경보다 신체적인 질병이나 사고가 많이 발생할 수 있다.

현실형 관련 직업으로는 건축업자, 경찰관, 농장경영자, 엔지니어, 직업군인, 프로운동선수, 항공기 조종사, 공학자, 중장비기사, 원예사, 조경사 등이 있다.

(2) 탐구형

탐구형의 사람들은 지적 능력을 사용할 수 있는 활동을 즐기는 경향이 있다. 이들은 수학적·과학적 문제를 해결할 수 있는 능력이 탁월하고 이를 배우는 것을 즐긴다. 과학 분야의 책을 읽거나 과학 분야의 이슈에 대해 논의하는 것을 즐긴다. 수학이나 과학 문제를 풀기 위해 독립적으로 일하고자 한다. 그들은 수학, 물리학, 화학, 생물, 지질학 등 과학 과목을 즐기는 편이다. 탐구형의 사람들은 다른 사람을 관리하거나 개인적인 문제를 직접적으로 다루는 것을 좋아하지는 않지만, 인간의 심리문제에 대해 해결책을 생각하거나 분석하는 것을 즐긴다.

탐구형의 환경은 사람들이 수학적 또는 과학적 흥미와 능력을 통해 문제에 대한 해결책을 찾으려고 하는 환경이다. 그런 환경에서 사람들은 창의적으로 문제를 해결하기 위해 복잡하고 추상적인 사고를 한다. 이러한 환경에서는 주의 깊고 비판적인 사고가 존중된다.

탐구형 관련 직업으로는 내과의사, 수학자, 생물학자, 과학자, 수의사, 과학교사, 물리학자, 대학교수, 심리학자, 의료기술자, 화학자, 천문학자, 치과의사, 약사 등이 있다. 이러한 직업들은 문제해결을 위해 자신의 지적 능력을 사용하고 독립적으로 일하는 것을 요구한다. 그들은 문제를 해결하는 데 인간관계 기술을 사용할 필요도 없고 기계를 사용해야 할 필요도 없다.

(3) 예술형

예술형 사람들은 작곡, 예술, 창작과 같이 자신을 자유롭고 틀에 얽매이지 않게 표현하는 것을 좋아한다. 그들은 자신을 표현하기 위해 바이올린, 목소리, 조각도구, 워드프로세서 같은 도구를 사용할 수 있다. 언어, 예술, 음악 또는 글쓰기 등에서 자신의 능력을 향상시키고 싶어 한다. 자신을 자유롭고 개방적인 방식으로 표현하기를 원하고 논리적 글쓰기보다는 소설이나 시를 쓰는 것을 더 선호한다.

예술형 환경은 자유롭고 개방적이며 개인적인 표현을 할 수 있는 환경이다. 이러한 작업 환경은 논리적 표현보다 개인적이고 감정적인 표현을 더 격려한다. 만약 도구가 사용된다면 일을 완성하기 위한 도구(망치나 톱)보다는 자신을 표현하기 위한 것들, 예를 들면 클라리넷이나 붓을 사용한다.

예술형 관련 직업으로는 건축가, 신문기자, 리포터, 만화가, 예능교사, 배우, 사진작가, 실내장식가, 연예인, 카피라이터, 조각가, 작가, 음악가, 미술가 등이 있다. 이런 환경에서는 원하는 대로 옷을 입고 약속에 구애받지 않으며 자유로운 시간 사용이 허락된다.

(4) 사회형

사회형 사람들은 타인을 가르치고 문제해결을 돕는 활동을 통해 사람들을 돕거나 봉사하는 데 흥미가 있다. 그들은 토론과 팀 활동을 통한 문제해결을 선호한다. 이상적이거나 윤리적인 문제들을 해결하거나 토론하는 것을 좋아하지만 기계를 가지고 일하는 것을 싫어한다. 그들은 교육, 복지, 정신건강과 같이 언어적이고 사회적인 기술을 사용할 수 있는 환경을 선호한다.

사회형 환경은 사람들이 유연하고 서로를 이해하는 것을 필요로 하는 환경이다. 그런 환경은 개인적인 문제나 진로문제를 서로 도와주고 다른 사람들을 가르치거나 정신적으로 긍정적인 영향을 미칠 수 있는 환경이다. 사회형 환경은 이상, 친절, 우정, 관대함과 같은 인간적인 가치를 강조한다. 이러한 가치는 대부분 교육, 사회봉사, 심리문제 전문가 같은 직업에 공통적으로 존재한다.

사회형 관련 직업으로는 간호사, 상담교사, 물리치료사, 레크리에이션 강사, 보육교사, 사회사업가, 커리어코치, 특수교육 교사, 청소년지도사, 초등학교 교사, 고등학교 교사, 결혼상담사, 언어치료사 등이 있다.

(5) 진취형

진취형 사람들은 부를 획득하는 것이 특히 중요하다. 이들은 다른 사람들과 함께 있기를 좋아하고 판매하고 설득하기 위해 언어능력을 사용하는 것을 선호한다. 진취형의 사람들은 주장이 강하고 인기가 있으며 리더의 자리를 얻기 위해 노력한다. 이들은 사람들과 함께 일하기를 좋아하지만 도움을 주기보다는 설득하고 경영하는 것을 더 좋아한다.

진취형 환경은 다른 사람을 관리하고 설득해서 조직 또는 개인의 목표를 달성하는 환경이다. 경제적 이슈들이 가장 중요하며 보상받기 위해 어느 정도의 모험은 용인되는 환경이다. 그런 환경에서 사람들은 자신감이 있고 주장이 강한 편이다. 승진과 권력을 획득하는 것이 중요하고 설득과 판매가 이루어진다. 진취형 환경의 예로는 영업, 상업, 비즈니스 관리, 식당경영, 정치, 부동산, 주식시장, 보험 등이 있다. 이러한 환경은 권력과 지위, 부를 얻을 수 있는 기회가 된다.

진취형 관련 직업으로는 아나운서, 경매업자, 마케팅책임자, 광고대행업자, 매장관리자, 변호사, 부동산중개인, 영업사원, 여행전문가, 정치인, 홍보담당자 등이 있다.

(6) 관습형

관습형 사람들은 돈과 신뢰성, 규칙이나 명령을 따르는 능력에 가치를 둔다. 이들은 통제하에 있는 것을 좋아하고 애매한 요구를 다루는 것을 싫어한다. 돈을 벌고 규칙과 지침을 따르는 사무실 환경을 선호한다. 장점은 사무와 계산능력이며 이러한 능력을 자신의 환경에서 단순한 문제들을 해결하는 데 사용한다. 또한 사람들과의 관계는 업무적인 것에 중점을 두고 문제해결을 위해 조직차원에서 접근하는 경향이 있다.

　관습형 환경을 가장 잘 설명하는 것은 조직과 계획이다. 대부분의 관습형 환경은 사무실 환경으로 기록을 보관하고, 서류를 관리하고, 복사하고, 보고서를 정리할 필요가 있는 곳이다. 관습형 환경은 기록된 자료 외에도 부기나 회계기록과 같은 수학적 자료들을 포함한다. 워드프로세서, 계산기, 복사기는 관습형 환경에서 볼 수 있는 것들이다. 관습형 환경에서 일을 잘하기 위해 필요한 능력은 사무기술, 조직화능력, 확실성, 지시를 따르는 능력이다.

　관습형 관련 직업으로는 공인회계사, 비서, 문서작성 및 편집자, 사무관리자, 재무분석가, 제품관리자, 은행원, 컴퓨터프로그래머, 의료기록원 등이 있다.

　다음 〈표 3.3〉은 홀랜드의 여섯 가지 흥미 유형에 대해 흥미 특성, 자기평가, 타인평가, 선호활동, 적성, 가치, 회피활동을 중심으로 정리한 것이다.

3) 검사 결과 해석

직업 흥미 검사의 결과는 앞서 살펴본 여섯 가지 유형의 코드 조합으로 나타난다. 완전하게 한 가지 유형이라고 할 수 있는 실제 직업 환경은 없다. 대부분의 직업 상황은 유형들이 결합되어 있다. 한 가지 코드만으로 설명할 수 있는 직업 환경이 없는 것처럼 어떤 사람에게 적합한 오직 한 가지 유형은 드물다. 홀랜드의 경우 개인의 직업 흥미에 대해 두 개의 코드로 표현했다. 다른 흥미 검사에서도 이 코드를 이용해 개인의 흥미 유형을 표시한다. 하지만 항상 두 개의 코드로 표시되는 것은 아니다. 드물기는 하지만 직업에 대한 흥미가 매우 약한 사람은 코드가 나오지 않을 수도 있다. 흥미 유형으로 표시할 때 맨 앞에 오는 코드는 가장 흥미가 높은 유형이 된다.

　[그림 3.2]는 직업 흥미 검사 결과 사례이다. 이를 통해 결과를 어떻게 해석하고 이해해야 하는지에 대해 살펴보자.

　이 그림에서 알 수 있듯이 육각형 모형 안에 다시 육각형 모양의 결과가 표시된다. 워크넷의 직업 흥미 검사 결과는 두 개의 코드로 흥미 유형이 표시된다. ES(진취형/사회형)가 이 유형의 직업 흥미 코드가 된다. 검사에 참여하는 개인에 따라서 육각형 모양은 다르게 나타나고 이렇게 나타난 육각형 모양이 결국 각 개인마다 차별성을 갖는 개인만의 흥미 코드가 된다.

　결과로 나타난 육각형 모양에 따라 개인의 직업 흥미에 대한 해석이 가능하다. 먼저 육각형의 크기가 크면서 한쪽으로 찌그러진 경우이다. 이는 특정 분야에 뚜렷한 관심이 있는 것으로 흥미가 잘 발달되어 있고 안정적인 형태이다. 이럴 경우 자신의 능력이나 경험이 관심 분야와 조화로운지 살펴보는 것이 필요하다. 육각형이 한쪽으로 찌그러진 모양이면서 크기가 작은 경우는 대체로 흥미발달이 잘 이루어지지 않았다고 볼 수 있다. 특정 분야에 관심이 있긴 하지만 그 정도가 크지 않다. 이럴 경우 자신이 조금이라도 관심이 있는 분야에 대해 적극적인 탐색을

표 3.3	홀랜드의 여섯 가지 흥미 유형별 특성					
구분	현실형(R)	탐구형(I)	예술형(A)	사회형(S)	진취형(E)	관습형(C)
흥미 특성	분명하고 질서 정연하고 체계적인 것 선호 연장이나 기계조작 활동에 흥미	관찰적, 상징적, 체계적이며 물리적, 생물학적, 문화적 현상의 창조적인 탐구	예술적 창조와 표현, 변화와 다양성을 선호 모호하고, 자유롭고, 상징적인 활동에 흥미	타인의 문제를 듣고 이해하고 도와주고 치료해 주고 봉사하는 활동에 흥미	조직의 목적과 경제적 이익을 얻기 위해 타인을 지도, 계획, 통제, 관리하는 일 선호 그 결과로 얻어지는 명예, 인정, 권위에 흥미	정해진 원칙과 계획에 따라 자료를 기록, 정리, 조직하는 일을 선호 체계적인 작업 환경에서 사무적·계산적 능력을 발휘하는 활동에 흥미
자기평가	사교적 재능보다는 손재능 및 기계적 소질	대인관계 능력보다는 학술적 재능	사무적 재능보다는 혁신적이고 지적인 재능	기계적 능력보다는 대인관계적 소질	과학적 능력보다는 설득력 및 영업능력	예술적 재능보다는 비즈니스 실무능력
타인평가	겸손하고 솔직하지만 독단적이고 고집이 셈	지적이고 현학적이며 독립적이지만 내성적임	유별나고 혼란스러워 보이며 예민하지만 창조적임	이해심 많고 사교적이고 동정적이며 이타적임	열정적이고 외향적이며 모험적이지만 야심이 있음	안정을 추구하고 규율적이지만 유능함
선호활동	기계나 도구 등의 조작	자연 및 사회 현상의 탐구와 이해, 예측 및 통제	문학, 음악, 미술 활동	상담, 교육, 봉사활동	설득, 지시, 지도활동	규칙을 만들거나 따르는 활동
적성	기계적 능력	학구적 능력	예술적 능력	대인지향적 능력	경영 및 영업 능력	사무능력
가치	눈에 보이는 성취에 대한 물질적 보상	지식의 개발과 습득	아이디어, 정서, 감정의 창조적 표현	타인의 복지와 사회적 서비스 제공	경제적 성취와 사회적 지위	금전적 성취와 사회, 사업, 정치 영역에서의 권력 획득
회피활동	타인과의 상호작용	설득 및 영업활동	틀에 박힌 일이나 규칙	기계기술적 활동	과학적, 지적, 추상적 주제	명확하지 않은 모호한 과제

출처 : 워크넷(work.go.kr) 선호도검사(S형) 길잡이. 수정.

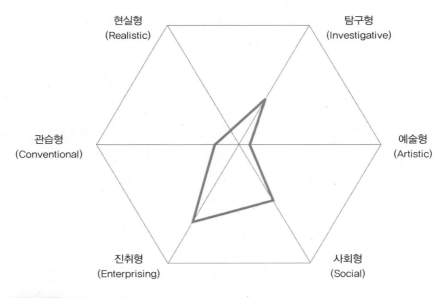

현실형
(Realistic)

탐구형
(Investigative)

관습형
(Conventional)

예술형
(Artistic)

진취형
(Enterprising)

사회형
(Social)

그림 3.2 직업 흥미 검사 결과 사례

해 볼 필요가 있다.

검사 결과가 정육각형에 가까우면서 그 크기가 큰 것은 관심 분야가 폭넓은 경우이다. 거의 모든 분야에 호기심이 있지만 자신의 진정한 흥미 분야가 무엇인지 파악하기 어려울 수 있다. 이럴 경우 자신의 능력이나 경험 등을 고려하여 흥미 분야를 좁혀 볼 필요가 있다. 반면 정육각형에 가까운 모양이면서 크기가 작은 것은 뚜렷한 관심 분야가 없는 경우이다. 무엇에 관심이 있는지, 무엇을 잘할 수 있는지에 대한 자기이해가 부족하다고 볼 수 있다. 이럴 경우 과거에 즐거웠던 일이나 잘했던 일들을 떠올려 보는 것이 필요하다.

3. 직업 가치관

직업 가치관이란 개인이 직업 선택 시 중요하게 생각하는 가치관을 의미한다. 직업 가치관 검사는 자신이 직업을 선택할 때 가장 중요하게 생각하는 가치가 무엇인지 알아보는 심리검사이다. 자신이 직업을 선택할 때 자신의 가치관에 맞는 직업을 선택한다면 그 직업에 더 만족하게 될 것이다. 직업 가치관에 대해서는 워크넷의 직업 가치관 검사를 근거로 내용을 구성하였다.

워크넷에서 실시하고 있는 직업 가치관 검사는 13가지 직업 가치에 대해 개인들이 갖는 생각을 알아보는 것이다. 검사 결과는 개인들이 중요하게 생각하는 가치와 상대적으로 중요하지 않게 생각하는 가치를 각각 3개씩 보여 준다.

〈표 3.4〉는 13가지 가치 요인과 그 가치에 대한 설명, 관련 직업을 정리한 것이다. 직업 가치

관 검사 결과를 통해 자신의 직업 가치에 부합하는 추천 직업을 알 수 있을 뿐 아니라 자신이 희망하는 직업의 직업 가치와 비교 분석도 가능하다.

표 3.4	13가지 직업 가치	
가치 요인	가치 설명	관련 직업
1. 성취	스스로 달성하기 어려운 목표를 세우고 이를 달성하여 성취감을 맛보는 것을 중시하는 가치	대학 교수, 연구원, 프로운동선수, 관리자 등
2. 봉사	자신의 이익보다는 사회의 이익을 고려하며 어려운 사람을 돕고 남을 위해 봉사하는 것을 중시하는 가치	판사, 소방관, 성직자, 경찰관, 사회복지사 등
3. 개별활동	여러 사람과 어울려 일하기보다 자신만의 시간과 공간을 가지고 혼자 일하는 것을 중시하는 가치	디자이너, 화가, 운전사, 교수, 연주가 등
4. 직업 안정	해고나 조기퇴직의 걱정 없이 오랫동안 안정적으로 일하며 안정적인 수입을 중시하는 가치	연주가, 미용사, 교사, 약사, 변호사, 기술자 등
5. 변화지향	일이 반복적이거나 정형화되어 있지 않으며 다양하고 새로운 것을 경험할 수 있는지를 중시하는 가치	연구원, 컨설턴트, 소프트웨어개발자, 광고 및 홍보전문가, 메이크업아티스트 등
6. 몸과 마음의 여유	건강을 유지할 수 있으며 스트레스를 적게 받고 마음과 몸의 여유를 가질 수 있는 업무나 직업을 중시하는 가치	레크리에이션 진행자, 교사, 대학교수, 화가, 조경기술자 등
7. 영향력 발휘	타인에게 영향력을 행사하고 일을 자신의 뜻대로 진행할 수 있는지를 중시하는 가치	감독 또는 코치, 관리자, 성직자, 변호사 등
8. 지식 추구	일에서 새로운 지식과 기술을 얻을 수 있고 새로운 지식을 발견할 수 있는지를 중시하는 가치	판사, 연구원, 경영컨설턴트, 소프트웨어개발자, 디자이너 등
9. 애국	국가의 장래나 발전을 위하여 기여하는 것을 중시하는 가치	군인, 경찰관, 검사, 소방관, 사회단체활동가 등
10. 자율	다른 사람들에게 지시나 통제를 받지 않고 자율적으로 업무를 해 나가는 것을 중시하는 가치	연구원, 자동차영업원, 레크리에이션 진행자, 광고전문가, 예술가 등
11. 금전적 보상	생활하는 데 경제적인 어려움이 없고 돈을 많이 벌 수 있는지를 중시하는 가치	프로운동선수, 증권 및 투자중개인, 공인회계사, 금융자산운용가, 기업고위임원 등
12. 인정	자신의 일이 다른 사람들로부터 인정받고 존경받을 수 있는지를 중시하는 가치	항공기조종사, 판사, 교수, 운동선수, 연주가 등
13. 실내활동	주로 사무실에서 일할 수 있으며 신체활동을 적게 요구하는 업무나 직업을 중시하는 가치	번역사, 관리자, 상담원, 연구원, 법무사 등

출처 : 워크넷 직업 가치관 검사 결과표. p. 2.

🔍 직업 가치 찾기

다음 상자 안에 내용들을 읽고 직업 가치 찾기 표를 완성한다. 특히 최종적으로 선정한 3개의 가치를 선택한 이유에 대해서 적어 본다.

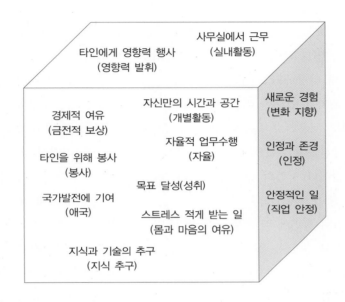

1단계		2단계		3단계	
상자 안에 들어 있는 13개의 가치들 중 중요하다고 생각되는 8개의 가치를 적는다.	1.	8개의 가치들 중 중요하다고 생각되는 5개의 가치를 적는다.	1.	5개의 가치들 중 가장 중요하다고 생각되는 3개의 가치를 중요한 순서대로 적는다.	1.
	2.		2.		2.
	3.		3.		3.
	4.		4.		
	5.		5.		
	6.				
	7.				
	8.				
3개의 가치를 선택한 이유					

4. 기업에 대한 이해

1) 기업과 업종

기업은 가장 이기적인 집단 중 하나이다. 그 이유는 이윤 추구라는 공통의 목표를 가진 개인들이 모인 조직이기 때문이다. 기업은 이윤을 추구함으로써 존속이 가능하고 이를 위해 조직적으로 업무를 수행할 필요가 있다. 과학기술의 발달은 노동력과 재화의 자유로운 이동을 가져왔고 기업의 규모는 자국 영토 내에 머무르지 않고 국외로 확대되었다. 따라서 과거와 달리 기업의 경영 기능은 점점 더 다양화되고 복잡해지고 있다. 그 가운데 기업의 인적자원으로서 개인들의 역할은 점차 중요해지고 있으며 이들이 발휘하는 역량에 따라 기업의 성과가 좌우되고 있다. 이는 유능한 인재를 채용하고 육성하려는 기업의 움직임으로 나타나고 있다.

모든 기업들은 자신들이 주력으로 내세우는 영업 분야가 있다. 이것이 바로 업종이다. 업종의 사전적 의미는 직업이나 영업의 종류를 뜻한다. 기업들은 자신이 가장 자신 있고 뛰어난 영업 분야를 선택해 이 분야를 중심으로 비즈니스를 한다. 기업 설립 당시에 업종이 정해지는 것이 보통이나 이후 기업의 형편에 따라 업종이 추가되거나 변경되기도 한다. 하지만 업종의 추가나 변경은 함부로 결정할 수 있는 일은 아니다. 이는 기업의 이윤 추구와 직결되는 문제이기 때문이다. 따라서 신중한 사업성 검토를 통해 업종을 추가하거나 변경하게 된다. 실제로 기업들이 비즈니스를 하는 영업의 종류는 매우 다양하다. 〈표 3.5〉는 통계청의 한국산업표준분류에 따른 업종분류표이다.

표 3.5　업종분류표

대분류	중분류
A. 농업, 임업 및 어업	1. 농업　2. 임업　3. 어업
B. 광업	5. 석탄, 원유 및 천연가스 광업　　6. 금속광업 7. 비금속광물 광업(연료용 제외)　　8. 광업지원 서비스업
C. 제조업	10. 식료품 제조업　　11. 음료 제조업　　12. 담배 제조업 13. 섬유제품 제조업(의복 제외) 14. 의복, 의복액세서리 및 모피제품 제조업 15. 가죽, 가방 및 신발 제조업 16. 목재 및 나무제품 제조업(가구 제외) 17. 펄프, 종이 및 종이제품 제조업 18. 인쇄 및 기록매체 복제업 19. 코크스, 연탄 및 석유정제품 제조업 20. 화학물질 및 화학제품 제조업(의약품 제외) 21. 의료용 물질 및 의약품 제조업

표 3.5	업종분류표(계속)

대분류	중분류
	22. 고무제품 및 플라스틱제품 제조업 23. 비금속 광물제품 제조업 24. 1차 금속 제조업 25. 금속가공제품 제조업(기계 및 가구 제외) 26. 전자부품, 컴퓨터, 영상, 음향, 통신장비 제조업 27. 의료, 정밀, 광학기기 및 시계 제조업 28. 전기장비 제조업 29. 기타 기계 및 장비 제조업 30. 자동차 및 트레일러 제조업 31. 기타 운송장비 제조업 32. 가구 제조업 33. 기타 제품 제조업
D. 전기, 가스, 증기 및 수도사업	35. 전기, 가스, 증기 및 공기조절 공급업 36. 수도사업
E. 하수·폐기물 처리, 원료재생 및 환경복원업	37. 하수, 폐수 및 분뇨 처리업 38. 폐기물 수집운반, 처리 및 원료재생업 39. 환경 정화 및 복원업
F. 건설업	41. 종합건설업 42. 전문직별 공사업
G. 도매 및 소매업	45. 자동차 및 부품 판매업 46. 도매 및 상품중개업 47. 소매업(자동차 제외)
H. 운수업	49. 육상운송 및 파이프라인 운송업 50. 수상운송업 51. 항공운송업 52. 창고 및 운송관련 서비스업
I. 숙박 및 음식점업	55. 숙박업 56. 음식점 및 주점업
J. 출판, 영상, 방송통신 및 정보서비스업	58. 출판업 59. 영상·오디오 기록물 제작 및 배급업 60. 방송업 61. 통신업 62. 컴퓨터 프로그램 및 시스템 통합 및 관리업 63. 정보서비스업
K. 금융 및 보험업	64. 금융업 65. 보험 및 연금업 66. 금융 및 보험관련 서비스업
L. 부동산업 및 임대업	68. 부동산업 69. 임대업(부동산 제외)
M. 전문, 과학 및 기술 서비스업	70. 연구개발업 71. 전문서비스업 72. 건축기술, 엔지니어링 및 기타 과학기술 서비스업 73. 기타 전문, 과학 및 기술 서비스업
N. 사업시설 관리 및 사업지원 서비스업	74. 사업시설 관리 및 조경 서비스업 75. 사업지원 서비스업
O. 공공행정, 국방 및 사회보장 행정	84. 공공행정, 국방 및 사회보장 행정
P. 교육 서비스업	85. 교육 서비스업

(계속)

표 3.5	업종분류표(계속)

대분류	중분류	
Q. 보건업 및 사회복지 서비스업	86. 보건업	87. 사회복지 서비스업
R. 예술, 스포츠 및 여가관련 서비스업	90. 창작, 예술 및 여가관련 서비스업 91. 스포츠 및 오락관련 서비스업	
S. 협회 및 단체, 수리 및 기타 개인 서비스업	94. 협회 및 단체 96. 기타 개인 서비스업	95. 수리업

출처 : 한국산업표준분류(2007). 통계청.

위의 표를 보면 한국산업표준분류에 따른 업종분류가 상당히 복잡하고 그 종류도 많은 것을 알 수 있다. 따라서 직업 탐색을 위해 이를 간단히 정리해 볼 필요가 있다. 다음은 지원자들이 주로 관심을 갖는 회사의 업종을 중심으로 정리한 것이다.

전기	철강	은행	의약
전자	기계	카드	화장품
반도체	조선	보험	
통신	건설	증권	유통
IT	설계 및 엔지니어링		식품 및 음료
	자동차 및 부품	방송 및 미디어	가구
화학		출판	섬유 및 의류
정유	항공 및 운송	교육서비스	
에너지	숙박(호텔, 리조트 등)		
	여행		

2) 직위와 직무

직위는 조직 내의 한 사람에게 부여된 조직상의 지위로서, 직무와 책임을 포함한다. 즉 한 사람이 수행해야 할 직무와 이와 관련하여 주어진 권한과 의무 등을 포함한다. 실무에서는 직책, 지위 등 다양한 용어로 사용하고 있다. 우리나라의 경우 대게 사원-대리-과장-차장-부장-이사(상무이사-전무이사)-부사장-사장으로 직위체계가 이어진다. 이러한 직위체계는 신분의 상징이나 처우의 기준이 되기 때문에 인사관리의 중심축 역할을 하고 있다. 최근 기업들이 팀제로 조직을 개편하면서 직위를 팀장과 팀원으로 단순화하고 있지만 여전히 과장, 차장 등 과거 사용하던 직위를 함께 사용하고 있는 것이 현실이다.

직무는 특정 조직 구성원들이 실제로 수행하는 구체적인 과업(task)들의 집합체로 정의된다. 한국표준직업분류에서는 직무를 '생산 활동에 종사하는 개별 근로자 한 사람에 의하여 정규적으로 수행되었거나 또는 수행되도록 설정, 교육, 훈련되는 일련의 업무 및 임무'라고 정의하고 있으며 '유사한 직무의 집합'을 직무군이라고 정의하고 있다. 직무의 내용은 과업의 일반적인 속성에 관한 것으로 다양성(variety), 자율성(autonomy), 복잡성(complexity)과 단순성(routineness), 곤란성(difficulty) 그리고 업무의 정체성(task identity), 예컨대 전체적 일을 하는가 아니면 부분적인 일을 하는가를 포함한다. 다음은 지원자들이 주로 관심을 갖는 직무를 중심으로 정리한 것이다.

경영기획, 경영전략, 법무, 노무, 인사, 교육, 회계(원가회계), 재무, 세무, 경영지원, 총무, 비서

채권관리, 감사, 컨설팅

마케팅, 홍보 · 광고, 상품기획, 구매, 물류관리, 자재관리, SCM

영업, 영업기획, 해외영업, 기술영업, 영업지원, 솔루션 영업

시스템 엔지니어링, 웹 프로그래밍, 웹 개발, 웹 기획, 웹 디자인, 웹 페이지 개발 및 유지보수

생산관리, 품질관리, 생산기술, 현장관리, 생산기획, 기술지원, 외주관리, 공정기술, 제조기술

연구기획, 연구개발, 기술연구, 제품개발, 재료개발, HW 개발, SW 개발, 기구개발, 회로설계

모바일 솔루션 개발, 모바일 앱 운영 및 개발, 서비스 기획 및 운영, 게임분석 및 전략수립

정보보호, 보안기술, 서버관리, 네트워크 관리, 시스템 프로그래밍, 네트워크 환경 및 장비운영

보상서비스, 자산운용, 개인보험지원, 일반보험업무, 손해사정

선물옵션트레이딩, 리스크 관리, 재무설계, 투자상담, 재테크상담, 리스크분석, 고객관리,

금융컨설팅, 투자분석, 자산관리, 금융영업, 대출심사, 텔러, 여신상담, 퇴직연금, 채권관리,

채권추심, 대출영업, 보험심사, 고객지원 및 상담

제품디자인, 출판 · 편집디자인, 의류 · 패션디자인, 그래픽디자인

교육기획, 상담 및 운영, 교재 편집 및 기획, 컨텐츠 기획 및 개발

기자, 사진기자, 작가, PD, 아나운서, 리포터, 촬영 및 편집, 영상제작, 배급, 영화투자

5. 직업 탐색

1) 적합 직업 선택

직업 적성, 직업 흥미와 직업 가치관 검사 결과를 기초로 자신에게 적합한 직업을 선택한다. 직업 적성 검사, 직업 흥미 검사와 직업 가치관 검사 결과를 토대로 다음 표를 작성하고 이를 자신의 희망 직업과 비교한다.

📷 **직업 적성, 직업 흥미와 직업 가치관 검사 결과에 기초한 직업 선택**

검사종류	직업목록		자신의 희망 직업
직업 적성 검사	최적합 직업		1. 2. 3.
	적합 직업		
직업 흥미 검사	적합 직업		4.
직업 가치관 검사	적합 직업		5.
나에게 가장 잘 맞는 직업			
직업 선택 이유			

🔍 내 · 외적 요인을 고려한 직업 선택

내적 요인	외적 요인
자신의 선택 직업	**물적 요인**
강점	**인적 요인**
지식과 기술	**사회적 요인**
최종 직업 선택	
최종 직업 선택 이유	

🔍 희망 직업과 직무

최종 직업 선택과 그 선택 이유에 대해 기재했다면, 이제 구체적으로 희망하는 직무와 그 이유, 희망 업종과 그 이유, 희망 기업과 그 이유에 대해 적는다. 희망 기업란에는 5개 정도의 기업명을 적는다.

희망 직무(1~2개 정도)	그 이유
희망 업종(1~2개 정도)	**그 이유**
희망 기업(5개 정도)	**그 이유**

2) 직업 체험

우리는 직업 또는 직장을 선택할 때 직접 경험해 보지 않고 막연한 생각으로 또는 잠깐씩 보여지는 모습을 보고 직업 또는 직장 자체를 평가하고 선택하는 경우가 많다. 자신이 지원하는 분야에서 어떤 일을 하는지조차 제대로 파악하지 않고 지원하는 것은 인생의 중요한 시기에 시간을 낭비하는 일이다. 실제 직업 체험(job shadowing)을 하게 해 보면 막연하게 생각했던 직업이나 직장에 대해 다른 생각을 갖게 되는 경우가 있다. 어떤 직업은 보수가 너무 적다거나 또 어떤 직업의 경우 외부 거래업체를 관리해야 하는 일이 힘들다거나 하는 등의 전혀 예상하지 못했던 직업의 어려움을 발견하게 되는 것이다. 따라서 본인이 직업이나 직장을 선택하기 전에 반드시 시도해야 하는 것이 직업 체험이다.

직업 체험은 미국이나 영국 등에서 고등학생 또는 대학생들이 자신에게 맞는 구체적 직업을 선택할 수 있도록 돕기 위한 프로그램이다. 직업 체험은 인턴십 프로그램에 참여하는 대학생들이나 또는 특정 직업 경험을 희망하는 성인들에게 활용 가능하다. 직업 체험은 마치 자신이 그 직업에 종사하는 것처럼 생활해 보는 것이고 그들의 일상적인 일들을 직접 관찰하는 것이다. 직업 체험을 위해서는 우선 자신의 희망 직업을 먼저 선정하고 직업 체험을 도와줄 해당 직업 종사자를 찾아야 한다.

직업 체험을 하기 위해서는 가능하다면 그 일을 현재 하고 있는 사람들을 직접 만나서 정보를 얻고 경험하는 것이 바람직하다. 만약 그렇지 못하다면 인터넷 검색 등을 통해 정보를 얻을 수도 있다. 하지만 이는 편협하고 한정된 정보를 얻을 가능성이 크다. 따라서 가능하다면 직접 그 일에 종사하는 사람을 만나는 것이 좋다. 가장 좋은 방법은 직접 해당 직업을 경험해 보고 직접 정보를 얻은 후 인터넷 검색을 통해 추가 정보를 확인하는 것이다.

자신의 희망 직업을 구체적으로 결정했다면 이를 기재한다. 직업 체험을 실시하기 전에 선택한 직업에 대한 자신의 생각을 적어 본다. 이후 선택한 직업에 대한 직업 체험을 실시하고 자신이 직업 체험 이전에 가졌던 생각과 비교 분석한다.

🔍 직업 체험

항목	직업 체험 전 내 의견
희망 직업(직무)	
하루 일과	
주로 만나는 사람들	
주요 업무	
스트레스 정도	
처우 및 급여 수준	
본인의 적성 및 흥미 일치 여부	
느낀 점	

항목	직업 체험 내용
희망 직업(직무)	
하루 일과	
주로 만나는 사람들	
주요 업무	
스트레스 정도	
처우 및 급여 수준	
본인의 적성 및 흥미 일치 여부	
느낀 점	

3) 직무기술서와 직무명세서

직무기술서와 직무명세서는 직무분석의 결과물들이다. 직무분석(job analysis)은 조직이 요구하는 일의 내용이나 요건을 정리·분석하는 과정을 말한다. 즉 조직이 요구하는 특정 직무의 성질에 관한 조사·연구를 통해 특정 직무의 성질과 요건을 결정하는 과정이라 할 수 있다. 직무분석은 직무에 대한 정보를 수집, 분석하여 각 직무수행에 필요한 지식, 기술, 능력, 책임 등을 명확히 하는 과정으로 조직 구성원의 채용조건 및 배치, 보수결정 등의 자료로 활용할 수 있다. 직무분석의 목적은 인사관리가 일관성 있고 공정하게 수행될 수 있도록 직무에 관한 객관적 자료를 제공하는 것이다(구본장·박계홍, 2008).

직무기술서와 직무명세서는 직무분석의 결과를 기록·정리한 직무분석의 산물이라는 공통점이 있으나, 직무기술서는 직무내용과 직무요건에 동일한 비중을 두고 작성한 반면에 직무명세서는 직무내용보다 사람의 자격요건에 더 비중을 두고 작성하였다는 차이점이 있다. 먼저, 직무기술서(job description)는 직무분석을 통하여 얻은 직무에 관한 자료와 정보를 직무의 특성에 중점을 두고 정리·기록한 문서로 직무분석 결과 얻어진 직무에 관한 모든 중요한 사실과 정보를 자료로 하여 직무의 특성을 모든 사람이 이해하기 쉽게 정리, 기록한 서식이다. 직무설명서라고도 불리는 직무기술서는 직무평가의 기초가 되는 것으로 구성원의 모집·배치의 적정화와 직무의 능률화를 목적으로 개인에 대한 직무내용(책임, 의무, 활동의 정도)과 직무수행상 요건을 포함한다(구본장·박계홍, 2008).

직무명세서(job specification)는 직무분석의 결과에 의거하여 직무수행에 필요한 종업원의 행동·기능·능력·지식 등을 일정한 양식에 기록한 문서를 말한다. 즉 직무명세서는 직무기술서를 기초로 하여 채용·배치·승진·평가 등 인적자원관리의 목적에 따라 필요한 자료를 추출·편성하여 작성한 것이라 할 수 있다. 따라서 각 직무에 필요한 자격요건을 직무기술서에서 찾아내어 더욱 상세하게 기재한 것이 직무명세서라고 할 수 있다(기호익, 2007).

다음 [그림 3.3]은 직무기술서와 직무명세서의 세부 내용을 비교하여 정리한 것이다.

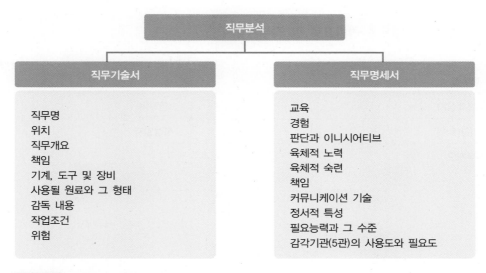

그림 3.3 직무기술서와 직무명세서의 비교

출처 : 송준호 역(2007). 인적자원관리. p. 57(Beach, D. S.(1980). *Personnel : The management of people at work*(4th ed.). NY : MacMillan Publishing Co., Inc. p. 187).

직무기술서를 바탕으로 직무명세서가 작성되지만 채용관리 및 이동관리의 주안점을 두고, 인적 자격요건을 상세하게 명시하는 직무명세서를 직접 작성하기도 한다. 또는 이용의 편의성을 도모하기 위하여 직무명세서의 내용을 포괄한 직무기술서를 작성하기도 한다(송준호 외, 2007).

개인이 자신의 진로를 탐색하고 직업을 선택해야 하는 경우나 취업을 준비해야 하는 경우에도 직무기술서와 직무명세서의 활용이 가능하다. 물론 이 경우 조직에서 활용하는 양식에 따르기보다는 직업 선택이나 취업준비에 초점을 두고 양식을 유연하게 수정하여 활용할 필요가 있다.

🔍 직업 체험 내용을 기반으로 한 직무기술서

직무명			
인터뷰대상자		연락처	
근무기관(직위)		작성일자	
직무개요			
직무내용			

직무조건	근로시간	
	휴일 · 휴가	
	직무환경	
	기타	

학력	전공	기술 · 기능	경력	자격/면허

🔍 직업 체험 이후 고려해야 할 것

해당 직업에 대한 전망
해당 직업에서 요구하는 경력
해당 직업을 갖기 위해 필요한 학력과 전공
해당 직업을 갖기 위해 필요한 직업 훈련이나 자격증
그 밖에 준비해야 할 것
자신의 현재 준비 상태에 대한 점검

1. 자신의 직업 적성 검사 결과를 설명하시오.

2. 자신의 직업 흥미 검사 결과를 설명하시오.

3. 자신의 직업 가치관 검사 결과를 설명하시오.

4. 자신이 선택한 희망 직업(또는 직무)의 직업 체험 결과를 분석하시오.

제4장

비전

🔍 학습목표

1. 삶에서 비전의 중요성을 인식하고 비전을 시각화한다.
2. 자신의 비전에 기초한 목표를 설정하고 실행계획을 수립한다.
3. 역할모델과 멘토의 중요성을 인식하고 역할모델과 멘토를 선정한다.

1. 비전 만들기

1) 행복

행복이란 말은 우리가 언제 들어도 기분 좋은 말이다. 하지만 누군가가 자신에게 "당신은 행복합니까?"라고 묻는다면 대답하기는 쉽지 않다. 인간의 삶에서 행복은 바람직한 것이고 추구해야 하는 것이라고 생각하지만 그것이 정확히 어떤 의미인지 정의 내리기는 어렵다.

태어난 지 얼마 되지 않은 어린아이들은 자신이 불편한 상황에 놓이면 울음을 통해 자신의 상태를 표현한다. 또 만족스러운 상황이 되면 웃음을 보인다. 웃고 우는 것은 자신의 육체적 혹은 심리적 상태를 표현하는 것이다. 그런데 이러한 것들은 배우지 않고도 가능하다. 본능이기 때문이다.

누가 가르쳐 주거나 배우지 않더라도 사람들은 행복이 어떤 느낌인지 알고 있다. 막연하기는 하지만 행복을 좋은 느낌으로 불행을 나쁜 느낌으로 이해한다. 슬픔보다는 행복한 것을 좋아하는 것은 인간의 자연스러운 본능인 것이다. 심리학자들이 다양한 감정을 드러낸 미국 대학생들의 사진을 뉴기니 산간지방의 외딴 마을 사람들에게 보여 주었다. 그들은 행복한 얼굴, 화난 얼굴, 슬픈 얼굴과 찡그린 얼굴을 쉽게 가려냈다. 이런 기본적인 감정을 구별하고 나타내는 능력은 유전적으로 타고나는 것이다. 이렇듯 행복을 느끼는 것은 인간의 본능이지만 행복을 느끼는 상황을 만들어 가는 것은 인간이 자신의 삶을 통해 이루어야 하는 것이다.

행복은 육체적 만족이나 쾌락보다는 훨씬 더 큰 개념이다. 행복을 느끼는 것은 육체적·심리적·사회적 상황을 모두 고려한 결과이다. 과거에는 행복의 의미가 개인의 주관적인 것에 국한되지 않고 사회 속에서 암묵적으로 인정된 객관적인 기준을 포함하는 것이었다. 하지만 다양성과 창의성이 존중되고 인간의 존엄성이 강조되고 있는 사회풍토 속에서 암묵적으로 인정된 객관적인 기준에 대한 정의 내림은 쉽지 않다. 따라서 행복의 의미는 과거와 달리 주관적인 것이 될 수밖에 없다. 단 여기에는 지나친 쾌락이나 비도덕적인 것 등을 통해 느끼는 행복은 배제되어야 한다. 따라서 행복이 지극히 주관적인 정의 내림이라는 것을 인정하게 된다면 개인들은 행복에 대한 자신만의 정의를 내려야 할 필요가 있다.

그렇다면 행복이란 무엇인가? 건강, 출세, 명성, 가족, 많은 돈? 우리가 행복을 어떻게 정의하든 그것은 우연히 하늘에서 떨어지는 것은 아니다. 행복은 스스로 노력하는 사람만이 얻을 수 있는 것이다. 또 행복은 마음 상태에 따라 바뀔 수 있으며, 행복한 삶을 살기 위해서는 자신의 삶을 좋은 방향으로 개선할 수 있다고 믿는 사고방식을 가져야 한다. 개인에게 행복은 성공과 무관하지 않다. 우리는 행복해지기 위해 성공하는 것이 아니라 행복한 마음을 항상 가지고 있기 때문에 성공할 수 있는 것이다.

┌───┐
│ 내가 생각하는 행복은...   │
├───┤
│   │
│   │
│   │
│   │
└───┘

2) 성공

"성공하지 못한 일은 있어도 일하지 않고 얻은 성공은 없다." 1665년 프랑수아 드 라 로슈푸코(Francois de La Rochefoucauld)가 지난날을 회고하며 한 말이다. 현대를 살아가고 있는 우리에게 진정한 성공의 의미는 무엇일까?

어떤 사람은 성공을 부의 축적이라고 생각한다. 또 어떤 사람은 직장에서의 지위 혹은 사회적 신분 등으로 성공을 정의하기도 한다. 자신이 교류하고 있는 사람들의 수준을 성공의 기준으로 삼는 사람도 있다. 이 밖에 일과 삶의 균형을 얼마나 잘 유지하는가로 성공을 평가하는 사람도 있다. 이렇듯 개인이 생각하는 성공의 정의는 다를 수 있다. 획일적인 성공의 기준이 의미 없는 것은 앞서 살펴본 행복이 주관적으로 정의되어야 하는 것과 일맥상통하는 것이다. 결국 성공의 의미는 행복의 의미와 동일하게 개인적이고 주관적인 것이 될 수밖에 없다.

성공의 의미가 개인적이고 주관적이긴 하지만 그렇다 하더라도 성공의 기본 전제 조건이 없는 것은 아니다. 지나친 쾌락 추구나 비도덕적인 개인의 행복 추구가 사회적으로 지양되어야 하는 것과 같이 성공 또한 바람직한 성공의 조건을 갖는다.

먼저 개인적인 측면에서 성공의 조건은 삶의 영역 어느 한 분야에 치우친 성공이 아니라 삶의 각 영역에서 균형 잡힌 성공을 의미한다. 균형 잡힌 성공이란 신체적, 정신적, 경제적, 사회적, 직업적 영역에서 어느 한쪽으로 크게 치우침 없이 자신이 원하는 만큼의 성공을 거두는 것을 의미하는 것이다. 우리는 주변에서 경제적이나 직업적으로 크게 성공을 거둔 사람들을 보게 된다. 이들 중 균형 잡힌 성공을 거둔 사람들도 있지만 일부는 건강이 좋지 않아 자신이 쌓아 놓은 많은 것들을 한 순간에 잃어버리는 경우도 있고 또 일부는 직업적 영역에 자신의 에너지를 너무나 많이 쏟아부은 결과 가정적으로 문제가 있어서 어려움을 겪는 경우도 있다. 따라서 개인들이 정의 내리는 바람직한 성공의 조건은 삶의 여러 영역에서 균형을 이루는 것이어야 한다.

사회적인 측면에서 바람직한 성공의 조건은 개인의 이익과 안녕만을 추구하는 성공이 아니라 함께 나누는 성공을 의미한다. 중국 속담에 "한 시간 동안 행복하고 싶다면 낮잠을 자라. 하루 동안 행복하고 싶다면 낚시를 가라. 1년 동안 행복하고 싶다면 유산을 물려받아라. 평생을 행복하고 싶다면 다른 사람을 도우라."는 말이 있다. 인간은 더불어 살아가야 하는 운명을 타고난 존재이다. 아울러 자신이 속한 주변 환경에 많은 영향을 받는 존재이기도 하다. 내가 속한 사회에 함께 살아가는 사람들과 나눌 수 있는 성공은 그 무엇보다도 값진 것이 될 수 있다. 따라서 이기적이고 자신만의 이익을 추구하는 성공이 아니라 함께 나누고 봉사할 수 있는 성공이 바람직한 성공이라 할 수 있다. 미국의 저명한 시인이었던 랠프 왈드 에머슨(Ralph Waldo Emerson)은 자신의 시에서 "건강한 아이를 낳든, 한 뙈기의 정원을 가꾸든, 사회 환경을 개선하든, 자기가 태어나기 전보다 세상을 조금이라도 살기 좋은 곳으로 만들어 놓고 떠나는 것, 자신이 한때 이곳에 살았으므로 해서 단 한 사람의 인생이라도 행복해지는 것, 이것이 진정한 성공이다."라고 썼다. 이는 함께하는 성공의 의미를 잘 나타낸 것이다.

내가 생각하는 성공은...

3) 비전

비전은 눈에 보이지 않는 것이다. 내 삶이 가고자 하는 바람직한 방향이며 내가 꿈꾸는 미래의 모습이다. 비전은 우리 삶에서 어두운 밤 하늘에 빛나는 북극성 혹은 나침반에 비유된다.

어느 사막 한 가운데 오아시스가 있는 작은 마을이 있었다. 이 마을에서 사막을 완전히 빠져나가려면 나흘 정도 걸렸다. 하지만 한 외부인이 이 마을을 방문할 때까지 이 마을 사람들은 마을을 벗어나 본 적이 없었다. 그 마을의 북쪽 방향으로 계속 걸어가면 나흘이면 사막을 벗어날 수 있었다. 그럼에도 불구하고 마을 사람들이 오랫동안 사막을 벗어나지 못한 이유는 뭘까? 한 원주민이 마을을 떠나 사막을 벗어나기 위해 계속해서 걸었고 열흘이 넘어서 다시 마을로 돌아왔다. 그 이유는 그가 북극성을 몰랐기 때문이다. 사막에서 어떠한 표시도 없이 그냥 계속 걷기만 하면 다시 제자리로 돌아오게 되었던 것이다. 외부인이 마을을 떠나기 전에 한 원주민에게 낮에는 쉬고 밤에 가장 밝은 별만 따라가게 되면 나흘 만에 사막을 벗어날 수 있다고 알려 주었고 원주민은 그 말을 따라 사막을 벗어날 수 있었다. 우리 삶에서 비전은 이러한 북극성과 같은 것이다. 비전은 자신이 어디로 가야 할지 알려 주는 것이고 막막하고 어두운 밤과 같은 삶의 어려움을 헤쳐나갈 수 있게 해 주는 것이다.

비전이 없는 사람은 망망대해에서 방향을 잃고 표류하는 배와 같다고 할 수 있다. 목적지가 있어 그곳을 향해 항해하는 배는 바다 위에서 풍랑을 만나더라도 굳건하게 이겨 내고 자신이 계획한 목적지를 향해 나아간다. 이것이 표류하는 배와 항해하는 배의 차이점이다. 이는 비전이 있는 사람의 삶과 비전이 없는 사람의 삶에 비유할 수 있다. 비전을 가지고 있다는 것은 자신이 누구이고, 어디로 가고 있으며, 무엇이 그 여정을 인도할지를 아는 것이다. 비전은 자신이 바라는 미래의 청사진을 눈앞에 그리는 것으로 매일매일의 결정을 내릴 수 있도록 지침을 준다. 또 비전은 단지 글자의 나열이 아니라 가슴을 설레게 하는 것이어야 한다.

이러한 비전은 몇 가지 특징을 갖는다.

첫째, 비전은 미래에 대한 것이고 원대한 것이어야 한다. 비전은 구체적으로 보이지 않는 것이고 아직 일어나지 않은 미래에 대한 것이다. 하지만 마치 보이는 것처럼 때로는 만져지는 것처럼 구체적이고 확신을 가질 수 있는 것이어야 한다. 또 비전이 원대해야 한다는 것은 그것이 크고 이루는 데 많은 노력이 필요하다는 것이다. 비전은 자신의 삶의 방향이고 북극성과 같은 것이기 때문에 자신의 삶 전체를 조명해 줄 수 있도록 원대해야 한다.

둘째, 비전은 바람직한 것이고 함께하는 것이어야 한다. 비전은 반사회적이거나 다른 사람에게 해를 끼치면서까지 자신이 이루고 싶은 것이어서는 안 된다. 비전은 개인적인 이기심을 채우기보다는 다른 사람들과 함께 나누고 사회에 기여할 수 있는 것일 때 더욱 빛을 발할 수 있다.

셋째, 비전은 변화와 발전을 수반하는 것이어야 한다. 비전은 미래에 이루고자 하는 원대한 것이기 때문에 지금 현재 자신의 모습으로는 이루기 어려운 것이다. 따라서 비전을 이루기 위해서는 자신을 끊임없이 개발하고 발전시키려는 노력이 필요하다. 또 비전은 미래의 모습이기 때문에 변화된 미래에 적합한 것이어야 한다. 따라서 비전을 이루기 위해서는 변화에 적응하고 새롭게 변화하려는 자세가 필요하다.

넷째, 비전은 장기적인 것이어야 한다. 비전은 단기간에 이루어지기 어려운 것이다. 따라서 비전을 이루기 위해서는 목표를 수립하고 다시 그 목표를 달성하기 위한 세부 계획을 세워 실천해 가는 노력이 필요하다. 인생은 마라톤과 비유된다. 멋지게 결승선을 통과하기 위해서는 42.195km를 어떻게 잘 운영하느냐가 중요하다. 초반에 너무 스피드를 높여 페이스 조절에 실패한다면 결국 완주하지 못하게 될 수도 있다. 따라서 차근차근 계획을 세우고 실천해 가는 것이 필요하다.

다섯째, 비전은 가슴을 뛰게 하는 것이어야 한다. 비전은 장래에 자신이 이루고자 하는 모습이므로 생각만으로 기쁘고 가슴이 설레는 것이어야 한다. 만약 자신이 비전을 세우고 그것을 생각해 볼 때 아무런 느낌이 들지 않는다거나 기쁘지 않다면 그것은 자신의 비전으로 적합하지 않은 것이다. 바람직한 비전은 그것을 품은 사람의 가슴을 뛰게 한다. 이것이 바로 진짜 비전이다.

가슴 뛰는 비전을 우연히 발견하게 되는 사람도 있을 것이다. 하지만 가슴 뛰는 비전은 그것을 찾으려고 노력하고 자신의 미래에 대해 끊임없이 생각하고 갈구하는 사람이 찾을 수 있는 것이다. 다음은 비전의 사례들이다.

- 다른 사람이 성장하고 발전할 수 있도록 도와주는 것
- 50세가 되기 전에 노인복지시설을 세우고 책임자가 되는 것
- 우주과학자가 되어 NASA에서 일하는 것
- 평생 죽을 때까지 다른 사람들의 멈추어 버린 꿈의 심장을 뛰게 하는 것
- 은퇴 이후의 삶을 필리핀에서 행복하고 멋지게 보내는 것
- 은퇴 후 조용하고 한적한 전원생활을 하며 느리게 사는 것
- 100억 재산을 모으고 성공한 재테크 강사가 되어 사람들에게 꿈과 희망을 주는 것
- 손자들을 키우는 멋진 할아버지가 되는 것
- 영원히 은퇴하지 않는 것
- 내 고등학교 은사님 같은 훌륭한 교사가 되는 것

그렇다면 나는 어떤 비전을 가지고 있는가? 내가 꿈꾸는 미래의 모습은 무엇인지 살펴보자. 우선 자신의 비전을 설정하기 위해서 자신의 삶에서 가장 중요하다고 생각하는 가치는 무엇인지 그리고 자신이 이루고 싶은 꿈은 무엇인지에 대해 생각해 보자.

(1) 삶의 가치 찾기

삶의 비전은 자신이 삶에서 가장 중요하게 생각하는 가치들과 관련이 있다. 먼저 다음 일곱 가지 질문에 답을 해 보고 자신의 삶에서 가장 중요하게 생각하는 가치가 무엇인지 적어 본다.

🔍 삶의 가치 찾기

1. 내가 행복할 때는 언제인가?

2. 삶에서 내가 항상 관심을 유지하고 있는 것은 무엇인가?

3. 나를 생각하면 가장 먼저 떠오르는 것은 무엇인가?

4. 내가 미래에 꼭 되고 싶은 것이 있다면 무엇인가?

5. 내가 살면서 꼭 이루고 싶은 것이 있다면 무엇인가?

6. 다른 사람에게 기억되고 싶은 나의 모습은 무엇인가?

7. 내가 가장 소중하게 생각하는 것은 무엇인가?

위의 답변 내용 전체를 연결하여 네 문장으로 정리한다.

작성한 네 문장을 한 문장으로 정리한다.

작성한 문장에서 자신이 가장 중요하게 생각하는 가치를 찾아 적는다.

(2) 꿈의 목록

사람들은 늘 꿈을 꾼다. 때로는 그것이 허황된 것이기도 하지만 또 때로는 그것을 쉽게 이루기도 한다. 비전은 자연스럽게 자신의 삶에서 이루고자 하는 것들, 즉 꿈과 연결된다. 따라서 자신이 이루고자 하는 꿈의 목록을 작성함으로써 비전을 구체화시킬 수 있다. 다음의 사례는 자신의 꿈을 이룬 사람에 관한 이야기이다.

1972년 미국 라이프지는 '꿈을 성취한 미국인, 존 고다드'에 대해 대서특필했다. 당시 존 고다드(John Goddard)는 15세에 작성했던 127개의 꿈의 목록 중에서 무려 104개를 달성한 상태였다. 존 고다드는 이후에도 끊임없이 자신의 꿈을 이루어 나갔는데, 1980년 우주비행사가 됨으로써 자신의 125번째 목표를 달성했다.

어느 날 열다섯 살의 소년, 존 고다드는 연필과 노란 노트를 꺼내 맨 위에 '내 꿈의 목록'이라고 쓰고 자신이 평생 하고 싶은 것, 가고 싶은 곳, 배우고 싶은 것을 하나씩 기록했다. 조금만 노력하면 할 수 있는 것들과 불가능해 보이는 것들까지 기록해 127개의 목록이 완성됐다. 소년은 그 목록을 항상 갖고 다니면서 시간이 날 때마다 점검했다. 그는 꿈의 목록을 가슴에 품고 다니면서 가능한 것부터 하나씩 해결해 나갔다. 다음은 존 고다드가 작성한 꿈의 목록 127가지이다.

---

* 탐험할 장소

1. 나일 강   2. 아마존 강   3. 콩고 강   4. 콜로라도 강   5. 중국의 양쯔 강

6. 니제르 강   7. 베네수엘라의 오리노코 강   8. 니카라과의 리오코코 강

* 원시 문화 답사

9. 콩고   10. 뉴기니 섬   11. 브라질   12. 보르네오 섬   13. 수단   14. 호주 원주민들의 문화

15. 케냐   16. 필리핀   17. 탄자니아   18. 에티오피아   19. 나이지리아   20. 알래스카

* 등반할 산

21. 에베레스트 산   22. 안데스 산맥 최고봉 아콘카과 산   23. 멕킨리봉   24. 페루 후아스카란봉

25. 킬리만자로 산   26. 터키 아라라트 산   27. 케냐 산   28. 뉴질랜드 쿠크 산

29. 멕시코 포포카테페틀 산   30. 마터호른 산   31. 라이너 산   32. 후지 산   33. 베수비오스 산

34. 자바 브로모 산   35. 그랜드 테튼 산   36. 캘리포니아 볼디마운틴

* 사진 촬영

37. 브라질 이과수 폭포   38. 빅토리아 폭포   39. 뉴질랜드의 서덜랜드 폭포   40. 요세미티 폭포

41. 나이아가라 폭포   42. 마르코폴로와 알렉산더 대왕의 원정길 되짚어 가기

* 수중탐험

43. 플로리다의 산호 암초 지대   44. 호주 그레이트베리어 대암초 지대   45. 홍해   46. 피지 군도

47. 바하마 군도   48. 오케페노키 늪지대와 에버글레이즈 탐험

* 배워야 할 것들

49. 의료활동과 탐험 분야에서 많은 경력을 쌓을 것   50. 나바호 족과 호피 족 인디언에 대해 배울 것

51. 비행기 조종술 배우기   52. 로즈 퍼레이드에서 말 타기

* 여행할 장소

53. 북극과 남극   54. 중국 만리장성   55. 파나마 운하와 수에즈 운하   56. 이스터 섬   57. 바티칸 시

58. 갈라파고스 군도   59. 인도의 타지마할 묘   60. 피사의 사탑   61. 프랑스의 에펠탑

62. 블루 그로토   63. 런던탑   64. 호주의 아이어 암벽 등반   65. 멕시코 치첸이차의 성스러운 우물

66. 요르단 강을 따라 갈릴리 해에서 사해로 건너가기

* 수영해 볼 장소

67. 중미의 니카라과 호수   68. 빅토리아 호수   69. 슈피리오 호수   70. 탕카니카 호수

71. 티티카카 호수

* 해낼 일

72. 독수리 스카우트 단원 되기   73. 잠수함 타기   74. 항공모함에서 비행기를 조종해서 이착륙하기

75. 전 세계의 모든 국가들을 한 번씩 방문할 것   76. 소형 비행선, 열기구, 글라이더 타기

77. 코끼리, 낙타, 타조, 야생말 타기   78. 4.5킬로그램의 바닷가재와 25센티미터의 전복 채취하기

79. 스킨 다이빙으로 12미터 해저로 내려가서 2분 30초 동안 호흡을 참고 있기

80. 1분에 50자 타자하기   81. 플루트와 바이올린 연주   82. 낙하산 타고 뛰어내리기

83. 스키와 수상스키 배우기   84. 복음 전도 사업 참여   85. 탐험가 존 뮤어의 탐험길을 따라 여행할 것

86. 원시 부족의 의약품을 공부해 유용한 것들 가져오기

87. 코끼리, 사자, 코뿔소, 케이프 버팔로, 고래를 촬영할 것   88. 검도 배우기

89. 동양의 지압술 배우기   90. 대학교에서 강의하기   91. 해저 세계 탐험하기

92. 타잔 영화에 출연하기   93. 말, 침팬지, 치타, 오셀롯, 코요테를 키워 볼 것

94. 발리 섬의 장례 의식 참관   95. 아마추어 햄 무선국의 회원이 될 것

96. 자기 소유의 천체 망원경 세우기   97. 저서 한 권 갖기

98. '내셔널 지오그래픽'지에 기사 싣기   99. 몸무게 80킬로그램 유지

100. 윗몸일으키기 200회, 턱걸이 20회 유지   101. 프랑스어, 스페인어, 아랍어를 배울 것

102. 코모도 섬에 가서 날아다니는 도마뱀의 생태를 연구할 것   103. 높이뛰기 1.5미터

104. 넓이뛰기 4.5미터   105. 1마일을 5분에 주파하기

106. 덴마크에 있는 소렌슨 외할아버지의 출생지 방문   107. 영국에 있는 고다드 할아버지의 출생지 방문

108. 선원 자격으로 화물선에 승선할 것   109. 브리태니커 백과사전 전권 읽기

110. 성경을 앞장에서 뒷장까지 통독하기

111. 셰익스피어, 플라톤, 아이스토텔레스, 찰스 디킨스, 헨리 데이빗 소로우, 에드가 알렌 포우, 루소,

　　베이컨, 헤밍웨이, 마크 트웨인, 버로우즈, 조셉 콘라드, 탈메이지, 톨스토이, 롱펠로우, 존 키츠,

(계속)

휘트먼, 에머슨 등의 작품 읽기   112. 바하, 베토벤, 드뷔시, 이베르, 멘델스존, 랄로, 림스키 코르사코프, 레스피기, 리스트, 라흐마니노프, 스트라빈스키, 토흐, 차이코프스키, 베르디의 음악 작품들과 친숙해지기

113. 비행기, 오토바이, 트랙터, 윈드서핑, 권총, 엽총, 카누, 현미경, 축구, 농구, 활쏘기, 부메랑 등을 다루는 데 있어서 우수한 실력을 갖출 것   114. 음악 작곡

115. 피아노로 베토벤의 월광곡 연주   116. 불 위를 걷는 것 구경하기   117. 독사에게서 독 빼내기

118. 영화 스튜디오 구경   119. 폴로 경기하는 법 배우기   120. 22구경 권총으로 성냥불 켜기

121. 쿠푸의 피라미드 오르기   122. 탐험가 클럽과 모험가 클럽의 회원으로 가입

123. 걷거나 배를 타고 그랜드캐니언 일주하기   124. 배를 타고 지구 일주하기   125. 달 여행

126. 결혼해서 아이들을 가질 것   127. 21세기에 살아 볼 것

출처 : Jack Canfield · Mark V. Hansen, 류시화 역(2006). 영혼을 위한 닭고기 수프. pp. 34~42 정리.

사람들은 누구나 마음속에 이루고 싶은 꿈들을 가지고 있다. 하지만 이것들을 이루기 위해서는 용기와 결단이 필요하며 미루지 말고 즉시 실천하는 것이 필요하다. 존 고다드는 자신의 삶이 특별하다고 생각하지 않았으며 자신은 자신이 하고 싶은 것을 늘 도전하고 실천했을 뿐이라고 했다. 그렇다면 나는 어떤 꿈을 가지고 있는가?

자신이 이루고 싶은 꿈들을 구체적으로 적어 본다.

100가지 꿈의 목록

(3) 비전보드

앞에서 작성한 삶에서 가장 중요한 가치와 내가 이루고 싶은 꿈의 목록 내용을 기초로 내 삶의 비전을 한 문장으로 작성한다.

 비전

삶의 가치

가장 소중한 꿈

비전

　　자신의 비전을 실현하는 가장 좋은 방법은 그 과정을 생생하게 그려 보는 것이다. 최대한 구체적으로 생동감 넘치게 그려 보는 것을 통해 비전을 보다 구체화시킬 수 있고 실현 가능성을 높일 수 있다. 많은 성공한 사람들은 지속적으로 비전에 에너지를 집중함으로써 놀라운 성과를 거두었다. 자신의 비전을 실현시키는 비결은 잠재력을 끊임없이 활용하면서 비전을 향해서 계속해서 나아가는 것이다.

　　비전보드는 각 개인의 비전을 시각화하여 비전 달성을 돕는 강력한 도구이다. 자신의 비전을 직접 그림으로 그리거나 콜라주 기법을 이용해 사진이나 그림을 붙여 비전을 시각화하는 것이다. 이때 자신의 비전이 달성되었을 때의 모습이나 그 과정을 시각화한다. 여기에는 어떠한 한계나 제한을 두지 않고 오로지 자신의 비전을 달성한 모습이나 비전을 달성해 가는 과정만을 생각하며 시각화한다.

　　다음은 비전보드와 관련된 실제 일화이다.

"한 학생의 가슴 뛰는 고백"

한 학기를 마치고 종강할 때쯤, 한 학생이 찾아와 이렇게 얘기했다. 교수님 제 비전보드 중에서 벌써 두 가지가 이루어졌어요. 비전보드 위력이 정말 대단하던데요. 저에게는 이번 학기가 마지막 학기였는데요. 졸업도 하기 전인데 제가 원하는 대로 무대감독이 되었구요. 자동차도 생겼어요. 앞으로도 비전보드에 있는 제 꿈들이 계속해서 이루어질 것 같습니다. 감사합니다. 비전보드를 알게 해 주셔서….

　　비전보드는 바로 그런 것이다. 자신의 비전에 확신을 가지고 노력하는 사람들에게는 비전이 실현될 수 있도록 도와주는 효과적인 틀이다. 작성한 비전보드를 항상 자신이 잘 볼 수 있는 곳에 놓아두고 비전이 이루어지는 상상을 계속해야 한다. 자신이 간절히 원하는 만큼 그리고 꿈꾸는 만큼 비전은 이루어질 것이다.

2. 목표 설정 및 실행계획 수립

미국의 한 통계조사에 따르면 전체 인구 중 27%는 자신의 미래에 대해 아무 생각 없이 산다고 한다. 60% 정도는 자신의 미래에 대한 생각을 조금 가지고 있고, 10%의 사람들은 좀 구체적으로 자신의 미래에 대해 생각하며, 3%의 사람만이 자신의 미래에 대해 구체적인 목표를 가지고 그것을 글로 기록한다고 한다.

이 통계조사를 보면 사람들의 생활수준과 목표 설정 능력이 정확히 일치하고 있음을 알 수 있다. 27%의 사람은 생계보조를 받아 살아가고 있고, 60%의 사람은 겨우 생계를 꾸려나가고 있다. 10%는 부유하게 살고 있으며, 3%는 아주 부유하게 산다.

이 통계는 목표를 세우지 않고 사는 사람은 빈곤에서 벗어날 수 없고, 목표를 구체적으로 세우고 사는 사람은 부유하게 산다는 것을 보여 주고 있다. 이러한 수치는 미국만이 아니라 다른 나라에도 적용될 수 있다. 만약 내가 분명한 목표를 가지고 있지 않다면 나 자신도 97%의 사람들에 속하는 것이다.

물론 물질적 부와 풍요만이 성공한 삶의 기준이 되는 것은 아니다. 하지만 경제적인 풍요로움이 성공한 삶을 구성하는 여러 요인 중 하나가 된다는 것에 많은 사람들이 동의할 것이다. 따라서 이러한 논리에 기초한다면 성공하지 못한 사람들은 목표 설정에 문제가 있는 사람들이다.

1) 목표 설정

비전이 우리 삶의 목적지라면 목표는 그 목적지를 가기 위해 들러야 하는 정거장들이다. 실행계획은 정거장까지 어떻게 도착할 것인지 그리고 거기서 다음 정거장까지는 어떻게 갈 것인지에 대한 세부적인 계획이다. 따라서 성공하는 삶을 살기 위해서는 비전 제시, 목표 설정과 실행계획 수립이 잘 이루어져야 한다.

목표는 비전을 달성하기 위해서 반드시 이루어져야 한다. 때로는 목적지를 가기 위해 다른 길을 선택할 수 있기 때문에 들러야 하는 정거장이 달라지는 경우도 있다. 따라서 목표는 한번 세우면 절대로 바꿀 수 없고 무조건 따라야 하는 것은 아니다. 목표는 미래에 대한 것이기 때문에 주어진 환경이나 내 노력의 결과에 따라 수정될 수 있다. 또 목표는 그 달성 여부를 반드시 확인할 수 있어야 한다. 이는 목표를 달성했는지 측정할 수 있어야 한다는 의미이다.

우리 삶에서 목표를 세움으로써 얻을 수 있는 이익은 다음과 같다.

첫째, 삶에서 목표가 있다면 방황이나 혼란을 막을 수 있다. 자신이 해야 할 일, 가야 할 곳 등이 분명하기 때문에 자신의 삶을 방황이나 혼란을 통해 낭비하는 일이 없다. 따라서 항상 목표를 생각하며 즐거운 마음으로 생활할 수 있다.

둘째, 목표를 세우게 되면 자신의 힘을 한 방향으로 집중할 수 있게 된다. 자신이 가진 에너지와 능력들을 다른 곳에 헛되게 사용하지 않고 원하는 방향으로 집중함으로써 자신이 가진 힘을 효율적으로 사용할 수 있다.

셋째, 목표 수립 자체가 동기유발 기제로 작용한다. 사람들은 목표가 생기면 그것을 달성하려는 의욕이 생긴다. 이러한 의욕은 실행능력을 높여 행동으로 직접 옮길 수 있게 하고 이를 통해 목표 달성이 가능해진다.

넷째, 궁극적으로 목표 수립은 스스로를 삶의 주인이 되게 한다. 자신의 삶은 자신이 설계하는 것이다. 자신이 가고자 하는 방향과 목적지에 맞는 목표를 설정함으로써 자기 삶의 진정한 주인이 되어 스스로 삶을 경영하게 되는 것이다.

위에서 살펴본 바와 같이 목표 설정은 우리 삶에 여러 유익함을 제공한다. 그렇다면 바람직한 목표 설정을 위해 필요한 것은 무엇인지 한번 생각해 보자.

먼저 바람직한 목표 설정을 위해 목표는 자기 자신이 직접 수립해야 한다. 다른 사람의 강요나 요청에 의해서 수립한 목표가 아니라 스스로 자신의 능력을 평가하고 이를 바탕으로 자신에게 맞는 목표를 수립해야 한다. 자기 몸에 맞는 옷이 가장 좋은 옷인 것처럼 자신에게 잘 맞는 목표가 바람직한 목표인 것이다.

둘째, 목표는 달성하기가 조금 어렵더라도 도전적으로 수립해야 한다. 목표를 달성하는 것이 자신에게 다소 힘겹더라도 이를 목표로 설정해 볼 만하다. 쉬운 목표는 쉽게 달성은 가능하지만 자신이 가진 능력을 모두 발휘할 필요가 없다. 이는 자칫 의욕상실로 이어질 수 있다. 또 사람들은 자신이 가진 능력의 한계를 잘 모르고 자신을 스스로 과소평가한다. 도전적인 목표를 수립하고 이를 달성하기 위해 노력하는 가운데 미처 자신이 발견하지 못한 자신의 능력을 발견할 수도 있다. 따라서 다소 어렵고 힘들더라도 도전적으로 목표를 수립하는 것이 필요하다.

셋째, 목표는 비전과 꿈을 이룰 수 있는 것이어야 한다. 이 말을 달리 표현하면 목표는 자신의 비전과 꿈에 충실하게 수립되어야 한다는 것이다. 목표는 자신의 비전과 꿈을 이루어 가는 과정에서 이루어야 할 것이기 때문에 비전, 꿈과 분리해서 목표를 얘기할 수 없다. 따라서 비전과 꿈에 한 방향 정렬될 수 있는 목표 수립이 필요하다.

넷째, 목표는 변화하는 환경과 사회상을 반영한 것이어야 한다. 자신에게 주어진 환경이 변함에 따라 또 사회적 흐름이 변화함에 따라 목표는 유동적이 될 수 있다. 바다에 폭풍우가 친다면 항해하는 배는 목적지로 가는 경로를 수정하거나 잠시 인근 섬에서 쉬어 가는 대안을 선택할 수 있다. 이는 목적지로 가는 길이 달라질 수 있다는 것을 말하는 것으로 비전 달성을 위한 목표가 수정될 수 있음을 의미하는 것이다.

다섯째, 바람직한 목표는 비전보다 더 구체적이고 달성 정도를 쉽게 측정할 수 있어야 한다. 앞서 비전이 삶에서 가고자 하는 방향, 목적지라면 목표는 그 길을 가기 위해 들러야 하는 정거장들이라고 설명했다. 따라서 목적지에 이르기 위해서는 정거장들이 명확하게 제시되어야 하고 정거장 도착 여부에 대해 확인할 수 있어야 한다. 만약 그렇게 할 수 없다면 가고자 하는 목적지에 도착하기 어렵다. 아마도 가는 도중에 흐지부지 되면서 결국 목적지에 도착하지 못하게 될 것이다.

바람직한 목표 설정을 위해 필요한 것들을 고려하면서 자신의 삶의 목표를 작성한다. 삶의 목표는 비전에 기초한 것이어야 하고 10년 단위로 작성한다.

목표 설정

비전

70세 이후 목표

60대 목표

50대 목표

40대 목표

30대 목표

20대 목표

  10년 단위로 삶의 목표를 작성했다면 이제 이 목표에 맞게 삶의 각 영역별로 세부 목표를 다시 작성한다.

삶의 영역별 세부 목표 설정

	20대	30대	40대	50대	60대	70세 이후
정신적						
신체적						
가족						
직업						
경제						
자기개발						
사회						

목표 설정에서 중요한 것은 삶의 각 영역별로 구체적인 목표를 설정하는 것이다. 삶의 영역 중 어느 한 부분에 집중하기보다는 전반적인 부분에서 균형을 이룰 수 있는 목표 설정이 중요하다. 이는 삶의 행복, 성공과 연관되는 부분이다.

이상에서 바람직한 목표를 설정하기 위해 필요한 것들에 대해 살펴보았다. 목표 수립이 자신의 비전과 꿈에 잘 맞게 수립되었다면 이제 목표를 달성하기 위한 구체적인 실행계획을 세움으로써 실천을 가속화할 수 있다.

2) 실행계획 수립

성공하는 사람, 즉 자신의 비전을 달성하는 사람과 그렇지 못한 사람의 차이는 매우 크다. 하지만 이들 간의 차이가 처음부터 큰 것은 아니다. 시간이 지날수록 성공하는 사람은 점점 더 많은 것을 이루게 되고 그렇지 못한 사람은 늘 그 자리에 머물거나 혹은 퇴보하게 된다. 성공하는 사람, 즉 자기 비전을 달성하는 사람과 그렇지 못한 사람의 가장 큰 차이점은 '행동'이다. 자신이 아는 것, 그리고 해야 된다고 생각하는 것을 행동으로 옮기느냐 아니면 아는 것으로 그치느냐의 차이인 것이다. 누구나 비전을 만들고 목표를 설정하고 실행계획을 세울 수 있다. 하지만 누구나 그것을 이루는 것은 아니다. 그것은 바로 실행의 문제이다. 따라서 행동하는 자, 실천하는 자가 성공하는 자이다. 이를 위해서 구체적인 실행계획을 수립하고 실천하는 것이 필요하다.

계획이란 목표를 달성하기 위한 구체적인 일정표, 즉 시간표라고 볼 수 있다. 이 시간표에는 언제까지 무엇을 어떻게 할 것인가가 모두 망라되어야 한다. 목표 달성을 위해서는 목표는 명확하고 실행계획은 치밀해야 한다. 목표가 명확하다 하더라도 실행계획 수립이 미비하다면 목표 달성은 어렵다. 따라서 구체적이고 실행 가능한 계획 수립은 목표 달성을 위해 반드시 필요하다.

다음은 좋은 실행계획이 가져다주는 이점을 정리한 것이다.

먼저 좋은 실행계획은 목표 달성의 가능성을 높여 준다. 목표에서 벗어난 실행계획은 실행계획으로서 가치가 없다. 목표를 달성하기 위한 것이 실행계획이므로 목표에 충실하게 작성되어야 한다. 그러므로 실행계획은 목표에 충실해야 하고 목표는 비전에 충실해야 한다. 비전, 목표, 실행계획이 일관성을 가질 때 비전 달성의 가능성은 높아진다.

둘째, 좋은 실행계획은 개인의 능력과 시간 사용의 효율성을 높여 준다. 효과성이 목표 달성 정도를 나타내는 것이라면 효율성은 투입대비 산출의 개념이다. 개인의 능력과 시간활용의 효율성이 높다라는 것은 투입된 개인의 능력이나 시간에 비해 훨씬 더 많은 것을 얻을 수 있다는 것을 의미한다.

셋째, 좋은 실행계획은 성공에 대한 자신감을 갖게 한다. 때로는 다이어리에 실행계획 한두 가지만 적어 놓아도 스스로 뿌듯한 감정을 느끼고 즉시 실행하고 싶은 생각이 들 때가 있다. 이와 마찬가지로 좋은 실행계획은 실행에 대한 동기유발 기제로 작용함으로써 자신감을 갖게 하고 실행 가능성을 높여 준다.

이러한 실행계획을 수립할 때 중요한 것이 해야 할 일들 가운데 우선순위를 정하는 것이다. 즉 실행계획을 수립한다는 것은 해야 할 일들에 대한 우선순위를 명확하게 정하고 이를 그 순서에 따라 정리하는 것이다. 이를 위해서 항상 사전에 해야 할 일들을 적어보고 이를 토대로 실행계획을 수립해야 하며, 실행 후에도 잘 실행되었는지에 대해 사후평가를 해야 한다. 사후 평가 후에 부족하거나 보완해야 할 부분이 있다면 이를 다시 새로운 실행계획 수립에 반영해야 한다. 그렇게 해야 목표 달성이 가능해진다.

실행계획 수립 절차는 다음과 같다.

---

1. 목표 달성을 위해 필요한 중요한 행동들을 모두 나열한다.
2. 그 행동들을 실행하기 위해 필요한 여러 자원들을 검토한다.
3. 자원들의 검토를 통해 실행 불가능한 행동들을 제거한다.
4. 나열한 행동들의 우선순위를 정한다.
5. 각 행동에 대해 실행 시기와 실행 방법을 구체적으로 제시한다.

각 행동에 대해 실행 시기와 실행 방법을 구체화한다는 것은 무엇인지 살펴보자. 실행 시기와 실행 방법을 구체화하기 위해 2W3H 원칙에 따라 실행계획을 작성해야 한다. 다음은 실행계획 수립을 위한 2W3H 원칙을 설명한 것이다.

첫째, What이다. 무엇을 실행할 것인가를 의미하는 것이다. 취업을 위해 필요한 영어공부를 하기로 했다면 TOEIC을 할 것인지 TOEFL을 할 것인지 결정해야 한다. 그것이 바로 What에 해당된다.

둘째, When이다. 즉 실행 시작 시점을 의미하는 것이다. 취업을 위해 TOEIC을 공부하기로 했다면 언제 시작할 것인지 결정하는 것을 말한다.

셋째, How이다. 즉 어떤 방법으로 그것을 할 것인지를 의미한다. 취업을 위해 TOEIC 공부를 하기로 했다면 어떤 방법으로 공부할 것인가를 결정하는 것을 말한다. 학원을 다닐 것인지, 다닌다면 어떤 학원을 다닐 것인지, 아니면 온라인 동영상 강의를 들을 것인지, 그렇다면 어떤 사이트에 가서 어떤 강의를 들을 것인지, 그것도 아니면 친구들과 모여 스터디를 할 것인지를 결정하는 것이다.

넷째, How much/many이다. 얼마만큼 할 것인가를 의미한다. TOEIC 공부를 하기로 하고 학원을 다닌다면 얼마만큼 공부를 할 것인지 결정하는 것을 말한다. 즉 TOEIC 목표 점수를 결정하는 것으로 850점 또는 900점으로 결정하는 것이다.

다섯째, How long이다. 얼마나 오랫동안 진행할 것인가를 의미한다. TOEIC 공부를 하기로 했다면 얼마 동안 공부를 할 것인지 결정하는 것이다. 즉 시작 시점에서부터 종료 시점까지를 말하는 것으로 얼마나 오랫동안 그 일을 지속할 것인가를 말하는 것이다.

이렇게 위에서 언급한 2W3H 원칙에 따라 실행계획을 수립한다면 그 실행 가능성을 높일 수 있다. 실행계획을 수립한 후에 이를 지속적으로 실행하기 위해서는 먼저 성공 경험을 가져야 한다. 그것이 작은 것이더라도 실행을 통해 얻게 되는 성공 경험은 더 크고 중요한 실행계획을 실천하게 하는 원동력이 될 수 있다. 이러한 성공 경험의 축적을 통해 결국 삶에서 자신이 이루고자 하는 목표를 달성할 수 있게 된다. 실패를 두려워하거나 실패에 위축돼서도 안 되겠지만 무엇보다 성공 경험을 가질 수 있도록 노력하는 것이 궁극적으로 목표 달성을 이루게 되는 가장 빠른 지름길이 될 것이다.

🔍 실행계획 수립을 위한 우선순위 정하기 – (   )세 목표 달성을 위한 실행계획

자신의 (   )세 목표 달성을 위해 해야 할 중요한 일들을 적고 우선순위를 정한다.

( )세 목표 달성을 위해 해야 할 중요한 일들	필요 자원	실행 가능성 (O, X)	우선순위

🔍 실행계획 수립

위에서 정한 순위에 따라 2W3H 원칙에 따라 실행계획을 수립한다.

목표	해야 할 일들	실행계획 수립을 위한 2W3H
( )세 목표 :	1순위 :	W
		W
		H
		H
		H
	2순위 :	W
		W
		H
		H
		H

3. 역할모델과 멘토

1) 역할모델

역할모델이라는 말은 존경과 모방의 의미를 포함하고 있다. 자신이 하고 싶은 분야에서 성공한 사람들 그리고 자신이 따라 닮아 가고 싶은 사람들이 대개 역할모델이 된다. 자신의 비전을 이루는 과정에서 훌륭한 역할모델이 있다면 심리적으로 많은 의지가 될 수 있다. 스티브 잡스 또는 워런 버핏 같이 성공한 사람들은 한 번도 만나본 적도 없는 많은 사람들에게 역할모델이 되고 있을 것이다. 이와 마찬가지로 한 사람은 동시에 여러 명의 역할모델을 가질 수 있다. 역할모델 관계에서 특별한 것은 없다. 역할모델 관계는 닮고 싶은 긍정적인 측면이 있는 한 계속해서 유지된다.

역할모델은 주로 성공한 사람, 성공과 관련해 모범적인 행동을 보이는 사람, 특정 분야에서 작업 수행능력이 뛰어난 사람, 지식과 경험이 풍부한 사람들이 될 수 있다. 이외에도 자신이 되고자 하는 특정 분야의 역할을 맡은 사람들이 역할모델이 된다.

너새니얼 호손(Nathaniel Hawthorne)은 큰 바위 얼굴을 통해서 역할모델의 중요성을 보여 주고 있다. 다음은 큰 바위 얼굴의 내용이다.

남북전쟁 직후, 어니스트란 소년은 어머니로부터 바위 언덕에 새겨진 큰 바위 얼굴을 닮은 아이가 태어나 훌륭한 인물이 될 것이라는 전설을 듣는다. 어니스트는 커서 그런 사람을 만나 보았으면 하는 기대를 가지고, 자신도 어떻게 살아야 큰 바위 얼굴처럼 될까 생각하면서 진실하고 겸손하게 살아간다. 밭에서 일을 하느라 얼굴은 햇볕에 검게 그을었지만, 그의 얼굴에는 유명한 학교에서 교육을 받은 소년들보다 더 총명한 표정이 어려 있었다. 어니스트에게는 선생님이 없었다. 선생님이 있다면, 그것은 바로 큰 바위 얼굴이었다. 어니스트는 하루의 일을 끝내고 나면 몇 시간이고 그 바위를 쳐다보곤 했다. 그러면 그 큰 바위 얼굴이 자기를 알아보고 따뜻한 미소를 띠며 자기를 격려하는 것 같다는 생각을 했다. 세월이 흐르는 동안 돈 많은 부자, 싸움 잘하는 장군, 말을 잘하는 정치인, 글을 잘 쓰는 시인들을 만났으나 큰 바위 얼굴처럼 훌륭한 사람으로 보이지 않았다. 그러던 어느 날 어니스트의 설교를 듣던 시인이 어니스트가 바로 '큰 바위 얼굴'이라고 소리친다. 하지만 할 말을 다 마친 어니스트는 집으로 돌아가면서 자기보다 더 현명하고 나은 사람이 큰 바위 얼굴과 같은 용모를 가지고 나타나기를 마음속으로 바란다.

이는 역할모델을 정하고 그 모델을 닮아가려고 노력한다면 그와 같아질 수 있음을 보여 주는 것이다. 삶에서 그만큼 역할모델은 중요하다. 따라서 자신의 삶의 비전과 이를 달성하기 위한 목표를 설정했다면 이제 자신의 역할모델을 선정하는 것이 필요하다. 역할모델을 선정하고 그를 닮아가기 위해 노력한다면 자신의 비전을 달성하는 데 많은 도움을 얻을 수 있을 것이다.

🔎 역할모델

자신의 비전과 목표를 다시 생각해 보고 자신이 따라 닮고 싶은 역할모델을 선정한다. 역할모델은 한 사람일 수도 있지만 여러 사람이 될 수도 있다.

역할모델	이유	자신의 비전과 역할모델과의 관련성, 특별히 배우고 싶은 점

2) 멘토

특정 분야의 전문가로 초보자 또는 지식이나 경험이 부족한 사람을 가르치는 사람을 **멘토** (mentor)라고 하고 멘토에게 배우게 되는 초보자 또는 지식이나 경험이 부족한 사람을 **멘티** (mentee)라고 부른다. 멘토와 멘티 간에 이루어지는 상호작용 시스템을 멘토링이라고 한다. 최근에 멘토링 제도는 특히 신입사원 이직률이 높은 기업들을 중심으로 확산되고 있다. 하지만 멘토링은 특정 기관이나 조직에 국한된 것이 아니라 학교에서 학습자 간에 혹은 개인 간에도 이루어질 수 있는 무형식 학습(informal learning)의 한 형태이다.

멘토에 대한 가장 오래된 유래는 호메로스(Homeros)의 오디세이아로부터 출발한다. 기원전 1200년경 이타이카 왕국의 왕 오디세우스는 트로이 전쟁에 출정하기 위해 떠날 준비를 하면서 자신이 없는 동안 왕자의 교육을 걱정하며 자신의 친구이자 신하인 한 사람을 보호자로 선정한다. 그 후 10년 동안 이 보호자는 오디세우스의 아들 텔레마코스의 스승이자 조언자, 친구, 아버지, 대리인으로서의 역할을 성실히 수행한다. 이 신화에 등장하는 보호자의 이름이 바로 멘토이다.

고대 그리스에서는 청년을 연장자와 짝 지우는 관습이 있었는데, 이는 젊은이가 자신의 멘토인 어른으로부터 지식을 전수받고 좋은 점을 본받도록 하기 위함이었다. 이 경우 대개 아버지의 친구나 친척이 젊은이의 멘토로 정해졌다. 그리스인들은 생존의 기본 법칙에 따라 이와 같은 인간관계를 형성했다. 즉 자신이 존경하는 사람으로부터 기술과 문화, 가치관을 직접 배우도록 한 것이다. 멘토가 멘티의 역할모델일 수도 있고, 그렇지 않을 수도 있다. 일반적인 역할모델의 경우는 자신이 생각하는 성공한 사람으로 직접 만날 기회를 갖지 못하는 경우가 대부분이다. 하지만 멘토와 멘티는 직접적인 상호작용이 가능하다. 멘토와 멘티는 다음과 같은 활동을 수행한다.

첫째, 멘토는 멘티의 경험 축적 및 스킬 개발에 도움을 준다.
둘째, 멘토는 멘티의 개인적인 위기와 문제에 대한 조언을 해 준다.
셋째, 멘토는 멘티의 경력설계에 대한 조언을 해 준다.
넷째, 멘토는 자신의 성공 경험을 멘티와 함께 공유한다.
다섯째, 멘토는 멘티에 대한 격려와 지원을 한다.

성공적인 멘토링이 이루어지기 위해서는 멘토의 역할이 중요하기는 하지만 이러한 관계가 전적으로 멘토만의 책임은 아니다. 멘티도 자신의 성장과 발전을 위해 책임을 지겠다는 의지가 있어야 하고 멘토로부터 지식과 스킬을 배워서 이를 활용할 수 있어야 한다. 또 멘토가 해 주는 피드백을 거부감 없이 긍정적으로 수용해야 하고 자신이 더 발전하기 위해 좀 더 도전적으로 새로운 일을 시도하려는 자세를 갖추는 것이 필요하다. 이러한 멘티의 자세가 확립되었을 때 멘토링의 성공 가능성은 높아진다.

효과적인 학습 방법 중 하나는 다른 사람을 가르치는 것이라는 말이 있다. 멘토는 멘티에게 많은 것을 가르치게 되는데 이때 멘티뿐만 아니라 멘토 자신도 발전하게 된다. 따라서 멘토는 항상 가르치기만 하고 멘티는 늘 배우기만 하는 것은 아니다. 멘토와 멘티 간의 상호작용을 통해 함께 배우게 되는 것이다. 이를 두고 멘토와 멘티의 역할이 항상 고정되어 있는 것은 아니라고 한다. 멘토도 경우에 따라서 멘티에게 배우게 된다는 것이다. 이 경우 처음에 시작할 때 정해졌던 멘토와 멘티의 역할이 바뀔 수 있다.

그렇다면 자신의 멘토 역할을 해 줄 사람은 어떻게 찾아야 할까? 주변에 자신보다 많은 인생 경험을 가지고 있고 존경할 만한 사람들은 주로 가족이나 친지들이다. 멘토를 찾을 때는 이렇게 직접적인 관계를 가진 사람들보다는 외부에서 찾는 것이 더 바람직하다. 그 이유는 너무 가까운 사람들은 자신에게 솔직한 이야기를 해 주기 어렵기 때문이다.

멘토는 어떻게 찾아야 할까? 멘토는 찾으려는 노력이 필요하며 열심히 찾다 보면 좋은 멘토를 발견하게 된다. 멘토는 자신이 배울 점이 있는 사람이면 되지 꼭 나이가 자기보다 많을 필요는 없다. 멘토는 멘티가 쉽게 자기 이야기를 꺼내놓고 솔직한 대화를 나눌 수 있는 사람이어야 한다. 또 멘토는 멘티가 한 얘기의 비밀을 지켜 줄 수 있는 사람이어야 한다.

"멘토 없이 성공하는 경우는 거의 없습니다." 영혼을 위한 닭고기 수프와 마음을 열어 주는 101가지 이야기 등의 저자인 마크 빅터 한센(Mark V. Hansen)의 조언이다. 한센은 많은 성공한 사람들은 멘토가 있다고 강조한다. 한센은 자신의 경우 책에 흥미를 갖도록 도와준 학창시절의 영문학 선생님 등 44명의 멘토가 있다고 소개하고 멘토는 넓은 시각으로 세상을 바라보게 할 뿐만 아니라 인생을 어떻게 살 것인지에 대한 방향도 제시해 준다고 강조했다.

이렇듯 성공한 사람들은 자신이 존경하는 멘토들이 있다. 자신이 존경하고 자신에게 가르침을 줄 수 있는 멘토가 있다면 삶이 더욱 풍요로워질 것이고 자신이 원하는 비전 달성에 큰 힘을 얻을 수 있을 것이다.

📷 멘토

자신의 멘토가 있다면 적는다. 만약 없다면 주위에서 자신의 멘토로 선정하고 싶은 사람을 적어 본다.

멘토	이유	배우고 싶은 것/기대하는 것

1. 행복과 성공에 대한 자신만의 정의를 내리고 이를 설명하시오.

2. 자신의 비전보드를 작성하고 이를 설명하시오.

3. 최근 학교나 기업에서 실시하고 있는 멘토링 시스템에 대해 조사하고 이에 대해 설명하시오.

제5장

자기관리

자신에게 적합한 직업을 선택하고, 삶의 비전과 목표를 수립했다면 실행계획을 세워 실천해야 한다. 이때 가장 중요한 것이 바로 자신에 대한 관리이다. 제5장에서는 자기관리를 위해 필요한 스트레스 관리와 시간관리에 대해 살펴본다. 자신의 스트레스를 진단하고 스트레스를 관리하는 방법에 대해 생각해 본다. 또 시간관리의 필요성을 인식하고 시간관리 방법을 살펴본다.

🔖 학습목표

1. 스트레스 관리의 중요성에 대해 인식하고 자신만의 스트레스 극복 방법에 대해 생각해 본다.
2. 시간관리의 개념과 중요성에 대해 이해한다.
3. 바람직한 시간관리 방법에 대해 이해하고 이에 따라 자신의 일들을 분류해본다.

1. 스트레스 관리

1) 스트레스 개념

스트레스는 라틴어 'Stringere'에서 유래했고 '팽팽하게 조이다'의 의미를 가지고 있다. 물리학에서는 '물체에 가해지는 힘'을 스트레스라고 하고, 의학적으로는 인간이나 동물에게 부담을 주는 육체적·정신적 자극이나 이러한 자극에 의해 나타나는 생체적인 반응을 말한다.

1950년대 캐나다의 과학자인 한스 셀리에(Hans Selye)는 쥐의 성호르몬을 연구하면서 쥐에게 다른 종류의 호르몬을 투여하더라도 여전히 같은 유형의 종양이 생긴다는 사실을 발견하게 되었다. 또 호르몬이 아니라 포르말린이나 불순물이 섞인 물을 주사해도 여전히 종양이 생긴다는 사실을 알게 되었다. 그는 호르몬 이외에 추위나 화상, 충격 등과 같은 위협을 쥐에게 가함으로써 종양의 발생을 유도하였다. 이러한 결과 모든 종류의 위협에 대한 신체 반응을 '일반적 증후군'이라고 명명하였는데, 이것이 곧 스트레스를 의미한다. 이때 부담이나 위협이 되는 자극을 **스트레서**, 즉 스트레스 인자라고 한다.

최근 현대인들에게 스트레스는 '만병의 근원' 또는 '조용한 살인자'로 불리고 있다. 그만큼 현대인에게 스트레스는 무서운 존재이며 건강하고 행복한 삶을 방해하는 요소이다.

2) 스트레스 종류

개인이 외부에서 주어지는 자극이나 위협에 대처하기 위한 노력이 효과적으로 작용할 경우 스트레스를 느끼지 않거나 스트레스 때문에 힘들어하지 않게 된다. 이렇게 외부의 자극이나 위협으로 인해 큰 어려움을 느끼지 않는 경우, 이러한 스트레스를 유쾌 스트레스(eustress)라고 한다. 만약 외부 자극이나 위협으로 인해 힘들다고 느낄 경우 이러한 스트레스를 불쾌 스트레스(distress)하고 한다. 불쾌 스트레스의 경우 직장에서 힘든 업무에 시달리거나 사람들과의 관계에서 어려움을 겪는 것과 같이 부정적인 생활사건에 대한 반응이고, 유쾌 스트레스의 경우는 여행 계획을 세운다거나 원하던 직장에 취업하게 되어 출근을 준비하면서 느끼는 들뜬 마음과 같이 긍정적인 생활사건에 대한 반응이다.

그러나 같은 자극이나 위협일지라도 개인이 느끼고 받아들이는 정도에 따라 불쾌 스트레스가 될 수도 있고 유쾌 스트레스가 될 수도 있다. 예를 들어 원하던 여행을 계획하는 것은 즐거운 일이 될 수 있으나 여행을 함께 가는 파트너 때문에 힘들다고 느낀다면 이는 유쾌 스트레스보다는 불쾌 스트레스 쪽에 가깝다고 볼 수 있다. 또 똑같은 자극이나 위협에 대해서 매사 긍정적인 사고방식을 가진 사람과 그렇지 못한 사람이 느끼고 받아들이는 정도는 달라질 수 있다. 따라서 스트레스에 대해서는 개인차가 존재하고 스트레스를 이기고자 하는 개인의 노력이나 태도에 따라서 극복 정도도 달라진다.

3) 스트레스 검사

다음은 자신의 스트레스 정도를 검사하는 검사지이다. 다음 질문을 읽고 답한다.

	질문	없다(0)	가끔 있다(1)	자주 있다(2)
1	감기에 잘 걸리고 잘 낫지 않는다.			
2	손, 발이 차다.			
3	손바닥이나 겨드랑이 밑에 땀이 많이 난다.			
4	갑자기 숨을 쉬기가 힘들어진다.			
5	가슴이 두근두근해서 신경이 쓰인다.			
6	가슴이 아플 때가 있다.			
7	머리가 맑지 못하다(머리가 무겁다).			
8	눈이 쉽게 피로하다.			
9	코가 막힐 때가 있다.			
10	현기증을 느낄 때가 있다.			
11	일어설 때 현기증을 느낀다.			
12	환청이 들릴 때가 있다.			
13	입안이 헐거나 짓무를 때가 있다.			
14	목이 아플 때가 있다.			
15	혀가 하얗게 될 때가 있다.			
16	좋아하는 음식이 있어도 식욕이 생기지 않는다.			
17	항상 음식물이 위에 걸려 있는 것 같은 기분이 든다.			
18	배가 빵빵하거나 설사나 변비를 할 때가 있다.			
19	어깨가 결리거나 목이 뻐근할 때가 있다.			
20	등이나 허리가 아플 때가 있다.			
21	몸이 나른하고 피곤함이 좀처럼 가시지 않는다.			
22	체중이 줄고 마른다.			
23	뭘 하든 금방 피로해진다.			
24	아침에 기분 좋게 일어나지 못한다.			
25	일할 의욕이 생기지 않는다.			

(계속)

	질문	없다(0)	가끔 있다(1)	자주 있다(2)
26	쉽게 잠들지 못한다.			
27	수면 중에 몇 번씩이나 꿈을 꿀 때가 있다.			
28	심야에 잠이 깨고 나면 좀처럼 잠들지 못한다.			
29	사람을 만난다는 것이 귀찮게 여겨진다.			
30	대수롭지 않은 일에도 화가 나거나 초조해질 때가 있다.			
31	우울하여 기분이 가라앉을 때가 있다.			
32	즐겁지만 그것을 느끼지 못할 때가 있다.			
33	불안정하다고 느낄 때가 있다.			
34	불안을 느낄 때가 있다.			
35	기분이 나빠질 때가 있다.			
36	일할 때 자신감을 가질 수 없다.			
37	뭔가를 할 때 잘 안 되면 어쩌나 하고 불안해한다.			
38	남을 믿지 못할 때가 있다.			
39	장래에 대해 희망을 가질 수 없다.			
40	이것저것 쓸데없는 일만 생각하게 될 때가 있다.			
41	뭔가를 정할 때 우물쭈물하여 좀처럼 결정을 내리지 못한다.			
42	어떤 일을 적극적으로 해내지 못한다.			
43	주위 사람들이 자신에게 거는 기대를 짐스러워할 때가 있다.			
44	직책에 부담을 느낀다.			
45	어디서나 마음이 안 맞는 사람이 있어서 곤란할 때가 있다.			
46	여러 가지 규칙이나 관습이 매우 귀찮게 여겨진다.			
47	환경을 극복하고 일을 진행해 나갈 수 있을까 불안해진다.			
48	힘들 때 언제든지 상담할 수 있는 친구가 없다고 생각한다.			
49	내 노력을 정당하게 평가해 주는 사람이 있었으면 좋겠다고 생각한다.			
50	모든 것을 다 내팽개치고 싶어질 때가 있다.			
	총점			

자신의 연령대에 기재되어 있는 점수를 자신의 총점과 비교한 후 1~5단계까지 있는 평가 내용을 확인한다.

종합점수 5단계 평가

단계	19세 이하	20대	30대	40대	50대	60대
5	54~100	53~100	54~100	53~100	49~100	42~100
4	40~53	38~53	38~53	37~52	34~48	27~41
3	27~39	23~37	22~37	21~36	19~33	12~26
2	14~26	8~22	6~21	5~20	4~18	0~11
1	0~13	0~7	0~5	0~4	0~3	─

자신의 스트레스 단계를 확인한 후 아래에 제시되어 있는 각 단계에 따른 증상들을 살펴본다.

스트레스 5단계 평가 내용

5단계	중증(만성) 스트레스 단계	일상생활에 지장을 초래할 정도의 스트레스 상태에 빠져 있을 우려가 있다. 심신증이나 우울증에 빠져 있을 가능성도 있으므로 전문가의 조언을 받을 필요가 있다.
4단계	스트레스 심화 단계	본격적인 스트레스 상태에 빠지고 있는 중이다. 신체증상 중에서도 만성 스트레스 증상(1, 4, 13, 15, 16, 18, 21, 22, 23, 25, 28, 29, 30)에 1점이나 2점이 10개 이상이라면 심료내과(내과적 증상과 관련되어 나타나는 신경증이나 심신증을 치료하는 과목)에서 상담을 받아보는 것이 좋다.
3단계	평균적인 스트레스 단계	다양한 스트레스에 시달리면서도 어떻게든 잘 처리할 수 있는 단계이다(초기 스트레스 상태). 더 이상 스트레스가 쌓이지 않도록 주의할 필요가 있다.
2단계	거의 스트레스를 느끼지 않는 단계	가벼운 스트레스가 있지만 거의 영향을 받지 않는 단계이다. 평소 식사, 휴식, 수면 등에 신경을 쓸 필요가 있다.
1단계	스트레스가 없는 단계	스트레스가 거의 없는 상태이다. 몸도 마음도 건강하고 가볍다. 단, 너무 일하기 좋아하는 사람은 몸에 이상이 있어도 스스로 잘 느끼지 못하는 경우가 있으므로 주위 사람들을 통해 체크를 받아 보자.

출처 : 무라카미 마사토 · 노리오카 다카코, 배정숙 역(2002). 더 이상 스트레스는 없다. pp. 16~19 수정.

4) 스트레스 지수

스트레스 지수는 우리가 주변에서 흔히 접할 수 있는 생활상의 사건별로 스트레스 값을 부여한 것이다. 최근 1년간 자신이 경험했던 사건들을 표시하고 여기에 해당되는 스트레스 값을 합산하여 최근 1년간 스트레스 지수의 합계를 구한다.

생활상의 사건	스트레스 값	생활상의 사건	스트레스 값
배우자의 죽음	100	배우자와의 말다툼 횟수의 변화	35
이혼	73	담보, 대출금의 손실	30
부부의 별거생활	65	업무상 책임의 변화	29
구금	63	자녀의 독립, 별거	29
친족의 죽음	63	친척과의 불화	29
부상이나 질병	53	개인적인 성공	28
결혼	50	아내의 취직이나 이직	26
해고	47	자녀의 취학, 졸업, 퇴학	26
퇴직	45	생활 조건의 변화	25
가족의 질병	44	개인적인 습관의 변경	24
임신	40	상사와의 불화	23
성적 장애	39	업무 시간이나 업무 조건의 변화	20
새로운 가족 구성원의 증가	39	주거의 변경	20
직업상의 재적응	39	전학	20
경제 상태의 변화	38	사회활동의 변화	18
친구의 죽음	37	휴가	13
전직	36	가벼운 위법행위	11

출처 : 신영균(2007). 뉴스위크가 선정한 스트레스 이기는 방법 100. p. 24.

　　스트레스 지수 진단 결과 자신이 1년 동안 경험한 생활상 사건들의 총점이 150점 이하이면 다음 해에 심각한 건강상의 변화가 일어날 확률은 30%이고, 300점 미만은 53%, 300점 이상이면 80%로 심각한 건강문제가 발생할 수 있다. 특히 스트레스 지수 합계가 300점 이상이면 장기간의 휴식이나 치료가 필요하다.

5) 스트레스 증상

스트레스 정도와 개인차에 따라 나타나는 증상들은 다양하다. 스트레스 정도가 아주 심하거나 스트레스 상황이 오래 지속되면 병으로 발전하고 여러 증상들이 나타날 수 있다. 다리 떨기와 같은 아주 가벼운 증상에서부터 고혈압이나 심장질환 등과 같은 위험한 증상에 이르기까지 스트레스로 인한 증상들은 매우 다양하다. 흔히 몸이 불편한 곳이 있어 병원을 찾아 검사를 한 후 특별한 병이 발견되지 않을 경우 스트레스 때문이라는 얘기를 의사로부터 듣게 된다. 이는

표 5.1	스트레스 증상	
신체적 증상	**정신적 증상**	**행동적 증상**
두통	불안	손 비비기
어지러움	초조	발 떨기
심계항진(심장이 뜀)	우울	손톱 깨물기
가슴이 답답함	근심	활동성 저하
가슴 통증	걱정	과격한 행동
식욕부진	허무감	푸념과 하소연
소화불량	신경과민	욕설
설사나 변비	불면	울음
전신 근육의 경직이나 통증	집중력 저하	과음
(주로 뒷목이나 어깨)	기억력 감퇴	지나친 흡연
전신무력	의욕저하	과식
팔다리가 저리거나 차가움		식사 거부
피로		
상열감(上熱感)		
안면홍조		
땀		

출처 : 김지혁·안지용(2007). 스트레스와 몸·숨·맘 수련법. p. 40.

스트레스로 인한 증상들이 매우 다양할 수 있다는 것을 보여 주는 것이다. 〈표 5.1〉은 이러한 스트레스 증상들을 정리한 것이다.

특히 스트레스가 장시간 지속될 경우 단순한 행동적 증상보다 심각한 신체적 증상이 나타날 수 있다. 가볍게는 식욕부진이나 피로에서부터 가슴의 통증이나 심장질환 등으로 발전할 수 있다. 특히 현대인에게 가장 위협적인 질병 중 하나인 협심증, 심근경색 등의 심장병을 일으키는 주요 원인은 성격 요인과 관련된 스트레스인 경우가 많다. 또 암, 고혈압, 당뇨병 등은 스트레스와 관련 있는 주요 질병이다. 이 밖에도 피부병, 요통, 관절염, 소화불량, 간기능 장애, 두통 등이 스트레스와 관련 있는 질병이다.

6) 스트레스 관리

스트레스를 관리하는 측면은 신체적인 면과 심리적인 면으로 나눌 수 있다.

(1) 신체적 스트레스 관리

신체적인 면에서 스트레스를 관리하는 방법으로 운동, 수면, 식습관에 대해 살펴보자.

가. 운동

운동은 스트레스 관리를 위해서도 바람직하지만 건강관리 측면에서도 꼭 필요하다. 운동을 할 때 특히 신경 써야 할 것은 자신의 나이나 신체적 능력에 맞는 운동 종목을 선택해야 한다는 것이다. 또 운동을 할 시간이 부족하다고 생각해서 한 번 하게 되면 여러 시간을 하는 경우가 있는데, 아무리 운동을 열심히 했다 하더라도 5일 정도 지나면 그 효과가 없어진다. 따라서 몰아서 운동을 하는 것보다는 규칙적으로 운동을 하는 것이 필요하다.

운동은 최소한 일주일에 세 번 이상하고, 한 번에 20분 이상 지속해야 하며 땀을 흘리는 운동을 하는 것이 좋다. 또 헬스클럽이나 운동기구가 있는 곳에 가지 않더라도 자신만이 즐길 수 있는 운동을 할 수 있다. 예를 들면 빨리 걷기나 가벼운 달리기 등이 여기에 해당된다. 운동을 할 때는 식사 후 2시간 이후에 하는 것이 좋다. 운동 시작 전에 10분쯤 몸풀기가 필요하고 운동을 마무리할 때도 5분 이상 마무리 운동을 하는 것이 좋다.

나. 식습관

스트레스에 좋은 음식으로는 먼저 검은깨, 호두 등의 견과류를 들 수 있다. 견과류는 스트레스로 인해 흩어진 기운을 잘 정리해 준다. 두 번째는 대추, 꿀 등의 단맛을 내는 음식인데, 인공적인 것이 아니라 자연에서 얻는 음식들이다. 단맛의 음식들은 내장과 심신의 긴장을 풀어 준다. 스트레스로 인해 생긴 우울증의 경우 설탕을 과다하게 섭취하면 우울증이 악화되므로 이를 피해야 한다. 세 번째는 쓴맛을 내는 음식인데 대표적인 것으로 씀바귀를 들 수 있다. 쓴맛은 분노로 인해 생긴 화를 내리는 역할을 한다. 네 번째는 해독작용이 있는 음식으로 메밀과 녹두 등이 있다. 메밀과 녹두는 특히 스트레스로 인해 생긴 우리 몸의 안 좋은 독소들을 제거하는 작용을 한다.

에너지 대사율을 높이는 차원에서도 식사는 규칙적으로 하는 것이 바람직하다. 우리 뇌는 포도당을 유일한 에너지원으로 하기 때문에 하루 세끼 식사를 할 때 당분을 섭취하는 것은 매우 중요하다. 또 우리 몸의 근육, 피부, 혈관은 단백질 없이는 생성될 수 없고 스트레스가 쌓이면 부신피질 호르몬의 과잉분비에 의해 단백질 분해가 가속화된다. 따라서 양질의 단백질 섭취가 필요하다. 비타민과 미네랄 섭취를 위해서 채소는 하루 350g 이상 섭취해야 한다. 특히 제철 채소와 과일 등은 영양가가 높기 때문에 많이 섭취하는 것이 좋다.

다. 수면

규칙적인 수면 시간을 갖는 것은 우리 몸의 긴장을 풀어 주는 데 효과적이다. 이상적인 수면으로는 '신데렐라' 수면을 들 수 있다. 신데렐라 수면은 자정 이전에 취침하는 것이다. 수면이 부족할 경우, 주말이나 여유 있을 때 한꺼번에 많이 자는 것으로 수면부족을 채우는 것은 바람직하지 않다. 잠을 몰아서 자게 될 경우 다음 날 수면을 충분히 하기 어렵기 때문에 규칙적인 수면 흐름이 깨지게 된다. 수면이 부족할 경우에는 일찍 수면을 취하는 것으로 해결해야 한다.

(2) 심리적 스트레스 관리

심리적인 면에서 스트레스를 관리하는 방법으로 명상, 여가와 휴식 그리고 긍정적 마인드에 대해 살펴보자.

가. 명상

명상을 통해 생각에 집중하지 않고 생각을 내려놓을 수 있다. 또 생각이 아닌 마음으로 느끼는 것을 경험하게 된다. 명상을 위해 의자에 앉을 때는 등을 꼿꼿하게 펴고 의자 등받이에 등을 기댄다. 양 무릎 사이에 주먹 쥔 손이 2개 정도 들어가도록 양발을 벌리고 양손을 가볍게 무릎 위에 올려놓는다. 의자를 이용하지 않고 바닥에 앉을 때는 몸을 바르게 펴고 양반다리를 하고 양손을 양 무릎에 올려놓는다.

명상을 하는 데 기본적인 호흡은 들이마시는 것보다는 내쉬는 호흡을 더 길게 하는 것이다. 먼저 세 번 천천히 깊은 호흡을 한다. 편안하다고 느껴질 때 눈을 감는다. 숨을 내쉴 때는 모든 무거운 마음이 사라진다고 생각하면서 숨을 내쉰다. 호흡을 반복하면서 편안한 상태가 되도록 하고 이를 10~20분 정도 계속한다.

나. 여가와 휴식

스트레스를 해소하기 위해서 자신만의 여가와 휴식을 즐길 수 있는 방법을 찾아야 한다. 이상적인 일과 휴식의 비율은 80% 대 20%이다. 여가는 자신이 맡고 있는 모든 책임으로부터 자유로운 시간이다. 여가가 정신적 긴장을 풀어 주는 삶의 활력소가 되기 위해서는 여가를 계획하는 것이 필요하다. 때로는 계획 없이 떠나는 휴가도 그것 자체가 계획인 셈이다. 휴가를 떠날 때는 일거리를 가져가지 않도록 한다. 여가를 즐기는 동안에는 자신이 하고 싶은 일을 하며 충분한 시간을 보내는 것이 필요하다.

자신에게 맞는 취미활동을 선택해 자신만의 시간을 보내는 것도 바람직하다. 뮤지컬이나 오페라 공연을 관람한다거나 영화를 본다거나 자신이 좋아하는 아티스트의 공연을 보는 것 또 등산이나 트레킹을 하는 등 자신만의 취미활동을 찾아 즐기는 것도 필요하다. 취미활동의 경우 자신이 원하는 것을 선택하고 계획대로 할 수 있다는 것이 좋은 점이다.

다. 긍정적 마인드

긍정적 마인드를 갖는 것은 스트레스 관리를 위해 매우 중요하다. 특히 10분간의 웃음은 10분간 노를 젓는 효과가 있다고 한다. 뿐만 아니라 웃음 띤 얼굴은 뇌를 이완시킨다. 따라서 자주 웃고 즐거운 마음을 갖는 것은 스트레스를 관리하는 좋은 방법이다.

개인의 성향에 따라서 분명한 결론을 내리는 것을 선호하는 사람들이 있다. 이들의 대부분은 하나의 정답을 찾기 위해 애쓴다. 이러한 흑백논리와 양자택일의 사고방식은 스트레스를 유발할 수 있다. 따라서 가능한 많은 전략과 전술 중에서 해결책을 선택하고 배수진을 치지 않도록 한다. 이를 위해서는 다른 사람의 제안을 개방적인 자세로 수용할 필요가 있다.

긍정적 마인드를 갖기 위해서는 다른 사람을 인정하고 좋은 선입관을 가져야 한다. 스스로 자신을 다른 사람과 동등하게 대하려는 마음 자세도 필요하다. 자신과 다른 사람에게 감사하는 마음을 가져야 하고 다른 사람에게 칭찬을 많이 하는 것처럼 자기 자신에게도 칭찬을 많이 해야 한다.

7) 스트레스에 대한 개인차

동일한 외부 자극에 대해서도 어떤 사람들은 스트레스를 더 많이 받고 또 어떤 사람들은 스트레스를 덜 받는다. 또 스트레스를 받았을 경우에도 극복하는 정도에 차이가 날 수 있다. 이러한 것을 스트레스에 대한 개인차라고 한다. 이러한 개인차는 개인의 생각이나 외부 자극에 대처하는 자세에 따라 달라질 수 있다. 다음 〈표 5.2〉는 두 유형의 특징을 비교한 것이다.

표 5.2 스트레스에 대처하는 두 가지 유형의 특징

스트레스를 잘 극복하는 유형의 특징	스트레스를 잘 극복하지 못하는 유형의 특징
• 문제해결에 대한 기대감이 높고 좌절하더라도 실망하지 않는다. • 큰 문제를 해결 가능한 작은 문제로 나누고 해결해야 할 부분에 초점을 맞추어 행동한다. • 여러 대안을 검토해서 해결책을 선택하고 배수진을 쓰지 않는다. • 다른 사람의 의견에 대해 개방적인 자세로 수용한다. • 침착하고 감정 조절을 잘한다.	• 자신에 대한 기대치가 너무 높고 사고가 경직되어 있다. • 쉽게 타협하거나 다른 사람에게 부탁하는 것을 꺼린다. • 당면한 문제를 잘 인식하지 못하고 자신에게 주어진 상황을 부정하거나 합리화시키려 한다. • 자신이 정한 기준에 어긋나는 것을 허용하지 않는다. • 우유부단하고 대안을 쉽게 찾지 못한다.

스트레스를 잘 극복하고 관리하기 위해서는 긍정적인 생각을 가져야 하고 자신과 타인에게 관용적이어야 한다. 유연한 사고를 가지고 다양한 대안을 검토해서 문제해결에 집중할 수 있어야 한다. 이를 위해서는 타인의 의견을 존중하고 개방적인 자세로 사람들을 대하는 것이 필요하다. 아울러 지나치게 감정에 치우치지 않고 자신의 감정을 잘 다스리며 평정심을 잃지 않는 것도 중요하다. 궁극적으로 스트레스를 잘 다스리기 위해서는 자신만의 스트레스 극복 방법을 개발하고 이를 습관화시키는 것이 필요하다.

🔍 스트레스 극복을 위한 좋은 습관 갖기

THEME

1. 스트레스 받을 때는…

2. 자신만의 스트레스 극복 방법은…

3. 자신에게 효과적일 것 같은 스트레스 극복 방법은…

2. 시간관리

1) 시간관리의 개념 및 필요성

삶의 비전을 설정하고 목표와 실행계획이 수립되었다면 이제 이를 실행에 잘 옮기기 위한 시간관리가 필요하다. 시간관리가 잘되지 않을 경우 항상 바쁜 것 같지만 특별히 한 것도 없고 그냥 시간만 흘러간 것 같은 생각이 들게 된다.

다음에 제시된 문제를 읽고 답을 적어 보자.

○ 여기 쌀, 호두, 고구마가 있다. 그 옆에는 커다란 양동이가 있다. 어떻게 하면 여기 놓인 쌀, 호두, 고구마를 양동이에 모두 담을 수 있을까?

> 정답

문제를 풀었다면 자신이 생각하는 고구마, 호두, 쌀의 의미를 생각해 보자. 양동이는 누구에게나 주어지는 하루 24시간이다. 고구마는 자신에게 가장 중요한 일이고, 호두는 그다음 중요한 일이다. 그리고 쌀은 중요하지 않지만 자신이 해야 하는 일들을 의미한다. 우리가 하루하루를 살아가면서 중요한 일을 먼저하고 남은 시간에는 많은 노력을 하지 않아도 할 수 있는 일들 또 사소한 일들을 처리해 나간다면 24시간을 알차게 사용할 수 있고 이것이 바로 바람직한 시간관리라고 할 수 있다.

시간(時間)은 흐름의 개념이기 때문에 시간을 멈추게 하거나 저축할 수 없다. 그렇기 때문에 시간을 관리한다는 것은 매우 어려운 일이다. 시간은 과거, 현재, 미래로 이어져 머무름 없이 일정한 빠르기로 무한히 연속되는 흐름(DAUM 온라인사전)이다. 시간은 어떤 시각에서 어떤 시각까지의 사이 또는 어떤 일을 하기로 정하여진 동안(NAVER 온라인사전)이다. 어떤 일을 하기로 정하여진 동안이란 결국 어떤 일을 하는 동안을 의미할 수 있다. 따라서 시간을 관리한다는 것은 일을 하는 동안을 관리하는 것, 즉 일을 관리하는 것으로 이해할 수 있다.

그렇기 때문에 시간관리란 시간을 효율적으로 배분해서 자신이 하고자 하는 일들을 잘 마무리하는 것이다. 이는 곧 자신이 수립한 실행계획들을 달성하는 것을 의미한다. 시간관리를 잘한다면 자신이 중요하게 생각하는 일 그리고 하고 싶은 일을 할 수 있게 되고 결국 자신이 세운 삶의 목표와 비전을 달성할 수 있게 된다. 또 가족 그리고 자신이 사랑하는 사람들과도 좀 더 많은 시간을 함께할 수 있다. 더 나아가 좀 더 풍요로운 인간관계도 구축할 수 있다. 따라서 시간관리는 자신이 생각하는 행복과 성공을 위해 반드시 필요한 자기관리 기술이다.

그리이스 신화에 등장하는 두 명의 시간의 신!

- 크로노스(Chronos)
  크로노스는 농경을 상징하는 신으로 낫을 들고 있는데 신화에 따르면 그는 아버지를 거세하고 세계에 대한 지배권을 빼앗았다. 그는 자신도 아버지와 같은 운명에 처하게 될 것이라는 예언이 실행되지 못하도록 아이들을 낳자 마자 잡아먹었다. 우주의 탄생에서 크로노스가 신들의 왕이 되면서 세상이 시간의 지배를 받게 되었다. 따라서 세상의 만물은 생로병사의 고통을 안게 되었고 시간에 따라 생기고 또 없어지는 존재가 되었다. 또한 크로노스의 끔찍한 습성은 '시간이 모든 것을 집어 삼킨다'라는 의미로 새롭게 해석되었다. 크로노스는 절대적인 시간의 신이다. 즉 그는 우리와 무관한 시간, 달력에 맞춰 넘어가고 시계의 침과 함께 흘러가는 시간을 지배한다. 이 절대적인 시간은 지구가 자전과 공전을 하면서 흘러가 우리를 늙게 하고 끝내 죽게 하는 시간이다.

- 카이로스(Kairos)
  상대적인 시간의 신이자 기회의 신이라고도 불리는 카이로스는 제우스의 아들인데 그는 무척 재미있는 모습을 하고 있다. 우선 그의 머리를 보면 앞머리는 무성한데 뒷머리는 머리털이 하나도 없는 대머리이다. 그리고 그의 양 발에는 날개가 달려 있다. 그는 날개가 달린 공 위에 서 있는 모습으로 묘사되기도 한다. 그리고 손에는 저울과 칼을 들고 있다. 카이로스의 동상 앞에는 다음과 같은 짧은 시가 적혀 있다.

  "앞머리가 무성한 이유는
  사람들로 하여금 내가 누구인지 금방 알아차리지 못하게 하고,
  나를 발견했을 때 쉽게 붙잡을 수 있도록 하기 위함이고,
  뒷머리가 대머리인 이유는
  내가 지나가고 나면 다시는 나를 붙잡지 못하도록 하기 위함이며,
  발에 날개가 달린 이유는
  최대한 빨리 사라지기 위해서이다.

> 저울을 들고 있는 이유는
> 기회가 앞에 있을 때는 저울을 꺼내 정확히 판단하라는 의미이며,
> 날카로운 칼을 들고 있는 이유는
> 칼같이 결단하라는 의미이다.
> 나의 이름은 '기회'이다."

크로노스의 시간은 관리할 수 없지만 카이로스의 시간은 마음먹기에 따라서 얼마든지 늘릴 수도 있고 줄일 수도 있다. 카이로스의 시간은 주관적인 시간이므로 같은 양의 물리적 시간이라도 사용함에 따라 두 배 혹은 세 배까지도 늘릴 수 있으며 동시에 그 순간을 놓쳐버린다면 찰나에 불과할 수도 있다.

출처 : 임정택(2011). 상상, 한계를 거부하는 발칙한 도전.

2) 시간관리능력 검사

자신의 시간관리능력은 어느 정도인지 다음의 검사지를 통해서 알아보자. 문제를 읽고 '예, 아니요'에 답한다.

번호	문제	예	아니요
1	삶은 계획하는 것보다 내 기분대로 살고 즐기는 것이다.		
2	나에게는 뚜렷한 인생의 비전과 목표가 있다.		
3	나는 내 직장 혹은 내 사업의 주요 목표를 인식하며 일하고 있다.		
4	매일 계획할 시간과 반성할 시간을 따로 마련한다.		
5	매일, 매주, 매월 계획표에 따라 일을 진행해 나간다.		
6	해야 할 일이 모두 중요하기 때문에 어떤 것을 먼저 해야 할지 모를 경우가 많다.		
7	중요한 것들을 해낼 수 있는 시간은 항상 있다고 믿는다.		
8	일을 하는 데 일관성이 없다. 이것을 했다, 저것을 했다 하며 우선순위가 자주 바뀐다.		
9	일이 즐겁고 보람이 있다.		
10	열심히 일하는 데 비례해 일의 성과도 올라간다고 생각한다.		
11	과거에 대한 후회나 미래에 대한 염려를 잊고 지금 주어진 일에 최선을 다한다.		
12	나는 모든 일을 완벽하게 처리하지 않으면 마음이 놓이지 않는다.		
13	나는 매우 건강해서 쉽게 피곤해지지 않는다.		
14	나는 가장 좋은 시간에 가장 중요한 과제를 하려고 한다.		
15	나는 모든 활동에 필요한 시간 배분을 잘한다.		
16	나는 자투리 시간을 잘 활용하지 못한다(출퇴근 시간, 이동시간 등).		
17	나는 기상시간, 식사시간, 잠자는 시간이 불규칙하다.		

18	나는 닥치는 대로 책을 읽는다.		
19	나는 필요하고 중요한 정보보다는 많은 정보를 모으는 것에 관심을 갖는다.		
20	나는 내 스스로 모든 일을 처리하지 않으면 기분이 내키지 않는다.		
21	나는 새로운 상황이 닥치면 당황한다. 즉 변화관리를 잘하지 못한다.		
22	나는 항상 새로운 방식으로 일을 수행하려고 노력한다.		
23	나는 내 스스로 시간표를 짜고 내 삶을 융통성 있게 관리한다.		

❯ 모범답안

1. 아니요	2. 예	3. 예	4. 예	5. 예	6. 아니요	7. 예	8. 아니요
9. 예	10. 아니요	11. 예	12. 아니요	13. 예	14. 예	15. 예	16. 아니요
17. 아니요	18. 아니요	19. 아니요	20. 아니요	21. 아니요	22. 예	23. 예	

위의 답과 일치한 사항이 19~23개라면 시간관리능력이 매우 탁월한 사람이다.
14~18개라면 상당히 훌륭한 편이다.
9~13개라면 보통이다.
8개 이하라면 시간관리를 보다 철저히 해야 할 필요가 있다.

출처 : 유성은(2006). 시간관리와 자아실현. pp. 383~385 수정.

시간관리능력 진단을 통해서 자신의 시간관리능력을 알아보았다. 시간관리를 잘하고 있는 사람이라면 괜찮겠지만 만약 시간관리를 잘 못하고 있다면 어떻게 해야 시간관리를 잘하는 것인지 생각해 볼 필요가 있다.

3) 시간관리 방법

다음은 시간관리를 잘하는 방법에 대해 살펴보자.

첫째, 자신에게 중요한 일과 중요하지 않은 일을 잘 구분해서 시간활용을 해야 한다. 시간관리를 잘하기 위해서는 자신의 성공적인 삶을 위해 어떤 활동이 중요하고 중요하지 않은지를 잘 가려낼 수 있어야 한다. 지금 당장 급한 일은 아닐지라도 자신의 비전 달성을 위해 꼭 필요한 일이라면 그것은 매우 중요한 일이 된다. 하지만 지금 당장 마감에 쫓기는 일이라도 크게 가치 있는 일이 아니라면 그것은 중요하지 않은 일이 된다. 과연 무엇이 자신에게 중요한 일인지 또 무엇이 중요하지 않은 일인지에 대해 자신의 기준과 판단에 따라 구분할 수 있어야 한다.

시간관리를 잘하기 위해 필요한 능력은 여러 일들을 우선순위에 따라 결정하는 능력과 우선순위에 따라 준비하고 계획하는 능력 그리고 우선순위의 실행계획을 실천하는 실행력이다. 자신이 생각하는 우선순위가 자신의 비전과 목표에 부합하는 것이라면 이에 대한 실행력은 자연스럽게 높아질 것이다.

다음 [그림 5.1]은 중요한 일과 중요하지 않은 일을 구분해서 보여 주는 것이다.

시간관리를 잘하기 위해서는 중요하지 않은 일에 사용하는 시간을 점차 줄여 나가고 중요한 일에 시간을 많이 할애해야 한다. 중요한 일 중에서도 삶의 비전과 목표 달성을 위해서 필요한 일, 성장과 발전을 위한 일에 더 많은 시간을 사용해야 한다. 이러한 일들은 당장 급한 일은 아니지만 시간 사용에서 비중을 높게 두어야 하는 일들이다. 이러한 일들을 먼저 하고 남는 시간에 다른 일들을 하는 것이 시간관리를 효율적으로 하는 것이다.

삶의 비전과 목표에 관련된 일들이 자신의 삶에서 가장 중요한 일임에도 불구하고 늘 마감시간에 쫓기는 일을 먼저 하게 된다. 이는 자신의 미래를 위해 결코 바람직하지 않다. 미래에 대한 계획을 세우고 이를 실천하지 않는다면 또 그때그때 자신에게 주어진 급한 일만 처리하고 살게 된다면 나중에 시간이 흐른 뒤에 자신이 무엇을 위해서 살았고 얻은 것이 무엇인지에 대해 답할 수 없게 된다. 따라서 미래의 삶을 생각하며 시간관리를 하는 것이 필요하다.

둘째, 자신이 하루 중 사용할 수 있는 전체 시간 중에서 70% 정도에 대해서만 시간계획을 세우고 나머지 30%는 비워 두는 것이 좋다. 하루 일과 중 미리 예측하지 못한 일이 발생하는 경우와 하던 일을 중단해야 되는 경우가 있다. 따라서 만약의 사태에 대비해 30% 정도의 시간을

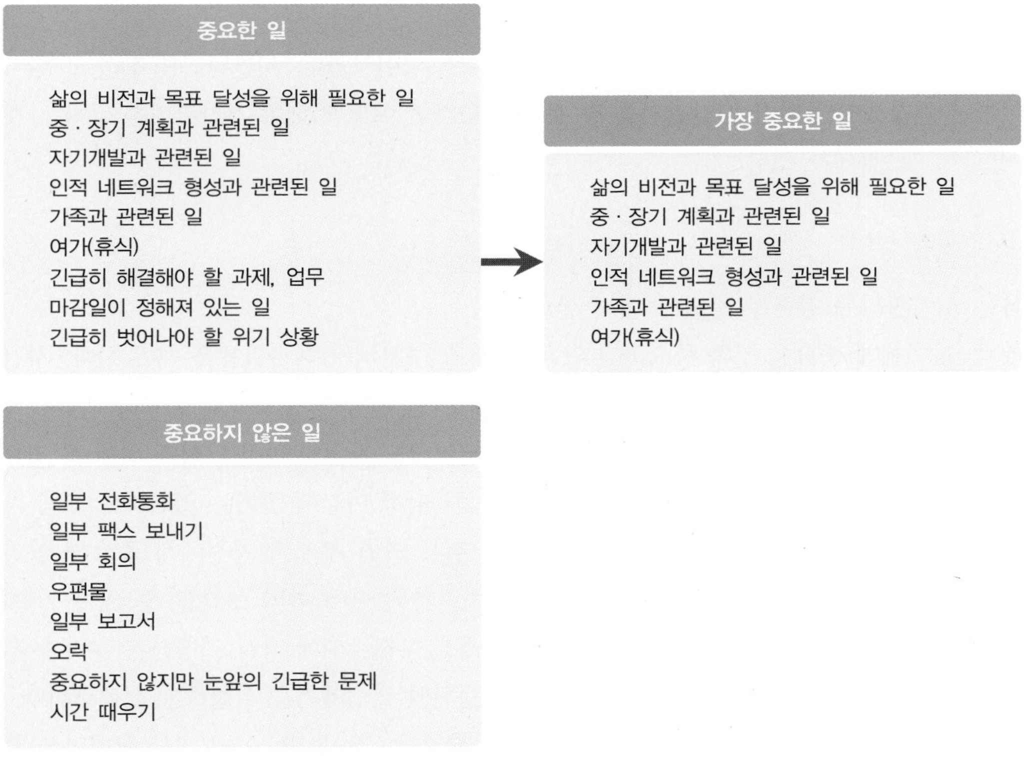

중요한 일
삶의 비전과 목표 달성을 위해 필요한 일 중·장기 계획과 관련된 일 자기개발과 관련된 일 인적 네트워크 형성과 관련된 일 가족과 관련된 일 여가(휴식) 긴급히 해결해야 할 과제, 업무 마감일이 정해져 있는 일 긴급히 벗어나야 할 위기 상황

가장 중요한 일
삶의 비전과 목표 달성을 위해 필요한 일 중·장기 계획과 관련된 일 자기개발과 관련된 일 인적 네트워크 형성과 관련된 일 가족과 관련된 일 여가(휴식)

중요하지 않은 일
일부 전화통화 일부 팩스 보내기 일부 회의 우편물 일부 보고서 오락 중요하지 않지만 눈앞의 긴급한 문제 시간 때우기

그림 5.1 중요도에 따른 일의 분류

비워 둔다면 여유 있는 시간관리를 할 수 있다. 갑자기 일정이 잡힌 외부 미팅, 근무시간 연장, 예상치 못한 돌발 사태 등에 대비해서 항상 시간 여유를 두어야 한다.

셋째, 시간을 너무 잘게 나누어 계획을 세우지 않는다. 시간을 5분, 10분 단위로 나누어 계획을 세우고 관리하는 것은 특별한 일을 하는 몇몇 사람들에게만 해당되는 것이다. 예를 들어 대통령이나 유엔사무총장, 빌 게이츠(Bill Gates) 같은 특별한 사람들의 경우이다. 시간관리를 하는 데 일을 많이 한다는 것은 중요하지 않다. 핵심은 정말 중요한 일을 계획대로 하고 있는가이다. 따라서 시간관리를 잘한다는 것은 많은 일을 하는 것보다 계획한 일을 제대로 완수하는 것이며 더 나아가 자신에게 중요하고 의미 있는 일을 제대로 하는 것이다.

넷째, 자신의 비전과 목표에 기초한 계획을 세우고 이를 실천할 수 있도록 시간관리를 해야 한다. 사실 비전, 목표, 중장기 계획, 자기개발과 관련 있는 일들은 마감시간이 있는 일이 아니다. 따라서 이러한 일들이 자신의 삶에서 가장 중요한 일임에도 불구하고 마감시간에 쫓기는 일을 먼저 하게 된다. 이는 자신의 미래를 위해 결코 바람직하지 않다. 따라서 자신의 개인 수첩이나 다이어리, 플래너 등에 자신의 비전과 목표, 중장기 계획과 단기 계획 등을 적어 두고 그것에 기초한 시간관리를 해야 한다. 이렇게 된다면 연간 계획, 월간 계획, 주간 계획 그리고 일일 계획을 작성할 수 있게 되고 이에 따라 시간관리가 가능해진다.

다섯째, 일하는 시간 자체를 늘리는 것은 제대로 된 시간관리가 아니다. 업무량 증가로 인해 일할 시간을 늘리는 것은 장기적으로 인생을 실패나 불행으로 이끌 수 있다. 적당한 휴식 없이 일하면서 사는 것은 제대로 된 시간관리가 아니다. 충분한 휴식과 여가생활을 통해 일의 능률을 높일 수 있고 자신이 꿈꾸는 비전과 목표에 도달할 수 있다. 따라서 일하는 시간 자체를 늘리지 말고 일의 우선순위를 정해 좀 더 효율적으로 일을 해야 한다.

여섯째, 일을 미루거나 마감시간에 쫓기면서 일을 처리하지 않아야 한다. 일을 미루고 마감시간이 임박해서 일을 하는 사람을 임박착수 유형이라고 부른다. 반대로 미리 계획을 세워 일을 차근차근 해 나가는 스타일을 조기착수 유형이라고 한다. 임박해서 일을 처리할 경우 결과물의 질이 떨어질 수 있다. 미리 계획을 세워 일을 처리한다면 결과물의 질도 훨씬 좋아질 것이고 마감시간에 쫓기면서 급하게 처리해야 하는 일이 줄어들게 될 것이다. 따라서 마음의 여유를 가질 수 있고 자기개발과 관련된 중요한 일에 더 많은 시간을 할애할 수 있다.

일곱째, 바쁠 때라도 여유를 갖고 무리하지 않는 습관을 들여야 한다. 시간관리를 잘하기 위해서는 서두르거나 허둥대지 않고 편안한 마음으로 일을 처리하는 여유가 필요하다. 이는 시간관리를 잘하는 것은 결국 마음관리를 잘하는 것이라는 의미가 된다. 시간에 쫓기더라도 평정심을 잃지 않고 계획대로 일을 처리해 나가는 자세가 필요하다. 또 자신의 일 처리 속도에 대해서 가장 잘 알고 있는 사람은 자기 자신이다. 따라서 무리하지 않고 자신의 속도에 맞추어 계획을 세우고 그것을 실천한다면 결국 시간관리를 잘하게 될 것이다.

🔍 시간관리를 위한 일 분류하기

자신이 해야 하거나 하고 있는 일들을 모두 적어 보고 이를 다음의 영역에 맞게 분류한다.

자신이 해야 하거나 하고 있는 일들

중요한 일	가장 중요한 일

중요하지 않은 일

🔍 시간관리 개선 방안

현재 자신의 시간관리 문제점을 분석해 보고 이에 대한 해결 방안을 모색한다.

시간관리를 잘하고 있는 점	
시간관리 문제점	
개선 방안	

1. 자신의 스트레스 검사 결과를 설명하시오.

2. 스트레스에 대한 개인차를 이해하고 두 가지 유형 중 자신은 어디에 해당되는지 이유와 함께 설명하시오.

3. 효과적인 시간관리 방법에 대해 설명하시오.

제6장

NCS 직업기초능력의 이해와 실습

📍 수업 가이드

제6장에서는 국가직무능력표준(NCS)에서 제시하고 있는 직업기초능력에 대해 살펴본다. 직업기초능력은 직업인이 업무수행을 위해 기본적으로 갖추어야 할 능력들을 의미하는 것으로 NCS에서는 10가지 직업기초능력을 제시하고 있다. 각각의 능력에 대한 개념을 학습하고 이러한 능력을 개발하기 위한 실습을 진행한다. 10가지 직업기초능력에 대한 내용은 국가직무능력표준의 직업기초능력 교수자용 매뉴얼을 중심으로 구성하였고 그 내용을 발췌하여 제시하였다.

📍 학습목표

1. 직업기초능력의 개념과 필요성을 이해한다.
2. 직업기초능력에 대한 주요 내용을 이해한다.
3. 다양한 실습을 통해 직업기초능력을 개발한다.

1. NCS와 직업기초능력의 개념 이해

1) NCS의 개념

국가직무능력표준(NCS, national competency standards)은 산업현장에서 직무를 수행하기 위해 요구되는 지식 · 기술 · 소양 등의 내용을 국가가 산업부문별 · 수준별로 체계화한 것으로 산업현장의 직무를 성공적으로 수행하기 위해 필요한 능력(지식, 기술, 태도)을 국가적 차원에서 표준

표 6.1	NCS 분류체계			
대분류	**중분류**	**소분류**	**세분류**
01. 사업관리	1	2	5
02. 경영 · 회계 · 사무	4	11	27
03. 금융 · 보험	2	9	35
04. 교육 · 자연 · 사회과학	2	3	8
05. 법률 · 경찰 · 소방 · 교도 · 국방	2	3	13
06. 보건 · 의료	1	2	11
07. 사회복지 · 종교	3	6	16
08. 문화 · 예술 · 디자인 · 방송	3	9	56
09. 운전 · 운송	4	7	30
10. 영업판매	3	8	18
11. 경비 · 청소	2	3	6
12. 이용 · 숙박 · 여행 · 오락 · 스포츠	4	12	42
13. 음식서비스	1	3	10
14. 건설	8	26	113
15. 기계	10	31	125
16. 재료	2	7	35
17. 화학	4	11	34
18. 섬유 · 의복	2	7	24
19. 전기 · 전자	3	27	84
20. 정보통신	3	13	64
21. 식품가공	2	4	20
22. 인쇄 · 목재 · 가구 · 공예	2	4	24
23. 환경 · 에너지 · 안전	6	18	52
24. 농림어업	4	12	45
계	78	238	897

출처 : NCS 국가직무능력표준(2018.4.21).

표 6.2	품질관리 능력단위
분야별 검색	경영 · 회계 · 사무
중분류	01. 기획사무 02. 총무 · 인사 03. 재무 · 회계 04. 생산 · 품질관리
소분류	01. 생산관리 02. 품질관리 03. 유통관리
세분류	01. QM/QC관리
능력단위	01. 품질전략수립 02. 품질정보관리 03. 서비스 품질관리 04. 사내표준화 05. 품질코스트관리 06. 설계품질관리 07. 공정품질관리 08. 품질검사관리 09. 협력사품질관리 10. 품질보증체계확립 11. 신뢰성관리 12. 안전품질관리 13. 품질경영혁신활동 14. 지속적개선활동 15. 현장품질관리 16. 품질경영시스템인증관리

출처 : NCS 국가직무능력표준(2018.4.21).

화한 것을 의미한다. NCS는 한 사람의 근로자가 해당 직업 내에서 담당 업무를 성공적으로 수행하기 위하여 요구되는 실제적인 수행능력을 의미한다. 따라서 '무엇을 해야 한다'보다는 '무엇을 할 수 있다'는 형식으로 제시되었다. 또 NCS는 모듈(module) 형태로 구성되어 있다. 한 직업 내에서 근로자가 수행하는 개별 역할인 직무능력을 단위능력(unit)화하여 개발하였고 NCS는 여러 개의 능력단위 집합으로 구성되어 있다.

NCS는 직무의 유형을 중심으로 직무능력을 단계적으로 구성하였는데, 한국고용직업분류(KECO, Korean Employment Classification of Occupations)를 중심으로, 한국표준직업분류, 한국표준산업분류 등을 참고하여 대분류(24)-중분류(78)-소분류(238)-세분류(897)의 순으로 제시하였다.

NCS는 직무별 능력과 직업기초능력으로 구성된다. NCS 직무별 능력은 학습모듈을 통해 확인이 가능한데, 학습모듈은 NCS 능력단위를 교육훈련에서 학습할 수 있도록 구성한 교수 · 학습자료이다. NCS 학습모듈은 구체적 직무를 학습할 수 있도록 이론 및 실습과 관련된 내용을 상세하게 제시하였을 뿐 아니라 산업계에서 요구하는 직무능력을 교육훈련 현장에 활용할 수 있도록 학습목표와 방향을 명확히 제시하는 가이드라인의 역할을 한다.

다음은 예시로 품질관리 직무의 능력단위에 대한 내용을 제시한 것이다. 먼저 품질관리 직무는 경영 · 회계 · 사무 분야에 포함되는 것으로 생산 · 품질관리 중분류, 품질관리 소분류 그리고 QM/QC관리 세분류를 통해 그 능력단위들을 확인할 수 있다. 품질관리 직무에는 모두 16개의 능력단위들이 있고 각 능력단위에는 능력단위요소별로 지식 · 기술 · 태도가 제시되어 있다. 또 품질관리 직무의 직무기술서 항목에는 직무 기본정보, 직무책임과 역할, 학습경험과 자격증, 직무숙련기간 등의 직무수행 요건이 구체적으로 제시되어 있다.

2) 직업기초능력의 개념

NCS 직업기초능력은 직업인들이 업무수행을 위해 기본적으로 갖추어야 하는 능력을 말하는 것으로 전문적인 수준의 능력을 의미하는 것은 아니다. 직업기초능력은 직무수행능력을 최대로 발휘하기 위해 대부분의 산업 분야에서 공통적으로 요구되는 10개 능력과 34개의 하위영역으로 구성되어 있다.

표 6.3 직업기초능력과 하위능력

	직업기초능력	하위능력		직업기초능력	하위능력
1	의사소통능력	문서이해능력	6	대인관계능력	팀워크능력
		문서작성능력			리더십능력
		경청능력			갈등관리능력
		의사표현능력			협상능력
		기초외국어능력			고객서비스능력
2	수리능력	기초연산능력	7	정보능력	컴퓨터활용능력
		기초통계능력			정보처리능력
		도표분석능력	8	기술능력	기술이해능력
		도표작성능력			기술선택능력
3	문제해결능력	사고력			기술적용능력
		문제처리능력	9	조직이해능력	경영이해능력
4	자기개발능력	자아인식능력			조직체제이해능력
		자기관리능력			업무이해능력
		경력개발능력			국제감각
5	자원관리능력	시간관리능력	10	직업윤리	근로윤리
		예산관리능력			공동체윤리
		물적자원관리능력			
		인적자원관리능력			

출처 : NCS 능력중심채용(2018.4.21).

다음 〈표 6.4〉는 앞에서 예시로 제시하였던 품질관리 직무 중 품질전략수립능력에서 요구되는 직업기초능력을 정리한 것이다.

표 6.4	품질관리 직무 중 품질전략수립능력에서 요구되는 직업기초능력

| 순번 | 품질관리 직무 중 품질전략수립능력에서 요구되는 직업기초능력 | |
	주요영역	하위영역
1	조직이해능력	경영이해능력, 조직체제이해능력, 업무이해능력
2	의사소통능력	문서이해능력, 문서작성능력, 경청능력, 의사표현능력
3	문제해결능력	사고력, 문제처리능력
4	자원관리능력	시간자원관리능력, 예산자원관리능력, 물적자원관리능력, 인적자원관리능력
5	정보능력	컴퓨터활용능력, 정보처리능력

출처 : NCS 국가직무능력표준(2018.4.21).

표에서 확인할 수 있듯이 만약 품질관리 직무에 지원한 지원자라면 다섯 가지 직업기초능력에 대한 기본적인 능력을 갖추고 채용절차에 임해야 할 것이다.

2. 직업기초능력의 이해와 실습

1) 의사소통능력

의사소통능력이란 직장생활에서 문서를 읽거나 상대방의 말을 듣고 의미를 파악하여 자신의 의사를 정확하게 표현하며 간단한 외국어 자료를 읽거나 외국인의 간단한 의사표시를 이해하는 능력을 의미한다. 의사소통능력의 하위능력에는 문서이해능력, 문서작성능력, 경청능력, 의사표현능력과 기초외국어능력이 있다.

의사소통(communication)은 '상호 공통점을 나누어 갖는다'는 의미로 라틴어 'communis(공통, 공유)'에서 나온 말이다. 의사소통이란 두 사람 또는 그 이상의 사람들 사이에서 의사 전달과 상호교류가 이루어지는 것을 뜻하며, 어떤 개인 또는 집단이 다른 개인 또는 집단에게 정보, 감정, 사상, 의견 등을 전달하고 그것들을 받아들이는 과정이라고 할 수 있다. 직업생활에서 의사소통이란 공식적인 조직 안에서 의사소통을 의미한다. 직업생활에서 의사소통은 조직의 생산성을 높이고 사기를 진작시키고 정보를 전달하고 설득하려는 목적을 가지고 있다.

(1) 문서이해능력

문서이해능력이란 직업현장에서 자신의 업무와 관련된 인쇄물이나 기호화된 정보 등 필요한 문서를 확인하여 문서를 읽고 내용을 이해하며 요점을 파악하는 능력이다. 다음은 직업생활을 하면서 접하게 되는 문서의 종류들을 나열한 것이다.

가. 공문서

정부 행정기관에서 대내적, 혹은 대외적 공무를 집행하기 위해 작성하는 문서를 의미한다. 공문서에는 정부기관이 일반회사 또는 단체로부터 접수하는 문서 및 일반회사에서 정부기관을 상대로 사업을 진행하려고 할 때 작성하는 문서가 포함된다. 엄격한 규격과 양식에 따라 정당한 권리를 가진 사람이 작성해야 하며 최종 결재권자의 결재가 있어야 문서로 효력이 발생한다.

나. 기획서

적극적으로 아이디어를 내고 기획해 하나의 프로젝트를 문서형태로 만든 것이다. 기획서는 상대방에게 기획의 내용을 전달하여 기획을 시행하도록 설득하는 문서이다.

다. 기안서

회사의 업무에 대한 협조를 구하거나 의견을 전달할 때 작성하는 것으로 흔히 사내 공문서로 불린다.

라. 보고서

특정 일에 관한 현황이나 그 진행 상황 또는 연구·검토 결과 등을 보고하고자 할 때 작성하는 문서이다. 보고서의 종류는 다음과 같다.

- 영업보고서 : 재무제표와 달리 영업 상황을 문장 형식으로 기재해 보고하는 문서
- 결산보고서 : 진행됐던 사안의 수입과 지출 결과를 보고하는 문서
- 일일업무보고서 : 매일의 업무를 보고하는 문서
- 주간업무보고서 : 한 주간에 진행된 업무를 보고하는 문서
- 출장보고서 : 회사 업무로 출장을 다녀와 외부 업무나 그 결과를 보고하는 문서
- 회의보고서 : 회의 결과를 정리해 보고하는 문서

마. 설명서

대개 상품의 특성이나 사물의 성질과 가치, 작동 방법이나 과정을 소비자에게 설명하는 것을 목적으로 작성한 문서이다. 설명서의 종류는 다음과 같다.

- 상품소개서 : 일반인들이 친근하게 읽고 내용을 쉽게 이해하도록 하는 문서로 소비자에게 상품의 특징을 잘 전달해 상품을 구입하도록 유도하는 것이 궁극적인 목적이다.
- 제품설명서 : 제품의 특징과 활용도에 대해 세부적으로 언급한 문서로 제품 구입도 유도하지만 제품의 사용법에 대해 더 자세히 알려주는 데 그 목적이 있다.

바. 보도자료

정부 기관이나 기업체, 각종 단체 등이 언론을 상대로 자신들의 정보가 기사로 보도되도록 하기 위해 보내는 자료이다.

사. 자기소개서

개인의 가정환경과 성장과정, 입사 동기와 근무자세 등을 구체적으로 기술하여 자신을 소개하는 문서이다.

아. 비즈니스 레터(이메일)

사업상의 이유로 고객이나 단체에 편지를 쓰는 것이며, 직장업무나 개인간의 연락, 직접방문하기 어려운 고객관리 등을 위해 사용되는 비공식적 문서이다. 경우에 따라서는 제안서나 보고서 등 공식적인 문서를 전달하는 데도 사용된다.

(2) 문서작성능력

문서작성능력이란 직업생활에서 목적과 상황에 적합한 아이디어와 정보를 전달할 수 있는 문서를 작성하는 능력이다. 문서는 각 회사나 기관별로 고유양식이 있는 경우 그 양식에 따라 작성한다. 만약 고유양식이 없는 경우라면 많이 사용되는 양식을 활용해 작성할 수 있다. 다음은 각 문서별 작성 방법을 제시한 것이다.

가. 공문서

공문서는 회사 외부로 전달되는 글인 만큼 누가, 언제, 어디서, 무엇을, 어떻게(혹은 왜)가 드러나도록 작성해야 한다.

- 날짜는 연도와 월일을 반드시 함께 언급해야 한다.
- 날짜 다음에 괄호를 사용할 때는 마침표를 찍지 않는다.
- 공문서는 대외문서이고 장기간 보관되는 문서이기 때문에 정확하게 작성한다.
- 내용이 복잡할 경우 '-다음-', 또는 '-아래-'와 같은 항목을 만들어 구분한다.
- 공문서는 한 장에 담아내는 것이 원칙이다.
- 마지막엔 반드시 '끝'자로 마무리한다.

나. 설명서

- 설명서는 상품이나 제품에 대해 설명하는 글이므로 정확하게 작성한다.
- 문장의 내용이 길면 내용을 정확하게 전달하기 어려우므로 간결하게 작성한다.
- 전문용어는 소비자들이 이해하기 어려우므로 가급적 전문용어의 사용을 삼간다.

- 복잡한 내용은 도표화한다.
- 명령문보다는 평서문으로, 동일한 문장보다는 다양하게 표현하는 것이 바람직하다.

다. 기획서

- 무엇을 위한 기획서인지 핵심 메시지가 정확히 정리되었는지 확인한다.
- 기획서는 상대가 채택하게끔 설득력을 갖춰야 하므로 상대가 요구하는 것이 무엇인지 고려하여 작성한다.
- 보통 기획서는 분량이 많으므로 글의 내용이 한눈에 들어오도록 목차구성에 신경을 써야 한다.
- 기획서는 많은 내용을 담아내므로 핵심 내용을 전달하기 힘들기 때문에 핵심 내용의 표현에 신경을 써야 한다.
- 내용의 효과적인 전달을 위해 표나 그래프를 활용하는 경우 내용이 제대로 작성되었는지 확인한다.
- 전체적으로 내용이 많은 만큼 깨끗하고 산뜻한 느낌을 줄 수 있도록 작성한다.
- 기획서는 완벽해야 하므로 제출하기 전에 충분히 검토한다.
- 인용한 자료의 출처가 정확한지 확인한다.

라. 보고서

- 보통 업무 진행과정에서 쓰는 경우가 대부분이므로 무엇을 도출하고자 했는지 핵심 내용을 구체적으로 제시한다.
- 보고서는 간결하고 핵심적인 내용이 우선이므로 내용의 중복은 피한다.
- 업무상 상사에게 제출하는 문서이므로 질문받을 것에 대비한다.
- 산뜻하고 간결하게 작성한다.
- 복잡한 내용일 때는 도표나 그림을 활용한다.
- 보고서는 개인의 능력을 평가하는 자료가 될 수 있으므로 제출하기 전에 최종점검을 해야 한다.
- 참고자료는 정확하게 제시한다.

📷 기획서 만들기

(예시)	**신간도서 기획서**

제목 : 콜라와 체리가 만나서 무슨 일이 벌어졌을까?

1. 개요

세계 최고 기업들의 사례를 통해 어린이 경제교육관련 학습도서 출간 기획

2. 현재 상태

어린이 학습도서류의 지속적인 성장 추세가 이어지고 있다. 그러나 어린이들이 흥미롭게 접근할 수 있는 경제서적은 드문 상태이다.

3. 목표

세계 최고 기업들의 역사와 경영사례들을 통해 어린이들에게 경제적 마인드를 심어 주고 미래의 꿈과 비전을 길러 주는 어린이 경제교육 학습도서로 학부모와 어린이들의 관심을 끌어 베스트셀러가 되게 한다.

4. 구성

  1) 3권의 시리즈물
  2) 사실성, 드라마성, 코믹성, 지식 제공의 기본 원칙을 지킴
  3) 각 권 총 7개 장 100여 쪽으로 구성
  4) 만화와 옛날이야기 형태의 구성으로 흥미롭게 이야기를 끌어감

5. 제작 기간

5개월

6. 기대효과

어렵고 딱딱하기만 했던 경제에 관한 이야기가 어린이들에게 옛날이야기와 만화 형식으로 쉽게 전달될 수 있으므로 '아동경제실용' 부문의 새로운 시장을 개척하며 성공할 수 있을 것으로 기대됨

2018년 5월 14일
기획팀 대리 박윤희

출처 : NCS 직업기초능력 교수자용 매뉴얼.

앞에 제시된 신간도서 기획서를 참고하여 자신이 관심을 가진 분야의 기획서를 작성한다.

제목 :
1. 개요
2. 현재 상태
3. 목표
4. 구성
5. 제작 기간
6. 기대효과
년   월   일 작성자

(3) 경청능력

경청능력은 다른 사람의 말을 주의 깊게 들으며 공감하는 능력이다. 경청은 대화과정에서 신뢰를 쌓을 수 있는 최고의 방법이다. 경청을 잘하기 위해서는 먼저 눈으로 들어야 한다. 일반적으로 의사소통의 80%는 비언어적이다. 보편적으로 표정과 몸짓이 말 속에 숨어 있는 참 의미를 전달하게 되므로 대화할 때 상대방을 바라보는 것이 좋다. 둘째, 마음으로 들어야 한다. 상대방에게 공감하는 자세를 보여 주도록 하고 말 속에 묻어나는 상대방의 감정에 민감하게 반응하는 것이 좋다. 셋째, 발로 뛰어다니며 들어야 한다. 주변 사람들의 이야기를 듣기 위해서는 발로 직접 뛰어다니면서 사람들과 시간을 함께 보내고 그들의 이야기를 들어야 한다. 넷째, 적극적 경청을 해야 한다. 적극적 경청을 한다는 것은 비판적 태도를 버리고 상대방이 말하고 있는 의미 전체를 이해하는 것이다. 또 단어 이외의 표현에도 신경을 쓰며, 상대방이 말하고 있는 것에 반응하되 흥분하지 않는 것을 의미하는 것이다.

🔍 어떤 느낌!

대화를 할 때 상대방이 다음과 같은 경청 반응을 보인다면 어떤 느낌이 들지 그 느낌을 적어 본다.

상황	예	느낌
● 상대방의 흠을 잡는 단어를 쓴다.	"순전히 노력 부족이야, 어린애 같은 유치한 행동이야, 전혀 도움이 되지 않아. 도대체가 생각이 없어, 머리를 써라, 도대체 제대로 하는 게 없어." 등	
● 상대방의 행동 자체가 아니라 인간성에 초점을 맞춘다.	"어리석다, 미쳤다, 이기적이다, 게으르다, 쓸모없다, 너는 구제불능이야, 바보, 멍청이" 등	
● 비난하고 판단하는 식으로 말한다.	"너는 꼭 늦게 들어와 저녁 시간을 망치는구나."	
● 과거의 일을 들춘다.	"예전에 그때도 지금처럼 너 혼자만을 생각했잖아. 항상 그래."	
● 부정적인 비교를 한다.	"너는 누구를 닮았니? 피는 못 속여." 등	
● 위협을 한다.	"네가 잘못했으니까 내가 너를 처벌할 거야."	
● 감정으로 공격한다.	목소리가 커지고 비꼬기도 하고 차갑게 적대적인 억양으로 "그럼 그렇지."	
● 폐쇄적이고 배타적인 신체 언어를 사용한다.	눈도 쳐다보지 않고, 듣는 동안 한눈팔며, 팔짱을 끼고 있고, 뒤에 물러서 있다.	
● 의사를 표현할 때 전체적으로 전달하지 않고 일부만 이야기한다.	"너는 일하는 데 너무 많은 시간을 보내는 것 같아."라고 말할 때 여자친구는 남자친구의 건강을 염려하는 것인데, 남자친구는 여자친구가 함께 있어 주지 않는 것에 대한 불만을 표시하는 것이라 오해하여 여자친구가 자신의 입장을 이해 못한다고 짜증을 부리게 된다.	
● 분명하게 말하지 않는다.	"왜 나를 그런 식으로 쳐다봐?" 이것은 실제로 그 이유가 궁금하다는 것이 아니라 그런 식으로 쳐다보는 게 기분 나쁘다는 뜻이다.	

출처 : NCS 직업기초능력 교수자용 매뉴얼.

(4) 의사표현능력

의사표현능력이란 말하는 사람이 자신의 생각과 감정을 듣는 사람에게 음성언어나 신체언어로 표현하는 능력이다. 의사표현능력은 의사소통의 중요한 수단으로 직장인들에게 개인이나 조직 간에 원만한 관계를 유지하고 업무 성과를 높이기 위해서 요구되는 필수 능력이다. 의사표현능력에는 프레젠테이션 능력까지도 포함되는데 이 책의 제9장 프레젠테이션 내용 부분을 참고할 필요가 있다.

의사표현을 하다 보면 상대에게 곤란한 말을 해야 할 때도 있고 불쾌한 감정을 전달해야 할 때도 있다. 상황과 대상에 따른 의사표현법을 알아 둔다면 효과적인 의사표현이 가능할 것이다. 다음은 상황과 대상에 따른 의사표현법을 정리한 것이다.

가. 상대방의 잘못을 지적할 때

상대방이 알 수 있도록 확실하게 지적한다. 모호한 표현은 설득력을 약화시킨다. 상대방의 잘못을 지적할 때는 먼저 상대방과의 관계를 고려한다. 힘이나 입장의 차이가 클수록 저항이 적다. 또한 지금 당장 잘못한 내용에만 한정해야지 이것저것 함께 이야기하면 효과가 없다. 아울러 뒤처리를 잊지 말아야 한다. 특히 명심할 것은 불필요한 한마디를 덧붙여서는 안 된다는 것이다. 상대방이 늦었을 경우에 '늦었다'는 사실을 지적하는 것은 괜찮지만, "당신은 왜 항상 늦는 겁니까?"라고 추궁하듯이 묻는 것은 금물이다.

나. 상대방을 칭찬할 때

칭찬은 별다른 노력을 기울이지 않아도 항상 상대방을 기분 좋게 만든다. 그러나 자칫 잘못하면 아부로 여겨질 수 있으므로 칭찬도 센스 있게 해야 한다. 예를 들면, 본인이 중요하게 여기는 것을 칭찬한다. 처음 만나는 사람에게 말을 할 때는 먼저 칭찬으로 시작하는 것이 좋다. "좋은 사무실을 구하셨네요." 같은 간단한 칭찬이 상대를 기쁘게 한다.

다. 상대방에게 부탁해야 할 때

먼저 상대의 사정을 듣는다. "괜찮습니까?" 하고 상대의 사정을 우선시하는 태도를 보여 준다. 그런 다음 응하기 쉽게 구체적으로 부탁한다. 기간, 비용, 순서 등을 명확하게 제시하면 상대방이 한결 받아들이기 쉽다. 거절을 당해도 싫은 내색을 하지 말아야 한다.

라. 상대방의 요구를 거절해야 할 때

먼저 사과한 다음 응해 줄 수 없는 이유를 설명한다. 불가능하다고 여겨질 때는 모호한 태도를 보이는 것보다 단호하게 거절하는 것이 좋다. 거절을 하는 경우에도 테크닉이 필요하다. 정색을 하면서 "안 된다."고 딱 부러지게 말을 하면 상대가 감정을 갖게 되고 자칫하면 인간관계까지

나빠질 수 있으므로 주의해야 한다.

마. 명령해야 할 때

"○○을 이렇게 해라!" 식으로 아랫사람 다루듯 강압적으로 말하기보다는 "○○을 이렇게 해 주실 수 있습니까?" 식으로 부드럽게 표현하는 것이 훨씬 효과적이다.

바. 설득해야 할 때

일방적으로 강요하거나 상대방에게만 손해를 보라는 식으로 하는 '밀어붙이기 식' 대화는 금물이다. 먼저 양보해서 이익을 공유하겠다는 의지를 보여 주어야만 상대방도 받아들이게 된다. 따라서 자신이 변해야 상대방도 변한다는 사실부터 받아들여야 한다.

사. 충고해야 할 때

사람들은 자신의 존재와 능력을 인정해 주고 칭찬해 주는 사람에게 마음을 열게 되어 있다. 자신에게 부정적이거나 거부 반응을 보이는 사람에게는 결코 타협적이거나 우호적일 수 없다는 사실을 잊어서는 안 된다. 충고는 마지막 방법이다. 하지만 그래도 충고를 해야 할 상황이면, 예화를 들어 비유법으로 깨우쳐 주는 것이 바람직하다.

아. 질책해야 할 때

질책화법 중 샌드위치 화법이 있다. 샌드위치 화법이란 '칭찬의 말'+'질책의 말'+'격려의 말'처럼 질책을 가운데 두고 칭찬을 먼저 한 다음 끝에 격려의 말을 하는 것이다. 그렇게 하면 듣는 사람이 반발하지 않고 받아들이게 된다. 혹 비난을 하고 싶은 생각이 들 경우 비난하거나 야유하는 말은 결국 부메랑이 되어 자신에게 다시 돌아온다는 사실을 먼저 떠올려야 한다.

(5) 기초외국어능력

기초외국어능력이란 직장생활에서 외국어로 된 간단한 자료를 이해하거나 간단한 수준의 외국어를 구사하고 이해하는 능력을 의미한다. 기초외국어능력은 외국인들과 유창한 의사소통을 뜻하는 것은 아니다. 외국어로 된 간단한 자료를 이해하거나 외국인과의 전화응대와 간단한 대화 등 외국인의 의사표현을 이해하고 자신의 의사를 기초외국어로 표현할 수 있는 능력을 말하는 것이다.

직업생활에서 업무와 관련하여 외국인들과 의사소통을 해야 하는 경우가 있다. 외국인 고객을 응대할 때 비록 기초외국어능력이 탁월하지 않다고 해도 비언어적인 표현을 이해한다면 어느 정도 의사소통은 가능하다. 의사소통은 특정 국가의 외국인만을 상대하는 것이 아니기 때문에 다양한 국가의 비언어적 의사표현법을 이해하는 것이 필요하다.

다음은 각국의 보디랭귀지를 표로 정리한 것이다.

표 6.5	각국의 보디랭귀지	
보디랭귀지	**국가**	**의미**
'O' 표시	영어권	좋다, great
	프랑스	제로, 무(無)
	일본	돈
	지중해	동성연애
	브라질	외설적 표현
엄지 세우기	공통	권력, 우월, 지배, 최고
	영국, 호주, 뉴질랜드	자동차 세우기
	그리스	저리 가, 꺼져
	유럽	비웃기
가운데 손가락 내밀기	공통	외설
'V' 표시	안쪽 보이게	윈스턴 처칠의 승리
	바깥쪽 보이게	경멸, 외설
머리 긁기	서양	비듬, 가려움
	동양	미안함, 답답함
입 가리기	서양	거짓말
	동양	창피
귀 움직이기	인도	후회
	브라질	칭찬
고개 끄덕이기	불가리아, 그리스	No
	기타	Yes
옆으로 고개 흔들기	네팔	Yes
	기타	No
손가락 교차하기	유럽	경멸
	브라질	행운
손바닥 아래·위로 흔들기	미국	Bye(헤어질 때 인사)
	유럽	No
	그리스	모욕

출처 : NCS 직업기초능력 교수자용 매뉴얼.

2) 수리능력

수리능력이란 직장생활에서 요구되는 사칙연산과 기초적인 통계를 이해하고, 도표의 의미를 파악하거나 도표를 이용해서 결과를 효과적으로 제시하는 능력을 의미한다. 수리능력의 하위능력에는 기초연산능력, 기초통계능력, 도표분석능력과 도표작성능력이 있다.

수리능력이 업무수행 중에 활용되는 경우는 셀 수 없을 정도로 많다. 그중 대표적인 몇 가지를 정리해 보면 다음과 같다.

- 업무상 계산을 수행하고 결과를 정리하는 경우
- 업무비용을 측정하는 경우
- 고객과 소비자의 정보를 조사하고 결과를 종합하는 경우
- 조직의 예산안을 작성하는 경우
- 업무수행 경비를 제시해야 하는 경우
- 다른 상품과 가격비교를 하는 경우
- 연간 상품 판매실적을 제시하는 경우
- 업무비용을 다른 조직과 비교해야 하는 경우
- 상품판매를 위한 지역조사를 실시하는 경우
- 업무수행 과정에서 도표로 주어진 자료를 해석하는 경우
- 도표로 제시된 업무비용을 측정하는 경우

우리가 직업인으로 업무를 수행하는 데 흔히 활용하는 단위로는 길이, 넓이, 부피, 들이, 무게, 시간, 할푼리 등이 있다. 길이는 물체의 한끝에서 다른 한끝까지의 거리를 의미하며, 이를 나타내는 단위로는 mm, cm, m, km 등이 있다. 넓이는 평면의 크기를 나타내는 것으로 면적이라고

표 6.6	단위환산표
단위	**단위환산**
길이	1cm = 10mm, 1m = 100cm, 1km = 1,000m
넓이	$1cm^2 = 100mm^2$, $1m^2 = 10,000cm^2$, $1km^2 = 1,000,000m^2$
부피	$1cm^3 = 1,000mm^3$, $1m^3 = 1,000,000cm^3$, $1km^3 = 1,000,000,000m^3$
들이	$1ml = 1cm^3$, $1dl = 100cm^3 = 100ml$, $1l = 1,000cm^3 = 10dl$
무게	1kg = 1,000g, 1t = 1,000kg = 1,000,000g
시간	1분 = 60초, 1시간 = 60분 = 3,600초
할푼리	1푼 = 0.1할, 1리 = 0.01할, 모 = 0.001할

출처 : NCS 직업기초능력 교수자용 매뉴얼.

도 하며, 이를 나타내는 단위로는 mm², cm², m², km² 등이 있다. 부피는 입체가 점유하는 공간 부분의 크기를 의미하며, 이를 나타내는 단위로는 mm³, cm³, m³, km³ 등이 있다. 들이는 통이나 그릇 따위의 안에 넣을 수 있는 물건 부피의 최댓값을 의미하며, 이를 나타내는 단위로는 ml, dl, l, kl 등이 있다. 이 밖에 무게를 나타내는 단위로는 g, kg, t 등이 있고 시간을 나타내는 단위로는 초, 분, 시 등이 있다.

(1) 기초연산능력

기초연산능력이란 직장생활에서 필요한 기초적인 사칙연산과 계산 방법을 이해하고 활용하는 능력을 의미한다. 특히 기초연산능력은 직장생활에서 다단계의 복잡한 사칙연산을 수행하고 연산 결과의 오류를 수정하는 것이 요구된다는 측면에서 필수적으로 요구되는 능력이라 할 수 있다. 구체적으로 기초연산능력은 업무상 계산을 수행하고 결과를 정리하는 경우, 업무비용을 측정하는 경우, 고객과 소비자의 정보를 조사하고 결과를 종합하는 경우, 조직의 예산을 작성하는 경우, 업무수행 경비를 제시하여야 하는 경우, 다른 상품과 가격비교를 하여야 하는 경우 등에서 필요한 능력이라고 할 수 있다.

○ 퀴즈 1

다음 예문을 읽고 처음에 가지고 있던 끈의 길이를 구한다.

"끈을 또 달라고?"

침대보가 담겨 있는 대야에서 손을 빼면서 엄마가 물었다.

"넌 엄마가 무슨 끈 공장인 줄 아냐?"

끈 줘, 끈 줘, 왜 허구한 날 끈을 달라는 거냐? 어제도 한 무더기의 끈을 줬잖아. 무얼 하는 데 그렇게 많은 끈이 필요하냐? 도대체 어디다 쓰는데?"

"끈을 어디다 썼냐고?" 꼬마가 대답했다.

"첫째, 어제 준 끈은 엄마가 도로 반을 가져갔잖아."

"아니, 그럼 난 침대보를 어디다 널란 말이냐?"

"그리고 남아 있는 것 중에서 반은 낚시를 할 때 필요하다면서 형이 가져갔어."

"그건 잘했구나. 너희는 형제니까 서로 양보해야지."

"그래서 양보했잖아. 조금밖에 안 남았는데 아빠가 텔레비전 보고 웃다가 끊어진 멜빵을 고친다고 반을 가져갔어. 그것뿐인 줄 알아. 머리 묶어야 한다며 누나가 3/5을 남기고 가져갔어."

"남은 끈으로는 뭘 했냐?"

"남은 끈이라고? 남은 끈의 길이는 겨우 30cm였어. 그걸로 뭘 할 수 있겠어."

(2) 기초통계능력

기초통계능력이란 직장생활에서 평균, 합계, 빈도와 같은 기초적인 통계 기법을 활용하여 자료의 특성과 경향성을 파악하는 능력을 의미한다. 특히 직장생활에서 다단계의 복잡한 통계 기법을 활용하여 결과의 오류를 수정하는 것은 필수적으로 요구되는 능력이라 할 수 있다. 구체적으로 기초통계능력은 고객과 소비자의 정보를 조사하여 자료의 경향성을 제시하는 경우, 연간 상품 판매실적을 제시해야 하는 경우, 업무비용을 다른 조직과 비교해야 하는 경우, 업무 결과를 제시해야 하는 경우, 상품판매를 위한 지역조사를 실시해야 하는 경우 등에서 필요한 능력이다.

통계란 집단현상에 대한 구체적인 양적 기술을 반영하는 숫자를 의미한다. 특히 사회집단 또는 자연집단의 상황을 숫자로 나타낸 것이다. 다음은 통계에서 주로 다루는 주요 용어들을 정리한 것이다.

- 빈도 : 어떤 사건이 일어나거나 증상이 나타나는 정도를 의미하며 빈도분포란 그러한 빈도를 표나 그래프로 종합적이면서도 일목요연하게 표시한 것이다. 빈도분포는 보통 빈도 수와 백분율로 나타내는 경우가 많으며 상대적 빈도분포와 누적 빈도분포로 나누어 표시하기도 한다.

- 평균 : 집단의 특성을 요약하기 위해서 가장 빈번하게 활용하는 값으로 전체 사례 수의 값을 모두 더한 후, 총 사례 수로 나눈 값을 의미한다.

- 백분율 : 비율을 나타내는 방식으로 백분비라고도 한다. 백분율은 전체 수량을 100으로 하여 생각하는 수량이 그중 몇이 되는가를 가리키는 수(%)로 나타내며 100분의 1이 1%에 해당된다.

- 범위 : 분포의 흩어진 정도를 가장 간단히 알아보는 방법으로 최곳값과 최젓값을 가지고 파악하며 최곳값에서 최젓값을 뺀 값을 의미한다.

- 분산 : 각 관찰값에서 평균값을 뺀 값의 제곱의 평균을 의미한다. 구체적으로 설명하면 각 관찰값과 평균값과의 차이의 제곱을 모두 합한 값을 개체의 수로 나눈 값을 의미한다. 예를 들어 A집단의 관찰값이 1, 2, 8, 9이고 평균이 5라면 A집단의 분산은 $(1-5)^2+(2-5)^2+(8-5)^2+(9-5)^2$을 사례 수 4로 나눈 값을 의미한다.

- 표준편차 : 분산값의 제곱근 값을 의미하며 개념적으로는 평균으로부터 얼마나 떨어져 있는가를 나타내는 것이다. 예를 들어 분산이 12.5가 되면 표준편차는 12.5의 제곱근 값이 된다.

- 다섯 숫자 요약 : 평균과 표준편차만으로는 원자료의 전체적인 형태를 파악하기 어렵기 때문에 최젓값, 중앙값, 최곳값, 하위 25%값, 상위 25%값 등을 활용하며 이를 다섯 숫자 요약(Five Number Summary)이라고 부른다. 최젓값이란 원자료 중 값의 크기가 가장 작은 값을 의미한다. 이와는 반대로 최곳값이란 원자료 중 값의 크기가 가장 큰 값을 의미한다. 중앙

값이란 정확하게 중간에 있는 값을 의미한다. 이는 최솟값부터 최댓값까지 크기에 의하여 배열하였을 때 중앙에 위치하는 사례의 값을 말한다. 하위 25%값과 상위 25%값은 원자료를 크기 순으로 배열하여 4등분한 값을 의미한다. 백분위수의 관점에서 제25백분위수, 제75백분위수로 표기할 수도 있다.

○ 퀴즈 2

다음 자료를 활용하여 답을 구한다.

141	143	145	147	149	151	153	155	157	159
161	163	165	167	169	171	173	175	177	179
181	183	185	187	189	191	193	195	197	199

개념	정답	계산식
범위		
평균		
분산		
표준편차		

---

(3) 도표분석능력

도표분석능력이란 직장생활에서 도표(그림, 표, 그래프 등)의 의미를 파악하고 필요한 정보를 해석하는 능력을 의미한다. 구체적으로 도표분석능력은 업무수행과정에서 도표로 주어진 자료를 해석하는 경우, 도표로 제시된 업무비용을 측정하는 경우, 조직의 생산가동율 변화표를 분석하는 경우, 계절에 따른 고객의 요구도가 그래프로 제시된 경우, 경쟁업체와의 시장점유율이 그림으로 제시된 경우 등에서 필요한 능력이라 할 수 있다.

   직업인으로 업무에 활용할 수 있는 도표의 종류는 매우 다양하다. 이 중 대표적인 것으로는 선(절선) 그래프, 막대 그래프, 원 그래프, 점 그래프, 층별 그래프, 레이더 차트(거미줄 그래프) 등이 있다. 이들 각각의 특징에 대해 살펴보면 다음과 같다.

가. 선(절선) 그래프

선(절선) 그래프란 주로 시간의 경과에 따라 수량 변화의 상황을 절선의 기울기로 나타내는 그래프이다. 선 그래프는 경과 · 비교 · 분포(도수 · 곡선 그래프)를 비롯하여 상관관계 등을 나타낼 때(상관선 그래프 · 회귀선) 사용된다. 선 그래프는 시간적 추이(시계열변화)를 표시하는 데 적합하고 연도별 매출액 추이 변화를 나타낼 때 활용 가능하다.

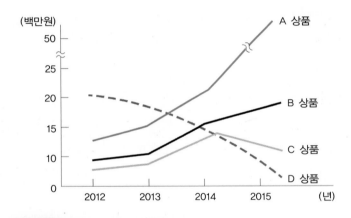

그림 6.1 상품별 매출액 추이

출처 : NCS 직업기초능력 교수자용 매뉴얼.

나. 막대 그래프

막대 그래프는 봉 그래프라고도 한다. 막대 그래프는 비교하고자 하는 수량을 막대 길이로 표시하고 그 길이를 비교하여 각 수량 간의 대소 관계를 나타내는 것이다. 가장 간단한 형태이며 선 그래프와 같이 각종 그래프의 기본을 이룬다. 막대 그래프는 내역 · 비교 · 경과 · 도수 등을 표시하는 용도로 쓰인다. 막대그래프는 영업소별 매출액과 성적별 인원분표 등을 나타낼 때 활용 가능하다.

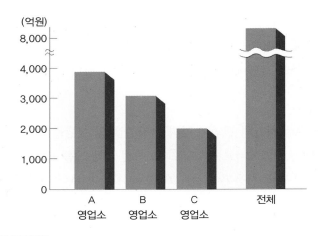

그림 6.2 영업소별 월평균 매출액

출처 : NCS 직업기초능력 교수자용 매뉴얼.

다. 원 그래프

원 그래프는 일반적으로 내역이나 내용의 구성비를 원을 분할하여 작성한 것이다. 파이 그래프도 원 그래프의 일종이다. 동심원을 2개 그림으로써 투시 점에서 매출액 크기와 구성비를 비교해 볼 수도 있다. 단, 원 그래프를 정교하게 작성할 때 까다로운 것은 수치를 각도로 환산해야 한다는 점이다. 원 그래프는 제품별 매출액 구성비를 나타낼 때 활용 가능하다.

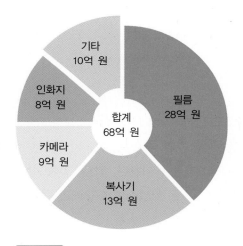

그림 6.3 제품별 매출액 구성비

출처 : NCS 직업기초능력 교수자용 매뉴얼.

라. 점 그래프

점 그래프는 종축과 횡축에 두 요소를 두고 보고자 하는 것이 어떤 위치에 있는가를 알고자 하는 데 사용된다. 다음의 점 그래프는 각 지역의 광고비 비율과 이익률의 관계를 표시한 것이다. 그래프에서 그어진 세로선과 가로선은 각기 이익률의 평균치, 광고비 비율의 평균치를 나타낸 것이다. 아래의 그래프를 보면 상주, 청주에서는 광고비 비율은 높으나 이익률이 낮다. 반면 부천, 천안에서는 광고비 비율이 낮으나 이익률은 높음을 알 수 있다. 점 그래프는 이와 같이 지역분포를 비롯하여 도시, 지방, 기업, 상품 등의 평가나 위치, 성격을 표시하는 데 이용된다.

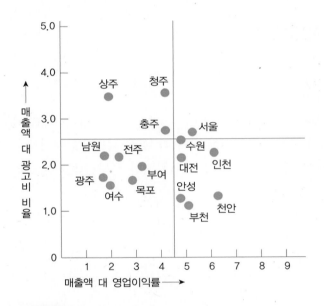

그림 6.4 각 지역별 광고비 비율과 이익률의 관계

출처 : NCS 직업기초능력 교수자용 매뉴얼.

마. 층별 그래프

층별 그래프는 선 그래프의 변형으로 연속내역 봉 그래프라고 볼 수 있다. 선의 움직임보다는 선과 선 사이의 크기로써 데이터 변화를 나타내는 그래프이다. 층별 그래프는 크게 두 가지 용도로 활용되는데, 첫째, 합계와 각 부분의 크기를 백분율로 나타내고, 시간적 변화를 보고자 할 때, 둘째, 합계와 각 부분의 크기를 실수로 나타내고 시간적 변화를 보고자 할 때이다. 아래의 층별 그래프는 상품별 매출액 추이를 나타낸 것이다. 아래의 그래프로부터 전체 매출액 추이 변화와 함께 각 상품별 매출액의 추이 변화를 알 수 있다.

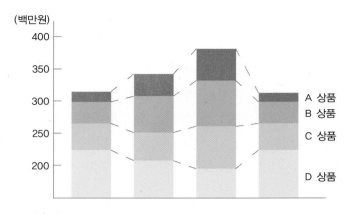

그림 6.5 상품별 매출액 추이

출처 : NCS 직업기초능력 교수자용 매뉴얼.

바. 레이더 차트(거미줄 그래프)

레이더 차트는 원 그래프의 일종으로 거미줄 그래프라고도 한다. 비교하는 수량을 직경, 또는 반경으로 나누어 원의 중심에서 거리에 따라 각 수량의 관계를 나타내는 그래프이다. 레이더 차트는 매출액의 계절변동과 같이 비교하거나 경과를 나타내는 용도로 활용된다.

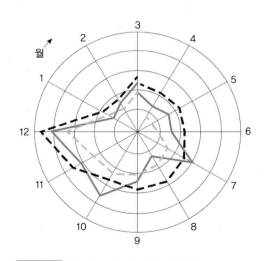

그림 6.6 월별 · 상품별 매출액 추이

출처 : NCS 직업기초능력 교수자용 매뉴얼.

다음은 도표를 해석할 때 유의사항을 정리한 것이다.

첫째, 도표로부터 알 수 있는 것과 없는 것을 구별한다. 주어진 도표로부터 알 수 있는 것과 알 수 없는 것을 완벽하게 구별할 필요가 있다. 즉 주어진 도표로부터 의미를 확대 해석해서는 곤란하며, 주어진 도표를 토대로 자신의 주장을 충분히 추론할 수 있는 보편 타당한 근거를 제시해야 한다.

둘째, 총량의 증가와 비율증가를 구분한다. 비율이 같다고 하더라도 총량에서는 많은 차이가 있을 수 있다. 또한 비율에 차이가 있다고 하더라도 총량이 표시되어 있지 않은 경우 비율 차이를 근거로 절대적 양의 크기를 평가할 수 없기 때문에 이에 대한 세심한 검토가 요구된다.

셋째, 백분위수와 사분위수를 이해한다. 백분위수는 크기순으로 배열한 자료를 100등분한 값을 의미한다. 사분위수란 자료를 4등분한 것으로 제1사분위수는 제25백분위수, 제2사분위수는 제50백분위수(중앙치), 제3사분위수는 제75백분위수에 해당한다.

○ 퀴즈 3

다음은 어떤 시험에 응시한 남녀 응시생과 합격생 수를 나타낸 것이다. 이에 대한 설명이 틀린 사람과 그 이유를 적어 본다.

(단위 : 명)

구분	응시생	합격생
남자	11,153	1,929
여자	4,293	763

K 군 : 총응시자 중 합격률은 17.43%이다.
M 군 : 여자의 응시생 대비 합격률은 17.77%이다.
L 군 : 총 응시생 중 여자는 27.79%이다.
M 양 : 응시생 대비 합격률은 남자가 더 높다.

---

(4) 도표작성능력

도표작성능력이란 직장생활에서 도표(그림, 표, 그래프 등)를 이용하여 결과를 효과적으로 제시하는 능력을 의미한다. 구체적으로 도표작성능력은 업무 결과를 도표를 사용하여 제시하는 경우, 업무의 목적에 맞게 계산 결과를 제시하는 경우, 업무 중 계산을 수행하고 결과를 정리하는 경우, 업무에 소요되는 비용을 시각화해야 하는 경우, 고객과 소비자의 정보를 조사하고 결과를 설명하는 경우 등에 필요한 능력이라 할 수 있다.

○ 퀴즈 4

다음은 A영업소, B영업소, C영업소의 연간 매출액의 변화추이를 나타낸 것이다. 영업소 현황을 가장 잘 설명할 수 있는 그래프를 그려 본다. 그리고 가장 적절하다고 생각하는 그래프의 특징을 기술한다.

[영업소별 연간 매출액] (단위 : 백만 원)

영업소	2004년	2005년	2006년	2007년
A영업소	120	150	180	280
B영업소	150	140	135	110
C영업소	30	70	100	160

[그래프 작성]

[그래프의 주요 특징]

다음은 도표의 작성절차이다.

- 어떠한 도표로 작성할 것인지 결정한다.
- 가로축과 세로축에 나타낼 것을 결정한다.
- 가로축과 세로축의 눈금의 크기를 결정한다.
- 자료를 가로축과 세로축이 만나는 곳에 표시한다.
- 표시된 점에 따라 도표를 작성한다.
- 도표의 제목 및 단위를 표시한다.

업무수행 과정에서 도표를 작성할 때는 여러 가지 사항에 주의해야 한다. 특히 도표의 종류별로 유의해야 할 사항들이 있으며 이를 준수할 때 보다 효과적으로 업무수행 결과를 제시할 수 있다. 다음은 도표의 종류별로 도표작성 시 유의할 사항들을 제시한 것이다.

- 선(절선) 그래프 작성 시 유의점 : 일반적으로 선(절선) 그래프를 작성할 때는 세로축에 수량(금액, 매출액 등), 가로축에 명칭구분(연, 월, 장소 등)을 제시하며, 축의 모양은 L자형으로 하는 것이 일반적이다. 또한 선 그래프에서는 선의 높이에 따라 수치를 파악하는 경우가 많으므로 세로축의 눈금을 가로축의 눈금보다 크게 하는 것이 효과적이다. 특히 선이 두 종류 이상인 경우에는 반드시 선의 그 명칭을 기입해야 하며 그래프를 보기 쉽게 하기 위해서 중요한 선을 다른 선보다 굵게 한다든지 그 선만 색을 다르게 하는 등의 노력을 기울일 필요가 있다.
- 막대 그래프 작성 시 유의점 : 막대를 세로로 할 것인가 가로로 할 것인가의 선택은 개인의 취향에 따라 다르지만 세로로 하는 것이 보다 일반적이다. 또한 축은 L자형이 일반적이나 가로 막대 그래프는 사방을 틀로 싸는 것이 좋다. 가로축은 명칭구분(연, 월, 장소, 종류 등)으로, 세로축은 수량(금액, 매출액 등)으로 정하며, 막대 수가 부득이하게 많을 경우에는 눈금선을 기입하는 것이 이해하기 쉽다. 또한 막대의 폭은 모두 같게 작성해야 한다.
- 원 그래프 작성 시 유의점 : 일반적으로 원 그래프를 작성할 때는 정각 12시의 선을 시작선으로 하며 이를 점으로 하여 오른쪽으로 그리는 것이 보통이다. 또한 분할선은 구성비율이 큰 순서로 그리되 '기타' 항목은 구성비율의 크기에 관계없이 가장 뒤에 그리는 것이 좋다. 아울러 각 항목의 명칭은 같은 방향으로 기록하는 것이 일반적이지만 만일 각도가 적어서 명칭을 기록하기 힘든 경우에는 지시선을 써서 기록한다.
- 층별 그래프 작성 시 유의점 : 층별을 세로로 할 것인가 가로로 할 것인가 하는 것은 작성자의 기호나 공간에 따라 판단한다. 그러나 구성비율 그래프는 가로로 작성하는 것이 좋다. 단, 눈금은 선 그래프나 막대 그래프보다 적게 하고 눈금선을 넣지 않아야 하며 층별로 색이나 모양이 모두 완전히 다른 것이어야 한다. 또한 같은 항목은 옆에 있는 층과 선으로 연결하여 보기 쉽도록 해야 하며 세로 방향일 경우 위로부터 아래로, 가로 방향일 경우 왼쪽에서 오른쪽으로 나열하면 보기가 좋다.

3) 문제해결능력

문제해결능력이란 직장생활에서 문제 상황이 발생했을 경우 창조적이고 논리적인 사고를 통해 이를 올바르게 인식하고 적절히 해결하는 능력을 의미한다. 문제해결능력의 하위능력에는 사고력과 문제처리능력이 있다.

　문제란 업무를 수행함에 있어서 답을 요구하는 질문이나 의논해서 해결해야 되는 사항을 의미한다. 즉 해결하기를 원하지만 실제로 해결해야 하는 방법을 모르고 있는 상태나 얻고자 하는 해답은 있지만 그 해답을 얻는 데 필요한 일련의 행동을 알지 못하는 상태이다. 이러한 문제는 흔히 문제점과 구분하지 않고 사용하는데, 문제점이란 문제의 원인이 되는 사항으로 문제해결을 위해서 손을 써야 할 대상을 말한다. 예컨대 난폭운전으로 전복사고가 일어났을 때 사고의 발생이 문제이며 난폭운전은 문제점이다. 이렇게 문제점은 개선해야 할 사항이나 손을 써야 할 사항, 그에 의해서 문제가 해결될 수 있고 문제의 발생을 미리 방지할 수 있는 사항을 말한다.

(1) 사고력

사고력은 직장생활에서 발생한 문제를 해결하기 위해서 창의적, 논리적, 비판적으로 생각하는 능력이다.

가. 창의적 사고

> ○ **퀴즈 5**
>
> 다음 예를 참고하여 주어진 규칙에 따라 제시된 단어에서 연상되는 단어를 적어 본다.
>
> • 다음 주제와 상반되는 개념을 적어 보자. (예 : 산-바다)
>
> > 신차 개발
>
> • 다음 주제와 비슷한 개념을 적어 보자. (예 : 산-삼각형)
>
> > 신차 개발

창의적인 사고는 문제에 대해서 다양한 사실을 찾거나 다채로운 아이디어를 창출하는 발산적 사고가 요구된다. 이러한 발산적 사고를 개발하기 위한 방법으로는 자유연상법, 강제연상법, 비교발상법이 있다.

(가) 자유연상법

자유연상법은 어떤 생각에서 다른 생각을 계속해서 떠올리는 작용을 통해 생각나는 것을 계속해서 열거해 나가는 방법이다. 예를 들어 '신차 출시'라는 주제에 대해서 "홍보를 통해 판매량을 늘린다.", "회사 내 직원들의 반응을 살핀다.", "경쟁사의 자동차와 비교한다." 등 자유롭게 아이디어를 창출하는 것이다.

브레인스토밍(Brain Storming)은 미국의 알렉스 오스본(Alex Osborn)이 고안한 그룹발산 기법으로 창의적인 사고를 위한 발산 방법 중 가장 흔히 사용되는 방법이다. 브레인스토밍은 집단의 효과를 살려서 아이디어의 연쇄 반응을 일으켜 자유분방한 아이디어를 내는 것으로 진행 방법은 다음과 같다.

- 주제를 구체적이고 명확하게 정한다.
- 구성원의 얼굴을 볼 수 있게 좌석 배치를 하고 큰 용지를 준비한다.
- 구성원들의 다양한 의견을 도출할 수 있는 사람을 리더로 선출한다.
- 구성원은 다양한 분야의 사람들로 5~8명 정도로 구성한다.
- 발언은 누구나 자유롭게 할 수 있도록 하며 모든 발언 내용을 기록한다.
- 브레인스토밍의 핵심은 아이디어의 질이 아니라 아이디어의 양이다.
- 아이디어에 대해 비판하지 않는다.

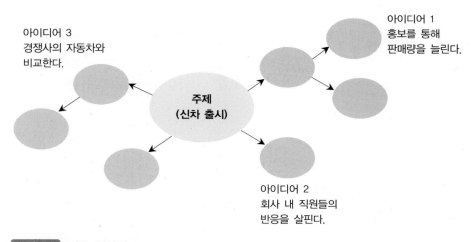

그림 6.7 자유 연상법

출처 : NCS 직업기초능력 교수자용 매뉴얼.

(나) 강제연상법

강제연상법은 각종 힌트에서 강제적으로 연결지어서 발상하는 방법이다. 예를 들어 '신차 출시'라는 주제에 대해서 판매 방법, 판매대상 등의 방향을 미리 정해 놓고 발상을 하는 방법이다. 이때 판매 방법이라는 힌트에 대해서는 "신규 해외 수출 지역을 물색한다."라는 아이디어를 떠올릴 수 있을 것이다.

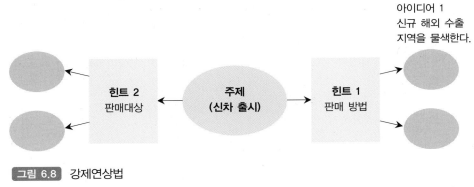

그림 6.8 강제연상법

출처 : NCS 직업기초능력 교수자용 매뉴얼.

(다) 비교발상법

비교발상법은 주제와 본질적으로 닮은 것을 힌트로 하여 새로운 아이디어를 얻는 방법이다. 이때 본질적으로 닮은 것은 단순히 겉만 닮은 것이 아니고 힌트와 주제가 본질적으로 닮았다는 의미이다. 예를 들어 '신차 출시'라는 주제에 대해서 생각해 보면 신차는 회사에서 새롭게 생산해 낸 제품을 의미한다. 따라서 새롭게 생산해 낸 제품이 무엇인지에 대한 힌트를 먼저 찾고, 만약 지난달에 히트를 친 '비누'라는 신상품이 있었다고 한다면 "지난달 신상품인 비누의 판매 전략을 토대로 신차의 판매 전략을 어떻게 수립할 수 있을까?"하는 아이디어를 도출하는 것이다.

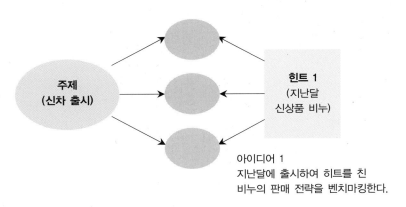

그림 6.9 비교발상법

출처 : NCS 직업기초능력 교수자용 매뉴얼.

나. 논리적 사고

논리적 사고는 직장생활에서 지속적으로 요구되는 능력이다. 업무수행 중에 자신이 만든 계획이나 주장을 주위 사람에게 이해시켜 실현시키기 위해서는 체계적인 설득과정을 거쳐야 하는데 이때 필요한 것이 논리적 사고이다. 논리적인 사고를 하기 위해서는 생각하는 습관, 상대 논리의 구조화, 구체적인 생각, 타인에 대한 이해, 설득의 다섯 가지 요소가 필요하다.

- 생각하는 습관 : 논리적 사고에서 가장 기본이 되는 것은 늘 생각하는 습관을 갖는 것이다. 생각할 문제는 우리 주변에 쉽게 찾아볼 수 있으며 특정한 문제에 대해서만 생각하는 것이 아니라 일상적인 대화, 회사의 문서, 신문의 사설 등 어디서 어떤 것을 접하든지 늘 생각하는 습관을 갖는 것이 중요하다.

- 상대 논리의 구조화 : 상사에게 제출한 기획안이 거부되었을 때, 자신이 추진하고 있는 프로젝트를 거부당했을 때 자신의 논리로만 생각하면 독선에 빠지기 쉽다. 이때는 상대의 논리를 구조화하는 것이 필요하다. 상대의 논리에서 약점을 찾고, 자신의 생각을 재구축한다면 분명히 다른 메시지를 전달할 수 있다. 자신의 주장이 받아들여지지 않는 원인 중에 상대 주장에 대한 이해가 부족한 부분이 있을 수 있다.

- 구체적인 생각 : 상대가 말하는 것을 잘 알 수 없을 때는 구체적으로 생각해 보아야 한다. 업무 결과에 대해 구체적인 이미지를 떠올려 본다든가, 숫자를 적용하여 표현을 한다든가 하는 방법을 활용하면 논리를 쉽게 이해할 수 있다.

- 타인에 대한 이해 : 상대의 주장에 반론을 제시할 때는 상대 주장의 전부를 부정하지 않는 것이 좋다. 동시에 상대의 인격을 부정해서는 안 된다. 반론을 하든 찬성을 하든 논의를 함으로써 이해가 깊어지거나 논점이 명확해지고 새로운 지식이 생기는 등 플러스 효과를 경험하게 된다.

- 설득 : 논리적인 사고는 고정된 견해를 낳는 것이 아니며 더구나 자신의 생각을 강요하는 것도 아니다. 자신이 함께 일을 진행하는 상대와 의논하기도 하고 설득해 나가는 가운데 자신이 깨닫지 못했던 새로운 가치를 발견하고 생각해 낼 수 있다. 또한 반대로 상대에게 반론을 하는 가운데 상대가 미처 깨닫지 못했던 중요한 포인트를 발견할 수도 있다.

MECE란 Mutually Exclusive and Collectively Exhaustive의 첫 문자를 따서 만든 맥킨지식 표현인데, 한글로 번역하면 어떤 사항과 개념을 중복 없이 그리고 전체로써 누락 없는 부분집합으로 파악하는 것이라고 할 수 있다. 설득력이 없는 답변의 공통적인 결함은 전달하려는 이야기 속에 중복 · 누락 · 착오가 있어 실제 중요한 내용은 빠뜨리고 중요하지 않은 것만 강조하여 몇 번이고 반복하는 경향이 있다. 이런 증상은 전달하려는 내용이 혼란스러운 상태로 정리되지 않았기 때문인데, 이로 인해 전혀 엉뚱한 방향으로 의사전달이 되는 경우도 많이 있다. MECE는 이런 오류를 극복하기 위해서 분석하려는 현상이나 보고서의 내용을 일목요연하게 정리하는 방법이다. 청자가 의문이 들지 않도록 하게 하는 것이 맥킨지식 논리체계의 핵심이다.

출처 : 위키백과.

다. 비판적 사고

비판적 사고는 지엽적이고 시시콜콜한 문제를 트집 잡고 물고 늘어지는 것이 아니라 문제의 핵심을 중요한 대상으로 한다. 비판적 사고는 지식, 정보를 바탕으로 한 합당한 근거에 기초를 두고 현상을 분석하고 평가하는 사고이다. 비판적 사고를 개발하기 위해서는 지적 호기심, 객관성, 개방성, 융통성, 지적 회의성, 지적 정직성, 체계성, 지속성, 결단성, 다른 관점에 대한 존중과 같은 태도가 요구된다.

- 지적 호기심 : 여러 가지 다양한 질문이나 문제에 대한 해답을 탐색하고 사건의 원인과 설명을 구하기 위하여 왜, 언제, 누가, 어디서, 어떻게, 무엇을 등에 관한 질문을 제기한다.
- 객관성 : 결론에 도달하는 데 감정적·주관적 요소를 배제하고 경험적 증거나 타당한 논증을 근거로 한다.
- 개방성 : 다양한 여러 신념이 진실일 수 있다는 것을 받아들인다. 편견이나 선입견에 의하여 결정을 내리지 않는다.
- 융통성 : 개인의 신념이나 탐구 방법을 변경할 수 있다. 특정한 신념의 지배를 받는 고정성, 독단적 태도, 경직성을 배격한다. "자신이 모든 해답을 알고 있지 않다."는 것을 이해하는 것이다.
- 지적 회의성 : 모든 신념을 의심스러운 것으로 보는 것이다. 적절한 결론이 제시되지 않는 한 결론이 참이라고 받아들이지 않는다.
- 지적 정직성 : 비록 어떤 진술이 원하는 신념과 대치되는 것이라 할지라도 충분한 증거가 있으면 그것을 진실로 받아들인다.
- 체계성 : 결론에 이르기까지 논리적 일관성을 유지한다. 논의하고 있는 문제의 핵심에서 벗어나지 않도록 한다.
- 지속성 : 쟁점의 해답을 얻을 때까지 끈질기게 탐색하는 인내심을 갖도록 한다. 증거, 논증의 추구를 포기하지 않고 특정 관점을 지지한다.
- 결단성 : 증거가 타당할 땐 결론을 맺는다. 모든 필요한 정보가 획득될 때까지 불필요한 논증, 속단을 피하고 모든 결정을 유보한다.
- 다른 관점에 대한 존중 : 내가 틀릴 수 있으며 내가 거절한 아이디어가 옳을 수 있다는 것을 기꺼이 받아들이는 태도이다. 타인의 관점을 경청하고 들은 것에 대해 정확하게 반응한다.

비판적 사고를 위해서는 특정한 문제에 대해서 가능한 많은 아이디어를 산출하고 이러한 아이디어를 종합·검토하여 최선의 아이디어를 도출하는 일이 필요하며 기존에 가지고 있는 생각의 틀을 벗어나는 것이 중요하다.

○ 퀴즈 6

다음에 제시되어 있는 물건들의 용도를 가능한 많이 적어 본다.

스테이플러	1. 서류정리 4. ___	2. 벽에 종이를 고정 5. ___	3. 세탁소에서 옷을 구분 6. ___
드라이어	1. ___ 2. ___ 3. ___	4. ___	5. ___ 6. ___
칫솔	1. ___ 2. ___ 3. ___	4. ___	5. ___ 6. ___
스카치테이프	1. ___ 2. ___ 3. ___	4. ___	5. ___ 6. ___

(2) 문제처리능력

문제처리능력은 문제를 해결해 나가는 실제적인 실천과정에서 요구되는 능력으로 직장생활의 문제 특성을 파악하고 적절한 대안을 선택, 적용하여 그 결과를 피드백하는 능력을 말한다. 이러한 문제처리능력은 문제해결절차를 의미하는 것으로 일반적인 문제해결절차는 다음 [그림 6.10]과 같이 문제 인식, 문제 도출, 원인 분석, 해결안 개발, 실행 및 평가의 5단계를 따른다.

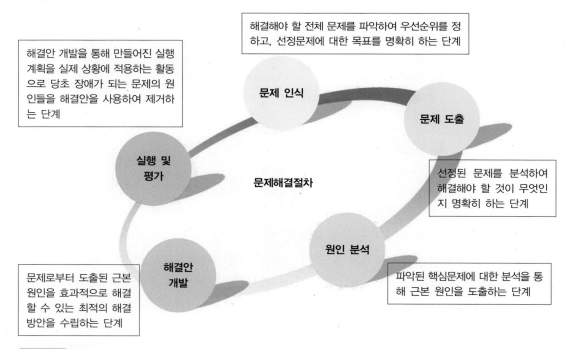

그림 6.10 문제해결절차

출처 : NCS 직업기초능력 교수자용 매뉴얼.

가. 문제 인식

문제해결과정 중 가장 먼저 해야 될 일은 해결해야 할 문제를 인식하는 일이다. 그러나 문제를 인식하기 위해서는 현상에 만족하지 않고 전향적인 자세로 개선을 하고자 하는 문제의식과 의욕이 있어야 한다. 문제 인식은 문제해결과정 중 'what'을 결정하는 단계로, 해결해야 할 전체 문제를 파악하여 우선순위를 정하고 선정문제에 대한 목표를 명확히 하는 절차를 거치며 환경 분석, 주요 과제 도출, 과제 선정의 절차를 통해 수행된다.

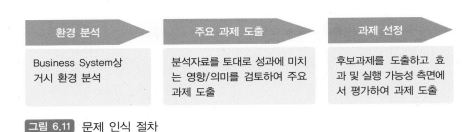

환경 분석	주요 과제 도출	과제 선정
Business System상 거시 환경 분석	분석자료를 토대로 성과에 미치는 영향/의미를 검토하여 주요 과제 도출	후보과제를 도출하고 효과 및 실행 가능성 측면에서 평가하여 과제 도출

그림 6.11 문제 인식 절차

출처 : NCS 직업기초능력 교수자용 매뉴얼.

나. 문제 도출

문제 도출은 선정된 문제를 분석해 해결해야 할 것이 무엇인지 명확히 하는 단계로 현상에 대해 문제를 분해해 인과관계 및 구조를 파악하는 단계이다. 이러한 문제 도출 단계는 문제 구조 파악, 핵심문제 선정의 절차를 거쳐 수행된다.

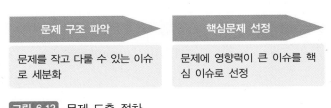

문제 구조 파악	핵심문제 선정
문제를 작고 다룰 수 있는 이슈로 세분화	문제에 영향력이 큰 이슈를 핵심 이슈로 선정

그림 6.12 문제 도출 절차

출처 : NCS 직업기초능력 교수자용 매뉴얼.

문제 구조 파악은 전체 문제를 개별화된 세부 문제로 쪼개는 과정으로 문제의 내용 및 미치고 있는 영향 등을 파악하여 문제의 구조를 도출해 내는 것이다. 문제 구조 파악에서 중요한 것은 본래 문제가 발생한 배경이나 문제를 일으키는 메커니즘을 분명히 하는 것이다. 또한 문제 구조 파악을 위해서는 현상에 얽매이지 말고 문제의 본질과 실제를 봐야 하며 한쪽만 보지 말고 다면적으로 보며 눈앞의 결과만 보지 말고 넓은 시야로 문제를 바라봐야 한다. 이러한 문제 구조 파악을 위해서는 [그림 6.13]과 같은 로직트리(Logic Tree) 방법이 사용된다.

그림 6.13 로직트리

출처 : NCS 직업기초능력 교수자용 매뉴얼.

로직트리 방법은 문제의 원인을 깊이 파고든다든지 해결책을 구체화할 때 제한된 시간 속에 넓이와 깊이를 추구 하는 데 도움이 되는 기술로 주요 과제를 나무 모양으로 분해, 정리하는 기술이다. 이러한 로직트리를 작성할 때는 다음과 같은 점을 주의해야 한다.

- 전체 과제를 명확히 해야 한다.
- 분해해 가는 가지의 수준을 맞춰야 한다.
- 원인이 중복되거나 누락되지 않고 각각의 합이 전체를 포함해야 한다.

다. 원인 분석

원인 분석은 파악된 핵심문제에 대한 분석을 통해 근본 원인을 도출해 내는 단계이다. 원인 분석은 Issue 분석, Data 분석, 원인 파악의 절차로 진행되며 핵심 이슈에 대한 가설을 설정한 후, 가설 검증을 위해 필요한 데이터를 수집, 분석해 문제의 근본 원인을 도출해 나가는 것이다.

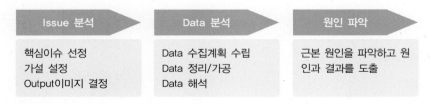

그림 6.14 원인 도출 절차

출처 : NCS 직업기초능력 교수자용 매뉴얼.

라. 해결안 개발

해결안 개발은 문제로부터 도출된 근본 원인을 효과적으로 해결할 수 있는 최적의 해결방안을 수립하는 단계이다. 해결안 개발은 해결안 도출, 해결안 평가 및 최적안 선정의 절차로 진행된다.

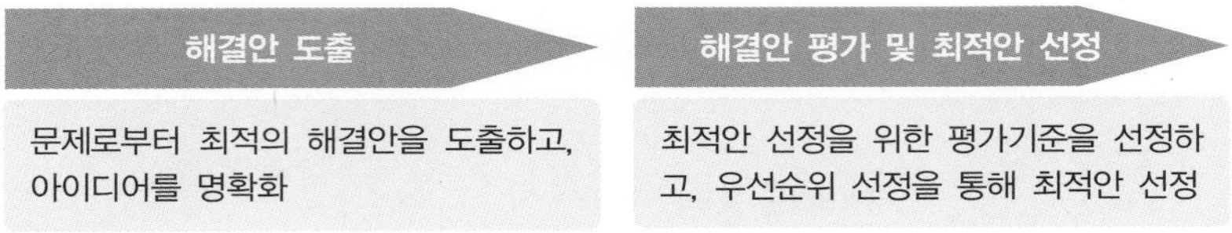

해결안 도출	해결안 평가 및 최적안 선정
문제로부터 최적의 해결안을 도출하고, 아이디어를 명확화	최적안 선정을 위한 평가기준을 선정하고, 우선순위 선정을 통해 최적안 선정

그림 6.15 해결안 도출 절차

출처 : NCS 직업기초능력 교수자용 매뉴얼.

마. 실행 및 평가

실행 및 평가는 해결안 개발을 통해 만들어진 실행계획을 실제 상황에 적용하는 활동으로 당초 장애가 되는 문제의 원인들을 해결안을 사용하여 제거해 나가는 단계이다. 실행은 실행계획 수립, 실행, Follow-up의 절차로 진행된다.

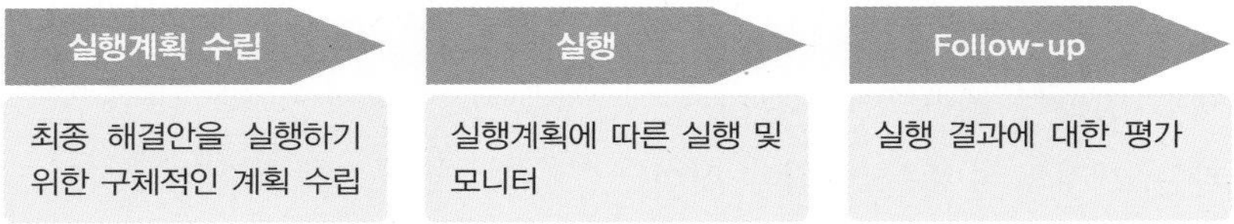

실행계획 수립	실행	Follow-up
최종 해결안을 실행하기 위한 구체적인 계획 수립	실행계획에 따른 실행 및 모니터	실행 결과에 대한 평가

그림 6.16 실행 및 평가 절차

출처 : NCS 직업기초능력 교수자용 매뉴얼.

📷 문제해결절차 실습

문제 : _____

■ **1단계 : 문제 인식**

상황 분석

고객의 요구 : _____

자사의 상황 : _____

경쟁사의 상황 : _____

과제 도출

과제안 1 : _____

과제안 2 : _____

■ 2단계 : 문제 도출

문제의 구조를 로직트리를 사용해서 구조화하자.

주요 과제	원인	근본적 원인	해결해야 할 과제

■ 3단계 : 원인 분석

로직트리에 제시된 원인 중 통합하거나 삭제할 수 있는 원인은 삭제한 후 최종 원인을 도출하자.

최종 원인 : _____

■ 4단계 : 해결안 개발

중요도와 실현 가능성을 고려하여 해결안을 도출하자.

해결책	중요도		실현 가능성			종합평가	채택 여부
	고객만족도	문제해결	개발기간	개발능력	적용 가능성		

■ 5단계 : 실행

해결안을 실행하기 위한 실행계획을 세워 보자.

What(대상) : _____

How(방법) : _____

How long(기간) : _____

4) 자기개발능력

자기개발능력이란 직업인으로 자신의 능력, 적성, 특성 등을 이해하고 목표 성취를 위해 스스로를 관리하며 개발해 나가는 능력을 의미한다. 자기개발능력의 하위능력에는 자아인식능력, 자기관리능력과 경력개발능력이 있다. 자기개발능력은 이 책의 제2장 자기이해, 제3장 진로 및 직업 탐색, 제4장 비전과 제5장 자기관리에서 상세히 다루고 있는 바 이 부분을 참고하는 것이 바람직하다.

> PR 또는 퍼블릭릴레이션스(public relations : 대중 관계, 공중 관계)는 정부, 정당, 기업, 개인 등의 마케팅 주체가 대중(공중)과의 호의적인 관계를 위해 하는 모든 활동을 지칭한다. 마케팅 주체가 대중매체를 이용하여 마케팅 활동을 하는 홍보는 PR의 수단이다. 마케팅 주체는 현대 사회에서 가장 영향력 있는 정치집단이자 소비집단인 대중에게 호의를 얻기 위해 여러 가지 활동을 펼치는데, 기업이 직접적인 이익이 없어 보이는 자선 행사를 주최하거나 비영리 단체에 기부금을 납부하거나 또는 단체 봉사활동을 실시하는 것도 모두 대중의 호의를 얻기 위한 행동이다.
> 출처 : 위키백과.

자기개발을 통해서 능력을 신장시키고 다른 사람과 차별성을 갖더라도 이에 대한 PR을 하지 않는다면 다른 사람들에게 나를 알릴 수 없다. 취업을 위해서도 기업에서 원하는 인재가 '나'라는 것을 각인시킬 필요가 있다. 다음은 자신의 브랜드 PR 방법들을 제시한 것이다.

- 블로그를 이용하라 : 최근에는 개인뿐만 아니라 기업도 블로그를 통해 PR을 할 정도로 블로그는 사람들에게 친숙하고 직접적으로 다가갈 수 있는 수단이 되었다. 실제 국내외 기업들은 채용에서 입사지원자의 홈페이지나 블로그를 참고하기도 한다. 블로그는 자신의 실무지식과 업무 경험, 성과물 등을 직접적으로 연결할 수 있으며 형식의 제약 없이 자유롭게 자신을 표현할 수 있다. 또한 별도의 비용이나 전문적인 기술 없이 이용할 수 있다는 장점이 있다.

🔍 브랜드 PR

자신이 잘 알고 있는 유명 브랜드를 하나 선정하여 그 브랜드가 잘 알려지고 브랜드 PR에 성공한 이유에 대해 분석한다.

이 활동을 통해 나의 개인 브랜드를 어떻게 잘 PR할 것인지 적어 본다.

브랜드 PR 방법

나의 브랜드 차별성

브랜드를 성장시키기
위한 자기개발 활동

- 인적 네트워크를 활용하라 : 사람들은 자신이 신뢰하는 다른 사람의 말은 비판 없이 받아들이고 수용하는 경향이 있다. 따라서 자신에 대한 긍정적인 말을 전하는 적극적인 지지자를 확보하고 인간관계를 잘 관리할 필요가 있으며 평상시에 보다 넓은 인적 네트워크를 형성하기 위해 동호회에 가입하는 등의 노력이 필요하다.
- 자신만의 명함을 만들어라 : 최근에 많은 사람들은 명함에 사진을 넣고 재질이나 색상을 다양화하는 등 기존의 전형적인 틀에 얽매이지 않고 다양한 변화를 시도하고 있다. 명함은 자신의 얼굴이자 강력한 마케팅 도구가 될 수 있다. 따라서 하루에 주고받는 수많은 명함들 중에서 자신의 명함을 사람들이 기억하도록 만들 필요가 있다.
- 경력 포트폴리오를 만들어라 : 경력 포트폴리오는 자신의 전문적인 능력이 무엇인지, 자신이 그동안 어떻게 인간관계를 쌓아 왔고 어떠한 자기개발 노력을 해 왔는지 다른 사람에게 명확하게 보여 줄 수 있는 도구이다. 또한 자신을 효과적으로 PR하는 것 외에 자신의 경력 계획을 세우고 체계적으로 관리하는 데 활용할 수 있다. 단순한 자신의 경험이라고 하더라도 포트폴리오를 만들면 경력이 될 수 있다. 포트폴리오는 꾸준히 업데이트하는 것이 필요하며 문자로만 만들지 말고 이미지나 그래픽 등으로 구성하면 더욱 효과적으로 보일 수 있다.

(1) 자아인식능력

직업인의 자아인식이란 직업생활과 관련하여 자신의 가치, 신념, 흥미, 적성, 성격 등 자신이 누구인지 이해하는 것이다. 자아인식은 자기개발의 첫 단계가 되며 자신이 어떠한 특성을 가지고 있는지 바르게 인식할 수 있어야 적절한 자기개발이 이루어질 수 있다. 자신을 알아 가는 방법으로는 내가 아는 나를 확인하는 방법, 다른 사람과의 대화를 통해 알아가는 방법, 표준화된 검사도구를 이용하는 방법 등이 있다.

자아(自我)는 자기 자신, 즉 나를 일컫는 말이다. 또한 스스로 자신의 존재를 인식하고 타인과 자기 외부에 대해서 판단하고 행동하는 독립체라고 할 수 있다. 조셉(Joseph Luft)과 해리(Harry Ingham) 두 심리학자에 의해 고안된 '조하리의 창(Johari's Window)'은 자신과 다른 사람의 두 가지 관점을 통해 자신을 파악해 보는 자기인식 또는 자기이해 모델이다. 조하리 창을 통해서 보면 다음 그림과 같이 자신을 공개된 자아, 눈먼 자아, 숨겨진 자아, 아무도 모르는 자아로 나누어 볼 수 있다. 이처럼 보다 객관적으로 자신을 인식하기 위해서는 내가 아는 나의 모습 외에 다른 나를 알아야 할 필요가 있다.

이 책의 제2장에 제시된 성격 검사, 제3장에 제시된 직업 흥미와 직업 가치관 검사는 자아인식을 위한 유용한 도구들이다.

	내가 아는 나	내가 모르는 나
타인이 아는 나	공개된 자아 (Open Self)	눈먼 자아 (Blind Self)
타인이 모르는 나	숨겨진 자아 (Hidden Self)	아무도 모르는 자아 (Unknown Self)

그림 6.17 조하리의 창

출처 : NCS 직업기초능력 교수자용 매뉴얼.

(2) 자기관리능력

자기관리능력은 자신의 행동 및 업무수행을 통제하고 관리하며 합리적이고 균형적으로 조정하는 능력이다. 자기관리능력을 좀 더 구체적으로 설명하면 자신에 대한 이해를 바탕으로 비전과 목표를 수립하고 이에 대한 실행계획을 세워 이를 잘 실천하는 것이다. 자기관리능력은 특히 이 책의 제4장 비전 부분을 참고하여 학습할 필요가 있다. 제4장 비전에서는 삶의 비전 수립, 목표 설정과 실행계획 수립 등에 대해 여러 툴들을 제시하면서 자세히 다루고 있다.

직장생활에서는 두 가지 이상의 업무가 중복되어 우선순위를 정해야 될 때나 이직을 결심하거나 다른 사람이 무리한 요구를 할 때 거절의 의사표시를 하는 등의 경우가 발생한다. 이 경우 어떠한 의사결정을 내렸느냐에 따라서 적게는 개인의 일시적인 시간낭비나 재정지출이 있을 수도 있지만 크게는 인생 경로가 바뀌게 되며 조직 전체의 운명이 좌우되기도 한다. 따라서 합리적인 의사결정을 통해 자신을 잘 관리할 필요가 있다.

다음은 바람직한 의사결정을 방해하는 요소들을 정리한 것이다.

■ 의사결정의 방해 요소

- 숭배에 의한 논증(동굴의 우상) : 권위 있는 전문가의 말을 따르는 것이 옳다는 의사결정은 일반적으로 옳을 수 있지만 고정행동 유형으로 따라간다면 문제가 있다.
- 상호성의 법칙 : 상대의 호의로 인한 부담으로 인해 부당한 요구를 거절하지 못하게 된다면 문제가 있다.
- 사회적 증거의 법칙 : 베스트셀러를 사는 것처럼 많은 사람들이 하는 것을 무의식적으로 따라간다면 문제가 있다.
- 호감의 법칙 : 자신에게 호감을 주는 상대의 권유에 무의식적으로 따라간다면 문제가 있다.
- 권위의 법칙 : 권위에 맹종하여 따라간다면 문제가 있다.
- 희귀성의 법칙 : 꼭 필요하지 않은 것임에도 '얼마 없습니다', '이번이 마지막 기회입니다'라는 유혹에 따라간다면 문제가 있다.

출처 : 김용규(2007). 설득의 논리학.

(3) 경력개발능력

경력개발능력은 자신의 진로에 대해 단계적 목표를 설정하고 목표 성취에 필요한 역량을 개발해 나가는 능력이다. 경력은 일생에 걸쳐서 지속적으로 이루어지는 일과 관련된 경험이며, 경력개발은 개인의 경력목표와 실행계획을 수립하고 실행하며 피드백하는 과정이다. 직업인은 한 조직의 구성원으로서 자신의 조직과 함께 상호작용하며 자신의 경력을 개발해 나가는 특징을 가진다. 또 창업을 한 경우와 같이 개인이 조직에 속해 있지 않다 하더라도 경력개발은 매우 중요하다. 개인의 경력개발은 이 책의 제1장에 제시되어 있는 박윤희의 커리어 발달 단계를 고려하여 경력목표와 실행계획을 수립하고 이를 실행할 필요가 있다.

개인의 경력개발은 삶의 다른 영역들과 조화를 이룰 수 있어야 하는데 이는 어떤 한 영역으로 치우치지 않은 조화로운 삶, 즉 균형 잡힌 삶이 중요하기 때문이다. 삶의 균형 원은 개인의 삶 전체를 7개의 주요 영역으로 분류하여 제시한 것이다. 7개의 주요 삶의 영역은 정신적 영역, 신체적 영역, 가족관계 영역, 직업적 영역, 경제적 영역, 자기개발 영역, 사회적 영역이다. 이 중에서 개인의 경력개발은 직업적 영역과 특히 관련이 있다고 볼 수 있다.

정신적 영역은 심리적 안정과 마음의 평안에 관련된 영역으로 여기에는 신앙생활이 포함될 수 있다. 신체적 영역은 신체적 건강관리, 즉 건강과 휴식에 관한 영역이다. 가족관계 영역은 가족 구성원 간의 화목과 원만한 관계 유지에 관한 것이다. 직업적 영역은 직업에 관한 영역으로 현재 자신의 직업에서 얻는 만족 정도이다. 경제적 영역은 주로 금전적인 부분으로 경제적인

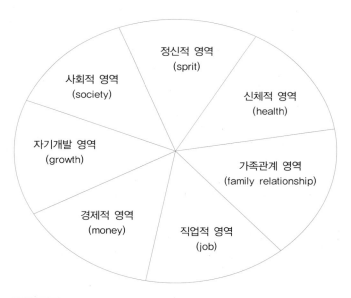

그림 6.18 삶의 균형 원

출처 : 박윤희(2015). 커리어코칭의 이론과 실제. p. 224.

만족은 물론 은퇴 이후의 경제적 준비에 대한 부분까지 고려한 것이다. 자기개발 영역은 관심 분야에 대한 계속 학습과 지속적 자기개발에 관한 영역이다. 마지막으로 사회적 영역은 가족 이외의 사회 구성원들과 원만한 관계를 유지하는 것으로 자신이 속한 커뮤니티 내에 사람들과의 원만한 관계까지도 포함하는 것이다.

🔍 삶의 균형 원 완성하기

다음 삶의 균형 원 안에 자신이 각 영역별로 희망하는 목표를 적어 본다.

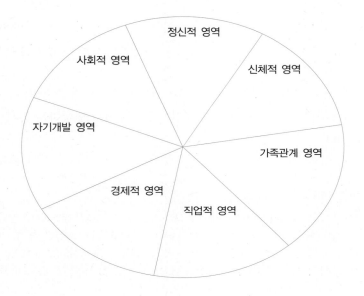

5) 자원관리능력

자원관리능력이란 직장생활에서 시간, 예산, 물적자원, 인적자원 등의 자원 가운데 무엇이 얼마나 필요한지 확인하고 이용 가능한 자원을 최대한 수집하여 실제 업무에 어떻게 활용할 것인지 계획하고 계획대로 업무수행에 이를 할당하는 능력을 의미한다. 자원관리능력의 하위능력에는 시간관리능력, 예산관리능력, 물적자원관리능력과 인적자원관리능력이 있다.

사람들은 살아가면서 많은 자원들을 소비하고 있다. 자원(資源)이라는 것은 사전적으로 인간 생활에 도움이 되는 자연계의 일부라는 말로 표현된다. 하지만 오늘날 우리는 자연 자원만을 자원이라고 하지 않는다. 스티븐 코비(Stephen Covey)는 사람들이 가지고 있는 기본적인 자산을 물질적 자산, 재정적 자산, 인적 자산으로 나누고 있다. 하지만 오늘날은 1분 1초를 다투는 무한 경쟁시대라는 점에서 시간 역시 중요한 자원이라고 할 수 있다. 따라서 사람들에게 매우 중요한 자원은 시간, 돈, 물적자원, 인적자원으로 분류할 수 있다.

📷 **1000원으로 할 수 있는 일**

사람들은 작은 자원에 대해 중요하게 생각하지 않는 경향이 있다. 하지만 작은 자원으로도 할 수 있는 일은 많다. 1000원으로 할 수 있는 일에 대해 적어 본다.

(1) 시간관리능력

시간관리능력은 직장생활에서 시간자원이 얼마나 필요한지 확인하고 이용 가능한 시간자원을 최대한 수집하여 실제 업무에 어떻게 활용할 것인지를 계획하고 할당하는 능력으로 직업인에게 매우 중요한 능력이다.

시간의 두 가지 어원, 크로노스와 카이로스

크로노스(고대 그리스어 : $X\rho\acuteo\nu o\varsigma$)는 그리스 신화와 소크라테스 이전의 그리스 철학에서 시간을 의미하는 단어로 그 이름 자체가 '시간'이란 뜻이며 그리스 태초신 중의 하나이다. 영어의 chronicle(연대기), chronology(연대학) 등 시간과 관계 있는 단어들의 어원이 바로 이 크로노스에서 나왔다. 카이로스 (고대 그리스어 : $K\alpha\iota\rho\acuteo\varsigma$)는 그리스어로 '기회(찬스)'를 의미하는 $\kappa\alpha\iota\rho\acuteo\varsigma$를 신격화한 남성신이다. 원래는 '새긴다'라는 의미의 동사에서 유래했다고 한다.

즉 크로노스는 물리적 시간, 과거부터 미래로 일정 속도와 방향을 가지고 기계적으로 흐르는 연속한 시간을 의미하는 것이고 카이로스는 기회, 개인에게 구체적인 사건의 특별한 의미가 있거나 중요한 뜻이 담긴 시간, 즉 개인의 주관적인 시간을 의미한다.

출처 : 위키백과.

시간관리를 잘하려면 어떻게 해야 할까? 다음은 시간의 지배자가 되는 시간관리 십계명을 제시한 것이다(Seiwert, 2005).

- 규모가 큰 업무나 등가의 업무는 모아서 한꺼번에 처리하라.
- 의도적으로 외부의 방해를 차단하라.
- 회의시간을 제한하고 안건마다 기한을 설정하라.
- 모든 업무에 대해 우선순위를 설정하라.

- 가능한 한 정말로 중요한 것만 하라.
- 위임 가능성을 충분히 활용하라.
- 큰 규모의 업무는 세분화하라.
- A급 과제의 처리 기한은 자신에게 가장 적합하게 설정하라.
- 중점 과제를 먼저 처리하라.
- 능률을 고려하여 계획을 세워라.

자신의 시간관리 수준 진단과 시간관리 방법 등에 대해서는 이 책의 제5장 자기관리에서 시간관리 부분을 참고한다.

(2) 예산관리능력

예산관리능력은 직장생활에서 이용 가능한 예산을 확인하고 어떻게 사용할 것인지 계획하며 사용하는 능력이다. 예산은 사전적 의미로 보았을 때 필요한 비용을 미리 헤아려 계산하는 것이나 그 비용을 의미한다. 넓은 범위에서 민간기업·공공단체 및 기타 조직체는 물론이고 개인의 수입·지출에 관한 것까지도 포함된다. 즉 하나의 사업이나 활동을 하기 위해 필요한 비용을 미리 계산하는 것을 예산이라 할 수 있는데 실제로는 정해진 예산 범위 내에서 그 계획을 세우게 된다. 우리가 이러한 예산을 관리해야 하는 이유는 예산의 유한성에 기인한다.

|사례|

20~30대 젊은 층 파산 급증

서울시 개인파산자의 36%가 20~30대의 사회 초년생들로 젊은 계층의 개인파산율이 높은 것으로 나타났다. 연령대별 개인파산 비중 추이는 최근 40~50대에서 20~30대로 점차 낮아지고 있어 사회문제로 대두되고 있다. 젊은 계층의 개인파산 신청 건수가 높게 나타나고 있는 것은 개인파산 신청절차가 간소화됨에 따라 이를 악용하는 브로커에 의한 영향과 20~30대의 무분별한 소비생활에 의한 것으로 판단된다. 따라서 젊은 계층의 경제적 사망선고와 같은 개인파산을 막기 위해서는 사전에 과소비를 방지할 수 있는 교육을 실시하고 파산선고를 받은 경우 다시 사회로 재편입할 수 있는 기회를 제공해야 한다.

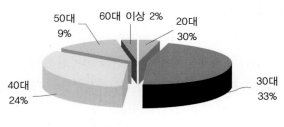

개인파산자 연령별 비중

파산자들 중 27%는 금융거래 제한, 19%는 취업제한 및 차별로 사회생활에 어려움을 느끼고 있는 것으로 나타났다. 파산 후의 어려움은 금융거래 제한(27%)과 취업제한 및 차별(19%)인 것으로 나타났다. 그 외 파산 후 겪는 어려움으로는 거처의 마련(10%), 의료비 또는 교육비(8%), 재취업을 위한 기술습득의 어려움(4%)순으로 나타나 파산자들의 파산 선고 후 기초생활 유지와 기술습득 교육프로그램 개설을 위한 제도가 필요함을 보여 주고 있다.

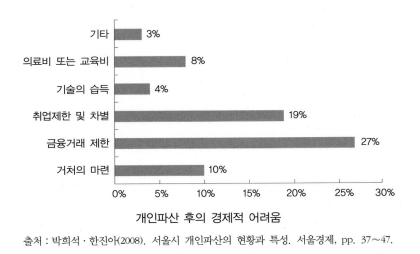

개인파산 후의 경제적 어려움

출처 : 박희석 · 한진아(2008). 서울시 개인파산의 현황과 특성. 서울경제, pp. 37~47.

위의 사례는 예산관리의 중요성을 보여 주는 사례이다. 사례에 제시된 '20~30대의 젊은 층 파산 급증'이라는 것은 개인차원에서 자신의 예산, 즉 생활비나 용돈에 대한 관리능력이 젊은 층에서 매우 취약하며 이러한 결과는 파산까지 이어질 수 있다는 점에서 문제가 될 수 있다. 이러한 점은 개인뿐만 아니라 기업과 같은 조직에서도 동일하다. 한정된 예산을 적절히 관리하지 않으면 기업의 경쟁력에 악영향을 미칠 수 있다. 따라서 오늘날 개인과 조직에서 예산관리는 매우 중요한 요소라고 할 수 있다.

어떤 활동이나 사업비용을 추정하거나 예산을 결정하는 작업은 결코 쉽지 않다. 무엇보다 추정해야 할 많은 유형의 비용들이 존재하기 때문이다. 그리고 이러한 예산의 구성 요소는 일반적으로 직접비용과 간접비용으로 구분된다. 직접비용(direct cost)은 간접비에 상대되는 용어로 제품 또는 서비스를 창출하기 위해 직접 소비된 비용을 말한다. 이러한 직접비는 재료비, 원료와 장비, 시설, 인건비 등으로 구분된다. [그림 6.19]는 직장생활에서 프로젝트를 수행하는 데 일반적으로 소요되는 직접비의 항목을 나타낸 것이다.

반면 간접비용(indirect cost)은 과제를 수행하기 위해 소비된 비용 중에서 직접비용을 제외한 비용으로 생산에 직접 관련되지 않은 비용을 말한다. 간접비용의 경우 과제에 따라 매우 다양하며 과제가 수행되는 상황에 따라서도 다양하게 나타날 수 있다. 많은 사람들이 간접비용을 정확하게 예측하지 못해 어려움을 겪는 경우가 많이 있다. 간접비용의 예로는 보험료, 건물관리비,

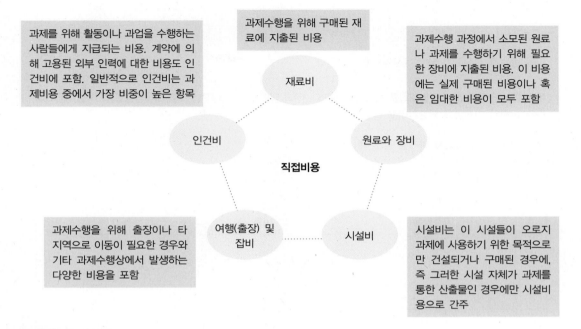

과제를 위해 활동이나 과업을 수행하는 사람들에게 지급되는 비용. 계약에 의해 고용된 외부 인력에 대한 비용도 인건비에 포함. 일반적으로 인건비는 과제비용 중에서 가장 비중이 높은 항목

과제수행을 위해 구매된 재료에 지출된 비용

과제수행 과정에서 소모된 원료나 과제를 수행하기 위해 필요한 장비에 지출된 비용. 이 비용에는 실제 구매된 비용이나 혹은 임대한 비용이 모두 포함

재료비

인건비

원료와 장비

직접비용

과제수행을 위해 출장이나 타지역으로 이동이 필요한 경우와 기타 과제수행상에서 발생하는 다양한 비용을 포함

여행(출장) 및 잡비

시설비

시설비는 이 시설들이 오로지 과제에 사용하기 위한 목적으로만 건설되거나 구매된 경우에, 즉 그러한 시설 자체가 과제를 통한 산출물인 경우에만 시설비용으로 간주

그림 6.19 직접비 항목

출처 : NCS 직업기초능력 교수자용 매뉴얼.

광고비, 통신비, 사무비품비, 각종 공과금 등을 들 수 있다.

이러한 비용의 구성은 개인의 생활비나 용돈의 지출에도 똑같이 적용된다. 직접적으로 자신의 의식주와 연관된 비용이 있으며 세금, 보험료와 같은 간접적인 비용도 지출하게 된다. 이러한 비용을 적절히 예측하여 계획을 세우고 이를 관리하는 것은 매우 중요하다.

많은 사람들이 예산 수립 시 자신이 알고 있는 항목에 대해 먼저 비용을 배정한 후 다른 항목을 찾는 경우가 있다. 하지만 이러한 경우 대부분 기존에 산정한 비용에 대해 수정을 계속하게될 수 있다. 따라서 어떤 과제를 추진하고자 할 경우 그에 필요한 다양한 활동을 정확하게 예측한 후에 우선순위를 결정하고 비용을 적절히 배정하는 것이 바람직하다.

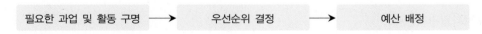

필요한 과업 및 활동 구명 → 우선순위 결정 → 예산 배정

그림 6.20 예산 수립 절차

출처 : NCS 직업기초능력 교수자용 매뉴얼.

○ 퀴즈 7

다음 행사를 진행하기 위한 예산계획을 수립한다.

우리 마케팅 팀의 춘계 단합대회를 개최하고자 한다. 우리 팀의 인원은 팀장님 포함 8명(남성 5명, 여성 4명)이다. 다음 사항을 기획하고 필요경비를 산출한다.

※ 행사명 : (주)○○전자 마케팅 팀 춘계 단합대회
※ 일정 :
※ 장소 :

지출항목	비용	비고
합계		

(3) 물적자원관리능력

물적자원관리능력은 직장생활에 필요한 물적자원을 확인하고 활용하는 능력이다. 산업의 고도화와 함께 매우 다양한 물적자원들이 활용되고 있으며 이를 필요한 시기와 장소에 활용하는 것은 매우 중요해졌다.

🔍 내 물건 어디 있지

다음에 제시된 물건의 소유 여부와 소유하고 있다면 어디에 보관하고 있는지 구체적으로 적어 본다. 또 물건의 활용계획에 대해서도 생각해 본다.

물건목록	소유 여부(✔)			보관장소 (소유에 체크한 항목)	활용계획
	소유	미소유	모름		
1)					
2) 계산기					
3) MP3 Player					
4)					
5)					
6) 목걸이					
7)					
8)					
9)					
10)					
11)					
12) 초등학교 졸업장					
13)					
14) 운전면허증					
15)					
16) 자격증					
17)					
18)					

다음은 효과적인 물적자원관리 과정을 그림으로 제시한 것이다.

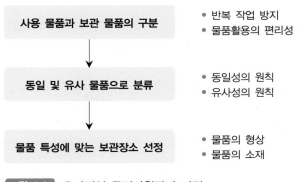

그림 6.21 효과적인 물적자원관리 과정

출처 : NCS 직업기초능력 교수자용 매뉴얼.

(4) 인적자원관리능력

인적자원관리능력은 직장생활에서 인적자원의 품성, 능력, 지식을 파악하고 관리하며 활용하는 능력이다. 조직에서 인적자원의 중요성이 점차 강조되면서 유능한 인적자원을 확보하는 것은 조직의 경쟁력과 직결되는 요소가 되고 있다.

인적자원은 바로 사람을 말하는 것으로 주위에 있는 모든 사람이 하나의 중요한 자원인 것이다. 이는 조직차원뿐만 아니라 개인에게 있어서도 매우 중요한 요소이다. 조직차원의 인적자원은 조직에 고용된 사람을 말하는 것으로 조직의 리더나 관리자들은 인적자원의 중요성을 인식하고 있다. 개인차원에서 인적자원은 인맥을 의미한다. 인맥은 자신이 알고 있거나 관계를 형성하고 있는 사람들을 나타내는 것이다. 일반적으로 사람들의 기본적인 인맥을 살펴보면 가족, 친구, 직장동료 등으로 구분할 수 있다.

이는 자신과 직접적인 관계에 있는 사람들로 핵심인맥이라고 표현할 수 있다. 하지만 인맥에는 핵심인맥뿐만 아니라 그 사람들로부터 알게 된 사람 그리고 우연한 자리에서 서로 알게 된 사람 등 매우 다양한 파생인맥이 존재한다. 또한 파생인맥에서 계속해서 파생이 되어 한 사람의 인맥은 수없이 넓어지게 된다. 이처럼 다양하게 형성된 인맥은 개인에게 인적자원이라고 할 수 있다.

🔍 인맥관리

인맥을 관리하기 위해 필요한 기본 자세에 대해 적어 본다.

1. **어떤 약속도 꼭 지킨다.**
2. **약속 이행 가능 시는 즉각 조치한다.**
3. **약속 이행 불가능 시 양해를 구한다.**
4. _____
5. _____
6. _____
7. _____
8. _____

직장인 대부분은 자신의 명함을 가지고 있다. 그리고 서로 인사를 할 때 명함을 교환하는 것이 일반적이다. 많은 사람들은 명함 관리를 통해 자신의 인맥을 잘 관리할 수 있다는 사실을 인식하지 못하고 있다. 다음은 명함의 가치를 정리한 것이다.

■ **명함의 가치**
- 자신의 신분을 증명한다.
- 자신을 PR하는 도구로 사용할 수 있다.
- 개인의 정보를 전달하고 얻을 수 있다.
- 대화의 실마리를 제공할 수 있다.
- 후속 교류를 위한 도구로 사용할 수 있다.

명함을 자신의 인맥을 만들기 위한 도구로 활용해야 한다. 따라서 중요한 사항은 명함에 메모할 필요가 있다. 상대의 개인 신상이나 특징 등 자신이 참고할 수 있는 정보들을 명함에 메모해 두는 것이 좋다. 다음은 명함에 메모해 두면 좋은 정보들을 정리한 것이다.

- 언제 어디서 무슨 일로 만났는지에 관한 내용
- 소개자의 이름
- 학력이나 경력
- 상대의 업무내용이나 취미 등 기타 독특한 점
- 전근이나 전직 등의 변동사항

- 가족사항
- 거주지와 기타 연락처
- 대화를 나누고 나서 느낀 점이나 성향

팀 작업에서 인적자원관리는 팀 리더의 입장에서 조직원들을 어떻게 활용하고 관리할 것인가를 나타내는 것이다. 팀 작업의 효율적 수행은 팀원들이 각자의 능력에 맞는 위치에서 최선을 다할 때 가능하다. 이를 위해서 팀원들을 적절한 위치에 배치 및 관리하는 것이 중요하다. 효과적인 인력배치를 위해서는 적재적소주의, 능력주의, 균형주의의 세 가지 원칙을 지켜야 한다.

먼저, 적재적소주의는 팀의 효율성을 높이기 위해 팀원의 능력이나 성격 등과 가장 적합한 위치에 배치하여 팀원 개개인의 능력을 최대로 발휘해 줄 것을 기대하는 것이다. 배치는 작업이나 직무가 요구하는 요건, 개인이 보유하고 있는 조건이 서로 균형 있고 적합하게 대응되어야 성공할 수 있다.

둘째, 능력주의는 개인에게 능력을 발휘할 수 있는 기회와 장소를 부여하고 그 성과를 바르게 평가하고 평가된 능력과 실적에 상응하는 보상을 주는 원칙을 말한다. 정확하게 말하면 능력주의는 적재적소주의 원칙의 상위개념이라고 할 수 있다. 여기서 말하는 능력은 개인이 가진 기존의 능력뿐 아니라 미래에 개발 가능한 능력도 포함하기 때문에 능력을 개발하고 양성하는 측면도 고려해야 한다.

셋째, 균형주의는 모든 팀원에 대한 평등한 적재적소, 즉 팀 전체의 적재적소를 고려할 필요가 있다는 것이다. 팀은 사람과 사람이 모여 이룬 작은 사회이기 때문에 팀 전체의 능력향상, 의식개혁, 사기양양 등을 도모하는 의미에서 전체와 개체가 균형을 이루어야 한다. 또한 배치의 유형에는 양적, 질적, 적성 배치의 세 가지가 있다. 양적 배치는 부문의 작업량과 조업도 여유 또는 부족 인원을 감안하여 소요 인원을 결정하여 배치하는 것을 말한다. 반면 질적 배치는 위에서 제시한 적재적소의 배치를 말하며 적성 배치는 팀원의 적성 및 흥미에 따라 배치하는 것을 의미한다. 이는 적성에 맞고 흥미를 가질 때 성과가 높아진다는 가정에 근거한 것이다. 이러한 모든 원칙들을 적절히 조화롭게 운영할 필요가 있다.

6) 대인관계능력

대인관계능력이란 직장생활에서 협조적인 관계를 유지하고 조직 구성원들에게 도움을 줄 수 있으며 조직 내부 및 외부의 갈등을 원만히 해결하고 고객의 요구를 충족시켜 줄 수 있는 능력을 의미한다. 대인관계능력의 하위능력에는 팀워크능력, 리더십능력, 갈등관리능력, 협상능력과 고객서비스능력이 있다.

(1) 팀워크능력

팀워크란 팀 구성원이 공동의 목적을 달성하기 위해 상호관계성을 가지고 협력해 업무를 수행하는 것을 의미한다. 팀워크(teamwork)의 정의는 팀(team)과 일(work)이라는 의미를 가지고 있다. 그렇다면 응집력과 팀워크는 어떤 차이가 있을까? 우선, 응집력은 '사람들로 하여금 집단에 머물도록 느끼게끔 만들고 그 집단의 멤버로 계속 남아 있기를 원하게 만드는 힘'이라 할 수 있다. 즉 팀이 성과는 내지 못하면서 분위기만 좋은 것은 팀워크가 좋은 것이 아니고 응집력이 좋은 것이다. 단순히 모이는 것을 중요시하는 것이 아니라 목표 달성의 의지를 가지고 성과를 내는 것이 팀워크이다.

그렇다면 효과적인 팀이란 무엇을 말하는가? 효과적인 팀이란 팀 에너지를 최대로 활용하는 고성과 팀을 말한다. 팀원들의 강점을 잘 인식하고 이들 강점을 잘 활용하여 팀 목표를 달성하는 자신감에 찬 팀이다. 또한 효과적인 팀은 업무지원과 피드백, 동기부여를 위해 구성원들이 서로 의존하는 팀이다. 한마디로 말해서 효과적인 팀은 다른 팀들보다 뛰어난 성과를 내는 팀이다.

🔍 멤버십 진단

다음 문항을 읽고 답한다.

문항	거의 드문						거의 언제나
	1	2	3	4	5	6	7
1. 당신의 일은 자신에게 중요한 사회적 목표나 개인적인 꿈을 성취하는 데 도움이 되는가?							
2. 당신 개인의 업무목표가 조직의 최고목표와 일치하는가?							
3. 당신은 최선의 아이디어와 능력을 일과 조직에 쏟아붓고 지극히 헌신적이며 열정적으로 일하는가?							
4. 당신의 열의가 확산되어 동료 직원들을 활기차게 만드는가?							
5. 리더의 지시를 기다리거나 떠맡지 않고 조직에 가장 중요한 목표를 성취하기 위해 무엇이 중요한 활동인지 자신이 판단하는가?							
6. 리더와 조직에 더욱 가치 있는 사람이 되기 위해서 당신은 독특한 능력을 적극적으로 발휘하는가?							
7. 새로운 일이나 임무가 시작되었을 때 리더가 중요한 의미라고 생각하는 부분에 곧바로 공적을 세우는가?							
8. 당신이 부족한 점을 채울 것이라는 점을 믿고 리더는 어려운 임무를 당신에게 맡기는가?							
9. 당신은 자신의 업무 범위를 벗어나는 일도 찾아내서 성공적으로 완수하기 위해 솔선수범하는가?							
10. 리더의 부재 시에도 맡은 일보다 많은 일을 하고 능력껏 일하는가?							
11. 리더나 조직의 목표에 크게 공헌할 수 있는 새로운 아이디어를 독자적으로 고안해서 적극적으로 제기하는가?							
12. 리더에게 의존해서 어려운 문제를 해결하기보다는 스스로 해결하려 하는가?							
13. 자신은 아무런 인정을 받지 못할 때라도 다른 동료들이 좋은 평가를 받도록 돕는가?							
14. 필요할 경우 일부러 반대의견을 개진해서라도 리더와 팀이 실패의 위험성을 직시할 수 있도록 돕는가?							
15. 리더의 요구나 목표의 제약을 이해하고 그것을 충족시키기 위해서 열심히 일하는가?							
16. 자신에 대한 평가를 미루기보다는 장점과 약점을 적극적이고 솔직하게 인정하는가?							
17. 단지 지시받은 일을 하는 것에서 탈피하여 리더가 내린 판단이 얼마나 현명한가를 스스로 평가해 보는 습관이 있는가?							
18. 리더가 전문 분야나 개인적인 흥미에 정면으로 배치되는 일을 줄 때 'No'라고 하는가?							
19. 리더나 팀의 기준이 아니라 자신의 윤리적 기준에 따라 행동하는가?							
20. 당신이 속한 집단과 의견이 다르거나 리더로부터 질책을 당한다고 해도 당신은 중요한 이슈에 대해서 자기견해를 주장하는가?							

멤버십 진단 결과를 작성하고 멤버십 유형을 확인한다.

A	점수	B	점수
1		2	
5		3	
11		4	
12		6	
14		7	
16		8	
17		9	
18		10	
19		13	
20		15	
총점		총점	

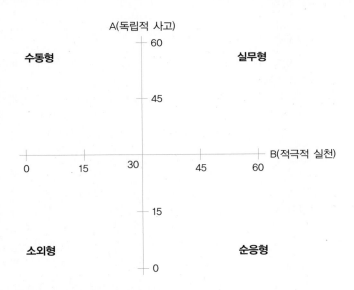

출처 : NCS 직업기초능력 교수자용 매뉴얼.

멤버십이란 팔로워십과 동일한 개념으로 인식해도 무방하다. 멤버십이란 조직의 구성원으로서 자격과 지위를 갖는 것으로 훌륭한 멤버십은 팔로워의 역할을 충실하게 잘 수행하는 것이다. 멤버십 유형을 나누는 두 가지 축은 마인드를 나타내는 독립적 사고(A축)와 행동을 나타내는 적극적 실천(B축)으로 나눌 수 있다. 그래프에서 위치를 확인하여 수동형, 실무형, 소외형, 순응형 등의 멤버십 유형을 확인할 수 있다. 일반적인 조직에서 각 유형별 분포는 소외형이 15~

25%, 순응형이 20~30%, 실무형이 25~35%, 수동형이 5~10% 등이다.

　　리더십과 멤버십의 두 개념은 상호 보완적이며 필수적인 관계에 있다. 좋은 리더가 나쁜 멤버를 만난 경우 좋은 리더가 나빠질 수 있고, 나쁜 리더가 좋은 멤버를 만난 경우 나쁜 리더가 좋은 리더가 될 수도 있음을 상기해야 한다. 결국 어떠한 리더를 만나더라도 멤버로서 해야 할 역할을 정확히 인식하는 것이 중요하다.

　　리더십과 멤버십은 각기 별도의 역할을 가지고 있다. 두 역할 모두가 성공을 거둘 수도 있고 실패할 수도 있다. 조직이 성공을 거두려면 양자가 최고의 기량을 발휘해야 한다. 즉 리더십을 잘 발휘하는 탁월한 리더와 멤버십을 잘 발휘하는 탁월한 멤버, 둘 다 있어야 한다. 미국에서 실시한 여론조사에서 리더에게 가장 원하는 것은 정직, 비전과 강화력, 추진력인데 비해 팔로워들에게 가장 원하는 것은 정직, 리더의 부족함을 보충해 주는 포용력, 성실, 협동심 등이었다.

　　멤버십 유형은 수동형, 실무형, 소외형, 순응형 등으로 구분할 수 있으며 각각의 특징은 〈표 6.7〉과 같다.

표 6.7　멤버십 유형

구분	소외형	순응형	실무형	수동형	주도형
자아상	• 자립적인 사람 • 일부러 반대의견 제시 • 조직의 양심	• 기쁜 마음으로 과업수행 • 팀플레이를 함 • 리더나 조직을 믿고 헌신함	• 조직의 운영방침에 민감 • 사건을 균형 잡힌 시각으로 봄 • 규정과 규칙에 따라 행동함	• 판단, 사고를 리더에 의존 • 지시가 있어야 행동	
동료/리더들의 시각	• 냉소적 • 부정적 • 고집이 셈	• 아이디어 없음 • 인기 없는 일은 하지 않음 • 조직을 위해 자신과 가족의 요구를 양보함	• 개인의 이익을 극대화하기 위한 흥정에 능함 • 적당한 열의와 평범한 수완으로 업무수행	• 하는 일이 없음 • 제 몫을 하지 못함 • 업무수행에는 감독이 반드시 필요	• 이상적 유형 • 모범형
조직에 대한 자신의 느낌	• 자신을 인정 안 해 줌 • 적절한 보상이 없음 • 불공정하고 문제가 있음	• 기존 질서를 따르는 것이 중요 • 리더의 의견을 거스르는 것은 어려운 일임 • 획일적인 태도 행동에 익숙함	• 규정준수 강조 • 명령과 계획의 빈번한 변경 • 리더와 부하 간의 비인간적 풍토	• 조직이 나의 아이디어를 원치 않음 • 노력과 공헌을 해도 아무 소용이 없음 • 리더는 항상 자기 마음대로 함	

출처 : NCS 직업기초능력 교수자용 매뉴얼.

소외형, 순응형, 실무형, 수동형 이외에 별도로 우리가 추구하는 유형이 주도형이다. 주도형은 모범형이라고도 하며, 주도형 멤버란 조직과 팀의 목적 달성을 위해 독립적·혁신적으로 사고하고 역할을 적극적으로 실천하는 사람이다. 이 주도형 멤버가 가지는 기본 특성을 두 가지 측면에서 설명하면, 첫째 독립적·혁신적 사고 측면에서 스스로 생각하고 건설적 비판을 하며 자기 나름의 개성이 있고 혁신적이며 창조적인 특성을 가진다. 둘째 적극적 참여와 실천 측면에서 솔선수범하고 주인의식을 가지고 있으며 적극적으로 참여하고 자발적이며 기대 이상의 성과를 내려고 노력하는 특성을 가진다.

(2) 리더십능력

리더십이 신비롭고 무언가 특별한 것이라는 생각은 잘못된 것이다. 리더십은 카리스마와는 아무 관련이 없으며 타고난 성격과도 무관하다. 또한 선택받은 소수만이 가질 수 있는 특권도 아니다. 리더십에 대해 정확히 규정된 정의는 없다. 이것을 이해하는 것이 효과적인 리더가 되는 데 있어 첫 번째 단계라고 할 수 있다. 리더십에 대한 몇몇 일반적인 정의나 개념에는 다음과 같은 것들이 있다.

- 조직성원들로 하여금 조직목표를 위해 자발적으로 노력하도록 영향을 주는 행위
- 목표 달성을 위해 어떤 사람이 다른 사람에게 영향을 주는 행위
- 어떤 주어진 상황 내에서 목표 달성을 위해 개인 또는 집단에 영향력을 행사하는 과정
- 자신의 주장을 소신 있게 나타내고 다른 사람들을 격려하는 힘

이러한 일반적인 리더십에 대한 정의 검토를 통해 리더십은 조직의 공통된 목적을 달성하기 위해 개인이 조직원들에게 영향을 미치는 과정이라고 정의할 수 있다. 일반적으로 리더십 유형은 크게 독재자 유형, 민주주의에 근접한 유형, 파트너십 유형, 변혁적 리더십 유형 등 네 가지로 구분할 수 있다.

가. 독재자 유형

정치학에서 그 어원이 비롯된 독재형은 정책의사결정과 대부분의 핵심정보를 자신만이 소유하고 고수하려는 경향이 있다. 전형적인 독재자 유형의 특징은 다음과 같다.

- 질문은 금지한다 : 독재자는 집단의 규칙하에 지배자로 군림하고 동료에게는 권위에 대한 도전이나 반항 없이 순응하도록 요구하며 팀원에게는 주어진 업무만을 묵묵히 수행할 것을 요구한다.
- 모든 정보는 내 것이다 : 독재자는 '지식(정보)이 권력의 힘'이라고 믿는다. 이러한 까닭으로 대부분의 구성원들과 조직에 대한 핵심정보를 혼자 독점하고 유지하려고 애쓰며 다른 구성

원들에게는 기본적인 수준의 정보만을 제공한다.

● 실수를 용납하지 않는다 : 독재자 유형은 언제 어디서나 가장 최고의 질적 수준을 요구한다. 실수는 결코 용납하지 않으며 한 번의 실수는 곧 해고로 이어지거나 다른 형태의 징계로 이어진다.

독재자 유형은 집단이 통제가 없이 방만한 상태에 있을 때 혹은 가시적인 성과물이 보이지 않을 때 사용한다면 효과적일 수 있다. 이러한 경우 독재자 유형의 리더는 팀원에게 업무를 공정히 나누어 주고 그들 스스로가 결과에 대한 책임을 져야 한다는 것을 일깨울 수 있다.

나. 민주주의에 근접한 유형

민주주의에 근접한 유형의 리더는 독재자 유형의 리더보다 관대한 편이다. 리더는 그룹에 정보를 잘 전달하려고 노력하고 전체 그룹의 구성원 모두를 목표 설정에 참여하게 함으로써 구성원들에게 확신을 심어 주려고 노력한다. 민주주의에 근접한 유형의 특징은 다음과 같다.

● 참여 : 리더는 팀원들이 한 사람도 소외됨이 없이 동등하다는 것을 확신시킴으로써 비즈니스에 종사하도록 한다.

● 토론의 장려 : 리더는 경쟁과 토론의 가치를 인식하고 팀이 나아갈 새로운 방향의 설정에 팀원들을 참여시킨다.

● 거부권 : 이 유형의 리더를 설명하는 '민주주의에 근접한'이라는 말에서 알 수 있듯이 리더가 비록 민주주의적이긴 하지만 최종 결정권은 리더에게만 있다.

민주주의에 근접한 방식은 리더가 혁신적이고 탁월한 부하직원들을 거느리고 있고 또 그러한 방향을 계속적으로 지향할 때 가장 효과적이다. 기발하고 엄청난 아이디어를 가졌다고 할지라도 양적인 것이 항상 질적인 것까지 수반하는 것은 아니다. 리더에게는 옳고 그름을 결정할 책임이 있다.

다. 파트너십 유형

파트너십은 위에서 살펴본 리더십 형태와는 전혀 다른 형태의 리더십이다. 독재자 유형과 민주주의에 근접한 유형은 리더와 집단 구성원 사이에 명확한 구분이 있다. 하지만 파트너십에서는 그러한 구분이 흐릿하고 리더가 조직의 구성원이 되기도 한다. 파트너십 유형의 특징은 다음과 같다.

● 평등 : 리더는 조직 구성원들 중 한 사람일 뿐이다. 그는 물론 다른 조직 구성원들보다 경험이 더 풍부하겠지만 다른 구성원들보다 더 비중 있게 대우받아서는 안 된다.

● 집단의 비전 : 집단의 모든 구성원들은 의사결정 및 팀의 방향을 설정하는 데 참여한다.

- 책임 : 공유 집단의 모든 구성원들은 집단 행동의 성과 및 결과에 대해 책임을 공유한다.

파트너십 유형은 소규모 조직에서 풍부한 경험과 재능을 소유한 개인들에게 적합하다. 신뢰, 정직 그리고 구성원들의 능력에 대한 믿음이 파트너십의 핵심 요소이다.

라. 변혁적 유형

변혁적 리더는 개인과 팀이 유지해 온 이제까지의 업무수행 상태를 뛰어넘으려 한다. 변혁적 리더는 전체 조직이나 팀원들에게 변화를 가져오는 원동력이다. 변혁적 유형의 특징은 다음과 같다.

- 카리스마 : 변혁적 리더는 조직에 명확한 비전을 제시하고 집단 구성원들에게 그 비전을 쉽게 전달할 수 있다.
- 자기확신 : 변혁적 리더는 뛰어난 사업수완 그리고 어떠한 의사결정이 조직에 긍정적으로 영향을 미치는지 예견할 수 있는 능력을 지니고 있다.

○ 퀴즈 8

자신이 팀장이라면 다음 상황에서 어떻게 대처할지 생각을 적어 본다.

상황	효과적인 동기부여 방법
상황 1 : 팀의 프로젝트 진행에 문제가 생겨서 일정이 지연되고 있다. 팀원인 미숙은 프로젝트를 일정 안에 끝내기 위해 밤늦게까지 일에 매진하고 있다. 그녀는 조금도 불평하지 않은 채 최선을 다해 프로젝트를 수행하고 있다. 그녀의 노력에 힘입어 프로젝트는 예정된 일정대로 무사히 마무리되었고 기대 이상의 좋은 결과도 얻었다. 당신은 어떻게 행동할 것인가?	
상황 2 : 미라의 업무 속도가 점점 나빠지고 있다. 그녀는 업무에 전혀 관심이 없는 것 같고 업무 자체를 지겨워하는 것처럼 보인다. 당신은 이 상황을 어떻게 해결할 것인가?	
상황 3 : 상택은 부서에서 최고의 성과를 올리는 영업사원으로 명성이 자자하지만 서류 작업을 정시에 마친 적이 한 번도 없다. 그가 서류 작업을 지체하기 때문에 팀 전체의 생산성에 차질이 빚어지고 있다. 당신은 이 상황을 어떻게 해결할 것인가?	
상황 4 : 기용은 2년간 당신의 부하직원으로 일했는데 업무능력이 대단히 뛰어났다. 최근 들어 당신은 그에게 회사 뉴스레터를 새로 디자인하라고 지시했는데 결과물은 의외로 좋지 않았다. 깔끔하지 못했고 아마추어의 작품 같았다. 당신은 이 상황을 어떻게 해결할 것인가?	

- 존경심과 충성심 : 변혁적 리더는 개개인에게 시간을 할애하여 그들 스스로가 중요한 존재임을 깨닫게 하고 존경심과 충성심을 불어넣는다.
- 풍부한 칭찬 : 변혁적 리더는 구성원이나 팀이 직무를 완벽히 수행했을 때 칭찬을 아끼지 않는다. 사람들로 하여금 한 가지 일에 대한 성공이 미래의 여러 도전을 극복할 수 있는 자극제가 될 수 있다는 것을 깨닫게 한다.
- 감화 : 변혁적 리더는 구성원들이 도저히 해낼 수 없다고 생각하는 일들을 구성원들로 하여금 할 수 있도록 자극을 주고 도움을 주는 일을 수행한다.

(3) 갈등관리능력

갈등관리능력은 의견 차이를 잘 극복하고 합리적인 의사결정을 끌어내는 능력이다. 갈등이란 의견 차이가 생기기 때문에 발생하게 된다. 그러나 이러한 결과가 항상 부정적인 것만은 아니다. 갈등은 새로운 해결책을 만들어 주는 기회를 제공한다. 중요한 것은 갈등에 어떻게 반응하느냐 하는 것이다. 갈등이나 의견의 불일치는 불가피하며 본래부터 좋거나 나쁜 것이 아니라는 점을 인식하는 것이 중요하다. 갈등이 해결되지 않고 방치된다면 팀의 발전을 저해할 수 있다. 그러나 잘 관리한다면 갈등을 통해 합리적인 의사결정을 이끌어 낼 수 있다.

갈등을 잘 해결하려면 사고방식, 즉 패러다임을 전환할 필요가 있다. 부정적인 패러다임을 버리고 더 긍정적인 것으로 바꾸는 데 도움이 되는 세 가지 방법은 생각의 전환, 역지사지, 긍정적인 태도이다. 이러한 것들을 발전시킨다면 정신적으로 폐쇄된 관점에서 벗어나 더욱더 개방적인 관점으로 향할 수 있다. 개방적이 되면 윈윈전략으로 갈등해결에 성공할 확률이 높아진다.

조직 내 팀의 갈등을 최소화하기 위해 고려할 수 있는 기본 원칙은 다음과 같다.

- 먼저 다른 팀원의 말을 경청하고 나서 어떻게 반응할 것인가를 결정하라.
- 모든 사람이 거의 대부분의 문제에 대해 나름의 의견을 가지고 있다는 점을 인식하라.
- 의견의 차이를 인정하라.
- 팀 갈등해결 모델을 사용하라.
- 자신이 받기를 원치 않는 형태로 남에게 작업을 넘겨 주지 마라.
- 다른 사람으로부터 그러한 작업을 넘겨받지 마라.
- 조금이라도 의심이 날 때는 분명하게 말해 줄 것을 요구하라.
- 가정하는 것은 위험하다. 가정은 해야 할 때만 하라.
- 자신의 책임이 어디서부터 어디까지인지 명확히 하라. 또한 다른 팀원의 책임과는 어떻게 조화되는지 명확히 하라.
- 자신이 알고 있는 바를 알 필요가 있는 사람들을 새롭게 파악하라.

● 다른 팀원과 불일치하는 쟁점이나 사항이 있다면 다른 사람이 아닌 당사자에게 직접 말하라.

다음은 팀 갈등을 해결하기 위한 갈등해결 모델이다.

1단계	2단계	3단계	4단계	5단계	6단계	7단계
충실한 사전 준비	긍정적인 접근 방식	두 사람의 입장을 명확히 하기	원원에 기초한 기준에 동의하기	몇 가지 해결책 생각해 내기	몇 가지 해결책 평가하기	최종해결책 선택, 실행 동의하기

그림 6.22 갈등해결 모델

출처 : NCS 직업기초능력 교수자용 매뉴얼.

(4) 협상능력

협상능력이란 갈등 상황을 극복하고 설득을 통해 자신이 원하는 것을 얻을 수 있는 능력을 말한다. 미국의 학자 코헨(Herb Cohen)이 "세상은 거대한 협상 테이블이며 우리는 모든 것을 협상할 수 있다."라고 말한 데서 알 수 있듯이 우리의 생활은 협상의 연속이며 협상을 통해 의사결정을 하게 된다. 협상은 시공간을 초월하여 끊임없이 발생하고 있으며 가정에서, 회사에서, 정부에서, 또는 국가에서 어느 시간, 어느 공간에서도 협상은 전개될 수 있다. 결국 협상(negotiation)이란 갈등 상태에 있는 이해당사자들이 대화와 논쟁을 통해서 서로를 설득하여 문제를 해결하려는 정보전달과정이자 의사결정과정이다.

이러한 협상은 다음 [그림 6.23]과 같이 다섯 단계의 과정을 통해 이루어진다.

협상에서 상대방을 설득시키는 일은 필수적이다. 상대방을 설득시키는 방법은 상대방에 따라 상황에 따라 매우 다양하다. 설득은 이성적인 요인도 있지만 감정적인 요인도 작용하기 때문이다. 다음은 다양한 협상전략들을 정리한 것이다.

가. See-Feel-Change 전략

설득전략으로 'See(보고)-Feel(느끼고)-Change(변화한다)' 전략을 사용할 수 있다. 즉 설득전략을 사용하여 갈등관리를 순조롭게 하고, 설득전략을 통해서 협상의 목적을 성공적으로 달성할 수 있다. 협상전략 관점에서 볼 때 'See' 전략은 시각화하고 직접 보게 하여 이해시키는 전략이며 'Feel' 전략은 스스로가 느끼게 하여 감동시키는 전략이고 'Change'전략은 변화시켜 설득에 성공한다는 전략이다.

나. 상대방 이해 전략

협상 상대방을 설득하기 위해서는 설득에 장애가 되는 요인들을 척결해야 한다. 협상전략에 있어서 상대방 이해란 협상과정상에 갈등해결을 위해서 상대방에 대한 이해가 선행되어 있으면 갈등해결이 용이하다는 것이다. 예컨대 상사가 부하직원을 설득하기 위해서는 부하직원에 대한 이해가 선행되어야 한다. 사용자가 근로자들을 설득하기 위해서는 근로자들에 대한 이해가 선행되어야 하며 부처 간의 갈등에 있어서도 상대방 부처를 설득하기 위해서는 상대방 부처에 대한 이해가 선행되어야 한다.

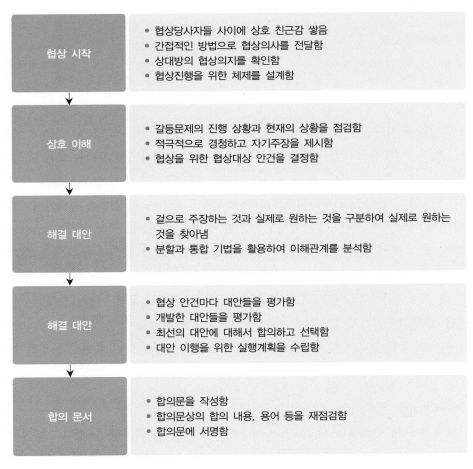

그림 6.23 5단계 협상과정

출처 : NCS 직업기초능력 교수자용 매뉴얼.

다. 호혜관계 형성 전략

호혜관계란 협상 당사자 간에 어떤 혜택들을 주고받는 관계가 형성되어 있으면 협상과정상에 갈등해결에 용이하다는 것이다. 예컨대 부처 간에 도움을 받게 되면 도움을 주어야 한다는 것이다. 이는 빚은 갚아야 한다거나 약속은 지켜야 한다는 것과 같은 사회적 의무에 관한 교육과 학습의 영향이다. 평소에 이러한 호혜관계를 잘 형성해 놓으면 차후에 어떤 일을 추진할 때 다른 사람으로부터 도움을 받을 수 있다.

라. 헌신과 일관성 전략

헌신과 일관성이란 협상 당사자 간에 기대하는 바에 일관성 있게 헌신적으로 부응하여 행동하게 되면 협상과정상에 갈등해결이 용이하다는 것이다. 헌신과 일관성이란 상대방의 기대에 헌신적이고 일관성 있게 부응하여 행동하는 것이다. 이는 일종의 습관 같은 것으로 반복하다 보면 존재하지 않는 것도 존재하는 것처럼 착각하게 된다. 관리자가 부하직원들에게 대하는 행동도 마찬가지로 적용된다. 사소한 습관에서부터 큰 것으로 지속적으로 진행해야 한다. 도중에 나쁜 습관을 이것저것 허락하게 되면 헌신과 일관성의 법칙이 깨지기 때문에 부하직원들은 자신들도 모르는 사이에 나쁜 버릇을 가지게 된다.

마. 사회적 입증 전략

사회적 입증이란 어떤 과학적인 논리보다도 동료나 사람들의 행동으로 상대방을 설득하는 것이 협상과정상에 갈등해결이 더 용이하다는 것이다. 사회적 입증이란 사람은 과학적 이론보다 자신의 동료나 이웃의 말이나 행동에 의해서 쉽게 설득된다는 것과 관련된 기술이다. 광고에서 말하는 소위 '입 소문'을 통해서 설득하는 것이 광고를 통해 설득하는 것보다 더 효과가 있다는 것이다.

바. 연결전략

연결이란 협상과정상에 갈등상태가 발생했을 때 갈등문제와 갈등관리자를 연결하는 것이 아니라 갈등을 야기한 사람과 관리자를 연결하면 갈등해결이 용이해 진다는 것이다. 연결이란 제품 (예 : 정부정책)과 자신을 연결하는 것이 아니라 그 제품을 판매(예 : 집행)하는 사람과 자신을 연결한다는 것이다. 따라서 어떤 정책을 집행할 때 그 정책에 이해관계를 가진 집단들에게 우호적인 사람으로 하여금 집행하게 하면 그 정책으로 인해 발생하는 갈등을 용이하게 해결할 수 있다는 것이다. 따라서 연결기술을 효과적으로 사용하면 우호적이거나 좋은 이미지, 협력적인 행정이나 정책들을 사용하여 다른 사람을 설득시키는 것이 용이하다.

사. 권위전략

권위란 직위나 전문성, 외모 등을 말하며 이를 이용하면 협상과정상에 갈등해결에 도움이 될 수 있다는 것이다. 설득기술에 있어서 권위란 직위, 전문성, 외모 등에 의한 기술이다. 사람들은 자신보다 더 높은 직위, 더 많은 지식을 가지고 있다고 느끼는 사람으로부터 설득당하기 쉽다. 과장의 말보다 부장의 말에 더 권위가 있고 설득력이 높다. 비전문가보다 전문가의 말에 더

동조하게 된다. 전문성이 있는 사람이 그렇지 않은 사람보다 더 설득력이 있다.

아. 희소성 해결 전략

희소성이란 인적·물적 자원 등의 희소성을 해결하는 것이 협상과정상에 갈등해결에 용이하다는 것이다. 그러나 이 희소성의 문제는 그 희소한 것을 강력히 소유하고자 하는 사람 또는 집단들의 소유욕이 있을 때에 한해서 통용된다. 즉 아무리 자원이 희소하더라도 그것을 소유하고자 하는 사람이 없으면 그 희소성으로 인해서 갈등이 야기되지 않는다는 것이다. 사람들은 시간적으로 희소하고 사회경제적으로 희소한 것에 대해서 더 강력히 소유하고자 하는 큰 욕구를 가지고 있을 때 더 잘 설득당한다.

자. 반항심 극복 전략

반항심이란 협상과정상에 갈등관리를 위해서 자신의 행동을 통제하려는 상대방에게 반항한다는 것에 관련된 것이다. 로미오와 줄리엣 효과는 희소성과 반항심리를 잘 묘사하고 있다. 억압하면 할수록 더욱 반항하게 될 가능성은 높아진다. 부하나 시민들을 비난하거나 부정하는 말이나 행동으로 설득시키려 하면 부하나 시민들로 하여금 반항심리를 유발시켜 설득에 실패하게 될 확률이 높다.

📷 설득전략

다음에 제시된 설득전략에 대해서 구체적인 예를 한 가지씩 적어 본다.

설득전략	사례
호혜관계 형성 전략	
사회적 입증 전략	
권위전략	
희소성 해결 전략	

(5) 고객서비스능력

고객서비스란 다양한 고객의 요구를 파악하고 대응법을 마련하여 고객에게 양질의 서비스를 제공하는 것을 의미한다. 따라서 고객서비스능력은 이러한 능력을 갖추는 것을 의미한다. 고객서비스를 제공하는 목적은 조달, 생산, 판매, 혹은 고객지원 등의 기업활동 중 어디에 중점을 두느냐에 따라 다르다. 고객중심 기업의 일반적 특성을 살펴보면 다음과 같다.

- 내부고객, 외부고객 모두를 중요시한다.
- 고객 만족에 중점을 둔다.
- 고객이 정보, 제품, 서비스 등에 쉽게 접근할 수 있도록 한다.
- 보다 나은 서비스를 제공할 수 있도록 하는 기업정책을 수립한다.
- 기업의 전반적 관리시스템이 고객서비스 업무를 지원한다.
- 기업이 실행한 서비스에 대해 계속적인 재평가를 실시함으로써 고객에게 양질의 서비스를 제공하도록 서비스 자체를 끊임없이 변화시키고 업그레이드한다.

고객서비스를 통해서 기업의 성장을 이루는 과정은 우선 고품격의 고객서비스를 제공하면 고객은 감동을 받고 회사에 대한 충성도, 즉 애착이 생기게 된다. 이로 인해 기업에 대한 선호도가 고객들 사이에 높아져 기업은 성장과 이익을 달성할 수 있다.

고객서비스에서 중요한 것은 고객을 다루기 위해 고객 유형을 알아야 한다는 것이다. 회사의 제품이나 서비스에 만족하는 고객이 있는가 하면 만족하지 못하는 고객이 있다. 고객서비스 능력을 향상시키기 위해서는 불만족한 고객을 다룰 줄 아는 것이 매우 중요하다. 불만족한 고객은 불만을 표현하는 방식이 매우 다양하다.

불만족을 표시하는 고객의 유형은 다음과 같이 네 가지로 분류할 수 있다. 먼저 거만형은 자신의 과시욕을 드러내고 싶어 하는 사람으로 보통 제품을 폄하하는 사람들이 많이 있다. 의심형은 직원의 설명이나 제품의 품질에 대해 의심을 많이 하는 사람이고, 트집형은 사소한 것으로 트집을 잡는 까다로운 고객을 말한다. 빨리빨리형은 성격이 급하고 확신 있는 말이 아니면 잘 믿지 않는 고객을 말한다. 이런 고객들을 상대하는 데 주의해야 할 사항을 정리하면 〈표 6.8〉과 같다.

표 6.8	고객 유형에 따른 주의사항

고객 유형	주의사항
거만형	• 정중하게 대하는 것이 좋다. • 자신의 과시욕이 채워지도록 뽐내든 말든 내버려 둔다. • 의외로 단순한 면이 있으므로 일단 그의 호감을 얻게 되면 여러 면으로 득이 될 경우가 많다.
의심형	• 분명한 증거나 근거를 제시하여 스스로 확신을 갖도록 유도한다. • 때로는 책임자가 응대하는 것도 좋다.
트집형	• 이야기를 경청하고, 맞장구치고, 추켜세우고, 설득해 가는 방법이 효과적이다. • 예 : "손님의 말씀이 맞습니다. 역시 손님께서 정확하십니다."하고 고객의 지적이 옳음을 표시한 후 "저도 그렇게 생각하고 있습니다만…"하고 설득한다. • 잠자코 고객의 의견을 경청하고 사과를 하는 응대가 바람직하다.
빨리빨리형	• "글쎄요?", "아마…", "저…." 하는 식으로 애매한 화법을 사용하면 고객은 신경이 더욱 날카롭게 곤두서게 된다. • 만사를 시원스럽게 처리하는 모습을 보이면 응대하기 쉽다.

출처 : NCS 직업기초능력 교수자용 매뉴얼.

○ **퀴즈 9**

다음 상황에서 어떻게 대처할지 과정을 작성한다.

> 얼마 전 MP3를 구입해 간 소년이 갑자기 MP3가 고장 났다고 다시 매장을 찾았다. 소년은 구입한지 얼마 되지 않는 MP3가 고장 난 것에 불쾌해했고 새 것으로 교환해 주든지 아니면 환불해 달라고 요구했다.

서비스 분야에서 오래 근무한 베테랑이라고 자처하는 사람들도 까다로운 고객이나 화가 난 고객을 응대할 경우에는 어려움을 호소한다. 그러나 이런 특별한 상황은 오히려 특별한 서비스를 제공할 수 있는 기회가 될 수 있다. 그러므로 평소 고객의 불만을 다루는 프로세스를 몸에 체득하고 있으면 이를 쉽게 해결할 수 있을 것이다.

그림 6.24 고객의 불만을 다루는 프로세스

출처 : NCS 직업기초능력 교수자용 매뉴얼.

7) 정보능력

정보능력이란 업무수행에서 컴퓨터를 활용하여 기본적으로 필요한 정보를 수집, 분석, 활용하는 능력을 의미한다. 정보능력의 하위능력에는 컴퓨터활용능력과 정보처리능력이 있다. 정보는 전 세계에 산재해 있는 자료들 중에 필요한 것만을 골라내어 얻을 수도 있지만 경우에 따라서는 전문가들의 손에 의해 자료들을 가공하고 처리해야만 '정보'로서 가치를 얻을 수 있는 것들도 많다. 예를 들어, 우리나라에서 한 해 동안 소비되는 담배의 양이 얼마나 되는지를 알기 위해서는 각 시·도에서 소비되는 담배의 양에 관한 자료를 수집하여 집계를 해야 한다. 이렇게 집계된 결과는 바로 우리가 얻고자 하는 '정보'가 되고, 각 시·도의 담배 소비량은 정보를 얻기 위해 입력한 '자료'가 된다. 따라서 자료(data)와 정보(information), 지식(knowledge)은 본질적으로 서로 다른 것이 아니기 때문에 불가분의 관계로 보아야 한다.

현대사회를 정보화사회라고 한다. 정보화사회는 정보나 지식의 생산이 경제활동의 중심이 되는 사회이다. 즉 지식정보와 관련된 산업이 부가가치를 높일 수 있는 사회로 변화되고 있는 것이다. 결국 정보화사회는 눈으로 볼 수 있는 물질이나 에너지 이상으로 정보 자체가 중요한

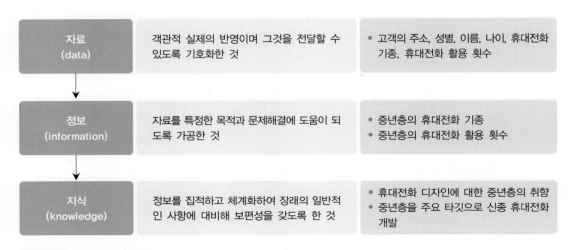

그림 6.25 지식, 정보, 자료의 개념

출처 : NCS 직업기초능력 교수자용 매뉴얼.

자원이 되는 사회이기 때문에 정보의 가치 생산을 중심으로 사회 전체가 움직이게 된다.

우리가 맞이할 미래사회는 다음과 같은 특징을 갖는다.

첫째, 부가가치 창출 요인이 토지, 자본, 노동에서 지식 및 정보 생산 요소로 전환된다. 미래에는 지식·정보가 부가가치 창출의 3/4을 차지할 것이다. 정보기술(IT)산업의 주류를 이루고 있는 컴퓨터가 경제체제에 미치는 영향은 막대하다. 정보기술(IT) 이후 차세대 대표적인 주력 산업은 생명공학(BT), 나노(NT) 분야, 환경보전을 위한 기술(ET), 문화산업(CT)이 될 것이다. 우주항공기술(ST) 역시 새로운 삶의 세계를 개척하고 있다. 6T가 이끌어갈 미래사회는 토지, 노동, 자본보다는 새로운 지식과 기술을 개발·활용·공유·저장할 수 있는 지식근로자를 요구하고 있다.

둘째, 세계화의 진전이다. 세계화는 모든 국가의 시장이 국경 없는 하나의 시장으로 통합되는 것을 의미한다. 이때 세계 시장에는 실물 상품뿐만 아니라 노동, 자본, 기술 등의 생산 요소와 교육과 같은 서비스의 국제 교류도 모두 포함된다. 세계화의 예로는 WTO, FTA에 등에 의한 무역 개방화, 국가 간의 전자상거래(EC, Electronic Commerce), 가상은행, 사이버 백화점, 사이버 대학교, 한국 기업의 외국 공장 설립, 다국적 기업의 국내 진출 및 산업 연수생들의 국내산업체 근무, 외국 대학 및 학원의 국내 설립 등을 들 수 있다.

셋째, 지식의 폭발적인 증가이다. 미래사회에는 지식, 특히 과학지식이 폭발적으로 증가할 것이다. OECD 보고서에 따르면 2020년이 되면 지식은 73일을 한 주기로 2배씩 증가한다. 또 2050년경이 되면 지식이 급증하여 지금의 지식은 1%밖에 사용할 수 없게 될 것이라고 전망하는 미래학자도 있다.

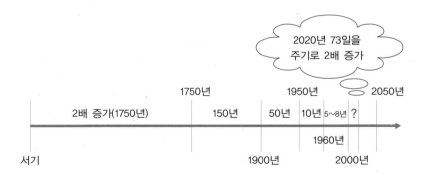

그림 6.26 지식의 변화추이

출처 : NCS 직업기초능력 교수자용 매뉴얼.

○ **퀴즈 10**

인터넷의 문제점(역기능)에는 어떠한 것들이 있는지 자신의 생각을 적어 본다.

[인터넷 역기능]

네티켓(netiquettee)은 사이버 공간에서 지켜야 하는 예절을 뜻한다. 네티켓은 통신망을 뜻하는 네트워크(network)와 예절을 뜻하는 에티켓(etiquette)의 합성어로, 네티즌이 사이버 공간에서 지켜야 할 비공식적인 규약이라고 할 수 있다. 네티켓은 법적인 제재에 의존하는 타율적 해결보다는 네티즌 스스로 자율적으로 사이버 공간의 문제를 미리 방지하고 이성적으로 해결해 나가는 적극적 의미를 가지고 있다. 인터넷이라는 가상공간은 익명성과 쌍방향성이라는 특성에 의해 오해를 사거나 다른 사람의 감정을 해칠 수 있다. 따라서 가상공간은 더욱더 예절이 필요한 공간이다. 다음은 이메일, 온라인 대화와 게시판 사용 시 네티켓에 대한 내용을 정리한 것이다.

- 이메일을 사용할 때의 네티켓
  - 메시지는 가능한 짧게 요점만 작성한다.
  - 메일을 보내기 전에 주소가 올바른지 다시 한 번 확인한다.
  - 제목은 메시지 내용을 함축해 간략하게 써야 한다.
  - 가능한 메시지 끝에 서명(성명, 직위, 단체명, 메일주소, 전화번호 등)을 포함시키되 너무 길지 않도록 한다.
  - 이메일 상에서 타인에게 말할 때는 정중함을 지켜야 한다. 이메일은 쉽게 전파될 수 있기 때문이다.
  - 타인에게 피해를 주는 언어(비방이나 욕설)는 사용하지 않는다.

- 온라인 대화(채팅)를 할 때의 네티켓
  - 마주 보고 이야기하는 마음가짐으로 임한다.
  - 대화방에 들어가면 지금까지 진행된 대화의 내용과 분위기를 경청한다.
  - 엔터키를 치기 전에 한 번 더 생각한다.
  - 광고, 홍보 등을 목적으로 악용하지 않는다.
  - 유언비어, 속어와 욕설 게재는 삼가고 상호비방의 내용은 금한다.
- 게시판을 사용할 때의 네티켓
  - 글의 내용은 간결하게 요점만 작성한다.
  - 제목에는 글의 내용을 파악할 수 있는 함축된 단어를 사용한다.
  - 글을 쓰기 전에 이미 같은 내용의 글이 없는지 확인한다.
  - 글의 내용 중에 잘못된 점이 있으면 빨리 수정하거나 삭제한다.
  - 게시판의 주제와 관련 없는 내용은 올리지 않는다.

(1) 컴퓨터활용능력

컴퓨터활용능력은 업무수행에 필요한 정보를 수집, 분석, 조직, 관리, 활용하는 데 컴퓨터를 사용하는 능력이다.

🔍 **어디로 어떻게 갈까**

한 달 뒤에 5박 6일 일정으로 해외여행을 계획 중이다. 필요한 교통편, 숙박, 관광지 등에 대한 정보를 검색하여 여행계획을 세운다.

(2) 정보처리능력

정보처리능력은 직장생활에서 필요한 정보를 수집하고 분석하여 의미 있는 정보를 찾아내며, 찾아낸 정보를 업무수행에 적절하도록 조직·관리하고 활용하는 능력이다. 목적에 맞는 정보를 수집하기 위해서 우선 정보가 왜 필요한지 인식할 필요가 있다. 필요하지도 않은 정보를 수집하는 것은 무의미한 일이기 때문이다. 정보가 왜 필요한지 인식하였으면 그다음으로 정보를 어디서 수집할 수 있을지 정보원을 탐색해야 한다.

◯ 퀴즈 11

출퇴근용으로 자동차를 한 대 구입하려고 한다. 가장 적당한 차를 사기 위해서 어떤 의사결정을 해야 하고 그 의사결정을 하기 위해서 어떤 정보가 필요한지 생각해 보고 구체적으로 필요한 정보를 적어 본다.

의사결정 사항(정보의 필요성 인식)	필요한 정보

정보의 활용은 의사결정을 하거나 문제의 답을 알아내고자 할 때 가지고 있는 정보로는 부족하여 새로운 정보가 필요하다는 상황을 인식하는 순간부터 시작된다. 흔히 필요한 정보를 수집할 수 있는 원천을 정보원(sources)이라 부른다. 정보원은 크게 1차 자료와 2차 자료로 구분할 수 있다. 1차 자료는 원래 연구성과가 기록된 자료를 의미한다. 예를 들면, 단행본, 학술지와 학술지 논문, 학술회의자료, 연구보고서, 학위논문, 특허정보, 표준 및 규격자료, 레터, 출판 전 배포자료, 신문, 잡지, 웹 정보자원 등이 있다. 2차 자료는 1차 자료를 효과적으로 찾아보기 위한 자료 혹은 1차 자료에 포함되어 있는 정보를 압축·정리해서 읽기 쉬운 형태로 제공하는 자료를 의미한다. 예를 들면, 사전, 백과사전, 편람, 연감, 서지 데이터베이스 등이 있다.

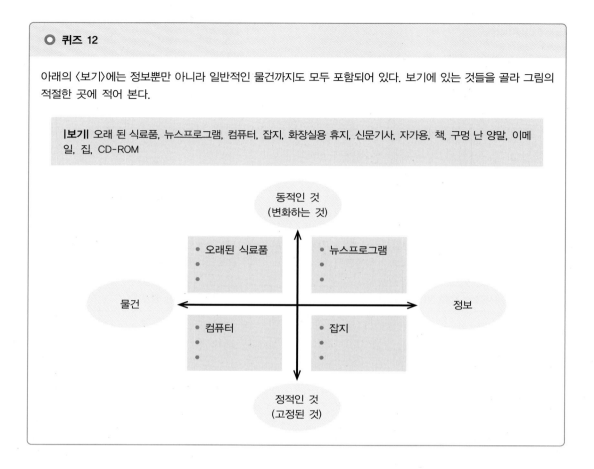

아래의 〈보기〉에는 정보뿐만 아니라 일반적인 물건까지도 모두 포함되어 있다. 보기에 있는 것들을 골라 그림의 적절한 곳에 적어 본다.

|보기| 오래 된 식료품, 뉴스프로그램, 컴퓨터, 잡지, 화장실용 휴지, 신문기사, 자가용, 책, 구멍 난 양말, 이메일, 집, CD-ROM

정보는 크게 동적 정보와 정적 정보로 구분할 수 있다. 동적 정보는 시시각각으로 변화하는 정보를 의미한다. 반대로 보존되어 멈추어 있는 정보를 정적 정보(저장정보)라고 한다. 신문이나 텔레비전의 뉴스는 상황 변화에 따라 수시로 변하기 때문에 동적 정보이다. 반면에 잡지나 책에 들어 있는 정보는 정적 정보이다. CD-ROM이나 비디오테이프 등에 수록되어 있는 영상정보도 일정한 형태로 보존되어 언제든지 동일한 상태로 재생할 수 있기 때문에 정적 정보로 간주할 수 있다.

문제가 되는 것은 동적 정보이다. 밀려와서 쌓이기만 하는 정보의 대부분은 동적 정보이다. 이들 정보는 미련 없이 버려도 상관이 없다. 오히려 정보를 입수한 그 자리에서 판단해 처리하고 미련 없이 버릴 수 있다는 점이 동적 정보의 특징이다. 동적 정보는 유통기한이 있기 마련이다. IT시대를 사는 비즈니스맨의 입에서 "모아 둔 정보가 아깝다."는 말이 나와서는 곤란하다. 다음 [그림 6.27]은 동적 정보와 정적 정보의 활용 방법에 대해 제시한 것이다.

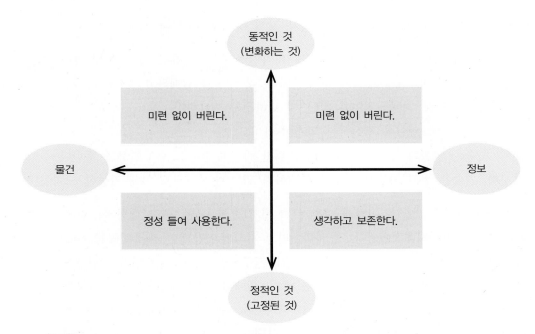

그림 6.27 동적 정보와 정적 정보의 활용 방법

출처 : NCS 직업기초능력 교수자용 매뉴얼.

8) 기술능력

기술능력이란 일상적인 직장생활에서 요구되는 수단, 도구, 조작 등에 관한 기술적인 요소들을 이해하고 적절한 기술을 선택하며 적용하는 능력을 의미한다. 기술능력의 하위능력에는 기술이해능력, 기술선택능력과 기술적용능력이 있다. 학자들에 따르면 기술은 '물리적인 것뿐만 아니라 사회적인 것으로 지적인 도구를 특정한 목적에 사용하는 지식체계', '인간이 주위 환경에 대한 통제를 확대시키는 데 필요한 지식의 적용' 등으로 정의할 수 있다. 보다 구체적인 개념으로 '제품이나 용역을 생산하는 원료, 생산공정, 생산 방법, 자본재 등에 관한 지식의 집합체'라고 정의하기도 하였다.

기술은 know-how와 know-why로 나눌 수 있으며 know-how란 흔히 과학자, 엔지니어 등이 가지고 있는 특허권을 수반하지 않는 체득화된 기술이다. know-why는 어떻게 기술이 성립하고 작용하는가에 관한 원리적 측면에 중심을 둔 개념이다. 이 두 가지 지식은 획득과 전수 방법에서 차이가 있다. know-how는 경험적이고 반복적인 행위에 의해 얻어지는 것이며 이러한 성격의 지식을 흔히 technique, 혹은 art라고 부른다. 반면 know-why는 이론적인 지식으로 과학적인 탐구에 의해 얻어진다.

기술은 원래 know-how의 개념이 강하였으나 시대가 지남에 따라 know-how와 know-why가 결합하게 되었으며 현대의 기술은 주로 과학을 기반으로 하는 기술(science-based technology)이 되었다. 이러한 기술에 대한 특징을 다음과 같이 정리할 수 있다.

첫째, 하드웨어나 인간에 의해 만들어진 비자연적인 대상, 혹은 그 이상을 의미한다.

둘째, 기술은 '노하우(know-how)'를 포함한다. 즉 기술을 설계하고 생산하고 사용하기 위해 필요한 정보, 기술, 절차를 갖는 데 노하우가 필요하다.

셋째, 기술은 하드웨어를 생산하는 과정이다.

넷째, 기술은 인간의 능력을 확장시키기 위한 하드웨어와 그것의 활용을 뜻한다.

다섯째, 기술은 정의 가능한 문제를 해결하기 위한 순서화되고 이해 가능한 노력이다.

그렇다면 과학과 기술은 어떻게 다른가? 20세기 중엽 이후 1970년대까지는 기술이 과학의 응용이라는 인식이 지배적이었다. 즉 과학이라는 지식이 응용되면 기술 인공물(artifacts)을 낳는다고 보았다. 따라서 기술이 과학의 응용이라고 간주했던 사람들은 과학을 발전시키는 것이 자동적으로 기술의 발전을 낳는다고 믿었다. 제2차 세계대전 동안 미국의 군사 연구를 총괄 지휘했던 바네바 부시(Vannevar Bush)는 1944년에 쓴 책 *Science, the Endless Frontier*에서 과학이 기술을 낳고 기술이 산업을 발전시킨다고 설파했다.

그러나 1970년대 들어서는 "기술도 과학과 마찬가지로 지식이다."라는 시각으로 변화하였다. 과학과 기술의 상호작용은 지식이 사물에 응용되는 것이 아니라 지식과 지식 사이의 상호작용이라는 것이다. 즉 기술은 과학과 같이 추상적인 이론보다는 실용성, 효용, 디자인을 강조하고, 과학은 그 반대로 추상적 이론, 지식을 위한 지식, 본질에 대한 이해를 강조한다고 생각하게 되었다.

🔍 미래의 기술

미래에 새롭게 등장하고 각광받게 될 기술에 대해 상상력을 발휘하여 적어 본다.

'지속가능한 발전(sustainable development)'이라는 개념은 1970년대 기업과 정부 일각에서 인구와 산업의 발전이 무한히 계속될 수 없다는 문제를 제기하면서 등장했고, 1987년 세계경제발전위원회(WCED)의 보고서가 "환경보호와 경제적 발전이 반드시 갈등 관계에 있는 것만은 아니다."라고 하면서 널리 확산되었다. 지속가능한 발전은 지금 현 세대의 욕구를 충족시키지만 동시에 후속 세대의 욕구 충족을 침해하지 않는 발전을 의미한다. 또한 지속가능한 발전은 경제적 활력, 사회적 평등, 환경의 보존을 동시에 충족시키는 발전을 의미한다. 지속가능한 발전에서 발전은 현재와 미래 세대의 발전과 환경적 요구를 충족하는 방향으로 이루어져야 하며 그렇기 때문에 환경보호가 발전의 중심적인 요소가 되어야 한다.

지속가능한 발전을 가능하게 하는 기술이 '지속가능한 기술(sustainable technology)'이다. 지속가능한 기술 중에는 풍력발전, 조력발전, 태양열 발전처럼 지금의 주된 발전기술과는 상당히 차이를 보이는 기술도 있다. 그렇지만 많은 지속가능한 기술들은 지금 가지고 있는 기술과 그 형태에서 크게 다르지 않다. 더 중요한 것은 그 기술이 디자인될 때 얼마나 더 많이 사회와 환경에 중점을 두는가이다. 따라서 지속가능한 기술은,

첫째, 이용 가능한 자원과 에너지를 고려하는 기술이다.

둘째, 자원이 사용되고 그것이 재생산되는 비율의 조화를 추구하는 기술이다.

셋째, 이러한 자원의 질을 생각하는 기술이다.

넷째, 자원이 생산적인 방식으로 사용되는가에 주의를 기울이는 기술이다.

즉 지속가능한 기술은 되도록 태양 에너지와 같이 고갈되지 않는 자연 에너지를 활용하며 낭비적인 소비 형태를 지양하고 기술적 효용만이 아닌 환경효용(eco-efficiency)을 추구하는 기술인 것이다.

🔍 지속가능한 기술

지속가능한 기술의 사례에 대해 적어 본다.

(1) 기술이해능력

기술이해능력은 기본적인 업무수행에 필요한 기술의 원리 및 절차를 이해하는 능력이다. 여기서 기술이해능력은 모든 기술에 공통적으로 해당되는 기술의 원리와 절차를 이해하는 것을 의미하는 것이 아니라 모든 기술에 공통적으로 해당되는 특성이라고 볼 수 있는 기술시스템 (technological system)에 대해서 이해하는 것을 의미한다.

기술시스템(technological system)은 현대 기술의 특성을 이해하는 데 매우 중요한 개념이다. 개별 기술이 네트워크로 결합해서 기술시스템을 만든다는 점은 과학에서는 볼 수 없는 기술의 독특한 특성이기도 하다. 기술이 발전하면서 이전에는 없던 연관이 개별 기술들 사이에서 만들어지고 있다. 보다 명확한 이해를 위해서 산업혁명을 예를 들어 설명하면, 산업혁명 당시 증기기관은 광산에서 더 많은 석탄을 캐내기 위해서(광산 갱도에 고인 물을 더 효율적으로 퍼내기 위해서) 개발되었고 그 용도로 사용되었다. 증기기관이 광산에 응용되면서 석탄 생산이 늘었고 공장은 수력 대신 석탄과 증기기관을 동력원으로 이용했다. 이제 광산과 도시의 공장을 연결해서 석탄을 수송하기 위한 새로운 운송기술이 필요해졌으며, 철도는 이러한 필요를 충족시킨 기술이 되었다. 이렇게 광산기술, 증기기관, 공장, 운송기술이 발전하면서 서로 밀접히 연결되는 현상이 나타났던 것이다.

비슷한 발전을 철도와 전신의 경우에도 볼 수 있다. 철도와 전신은 서로 독립적으로 발전한 기술이었지만 곧 서로 통합되기 시작했다. 우선 전신선이 철도를 따라 놓이면서 철도 운행을 통제하는 일을 담당했다. 이렇게 철도 운행이 효율적으로 통제되면서 전신은 곧 철도회사의 본부와 지부를 연결해서 상부의 명령이 하부로 효율적으로 전달되게하는 역할을 했고 이는 회사의 조직을 훨씬 더 크고 복잡하고 위계적으로 만들었다.

철도회사는 전신에 더 많은 투자를 하고 전신 기술을 발전시키는 데 중요한 역할을 담당했다. 이렇게 기술이 연결되어 시스템을 만든다는 점을 파악하고 '기술시스템'이란 개념을 주장한 사람이 미국의 기술사학자 토마스 휴즈(Thomas Hughes)이다. 휴즈는 에디슨(Thomas Edison)의 전력 시스템을 예로 들면서 에디슨의 전력시스템이 발전하는 과정을 일반화하여 기술시스템의 특성을 일반화했다.

기술시스템은 인공물의 집합체만이 아니라 회사, 투자회사, 법적 제도, 정치, 과학, 자연자원을 모두 포함하는 것이기 때문에 기술시스템에는 기술적인 것(the technical)과 사회적인 것(the social)이 결합해서 공존하고 있다. 이러한 의미에서 기술시스템은 사회기술시스템(sociotechnical system)이라고 불리기도 한다.

기술시스템은 다음과 같이 네 단계를 거쳐 발전한다.

그림 6.28 기술시스템의 발전 단계

출처 : NCS 직업기초능력 교수자용 매뉴얼.

무엇보다 중요한 것은 각 단계에서 핵심적인 역할을 하는 사람들이 다르다는 것이다. 첫 번째와 두 번째 단계에서는 시스템을 디자인하고 초기 발전을 추진하는 기술자들의 역할이 중요하다. 에디슨과 같은 기술자들은 발명에도 능하면서 사업에도 능한 사람이었는데, 그래서 이런 기술자들을 '발명가 겸 기업가'라고 부른다. 반면에 기술시스템의 경쟁 단계에서는 기업가들의 역할이 더 중요하게 부상하며 시스템이 공고해지면 자문 엔지니어와 금융전문가의 역할이 중요해진다.

(2) 기술선택능력

기술선택능력은 기본적인 직장생활에서 필요한 기술을 선택하는 능력이다. 어떤 기술을 획득하고 활용할 것인가는 업무를 수행하고 있는 본인뿐만 아니라 더 나아가 기업의 경쟁력을 결정짓는 것이라고 할 수 있다. 따라서 기술을 선택할 경우에는 주어진 시간과 자원의 제약하에서 선택 가능한 대안들 중에서 최적이 아닌 최선의 대안을 선택하는 합리적 의사결정을 추구해야 한다. 다음 [그림 6.29]는 기술선택의 절차를 나타낸 것이다.

- 외부환경분석 : 수요 변화 및 경쟁자 변화, 기술 변화 등 분석
- 중장기 사업목표 설정 : 기업의 장기비전, 중장기 매출목표 및 이익목표 설정
- 내부 역량 분석 : 기술능력, 생산능력, 마케팅/영업능력, 재무능력 등 분석
- 사업전략 수립 : 사업영역 결정, 경쟁우위 확보 방안 수립
- 요구기술 분석 : 제품 설계/디자인 기술, 제품 생산공정, 원재료/부품 제조기술 분석
- 기술전략 수립 : 기술획득 방법 결정

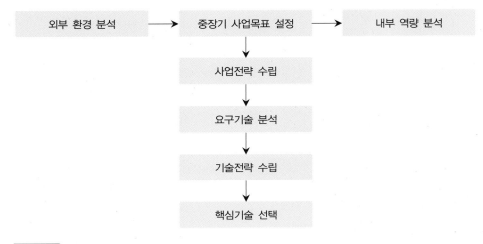

출처 : NCS 직업기초능력 교수자용 매뉴얼.

가. 벤치마킹

기술을 선택하기 위해서 무엇보다 필요한 것은 최고의 경쟁력을 가진 상대와 비교해 그 강점을 파악해서 이를 활용하는 벤치마킹이다. 벤치마킹이란 특정 분야에서 뛰어난 업체나 상품, 기술, 경영 방식 등을 배워 합법적으로 응용하는 것을 의미한다. 단순한 모방과는 달리 우수한 기업이나 성공한 상품, 기술, 경영 방식 등의 장점을 충분히 배우고 익힌 후 자사의 환경에 맞추어 재창조하는 것이다. 쉽게 아이디어를 얻어 신상품을 개발하거나 조직 개선을 위한 새로운 출발점의 방법으로 많이 이용된다.

(가) 벤치마킹의 종류

① 비교대상에 따른 분류

- 내부 벤치마킹 : 같은 기업 내의 다른 지역, 타 부서, 국가 간의 유사한 활용을 비교 대상으로 한다. 이 방법은 자료 수집이 용이하며 다각화된 우량기업의 경우 효과가 큰 반면 관점이 제한적일 수 있고 편중된 내부 시각에 대한 우려가 있다는 단점을 가지고 있다.
- 경쟁적 벤치마킹 : 동일 업종에서 고객을 직접적으로 공유하는 경쟁기업을 대상으로 한다. 이 방법은 경영성과와 관련된 정보 입수가 가능하며 업무·기술에 대한 비교가 가능한 반면 윤리적인 문제가 발생할 소지가 있으며, 대상의 적대적 태도로 인해 자료 수집이 어렵다는 단점이 있다.
- 비경쟁적 벤치마킹 : 제품, 서비스 및 프로세스의 단위 분야에서 가장 우수한 실무를 보이는 비경쟁적 기업 내의 유사 분야를 대상으로 하는 방법이다. 이 방법은 혁신적인 아이디어의 창출 가능성은 높은 반면 다른 환경의 사례를 가공하지 않고 적용할 경우 효과적이지 못할

가능성이 있다.

- 글로벌 벤치마킹 : 프로세스에서 가장 우수한 성과를 보유한 동일업종의 비경쟁 기업을 대상으로 한다. 접근 및 자료 수집이 용이하고 비교 가능한 업무·기술 습득이 상대적으로 용이한 반면 문화 및 제도적인 차이로 발생되는 효과에 대한 검토가 없을 경우 잘못된 분석결과가 발생할 가능성이 높다.

② 수행방식에 따른 분류

- 직접적 벤치마킹 : 벤치마킹 대상을 직접 방문하여 수행하는 방법이다. 이 방법은 필요로 하는 정확한 자료의 입수 및 조사가 가능하며 연락처(Contact Point)의 확보로 벤치마킹 이후에도 계속적으로 자료의 입수 및 조사가 가능한 장점이 있는 반면 벤치마킹 수행과 관련된 비용 및 시간이 많이 소요되며 적절한 벤치마킹 대상 선정에 한계가 있다는 단점이 있다.
- 간접적 벤치마킹 : 인터넷 및 문서 형태의 자료를 통해서 수행하는 방법이다. 이 방법은 벤치마킹 대상의 수에 제한이 없고 다양하며, 비용 또는 시간적 측면에서 상대적으로 많이 절감할 수 있다는 장점이 있는 반면 벤치마킹 결과가 피상적이고 정확한 자료의 확보가 어렵다. 특히 핵심자료의 수집이 상대적으로 어렵다는 단점이 있다.

(나) 벤치마킹의 단계

- 1단계 범위결정 : 벤치마킹이 필요한 상세 분야를 정의하고 목표와 범위를 결정하며 벤치마킹을 수행할 인력들을 결정한다.
- 2단계 측정범위 결정 : 상세 분야에 대한 측정항목을 결정하고 측정항목이 벤치마킹의 목표를 달성하는 데 적정한가를 검토한다.
- 3단계 대상 결정 : 비교분석의 대상이 되는 기업, 기관들을 결정하고 대상후보별 벤치마킹 수행의 타당성을 검토하여 최종적인 대상 및 대상별 수행방식을 결정한다.
- 4단계 벤치마킹 : 직접 또는 간접적인 벤치마킹을 진행한다.
- 5단계 성과차이 분석 : 벤치마킹 결과를 바탕으로 성과차이를 측정항목별로 분석한다.
- 6단계 개선계획 수립 : 성과차이에 대한 원인 분석을 진행하고 개선을 위한 성과목표를 결정하며 성과목표를 달성하기 위한 개선계획을 수립한다.
- 7단계 변화관리 : 개선목표 달성을 위한 변화사항을 지속적으로 관리하고 개선 후 변화 사항과 예상했던 변화사항을 비교한다.

나. 매뉴얼

직장생활에 필요한 기술을 선택하고 적용하는 데 가장 기본적으로 활용하는 것이 매뉴얼이다. 자동차의 수동식 변속기어를 영어로는 매뉴얼(manual)이라고 부른다. 사전적인 의미로 매뉴얼은 어떤 기계의 조작 방법을 설명해 놓은 사용 지침서, 즉 '사용서', '설명서', '편람', '안내서'를 의미한다. 또한 군대에서는 '교범(敎範)'을 뜻한다.

(가) 매뉴얼의 종류

① 제품 매뉴얼

제품 매뉴얼은 사용자를 위해 제품의 특징이나 기능 설명, 사용 방법과 고장조치 방법, 유지 보수 및 A/S, 폐기까지 제품에 관련된 모든 서비스에 대해 소비자가 알아야할 모든 정보를 제공 하는 것으로 소비자가 제품에 대한 모든 것을 명확하게 확인할 수 있어야 한다. 또 제품사용자 의 유형과 사용 능력을 파악하고 혹시 모를 사용자의 오작동까지 고려하여 만들어야 한다. 제품 의 의도된 안전한 사용과 사용 중 해야 할 일 또는 하지 말아야 할 일까지 정의해야 하지만 제품의 설계상 결함이나 위험 요소를 대변해서는 안 된다.

② 업무 매뉴얼

어떤 일의 진행방식, 지켜야 할 규칙, 관리상의 절차 등을 일관성 있게 여러 사람이 보고 따라할 수 있도록 표준화하여 설명하는 지침서이다. 예를 들면 프랜차이즈 점포의 경우 '편의점 운영 매뉴얼', '제품 진열 매뉴얼', 기업의 경우 '부서 운영 매뉴얼', '품질 경영 매뉴얼' 등이 있다. 올림픽이나 스포츠의 경우 '올림픽 운영 매뉴얼', '경기 운영 매뉴얼' 등이 있으며, 재난대비 매 뉴얼인 '재난대비 국민행동 매뉴얼' 등도 있다.

(나) 매뉴얼 작성을 위한 Tip

① 내용이 정확해야 한다.

- 매뉴얼의 서술은 가능한 한 단순하고 간결해야 하며 비전문가도 쉽게 이해할 수 있어야 한다.
- 매뉴얼 내용 서술에 애매모호한 단어 사용을 피해야 한다. 매뉴얼 개발자는 제품에 대해 충분한 지식을 습득해야 하고 추측성 내용은 기재하지 않아야 한다. 추측성 설명은 문장을 애매모호하게 만들 뿐만 아니라 사용자에게 사고를 유발시켜 신체적·재산적 손실을 가져 다줄 수 있다.

② 사용자가 알기 쉽게 쉬운 문장으로 작성해야 한다.

- 한 문장은 통상 단 하나의 명령 또는 밀접하게 관련된 몇 가지 명령만을 포함하여야 한다.
- 의미전달을 명확하게 하기 위해서 수동태보다는 능동태 동사를 사용하고 명령을 사용할 때 단정적으로 표현하며 추상적 명사보다는 행위동사를 사용한다.

③ 사용자에 대한 심리적 배려가 있어야 한다.

- "어디서? 누가? 무엇을? 언제? 어떻게? 왜?"라는 사용자의 질문들을 예상하고 사용자에게 답을 제공해야 한다. 그리고 사용자가 한 번 본 후 더 이상 매뉴얼이 필요하지 않도록 빨리 외울 수 있도록 배려하는 것도 필요하다.

④ 사용자가 찾고자 하는 정보를 쉽게 찾을 수 있어야 한다.

- 사용자가 필요한 정보를 빨리 찾기 쉽도록 구성해야 한다. 사용자가 원하는 정보를 빠른시간 내에 찾지 못한다면 어려운 매뉴얼이 된다. 짧고 의미 있는 제목은 사용자가 원하는 정보의 위치를 파악하는 데 도움이 될 수 있다.

⑤ 사용하기 쉬워야 한다.

- 매뉴얼의 내용이 아무리 훌륭하게 만들어졌다 해도 사용자가 보기 불편하게 크거나 혹은 작거나, 일부 전자제품의 매뉴얼처럼 복잡한 구조로 접근하기 힘들다면 이는 좋은 매뉴얼이 아니다. 사용이 용이하도록 매뉴얼의 제작 형태를 고려해야 한다.

🔍 매뉴얼 만들기

학습한 매뉴얼에 대한 내용을 기반으로 특정 제품을 선정하고 제품 매뉴얼을 작성한다.

(3) 기술적용능력

기술적용능력은 기본적인 직장생활에 필요한 기술을 실제로 적용하고 결과를 확인하는 능력이다. 기술을 적용할 때는 선택한 기술을 어떻게 적용할 것인가에 초점을 두고 생각해야 한다. 최근에 컴퓨터와 전기통신 기술이 결합되어 정보통신 기술이 비약적으로 발전하면서 공업화시대에서 정보화시대로 변화하였다. 정보화시대는 정치, 경제, 사회, 기술 등 모든 분야에서 급격한 변화가 일어나며 과거의 경험과 지식으로는 미래를 예측할 수 없는 불확실한 시대라고 할 수 있다.

정보통신 혁명이 우리 사회를 바꾸는 방식은 네트워크 혁명을 통해서이다. 네트워크 혁명은 사람과 사람을 연결하는 방법, 정보를 교환하는 방법, 교환한 정보를 지식으로 만드는 방법, 가장 값싼 물건을 찾는 방법, 주문을 하는 방법, 새로운 거래선을 찾는 방법, 광고를 하고 소비자를 끄는 방법 등에 혁명적인 변화가 일어나고 있음을 의미하는 것이다. 네트워크 혁명은 인터넷이 상용화된 1990년대 이후에 시작되었으며 그 효과가 충분히 나타나기에는 아직 시간이 필요하다.

정보통신 네트워크가 전 지구적이기 때문에 네트워크 혁명도 본질적으로 전 지구적이다. 인터넷과 미디어는 전 세계의 정보와 지식을 거대한 하나의 네트로 연결하고 있다. 금융 자본은 밤도 없이 24시간 전 세계를 돌아다니고 생산과 시장은 범세계적 네트워크의 이점을 쫓아 이동하고 있다. 전 세계 사람들과 이들의 지식 및 활동이 연결되면서 자신의 지식과 활동이 지구 반대편에 있는 사람에게 미치는 영향의 범위와 정도가 증대되고 지구 반대쪽에서 내려진 결정이 자신에게 영향을 미칠 수 있는 가능성도 커졌다. 이 중에는 예측할 수 있고 도움이 되는 것도 있지만 그렇지 못한 것도 많다. 범세계적인 상호 영향이 보편화되면서 사회의 위험과 개인의 불안이 증가하기도 했다. 사람과 사람이 연결되는 방식이 혁신적으로 바뀌는 네트워크 혁명의 사회는 연계와 상호의존으로 특징지어지는 사회이다. 이러한 성숙한 사회에서는 '이타적 개인주의'라는 새로운 공동체 철학의 의미가 부각된다. 원자화된 개인주의나 협동을 배제한 경쟁만으로는 성공을 이루기 힘들기 때문이다. 네트워크를 풍성하게 만들고 그 열매를 같이 나누는 것이 함께 사는 방식이다. 기업과 기업 사이에, 개인과 공동체 사이에, 노동자와 기업가 사이에 새로운 창조적인 긴장 관계가 만들어지는 것이다.

다음은 네트워크 혁명의 네 가지 법칙, 즉 인터넷 경제의 4원칙에 대해 살펴볼 것이다.

가. 무어의 법칙

"새로이 개발되는 메모리칩의 능력은 18~24개월에 약 2배가 된다."는 기술개발 속도에 관한 법칙이다. 미국 인텔 사의 창시자인 고든 무어(Gordon Moore)가 1965년에 제언했다. 집적 밀도의 진전 속도를 초소형 연산처리장치(MPU)에 적용한다면 1개의 MPU에 집적된 트랜지스터 수는 18개월마다 2배가 된다는 것이다. 실제로 인텔 사는 1985년에 발표한 MPU 'i386DX'의 27만

5,000개 트랜지스터에서 1996년 5월에 발표된 MPU '펜티엄 프로'의 550만 개 트랜지스터에 이를 때까지 이 법칙을 실증하여 집적 밀도를 높였다. 무어의 법칙은 컴퓨터처리능력 또는 기타 반도체의 집적 밀도를 예측하는 경우에 인용된다(DAUM, 온라인 사전).

무어의 법칙의 세 가지 조건은 다음과 같다(위키백과).

- 반도체 메모리칩의 성능, 즉 메모리의 용량이나 CPU의 속도가 18~24개월마다 2배씩 향상된다는 '기술개발 속도에 관한 법칙'이다.
- 컴퓨팅 성능은 18개월마다 2배씩 향상된다.
- 컴퓨팅 가격은 18개월마다 반으로 떨어진다.

나. 황의 법칙

황의 법칙은 한국 삼성전자의 기술총괄 사장이었던 황창규가 제시한 이론이다. 2002년 2월 미국 샌프란시스코에서 열렸던 ISSCC(국제반도체회로 학술회의)에서 그는 '메모리 신성장론'을 발표하였는데, 무어의 법칙과 달리 메모리반도체의 집적도가 1년에 2배씩 늘어난다는 이론이었다. 그는 1999년에 256M NAND플래시메모리를 개발하였고, 2000년 512M, 2001년 1GB, 2002년 2GB, 2003년 4GB, 2004년 8GB, 2005년 16GB, 2006년 32GB, 2007년 64GB 제품을 개발하여 이 이론을 입증하는 데 성공하였다. 2008년에 삼성이 128GB짜리 NAND플래시메모리를 발표하지 않음에 따라 이 법칙이 깨졌다(위키백과).

다. 메트칼프의 법칙

네트워크의 규모가 커짐에 따라 그 비용의 증가 규모는 점차 줄어들지만 네트워크의 가치는 기하급수적으로 증가한다는 법칙이다. 네트워크의 규모가 n이면 접속 가능한 경우의 수는 h(n-1)인 데서 기인한다. 미국의 3Com 사를 설립한 밥 메트칼프(Bob Metcalfe)의 이름에서 유래했다. 메트칼프의 법칙은 "컴퓨터 칩의 성능은 18개월마다 2배로 향상된다."는 무어의 법칙과 함께 인터넷 비즈니스의 특징을 설명하는 중요한 키워드로 회자되고 있다. 네트워크가 무한대로 확장되어 갈수록 비용절감의 효과를 기대할 수 있기 때문이다. 즉 생산량이 증가할수록 평균비용이 기하급수적으로 줄어들어 결국 거의 제로 수준에 접근하는 데 반해 그 가치는 급격하게 증가한다는 것이다. 10명이 연결된 네트워크와 100명이 사용하는 네트워크는 가치 면에서 10배를 훨씬 넘는 차이가 존재하는 것이 인터넷 비즈니스의 속성이다. 그 차이는 사용자 수가 늘어날수록 기하급수적으로 점점 더 벌어질 것이다. 네트워크 경제는 기존 규모의 경제를 능가하고 있다(DAUM, 온라인 사전).

라. 카오의 법칙

네트워크 창의성은 네트워크에 접속되어 있는 다양한 지수함수로 비례한다는 법칙으로 경영

컨설턴트 존 카오(John Kao)가 주장한 법칙이다. 카오의 법칙은 다양한 사고를 가진 사람들이 네트워크로 연결되면 그만큼 활발하게 정보교환이 이루어져 창의성이 급격히 증가한다는 법칙이다. 네트워크를 통해 지식검색이 용이해지면서 개인들은 기존의 지식 분야를 뛰어넘게 되고 결과적으로 새로운 지식을 만들고 전파할 가능성이 커질 수 있다는 것을 설명하는 것이다. 위키피디아는 카오의 법칙을 잘 설명하는 예가 될 수 있다(위키백과).

9) 조직이해능력

조직이해능력이란 직업인으로 일상적인 직장생활에서 요구되는 조직의 경영과 체제를 이해하고 이에 기초하여 자신의 업무 특성을 파악하며 국제적인 감각을 기르는 능력을 의미한다. 조직이해능력의 하위능력에는 경영이해능력, 조직체제이해능력, 업무이해능력과 국제감각이 있다.

조직이해능력을 살펴보기에 앞서 먼저 조직의 개념부터 이해할 필요가 있다. 조직은 두 사람 이상이 공동의 목표를 달성하기 위해 의식적으로 구성된 상호작용과 조정을 행하는 행동의 집합체이다. 그러나 단순히 사람들이 모였다고 해서 조직이라고 하지는 않는다. 조직은 목적을 가지고 있고 구조가 있으며 목적을 달성하기 위해 구성원들은 서로 협동적인 노력을 하고 외부 환경과 긴밀한 관계를 가지고 있다. 조직은 일반적으로 재화나 서비스의 생산이라는 경제적 기능과 조직 구성원들에게 만족감을 주고 협동을 지속시키는 사회적 기능을 갖는다.

조직의 가장 보편적인 형태가 기업이고 기업이 행하는 운영활동이 경영이다. 경영은 한마디로 조직의 목적을 달성하기 위한 전략, 관리, 운영활동이다. 과거에는 경영(administration)을 단순히 관리(management)라고 생각하였다. 관리는 투입되는 자원을 최소화하거나 주어진 자원을 이용하여 추구하는 목표를 최대한 달성하기 위한 활동이다. 그러나 경영은 관리 이외에도 조직의 목적을 설정하고 이를 달성하기 위해 의사결정을 하는 전략이나 관리활동을 수행하는 운영도 중요하다.

이러한 경영은 [그림 6.30]과 같이 경영목적, 인적자원, 자금, 경영전략의 4요소로 구성된다.

그림 6.30 경영의 4요소

출처 : NCS 직업기초능력 교수자용 매뉴얼.

이러한 기업 경영의 책임자는 경영자이다. 경영자는 조직의 전략, 관리 및 운영활동을 주관하며 조직 구성원들과 의사결정을 통해 조직이 나아갈 바를 제시하고 조직의 유지와 발전에 대해 책임을 지는 사람이다. 경영자는 조직의 변화 방향을 설정하는 리더이며 조직 구성원들이 조직의 목표에 부합된 활동을 할 수 있도록 이를 결합시키고 관리하는 관리자이다.

조직의 규모가 커지게 되면 한 사람의 경영자가 조직의 모든 경영활동을 수행하는 데 한계가 있으므로 수직적 체계에 따라 최고경영자, 중간경영자 및 하위경영자로 구분하게 된다. 최고경영자는 조직의 최상위층으로 조직의 혁신기능과 의사결정기능을 조직 전체 수준에서 담당하게 된다. 중간경영자는 재무관리, 생산관리, 인사관리 등과 같이 경영부문별로 최고경영층이 설정한 경영목표, 전략, 정책을 집행하기 위한 제반활동을 수행하게 된다. 하위경영자는 현장에서 실제로 작업을 하는 근로자를 직접 지휘, 감독하는 경영층을 의미한다.

조직은 구성원들이 해야 할 일을 정해 주고 개인은 조직이 정해 준 범위 내에서 업무를 수행한다. 조직의 목표에 어긋나거나 정해 준 범위 외의 업무를 하게 되면 오히려 조직에 불이익이 된다. 이처럼 조직의 목표 달성에 필요한 업무를 할 수 있는 개인의 역량이 중요하며 이러한 개인별 역량의 결과가 조직의 성과로 이어진다.

(1) 경영이해능력

경영이해능력은 직업인이 자신이 속한 조직의 경영목표와 경영 방법을 이해하는 능력을 의미한다. 조직은 목적을 가지고 있기 때문에 목적을 달성하기 위해 지속적인 관리와 운영이 요구된다.

조직의 관리와 운영에서 어려운 부분 중 하나가 조직 내 의사결정이다. 조직에서 의사결정을 할 때 문제를 확실하게 분석할 수 있고 해결 방안이 확실한 경우도 있지만 제한된 정보와 여러 견해들이 산재해 있어 어려움을 겪는 경우가 많다. 또한 혁신적인 결정보다 현재의 체제 내에서 순차적, 부분적으로 의사결정이 이루어져서 기존의 결정을 점진적으로 수정해 나가는 방식으로 이루어지는 경향이 있다.

조직에서는 개인이 단독으로 의사결정을 내리는 경우도 있지만 집단이 의사결정을 하기도 한다. 집단의사결정은 한 사람이 가진 지식보다 집단이 가지고 있는 지식과 정보가 더 많아 효과적인 결정을 할 수 있다. 또한 다양한 집단 구성원이 가지고 있는 능력은 서로 다르므로 다양한 견해를 가지고 접근할 수 있다. 집단의사결정을 할 경우 결정된 사항에 대해 의사결정에 참여한 사람들이 해결책을 수월하게 수용하고 의사소통의 기회도 향상되는 장점이 있다. 반면에 의견이 불일치할 경우 의사결정을 내리는 데 시간이 많이 소요되고 특정 구성원에 의해 의사결정이 독점될 가능성이 있다.

집단사고

집단 구성원들 간에 강한 응집력을 보이는 집단에서 의사결정 시에 만장일치에 도달하려는 분위기가 다른 대안들을 현실적으로 평가하려는 경향을 억압할 때 나타나는 구성원들의 왜곡되고 비합리적인 사고방식을 의미한다.

　1961년 미국 케네디 대통령은 쿠바의 카스트로 정권을 정복하려고 아주 독특한 계획을 세웠다. 피그만 침공은 1961년 4월 16일 쿠바 혁명정권 카스트로가 사회주의 국가선언을 하자 다음 날인 4월 17일 미 중앙정보국(CIA)이 주축이 돼 쿠바 망명자 1,500명으로 '2506 공격여단'을 창설해 쿠바를 침공한 사건이다. 그러나 미 공군의 막판 지원 부족으로 실패, 백여 명이 숨지고 천여 명은 체포됐으며 미국은 세계적으로 비난을 받았다.

　어빙 재니스라는 학자는 이에 대해 가장 뛰어난 능력을 가진 사람들로 구성된 집단의 의사결정에서 왜 이런 문제가 발생했는지 '집단사고'라는 표현으로 설명했다.

　집단사고란 말 그대로 유사성과 응집성이 높은 집단에서 나타나는 의사결정을 위한 사고인데, 이 과정에서 반대정보를 차단하거나 문제점을 고려하지 않고 만장일치를 추구하는 결과가 나타난다고 보았다. 동일한 집단 구성원 간에 의사결정을 할 때 그 문제 상황과 관련하여 나타날 수 있는 가능한 대안이나 반대되는 정보를 고려하기 어려운 사고과정에서 문제가 발생한 것이다.

　쉽게 말해서 비슷한 생각을 하는 사람들은 어떤 문제에 대해 쉽게 합의하는 경향이 있어서 그로 인한 문제점을 심사숙고하기 어렵다는 것이다.

출처 : NAVER, 지식백과.

 집단사고 경험

자신이 직접 경험한 집단사고의 사례를 적어 본다.

(2) 조직체제이해능력

조직체제이해능력은 조직의 구조와 목적, 체제 구성 요소, 규칙, 규정 등을 이해하는 능력을 의미한다. 조직은 일정한 양식과 관계가 확립되어 있으며 조직 구성원들은 이러한 유형화된 형태에 따라 상호작용을 한다. 조직구조는 조직 내의 부문 사이에 형성된 관계로, 즉 조직목표를 달성하기 위한 조직 구성원들의 유형화된 상호작용과 이에 영향을 미치는 매개체이다. 조직에서 개인은 자신에게 주어진 업무를 혼자서 수행할 수 없으며 조직의 구성원들과 상호작용할 필요가 있다. 이때 자신이 속한 조직구조의 특징을 모르면 자신에게 주어진 업무의 범위와 권한이 어디까지인지, 자신이 필요로 하는 정보를 누구에게 얻어야 할지, 어떤 방식으로 구해야 할지 알 수 없다.

가. 기계적 조직과 유기적 조직

조직구조는 의사결정 권한의 집중 정도, 명령계통, 최고경영자의 통제, 규칙과 규제의 정도 등에 따라 기계적인 조직과 유기적인 조직으로 구분할 수 있다. 기계적 조직은 구성원들의 업무가 분명하게 정의되고 많은 규칙과 규제들이 있으며, 상하 간 의사소통이 공식적인 경로를 통해 이루어지고 엄격한 위계질서가 존재한다. 대표적인 기계적 조직으로는 군대가 있다. 반면에 유기적 조직은 의사결정권한이 조직의 하부 구성원들에게 많이 위임되어 있고 업무 또한 고정되지 않으며 공유 가능한 조직이다. 유기적 조직은 비공식적인 상호의사소통이 원활히 이루어지며 규제나 통제의 정도가 낮아 변화에 따라 쉽게 변할 수 있는 특징을 갖는다.

나. 조직도

조직의 조직도를 살펴보면 조직 내적인 구조는 볼 수 없지만 구성원들의 임무, 수행하는 과업, 일하는 장소 등과 같은 일하는 방식과 관련된 체계를 알 수 있으므로 한 조직을 이해하는 데 유용하다. 조직도를 통해 조직이 어떻게 구성되어 있는지 알 수 있고 조직에서 하는 일은 무엇이며, 조직 구성원들이 어떻게 상호작용하는지 파악할 수 있다. 대부분의 조직은 조직의 CEO가 조직의 최상층에 있고 조직 구성원들이 단계적으로 배열되는 구조를 가지고 있다. 그러나 조직은 급변하는 환경 변화에 효과적으로 대응하고 제품, 지역, 고객별 차이에 신속하게 적응하기 위해 분권화된 의사결정이 가능한 사업별 조직구조를 가지게 되었다. 사업별 조직구조는 개별 제품, 서비스, 제품그룹, 주요 프로젝트나 프로그램 등에 따라 조직화된다.

다. 조직문화

조직문화는 조직 구성원들의 공유된 생활양식이나 가치이다. 조직문화는 한 조직체의 구성원들이 모두 공유하고 있는 가치관과 신념, 이데올로기와 관습, 규범과 전통 및 지식과 기술 등을 모두 포함하는 종합적인 개념으로 조직 전체와 구성원들의 행동에 영향을 미친다. 조직의 구성

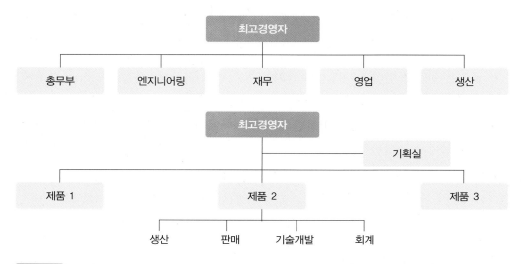

원들은 조직문화 속에서 활동하고 있지만 이를 의식하지 못하는 경우가 많다. 조직문화에 자연스럽게 융화되어 생활하는 경우도 있지만 새로운 직장으로 옮겼을 때와 같이 조직문화의 특징을 알지 못하여 조직적응에 문제를 일으키는 경우도 있다. 따라서 직업인들은 조직문화의 특징은 어떤 것이 있으며 자신이 속한 조직은 어떤 특징을 가지는지 이해할 필요가 있다.

조직문화가 어떻게 구성되는지를 이해하면 조직문화를 구체적으로 이해하는 데 도움이 된다. 미국 선진 기업의 성공 사례를 연구한 피터스(Thomas J. Peters)와 워터맨(Robert H., Jr. Waterman)의 저서 *In Search of Excellence*에서는 7S 모형을 통해 조직문화의 구성 요소와 이들의 상호작용을 개념화하였다. 이는 맥킨지컨설팅에 의해 개발된 것으로 조직문화를 구성하고 있는 '7S'는 공유가치(SharedValue), 리더십 스타일(Style), 구성원(Staff), 제도·절차(System), 구조(Structure), 전략(Strategy), 스킬(Skill)을 의미한다.

'공유가치'는 조직 구성원들의 행동이나 사고를 특정 방향으로 이끌어 가는 원칙이나 기준이다. '리더십 스타일'은 구성원들을 이끌어 나가는 전반적인 조직관리 스타일이다. 조직의 '구성원'은 조직의 인력 구성과 구성원들의 능력과 전문성, 가치관과 신념, 욕구와 동기, 지각과 태도 그리고 그들의 행동 패턴 등을 의미하며 '제도·절차'는 조직 운영의 의사결정과 일상 운영의 틀이 되는 각종 시스템을 의미한다. '구조'는 조직의 전략을 수행하는 데 필요한 틀로써 구성원의 역할과 그들 간의 상호 관계를 지배하는 공식 요소를, '전략'은 조직의 장기적인 목적과 계획 그리고 이를 달성하기 위한 장기적인 행동지침을 의미한다. '기술'은 하드웨어와 이를 사용하는 소프트웨어 기술까지 모두 포함하는 것을 의미한다. 이처럼 조직문화는 조직의 체제를 구성하는 구성원, 시스템, 구조, 전략 등과 밀접한 관계를 가지며 조직의 주된 특성이 되는 것이다.

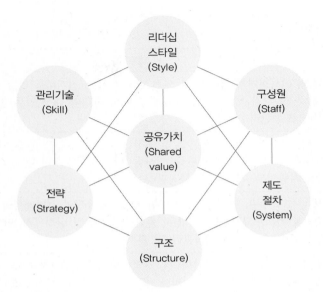

그림 6.32 조직문화를 구성하고 있는 7S

출처 : NCS 직업기초능력 교수자용 매뉴얼.

이러한 조직문화는 다음과 같은 기능을 갖는다.

- 조직 구성원들에게 일체감, 정체성 부여
- 조직몰입 향상
- 조직 구성원들의 사회화 및 일탈행동을 통제하는 행동지침
- 조직의 안정성 유지

(3) 업무이해능력

업무이해능력은 직업인이 자신에게 주어진 업무의 성격과 내용을 알고 그에 필요한 지식, 기술, 행동을 확인하는 능력이다. 조직에서 업무는 상품이나 서비스를 창출하기 위한 생산적인 활동이다. 조직의 목적을 달성하기 위해 업무는 중요한 근거가 된다. 조직 내에서 구성원들이 수행하는 업무는 조직의 구조를 결정한다. 직업인은 자신이 속한 조직의 다양한 업무를 통해 조직의 체제를 이해할 수 있으며, 자신에게 주어진 업무의 특성을 파악하여 전체 조직의 체제 내에서 효과적으로 업무를 수행할 수 있다.

조직의 목적이나 규모에 따라 업무는 다양하게 구성될 수 있으나 대부분의 조직에서는 총무, 인사, 회계, 생산 등의 업무를 담당한다. 업무의 예시를 제시하면 〈표 6.9〉와 같다.

조직에는 다양한 업무가 있으며 업무에 따라 이를 수행하는 절차나 과정이 상이하다. 또한

표 6.9	업무의 예시

부서	업무(예)
총무부	주주총회 및 이사회개최 관련 업무, 의전 및 비서업무, 집기비품 및 소모품의 구입과 관리, 사무실 임차 및 관리, 차량 및 통신시설의 운영, 국내외 출장 업무 협조, 복리후생 업무, 법률자문과 소송관리, 사내외 홍보 광고업무
인사부	조직기구의 개편 및 조정, 업무분장 및 조정, 인력수급계획 및 관리, 직무 및 정원의 조정 종합, 노사관리, 평가관리, 상벌관리, 인사발령, 교육체계 수립 및 관리, 임금제도, 복리후 생제도 및 지원업무, 복무관리, 퇴직관리
기획부	경영계획 및 전략수립, 전사기획업무 종합 및 조정, 중장기 사업계획의 종합 및 조정, 경영 정보 조사 및 기획보고, 경영진단업무, 종합예산수립 및 실적관리, 단기사업계획 종합 및 조정, 사업계획, 손익추정, 실적관리 및 분석
회계부	회계제도의 유지 및 관리, 재무상태 및 경영실적 보고, 결산관련 업무, 재무제표 분석 및 보고, 법인세, 부가가치세, 국세 지방세 업무자문 및 지원, 보험가입 및 보상업무, 고정자 산관련 업무
영업부	판매계획, 판매예산의 편성, 시장조사, 제조지시서의 발행, 외상매출금의 청구 및 회수, 제품의 재고 조절, 거래처로부터의 불만처리, 제품의 애프터서비스, 판매원가 및 판매가격 의 조사 검토

출처 : NCS 직업기초능력 교수자용 매뉴얼.

개인의 선호에 따라서 효과적인 업무수행 방법이나 노하우가 있다. 그러나 일반적으로 조직에서 업무는 조직이 정한 규칙과 규정, 시간 등의 제약이 있다. 따라서 업무를 효과적으로 수행하기 위해서는 자신에게 주어진 자원과 제약요건을 확인하고 이에 따라 구체적인 계획을 수립할 필요가 있다.

구체적인 업무수행 계획을 수립할 때 활용 가능한 툴로는 간트 차트, 워크플로시트, 체크리스트 등이 있으며 개인의 경험에 따라 자유롭게 작성할 수 있다. 이러한 툴들을 활용하면 마지막에 급하게 일을 처리하지 않고 주어진 시간 내에 끝마칠 수 있으며 세부적인 단계로 구분하여 단계별로 협조를 구해야 할 사항과 처리해야 할 일을 체계적으로 알 수 있다. 또 문제가 발생할 경우 발생지점을 정확히 파악하여 시간과 비용을 절약할 수 있다는 장점이 있다.

- 간트 차트 : 간트 차트(Gantt chart)는 미국의 헨리 간트(Henry Gantt)가 1919년에 창안한 작업진도 도표로 단계별로 업무를 시작해서 끝나는 데 걸리는 시간을 바 형식으로 표시할 때 사용한다. 이는 전체 일정을 한눈에 볼 수 있고 단계별로 소요되는 시간과 각 업무활동 사이의 관계를 보여 줄 수 있다. 최근에는 엑셀 프로그램으로 단계별 시작일과 종료일을 기입하면 쉽게 간트 차트를 만들어 사용할 수 있다.

업무	6월		7월		8월		9월	
설계								
자료 수집	▓	▓	▓					
기본 설계			▓	▓				
타당성 조사 및 실시설계					▓			
시공								
시공					▓	▓		
결과 보고						▓	▓	▓

그림 6.33 간트 차트

출처 : NCS 직업기초능력 교수자용 매뉴얼.

● 워크플로시트 : 워크플로시트(Work flow sheet)는 일의 흐름을 동적으로 보여 주는 데 효과적이다. 특히 워크플로시트에 사용하는 도형을 다르게 표현함으로써 주된 작업과 부차적인 작업, 혼자 처리할 수 있는 일과 다른 사람의 협조를 필요로 하는 일, 주의해야 할 일, 컴퓨터와 같은 도구를 사용해서 할 일 등을 구분해서 표현할 수 있다. 예를 들어 다음의 예시에서 사각형은 주된 업무를, 타원은 세부절차를, 원은 시작과 종료를 나타낸다. 또한 각 활동별로 소요시간을 표기하면 더욱 효과적이다.

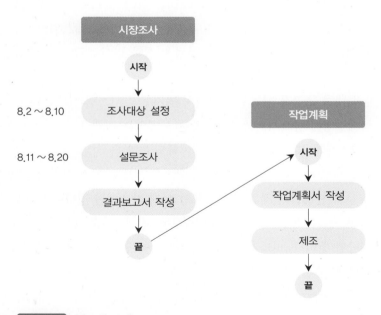

그림 6.34 워크플로시트

출처 : NCS 직업기초능력 교수자용 매뉴얼.

● 체크리스트 : 체크리스트(Checklist)는 업무의 각 단계를 효과적으로 수행했는지 자가점검할 수 있는 도구이다. 체크리스트는 시간의 흐름을 표현하는 데는 한계가 있지만 업무를 세부적인 활동들로 나누고 각 활동별로 기대되는 수행 수준을 달성했는지 확인하는 데는 효과적일 수 있다.

표 6.10	체크리스트		
	업무	Yes	NO
고객관리	고객 대장을 정비하였는가?		
	3개월에 한 번씩 고객 구매 데이터를 분석하였는가?		
	고객의 청구 내용 문의에 정확하게 응대하였는가?		
	고객 데이터를 분석하여 판매촉진 기획에 활용하였는가?		

출처 : NCS 직업기초능력 교수자용 매뉴얼.

(4) 국제감각

국제감각은 직장생활에서 필요한 다른 나라의 문화와 국제적인 동향을 이해하는 능력을 의미한다. 세계는 이제 3Bs(국경 : Border, 경계 : Boundary, 장벽 : Barrier)가 완화되고 있다. 국제간 물적 · 인적자원의 이동이 자유롭게 되었으며 통신산업의 발달로 네트워크가 형성되었다. 이처럼 세계는 하나의 지구촌이라는 말로 표현될 만큼 밀접하게 서로 영향을 주고받으며 살아가고 있다.

최근에는 다국적 내지 초국적 기업이 등장하여 범지구적 시스템과 네트워크 안에서 기업활동이 이루어지는 국제경영이 중요시되고 있다. 또한 세계화는 경제나 산업 측면에서 벗어나 문화 및 정치와 다른 영역까지 확대되는 개념으로 이해되고 있다.

문화충격(culture shock)은 한 문화권에 속한 사람이 다른 문화를 접하게 되었을 때 체험하는 충격을 의미한다. 문화는 종종 전체의 90%가 표면 아래 감추어진 빙하에 비유된다. 우리가 눈으로 볼 수 있는 음악, 음식, 예술, 의복, 디자인, 건축, 정치, 종교 등과 같은 문화는 우리가 볼 수 있는 10%에 해당될 뿐이다. 따라서 개인이 성장한 문화권에서 체화된 방식이 아닌 다른 방식을 느끼게 되면 의식적 혹은 무의식적으로 상대문화를 이질적으로 대하게 되고 불일치, 위화감, 심리적 부적응 상태를 경험하게 된다. 문화충격에 대비하기 위해서 가장 중요한 것은 다른 문화에 대해 개방적인 태도를 견지하는 것이다. 자신이 속한 문화의 기준으로 다른 문화를 평가하지 말고 자신의 정체성은 유지하되 새롭고 다른 것을 경험하는 데 즐거움을 느끼도록 적극적 자세를 취할 필요가 있다.

🔍 아니 이럴 수가

다른 나라의 문화를 잘 알지 못해서 실수하거나 심리적 충격을 받은 경험을 적어 본다.

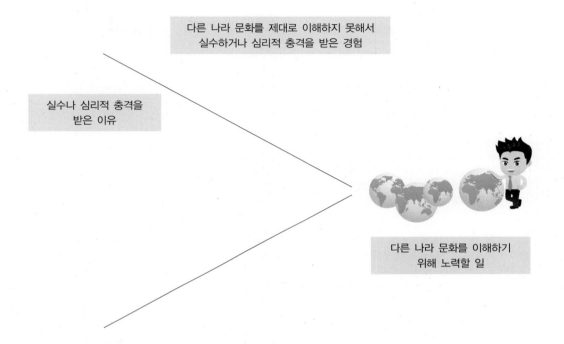

특히 외국인과 함께 일하는 국제 비즈니스에서 커뮤니케이션은 매우 중요하다. 직업인은 자신이 속한 조직의 목적을 달성하기 위해 외국인을 설득하거나 이해시켜야 한다. 이와 같이 서로 상이한 문화 간 커뮤니케이션을 이문화 커뮤니케이션(intercultural communication)이라고 한다.

이문화 커뮤니케이션은 언어적인 것과 비언어적인 것으로 구분된다. 언어적 커뮤니케이션은 의사를 전달할 때 직접적으로 사용하는 외국어능력과 직결된다. 그러나 국제 관계에서는 이러한 언어적 커뮤니케이션 외에 비언어적 커뮤니케이션 때문에 여러 가지 문제가 발생한다. 따라서 국제 사회에서 성공적인 업무 성과를 내기 위해서는 외국어활용능력을 키우는 것뿐만 아니라 상대국의 문화적 배경에 입각한 생활양식, 행동규범, 가치관 등을 이해하기 위한 노력을 지속해야 한다.

○ **퀴즈 13**

국제 비즈니스 중에 이루어지는 인사하는 법, 시간약속 지키기, 식사예절 등에 대해 다음 예시에서 잘못된 부분을 수정해 본다. 잘못된 부분이 여러 개인 경우 모두 고치고 없는 경우 수정사항에 '없음'이라고 적는다.

예시	수정사항
오늘은 미국 바이어를 만나 상담을 했다. 처음 만나는 날이라 긴장이 되었다. 나는 만나자마자 내 소개를 위해 명함을 내밀었는데 그는 반갑게 악수를 청했다. 긴장해서인지 손에 땀이 조금 났기 때문에 눈을 마주치면서 예의상 손끝만 살짝 잡았다. 악수를 한 후 그가 명함을 주었다. 명함에서 이름을 확인한 후 명함지갑에 넣었다.	
회사 대표로 이라크에 출장을 왔다. 상대편 회사 담당직원과 오후 1시에 대사관 앞에서 만나기로 했으나 아직까지 깜깜 무소식이다. 시계를 보니 오후 2시가 다되어 간다. 약속이 잘못된 것인가? 슬슬 기다리는 게 지루해지고 화가 나기 시작한다. 오늘은 그냥 들어가고 다시 연락을 취해야겠다.	
오늘은 협력업체에 근무하는 영국인으로부터 저녁식사 초대를 받았다. 멋지게 정장을 차려입고 집을 방문하였다. 오늘의 식사는 비프스테이크. 먼저 스프가 나왔다. 내가 좋아하는 양송이 크림스프라 식기도 전에 입으로 불어 가면서 먹었다. 주 요리인 비프스테이크가 나와서 입에 넣기 알맞게 모두 자른 후 먹기 시작했다. 주요리가 끝나고 디저트가 나왔다. 배가 너무 고팠던 것일까? 아직까지 배가 다 차지 않아서 빵을 조금 잘라 먹었다.	

다음은 국가별 비즈니스 매너를 정리한 것이다.

가. 중국의 비즈니스 문화

중국은 하루가 다르게 변모하고 있고 세계에서 가장 잠재력이 큰 시장으로 부상하고 있다. 중국의 비즈니스 문화는 집단적인 분위기와 체면을 중시하는 편이다. 비즈니스 상담 시 가능하다면 통역을 대동하는 것이 좋으며 속어나 어려운 낱말의 사용은 피하도록 한다. 중국인들은 명함을 교환하는 것을 좋아하므로 반드시 충분한 양을 준비하고 명함의 한쪽은 영어로 다른 한쪽은 가능하면 중국어로 표기하는 것이 좋다. 중국에서는 황금색이 위상과 번영을 나타내므로 명함을 금색으로 인쇄하는 것도 좋다.

중국인들은 첫 인사를 나눌 때 악수나 목례를 하거나 허리를 약간 굽힌다. 중국인 파트너가 하는 방법을 관찰하고 이를 따르는 것이 무방하다. 중국은 결혼 후에도 남편의 성을 택하지 않고 본래의 성을 그대로 갖는다. 많은 중국인들이 서구인들의 편의를 위해 서양식 이름을 같이 쓰고 있다. 중국인은 겸허함이 미덕이라고 여기기 때문에 중국인과의 비즈니스 협상이나 교제 시 뻣뻣한 태도는 좋지 않다.

나. 일본의 비즈니스 문화

일본기업은 신뢰 관계를 매우 중요시한다. 그리고 품질요구 수준이 높고 납기가 엄격하므로 일본시장에 뿌리를 내리기 위해서는 장기적인 안목에서 사업을 진행시켜야 한다. 일본은 인맥을 통하지 않고는 비즈니스를 하기 어려운 특징이 있다. 따라서 일본기업과 새로운 거래를 하고자 할 때는 반드시 양측을 잘 아는 사람의 소개가 필요하다.

- 호칭 : 호칭은 보통 성 뒤에 '~상'을 붙이면 된다. 보통 이름은 네 글자로 된 이름이 많은데 앞의 두자가 성이며 뒤의 두자가 이름이다. 아주 친한 사이가 아니면 이름을 불러서는 안 된다.
- 접대 매너 : 일본에서는 공식적으로 손님을 집으로 초청하는 일이 드물다. 따라서 일본인이 자기 집을 개방한다는 것은 곧 자기의 마음을 연다는 의미이다. 음주문화는 우리와 다르기 때문에 주의해야 한다. 술을 따를 때도 한 손으로 따르고 받을 때도 마찬가지인데 전혀 실례가 되지 않으니 오해하지 않도록 한다.
- 에티켓 : 일본인들은 관습적으로 사소한 일에도 '감사합니다', '미안합니다'라는 말을 입버릇처럼 한다. 일본인과 대화할 때는 인내심을 가지고 상대의 의견을 끝가지 들으며 의견이 다소 다르더라도 의견에 반박하거나 틀린 곳을 지적하지 않고 상대방의 말에 수긍하는 의미로 맞장구를 치는 것도 좋은 매너이다.

다. 미국의 비즈니스 문화

미국의 경우는 명함을 주고받는 주된 목적이 상대방에게 추후 연락할 필요가 있을 때만 주고받는다. 형식을 따지지 않는 미국인들의 편의주의 사고방식을 이해하면 명함을 받은 후 바로 지갑에 넣어 두는 행위는 무례한 것이 아니다.

- 접대문화 : 미국인들에게 조찬모임은 흔한 일이며 보통 아침 7시나 7시 반에 약속한다. 식사를 하게 되면 미국인들의 식성에 맞게 전체요리부터 와인까지 주문을 하는 것이 좋다. 식사 시간은 최소한 한 시간 이상이 소요되므로 두 시간 정도의 충분한 시간을 생각하고 약속을 정하도록 한다.
- 시간과 약속 : 미국에서는 업무시간과 시간약속을 정확하게 지켜야 한다. 미국은 약속사회라고 불릴 만큼 약속을 많이 한다. 약속은 점심이든 저녁이든 적어도 일주일 전에는 해야 한다.

라. 독일의 비즈니스 문화

독일은 질서, 원칙과 완벽주의를 추구한다. '브레인스토밍', '리스크테이킹(Risk-taking)' 또는 원칙과 권위에 대한 도전과 같은 관념들을 좋아하지 않는다. 협상 시 독일인이 어떤 식으로든

실망했다면 즉석에서 사과하고 필요하다면 보상도 해야 한다.

- 상담의 매너 : 독일인은 허세나 과장을 싫어하고 상담 시에도 상품에 대한 자세한 정보를 알기 원한다. 회의 도중 다른 사람의 말을 자르지 않도록 유의하며 각각 자신의 의견을 말할 수 있도록 해야 한다. 독일인의 경우 사업상 신의를 중요하게 여기며 비즈니스 파트너가 곤경에 처하더라도 계약기간 동안 다른 파트너와 계약하는 일은 없다.
- 시간과 약속 : 독일 비즈니스 문화에서 약속시간에 2~3분 늦게 도착하는 것도 결례가 된다. 금요일 2~3시에 업무를 종료하는 회사도 많으므로 금요일 오후에는 약속을 잡지 않아야 한다.
- 에티켓 : 도착이나 출발을 할 때는 일반적으로 악수를 한다. 얼굴을 맞대고 눈을 보며 말하는 것이 신뢰감을 주며 아주 친한 사이가 아니면 결혼 여부, 나이와 같은 개인적 사항은 묻지 않는 것이 좋다.

10) 직업윤리

직업윤리란 원만한 직업생활을 위해 필요한 태도, 매너, 올바른 직업관을 의미한다. 직업윤리의 하위영역에는 근로윤리와 공동체윤리가 있다.

윤리(倫理)란 무엇인가? 먼저 윤(倫)은 두 가지 뜻을 가지고 있다. 동료, 친구, 무리, 또래 등의 인간 집단 등을 뜻하기도 하고 길, 도리, 질서, 차례, 법(法) 등을 뜻하기도 한다. 결국 윤(倫)이란 인간관계에서 필요한 길, 도리, 질서를 의미한다고 볼 수 있다. 다음으로 리(理)는 다스린다(治), 바르다(正), 원리(原理), 이치(理致), 또 나아가서는 가리다(판단, 判斷), 밝히다(해명, 解明), 명백(明白)하다 등의 여러 가지 뜻을 가지고 있다.

따라서 윤리는 '인간과 인간 사이에서 지켜져야 할 도리를 바르게 하는 것' 또는 '인간사회에 필요한 올바른 질서'라고 해석할 수 있을 것이다. 동양적 사고에서 윤리는 전적으로 인륜(人倫)과 같은 의미이며 엄격한 규율이나 규범의 의미가 배어 있는 느낌을 준다. 예를 들어, 석공이 돌을 잘 다듬기 위해서 제일 먼저 보아야 할 것은 돌의 결(石理)이다. 목공은 나무의 결(木理)을 잘 보고 나무의 결을 따라야 훌륭한 작품을 만들 수 있다.

윤리란 바로 인간사회의 결(理)과 같다. 인간집단의 결, 윤리를 존중하며 살아야 사회가 질서와 평화를 얻게 되고 모든 사람이 안심하고 개인적 행복을 얻게 된다. 동양사회에서는 예로부터 인간관계를 천륜(天倫)과 인륜(人倫) 두 가지로 나누어 왔는데 천륜은 인간으로서 생명과 같이 필연적인 부자 관계와 같은 관계를 말하고 인륜은 후천적으로 인간사회에서 맺는 관계를 말한다. 그렇기 때문에 윤리라는 것은 '인간과 인간 사이에서 지켜져야 할 도리를 바르게 하는 것'으로 이 세상에 두 사람 이상이 있을 때 존재하고, 혼자 있으면 의미가 없는 말이 되기도 한다.

○ 퀴즈 14

다음은 '죄수의 딜레마 게임'이다. 어떠한 결과가 일어날지 각자 적어 본다.

범죄를 저지른 2명의 공범자가 경찰에 잡혔다. 이들은 구속되기 전에 서로 범행에 대해 침묵하기로 합의했다. 다른 증거가 없기 때문에 서로가 범행에 대해 자백하지 않으면 둘 다 무죄로 석방될 수 밖에 없다는 것을 알고 있다. 경찰은 이들이 의사소통을 못하도록 각각 다른 방에 가두고 심문을 하였다. 경찰에게는 다른 증거가 없으므로 이들이 고백하지 않으면 다른 죄목으로 극히 가벼운 처벌만 할 수밖에 없다.

경찰은 자백을 유도하기 위해 두 범인에게 각각 "네가 범행을 고백하고 네 동료가 고백하지 않으면 너는 무죄방면되고 네 동료는 무거운 형을 받는다. 그러나 네 동료가 고백하고 너는 침묵한다면 네 동료는 무죄 방면되고 너는 중형에 처해진다."라고 하였다. 범인은 침묵(협력)과 자백(배반) 중 어떤 행동을 취하게 될까?

여기에 점수를 부여해서 상황을 정리해 보자.
- 범인 A가 고백하고 범인 B가 고백하지 않을 때 : 범인 A는 무죄, 범인 B는 20년형
- 범인 A가 고백하고 범인 B가 고백할 때 : 범인 A, B 둘 다 10년형
- 범인 A는 침묵하고 범인 B가 고백할 때 : 범인 A는 20년형, 범인 B는 무죄
- 범인 A가 침묵하고 범인 B가 침묵할 때 : 범인 A, B 둘 다 1년형

두 범인은 각각 상대방의 선택을 모르는 가운데 '침묵(협력)과 자백(배반)'이라는 두 가지 중에 한 가지를 선택해야 한다. 자신이라면 어떻게 할지 적어 본다.

		범인 B	
		침묵	자백
범인 A	침묵		
	자백		

이번에는 직업에 대해 살펴보자. 인간은 일을 통해 경제적 욕구충족, 원만한 인간관계, 건강과 자아실현 등을 성취할 수 있다. 직업(職業)이라고 할 때 직(職)은 사회적 역할의 분배인 직분(職分)을, 업(業)은 일 또는 행위를 말하는 것이다. 이런 의미에서 직업은 사회적으로 맡은 역할, 하늘이 맡긴 소명 등으로 볼 수 있다. 직업은 경제적 목적 이외에 자신의 존재가치를 실현하고

자신의 능력과 노력을 통해 적극적으로 사회에 기여하기 위한 장이다. 직업인에게는 다음과 같은 기본 자세가 요구된다.

- 소명의식과 천직의식을 가져야 한다.
- 봉사정신과 협동정신이 있어야 한다.
- 책임의식과 전문의식이 있어야 한다.
- 공평무사한 자세가 필요하다.

이제까지 살펴본 윤리와 직업이 한데 어우러진 것이 바로 직업윤리이다. 직업윤리란 개인윤리를 바탕으로 각자가 직업에 종사하는 과정에서 요구되는 특수한 윤리규범이다. 기본적으로는 직업윤리도 개인윤리의 연장선이라 할 수 있다. 개인윤리의 기본 덕목인 사랑, 자비 등과 방법론상의 이념인 공동발전의 추구, 장기적 상호이익 등의 기본은 동일하다. 그러나 인간행복을 위한 기본적 가치를 중심으로 관계를 이루는 친구나 선후배 간의 윤리관계에 비해 좀 더 전문화된 분업체계로 직업이라는 특수 상황에서 요구되는 별도의 덕목과 규범이 있게 마련이다.

직업에 종사하는 현대인이면 누구나 공통적으로 지켜야 할 윤리기준을 '직업윤리'라고 한다. 이는 직업을 가진 사람이라면 반드시 지켜야 할 공통적인 윤리규범을 말하는 것이다. 직업윤리가 기본적으로는 개인윤리를 바탕으로 성립되는 규범이기는 하지만 상황에 따라 양자는 서로 충돌하거나 배치되는 경우도 발생한다. 개인윤리가 보통 상황에서 일반적 원리규범이라고 한다면 직업윤리는 좀 더 구체적 상황에서 실천규범이라고 이해해야 한다. 이 경우 업무수행상 양자가 충돌할 경우 행동기준으로 직업윤리가 우선된다. 또 한편으로 기본적 윤리기준에 충실해 개인적 윤리의 준수와 공인으로서 직분을 실천하려는 지혜와 노력이 필요하다.

모든 직업에 공통적으로 요구되는 윤리 원칙을 추출할 수 있는데 이것을 직업윤리의 5대 원칙이라고 한다.

- 객관성의 원칙 : 업무의 공공성을 바탕으로 공사구분을 명확히 하고 모든 것을 숨김없이 투명하게 처리하는 원칙을 말한다.
- 고객중심의 원칙 : 고객에 대한 봉사를 최우선으로 생각하고 현장중심, 실천중심으로 일하는 원칙을 말한다.
- 전문성의 원칙 : 자기업무에 전문가로서 능력과 의식을 가지고 책임을 다하며 능력을 지속적으로 개발하는 것을 말한다.
- 정직과 신용의 원칙 : 업무와 관련된 모든 것을 숨김없이 정직하게 수행하고 본분과 약속을 지켜 신뢰를 유지하는 것을 말한다.
- 공정경쟁의 원칙 : 법규를 준수하고 경쟁원리에 따라 공정하게 행동하는 것을 말한다.

(1) 근로윤리

원만한 직업생활을 위해 직업인이 갖추어야 할 직업윤리 중에서 일에 대한 존중을 바탕으로 근면하고 성실하고 정직하게 업무에 임하는 자세인 근로윤리가 매우 중요하다. 본래 근면이란 게으르지 않고 부지런한 것이다. 근면에는 두 가지 종류가 있다. 하나는 외부로부터 강요당한 근면이고 다른 하나는 스스로 자진해서 하는 근면이다. 스스로 자진해서 하는 근면은 자신을 보다 창조적으로 만들고 자신을 발전시키는 원동력이 된다. 그렇기 때문에 근면하기 위해서는 일에 임할 때 적극적이고 능동적인 자세가 필요하다.

○ 퀴즈 15

다음은 직장에서 일어나는 상황이다. 다음 상황을 보고 직장에서 근면한 생활의 실제 예를 들어 적어 본다.

> 허 주임님은 감각파이자 낙천주의자입니다. 오늘 점심시간에 백화점 세일에 갔다 온 것을 친구에게 전화로 자랑하기 바쁩니다. "오늘 땡 잡았어! 스키용품을 50% 할인한 가격에 구했지 뭐니!!", "넌 혼자만 일하니? 대충대충 해. 그래서 큰 회사 다녀야 땡땡이 치기 쉽다니까."

1. 출퇴근 시간을 엄수한다.	
2. 업무시간에는 개인적인 일을 하지 않는다.	
3. 주어진 일이 남았으면 퇴근 후라도 끝까지 일을 마친다.	
4.	
5.	
6.	
7.	
8.	
9.	
10.	

정직은 신뢰를 형성하고 유지하는 데 가장 기본적이고 필수적인 규범으로 사람과 사람 사이에 함께 살아가는 사회시스템이 유지되려면 정직에 기반으로 둔 신뢰가 있을 때 가능하다. 우리나라의 정직성 수준은 아직 완벽하지 못하다. 우리나라의 국가경쟁력을 높이기 위해서는 개개인의 정직성 수준부터 높여야 한다.

다음은 정직과 신용을 구축하기 위한 네 가지 지침을 정리한 것이다.

- 정직과 신뢰의 자산을 매일 조금씩 쌓아 가자.
- 잘못된 것은 정직하게 밝히자.
- 타협하거나 부정직을 눈감아 주지 말자.
- 부정직한 관행은 인정하지 말자.

개인의 이득을 위해 하는 정직하지 못한 행위는 곧 부패로 이어질 수 있다. 여기서 부패란 정부, 사회단체, 기업 등 공적인 입장에 있는 사람이 자신의 권한과 권력을 이용하여 개인적인 이득을 취하는 것을 말한다. 부패는 수행해야 할 업무를 공적인 목적과 부합되는 기준으로만 판단하지 않고 사적인 이익과 결부시켜 판단하고 실행하게 한다. 또 전체 시스템의 정상적인 가동을 방해하고 이로 인하여 막대한 사회적 비용을 수반하게 하여 사회 구성원 전체를 피해자로 만들 수 있다.

(2) 공동체윤리

원만한 직업생활을 위해 직업인이 갖추어야 할 직업윤리 중에서 인간존중을 바탕으로 봉사하며 책임 있고 규칙을 준수하고 예의바른 태도로 업무에 임하는 자세인 공동체 윤리가 중요하다. 봉사의 사전적 의미는 자신보다는 남을 위하여 일하는 것으로 현대 사회의 직업인에게 봉사란 자신보다는 고객의 가치를 최우선으로 하는 서비스 개념이다.

가. 고객서비스

고객서비스에서 서비스(SERVICE)는 미소와 신속이고 감동이며 고객을 존중하는 것이다. 또 고객에게 가치를 제공하는 것이고 좋은 이미지를 심어 주는 것이며 예의를 갖추어 고객에게 탁월한 서비스를 제공하는 것이다. 다음은 'SERVICE'의 일곱 가지 의미를 보다 구체적으로 제시한 것이다.

- S(Smile & Speed) : 서비스는 미소와 함께 신속하게 하는 것
- E(Emotion) : 서비스는 감동을 주는 것
- R(Respect) : 서비스는 고객을 존중하는 것
- V(Value) : 서비스는 고객에게 가치를 제공하는 것
- I(Image) : 서비스는 고객에게 좋은 이미지를 심어 주는 것
- C(Courtesy) : 서비스는 예의를 갖추고 정중하게 하는 것
- E(Excellence) : 서비스는 고객에게 탁월하게 제공되어야 하는 것

고객접점 서비스, 즉 결정적 순간 또는 진실의 순간이라는 용어를 최초로 주창한 사람은 리처드 노먼(Richard Norman)이며, 이 개념을 도입하여 성공을 거둔 사람은 스칸디나비아 에어라인

시스템 항공사의 사장 얀 칼슨(Jan Carlzon)이다. 이들의 주장에 의하면 고객접점 서비스란 고객과 서비스 요원사이에 15초 동안의 짧은 순간에 이루어지는 서비스로 이 순간을 진실의 순간(MOT, Moment Of Truth) 또는 결정적 순간이라고 하였다. 이 15초 동안에 고객접점에 있는 최일선 서비스 요원이 책임과 권한을 가지고 우리 회사를 선택한 것이 가장 좋은 선택이었다는 사실을 고객에게 입증시켜야 한다는 것이다. 즉 '결정의 순간'이란 고객이 기업조직의 어떤 한 측면과 접촉하는 사건이며 그 서비스의 품질에 관하여 무언가 인상을 얻을 수 있는 사건이다.

고객접점 서비스에서 중요한 것은 고객이 여러 번의 결정적 순간에 단 한 사람에게 0점의 서비스를 받는다면 모든 서비스가 0이 되어 버린다는 사실이다. 예를 들어, 백화점에서 만족한 쇼핑을 하고 셔틀버스를 타고 집으로 돌아갈 때 셔틀버스의 출발이 약속된 시간보다 지연되거나 버스기사가 불친절하고 용모나 유니폼도 불량하며 난폭운전까지 한다면 전체 서비스는 제로가 되는 것이다. 따라서 서비스기업 관리자는 고객접점에서 가시적인 서비스를 담당하는 요원은 물론 경비, 주차원, 운전기사, 전화교환원, 청소원, 시설요원 등 비가시적인 서비스요원들도 고객접점에 있다는 것을 강조하여 그들의 용모나 유니폼, 서비스 정신 등을 교육해야 된다. 특히 고객접점에서 종업원의 용모와 복장은 친절한 서비스를 제공하기 전에 첫 인상을 좌우하는 첫 번째 요소이다.

나. 21세기 고객의 요구

다음은 21세기 고객의 요구에 대해 정리한 내용이다.

- 코쿠닝(Cocooning) : 누에고치처럼 보호막 안으로 칩거하려는 현상으로, 사람들은 위험하고 예측할 수 없는 외부의 현실 세계로부터 자신을 보호하기 위해서 안전하고 포근한 '가정 같은' 환경 속으로 파고든다.
- 유유상종(Clanning) : 사람들은 가치관과 신념이 같거나 관심사가 일치하는 이들과 어울려 안락함과 든든함을 느끼고 싶어 한다.
- 환상모험(Fantasy Adventure) : 사람들은 스트레스와 무료함으로부터 탈출하기 위해서 본질적으로 큰 위험성이 없는 모험을 통한 흥분과 자극을 찾는다.
- 작은 사치(Small Indulgences) : 바쁘고 스트레스에 짓눌린 사람들은 손쉬운 만족감을 얻기 위해서 자신의 능력 범위 안에서 사치를 누림으로써 자기보상을 한다.
- 개성 찾기(Ergonomics) : 몰개성적인 정보화 시대의 소외감을 느낀 사람들은 자신의 개성에 맞춘 제품과 서비스를 찾는다.
- 남성해방(Mancipation) : 남성들이 전통적인 역할을 거부하고 새로 얻은 자유를 만끽하면서 무엇이든지 스스로 원하는 삶을 살고자 한다.
- 건강장수(Being Alive) : 사람들은 건강의 중요성을 깨닫고 단지 장수하는 것뿐만 아니라 전

반적인 삶의 질 향상을 추구한다.

- 젊어지기(Down-Aging) : 사람들은 천진난만하던 어린시절을 그리워하며 성인의 생활에 따르는 치열함을 상쇄시키기 위해 젊음의 상징을 추구한다.
- 소비자 감시(Vigilante Consumer) : 시장에서 좌절감을 느끼고 종종 분노에 찬 소비자들은 압력, 항의, 정치를 통해 시장에 영향을 미친다. 이제 그들을 만만하게 보아서는 안 된다.
- SOS(Save Out Society) : 지구의 운명을 걱정하는 사람들은 윤리적 · 환경적 · 교육적 측면과의 조화를 추구하며 사회적 양심을 보여 주는 기업가에게 호응을 보낸다.

다. 제조물책임

제조물책임(PL, Product Liability)이란 제조물의 결함으로 인하여 소비자 또는 제3자에게 생명, 신체, 재산상의 손해가 발생했을 경우 해당 제조물의 제조업자나 판매업자에게 손해배상책임을 지게 하는 것을 말한다. 제품의 사용 중에 입은 소비자의 피해를 규제하는 방법은 지금까지의 법제도에서도 가능한 것이었다. 즉 제조업자가 시장에 공급한 제품의 결함으로 인하여 소비자가 입은 손해에 대해 민사상 과실책임에 바탕 한 불법행위로 인한 손해배상을 청구할 수 있었다. 그러나 변화된 환경에 맞는 새로운 법제도의 운영이 필요하다는 인식하에 시행된 것이 제조물책임(PL)제도이다. 종래의 과실책임에 의한 피해구제는 피해자가 생산자에게 제품의 결함을 초래한 '과실이 있다'는 주관적인 사실을 입증해야 손해배상 청구가 가능했으나 PL은 단순히 제조물에 '결함이 있다'는 객관적인 사실만을 입증하면 되므로 소비자가 입은 피해에 대한 손해배상 청구가 수월해지고 배상 가능한 범위도 넓어지게 되었다.

제조물책임법은 2001년 1월 12일 공포되었으며 2002년 7월 1일부터 시행되었다. 우리나라 PL법의 주요골자는 다음과 같다.

① 법의 적용 대상인 제조물은 제조가공된 동산이며 다른 동산이나 부동산의 일부를 구성하는 경우를 포함한다.
② 손해배상책임의 주체는 제조가공 또는 수입을 업으로 하는 자, 제조업자로 표시하거나 오인시킬 수 있는 표시를 한 자로 하되, 제조업자를 알 수 없는 경우에는 공급업자로 한다.
③ 제조물 책임의 내용은 제조물의 결함으로 인한 생명, 신체 또는 재산상의 손해를 입은 자에 대한 손해배상이다.
④ 제조업자 또는 공급업자가 당해 제조물을 공급하지 않았거나 제조물을 공급한 때의 과학기술 수준으로는 결함의 존재를 알 수 없었던 경우 등을 입증한 때는 손해배상책임을 면할 수 있다.
⑤ 동일한 손해에 대해 배상할 책임이 있는 자가 2인 이상인 경우는 민법상 불법행위와 같이 연대책임을 진다.

⑥ 제조업자의 배상책임을 배제하거나 제한하는 특별한 약정은 무효로 한다.

⑦ 손해발생 및 제조업자를 안 때부터 3년, 제조물을 유통시킨 때로부터 10년 내에만 손해배상청구가 가능하다.

라. 예절

예절이란 일정한 생활문화권에서 오랜 생활습관을 통해 하나의 공통된 생활 방법으로 정립되어 관습적으로 행해지는 사회계약적인 생활규범이다. 예절은 에티켓이라는 용어로 많이 사용되는데, 현대의 에티켓의 본질은 ① 타인에게 폐를 끼치지 않는다, ② 타인에게 호감을 준다, ③ 타인을 존중한다 등의 세 가지 뜻으로 요약될 수 있다. 즉 에티켓은 타인을 대할 때의 마음가짐이나 태도를 말한다고 할 수 있다.

다음은 직장생활에서 필요한 예절에 대해 정리한 것이다.

(가) 인사예절

인사는 사람이 사람다움을 나타내는 가장 아름다운 행위로 타인과의 사귐에 있어 가장 기본이 되는 예절이다. 인사할 때는 인간으로서 품격이 나타나도록 언행에 흐트러짐이 없어야 하며 형식에만 흐르지 않고 반드시 사랑과 정성이 깃들어야 하고 아울러 상대방을 공경하는 마음이 담겨야 한다. 사람이 모여 생활하는 곳에서는 인사가 모든 예절의 기본으로 상대방에게 마음속으로부터 우러나오는 존경심과 친절로 인간관계를 원활하게 하는 가장 중요한 예절이다.

① 첫 인사

외부인사가 나의 사무실을 방문하게 되었을 때 자리에서 일어나 악수를 청하며 손님을 맞는 것이 예우의 표현이다. 악수는 전문성, 진실성과 신뢰성을 느끼게 하는 신체상의 접촉이다. 악수는 말을 시작하는 전 단계에서 강력한 비언어적 메시지를 전달한다.

악수를 할 때는 오른손을 사용하고 너무 강하게 쥐어짜듯이 잡지 않는다. 악수는 서로의 이름을 말하고 간단한 인사 몇 마디를 주고받는 정도의 시간 안에 끝내야 한다. 악수를 할 때는 상대를 바로 바라보며 미소를 짓는다. 당신에게 느낌을 솔직히 말해 줄 수 있는 동료와 함께 연습해 보는 것이 좋다. 악수는 다른 사람에게 소개되었을 때, 자기 자신을 직접 소개할 때, 작별 인사를 할 때 등 거의 모든 경우에 적절한 행동이다.

② 소개

비즈니스에서 상대방을 서로에게 소개하는 것은 여러 가지 의미가 있으며 소개는 두 사람이 처음 만났을 때 두 사람이 보다 편하게 느낄 수 있도록 도와주는 친절 행위이다. 비즈니스에서 소개를 할 때는 직장 내에서 서열과 나이를 고려한다. 이때 성별은 고려의 대상이 아니다. 소개는 보통 타당성 있는 순서에 의하며 직장 내에서 서열과 직위를 고려한 소개 순서는 다음과 같다.

- 나이 어린 사람을 연장자에게 소개한다.
- 내가 속해 있는 회사의 관계자를 타 회사의 관계자에게 소개한다.
- 신참자를 고참자에게 소개한다.
- 동료임원을 고객, 손님에게 소개한다.
- 비임원을 임원에게 소개한다.
- 반드시 성과 이름을 함께 말한다.
- 상대방이 항상 사용하는 경우라면 Dr. 또는 Ph.D. 등의 칭호를 함께 언급한다.
- 정부 고관의 직급명은 퇴직한 경우라도 항상 사용한다.
- 각각의 관심사와 최근의 성과에 대해 간단하게 언급한다.

③ 명함 교환 예절

명함은 프랑스 왕 루이 14세에서부터 유래되고 있다. 당시 사교계에서 귀부인들이 자신의 이름을 카드에 손으로 써서 왕에게 올렸다. 이후 전용의 흰 종이에 손으로 이름을 쓰는 것으로 바뀌어 내려왔고 동판 인쇄의 명함으로 발전되어 오늘에 이르고 있다. 명함은 받는 사람에게 첫인상을 줌과 동시에 오래도록 계속될 인상을 남긴다. 명함은 우리가 뒤에 남기고 떠나는 악수와 같은 것이다.

명함을 주고받을 때의 유의할 점은 다음과 같다.

- 명함은 반드시 명함지갑에서 꺼내고 상대방에게 받은 명함도 명함지갑에 넣는다.
- 상대방에게 명함을 받으면 받은 즉시 주머니에 넣지 않는다.
- 명함은 하위에 있는 사람이 먼저 꺼내는데 상위자에 대해서 왼손으로 가볍게 받쳐 주는 것이 예의이며 동위자, 하위자에게는 오른손으로만 건넨다.
- 명함을 받으면 그대로 집어넣지 말고 명함에 관해서 한두 마디 대화를 건넨다.
- 쌍방이 동시에 명함을 꺼낼 때는 왼손으로 서로 교환하고 오른손으로 옮긴다.

(나) 직장에서 전화예절

전화는 직접 대면하는 것보다 신속하고 경제적으로 용건을 마칠 수 있다는 장점이 있으나 서로의 얼굴을 대면하지 않고 이야기를 하기 때문에 상대편의 표정과 동작, 태도를 알 수 없으므로 오해의 소지가 있다. 그러므로 전화예절은 더욱 주의를 기울여야 한다.

먼저, 전화 통화를 할 때는 전화기의 송화기 부분에 대고 명확하게 말한다. 상대방에게 자신이 누구인지 먼저 밝힌 다음 천천히 예의를 갖추고 말한다. 통화 중에 음식을 먹거나 마시지 않도록 한다. 보이지 않는다 하더라도 말할 때는 미소를 띠면서 말한다. 사람들은 목소리만 들고도 그 사람의 얼굴 표정을 바로 떠올릴 수 있다.

① 전화 걸기
- 전화를 걸기 전에 먼저 준비를 한다. 정보를 얻기 위해 전화를 하는 경우라면 얻고자 하는 내용을 미리 메모하여 모든 정보를 빠뜨리지 않도록 한다.
- 전화를 건 이유를 숙지하고 이와 관련하여 대화를 나눌 수 있도록 준비한다.
- 전화는 정상적인 업무가 이루어지고 있는 근무시간에 걸도록 한다. 업무 종료 5분 전에 전화를 건다면 제대로 통화할 수 없을 것이다.
- 당신이 통화를 원하는 상대와 통화할 수 없을 경우에 대비하여 비서나 다른 사람에게 메시지를 남길 수 있도록 준비한다.
- 전화를 해 달라는 메시지를 받았다면 가능한 한 24시간 안에 답하도록 한다. 하루 이상 자리를 비우게 되는 경우 다른 사람이 대신 전화를 받아 줄 수 없을 때는 자리를 비우게 되었다는 메시지를 남겨 놓는 것이 예의이다.

② 전화 받기
- 전화벨이 3~4번 울리기 전에 받는다.
- 당신이 누구인지 먼저 말한다.
- 천천히, 명확하게 예의를 갖추고 말한다.
- 목소리에 미소를 띠고 말한다.
- 말을 할 때 상대방의 이름을 함께 사용한다.
- 언제나 펜과 메모지를 곁에 두어 메시지를 받아 적을 수 있도록 한다.
- 주위의 소음을 최소화한다.
- 긍정적인 말로 전화 통화를 마치도록 하고 전화를 건 상대방에게 감사의 표시를 한다.

③ 휴대전화
휴대전화는 일상적인 비즈니스 거래를 유지하고 도움이 필요한 사람에게 재빨리 연락을 취할 수 있도록 편리함을 주는 유용한 도구이다. 그러나 이러한 순간적인 편리성을 얻기 위해서 우리는 많은 대가를 치러야 한다. 휴대전화를 가지고 있는 사람은 그 전화번호를 알고 있는 모든 사람들이 원하는 때에 호출될 준비를 하고 있는 것이다.
다음은 휴대전화 사용시 유의할 점을 정리한 것이다.

- 어디에서 휴대전화로 전화를 하든지 간에 상대방에게 통화를 강요하지 않는다.
- 상대방이 장거리 요금을 지불하게 되는 휴대전화의 사용은 피한다.
- 운전하면서 휴대전화를 하지 않는다.

● 친구의 휴대전화를 빌려 달라고 부탁하지 않는다.

(다) 직장에서 이메일 예절

이메일은 정보를 공유하는 속도와 주고받는 능력을 크게 증대시켜 주었다. 하지만 빠르고 편한 방법인 만큼 단점도 가지고 있다. 이메일에는 인격이 없다는 것이다. 이메일 사용자들은 문자, 축약된 기호, 이것들의 혼합을 이용하여 감정을 표현하는 방법을 개발하였다. 그러나 이것을 과도하게 사용하면 메일을 받는 당사자가 이해할 수 없는 일이 발생할 수 있다. 이메일 특유의 언어 사용을 최소한으로 유지하여 상대방을 혼돈스럽게 하는 것을 피하도록 하는 것이 좋다. 다른 비즈니스 서신에 사용하는 똑같은 문법이나 철자로 올바른 언어를 사용하는 것이 좋다. 이메일 메시지는 가능한 한 간결하게 작성하여 수신자가 빨리 읽고 제대로 응답할 수 있도록 해야 한다.

① 이메일 메시지 보내기
● 상단에 보내는 사람의 이름을 적는다.
● 메시지에는 언제나 제목을 넣도록 한다.
● 메시지는 간략하게 만든다.
● 요점을 빗나가지 않는 제목을 잡도록 한다.
● 올바른 철자와 문법을 사용한다.

② 이메일 메시지에 답하기
● 원래 이메일의 내용과 관련된 일관성 있는 답을 하도록 한다.
● 다른 비즈니스 서신에서와 마찬가지로 화가 난 감정 표현은 피한다.
● 답장의 수신자를 확인한다. 자동답신을 선택하여 보내는 것이 효율적으로 보이기는 하지만, 그 답신이 원래 메일을 보낸 사람에게 도착하지 않을 수도 있다. 원래의 메시지에 첨부된 회신 주소는 메시지를 보낸 사람의 것이 아닐 수도 있음을 명심하라.

3. NCS 기반 능력중심 채용

1) NCS 직무기반 입사지원서

NCS 직무기반 입사지원서는 해당 직무를 성공적으로 수행할 가능성이 높은 지원자를 선별하기 위한 것으로 해당 기업이나 기관의 모집 분야별 직무수행에 필요한 교육, 경력, 경험, 성과, 자격 등의 필요한 스펙을 기재할 수 있도록 구성되어 있다. NCS 기반 입사지원서는 인적사항, 교육사항, 자격사항, 경력 및 경험사항 항목을 포함하고 있다.

먼저, 인적사항 항목은 개별 지원자를 식별하고 관리하기 위한 성명, 생년월일, 연락처 등 최소한의 개인정보로만 구성되어 있다. 교육사항 항목은 직무수행에 필요한 지식·기술·태도를 갖추고 있는가를 평가하기 위한 것으로 크게 학교교육과 직업교육으로 구성되어 있으며 직무에 대한 지원자의 관심과 노력을 판단하는 척도로 활용된다. 자격사항 항목은 NCS 세분류별로 제시되어 있는 자격현황을 참고하여 지원자가 직무수행에 필요한 스킬을 가지고 있는지 판단하기 위한 것으로 반드시 해당 직무와 관련 있는 자격만 명시할 수 있도록 되어 있다. 마지막으로 경력 및 경험사항 항목은 지원자의 직무와 관련된 일이나 경험 여부를 평가하기 위한 것으로 경력 및 경험 내용은 각각 경력기술서, 경험기술서, 자기소개서 등에 구체적으로 기술하여 면접 시 참고할 수 있도록 해야 한다.

다음은 일반 사무행정 직무의 입사지원서 예시이다.

입사지원서

1. 인적사항

* 인적사항은 필수항목이므로 반드시 모든 항목을 기입해 주십시오.

지원구분	신입( ) 경력( )	지원분야		접수번호	
성명	(한글)	생년월일	(월/일)		
현주소					
연락처	(본인휴대전화)	전자우편			
	(비상연락처)				

2. 교육사항(모집대상 직무와 관련이 있는 학교교육이나 직업교육 혹은 기타교육을 의미하며, NCS 기반 채용공고 직무설명자료의 관련 교과목을 참조하여 입사지원서에 기재)

* 학교교육이나 직업교육 혹은 기타교육 등 직무와 관련된 교육사항 내용을 기입해 주십시오.

학교교육이나 직업교육 혹은 기타교육 등		
• [경영기획 업무]관련 학교교육이나 직업교육 혹은 기타교육 과목을 이수한 경험이 있습니까?	예( )	아니요( )
• [경영평가 업무]관련 학교교육이나 직업교육 혹은 기타교육 과목을 이수한 경험이 있습니까?	예( )	아니요( )
• [사무행정 업무]관련 학교교육이나 직업교육 혹은 기타교육 과목을 이수한 경험이 있습니까?	예( )	아니요( )

● [지원기관의 직무관련 업무]지원하고자 하는 기관의 주요 업무관련 학교교육이나 직업교육 혹은 기타교육 과목을 이수한 경험이 있습니까? (예 : 도로공사−도로관련 교과, 소비자보호원−소비자관련 교과, 인력공단−인력개발관련 교과 등)	예( )	아니요( )
● [사업행정에 필요한 직업기초능력]직업기초능력 34개 하위영역 중 문서이해능력, 문서작성능력, 정보능력, 사고력 등 관련 학교교육이나 직업교육 혹은 기타교육 과목을 이수한 경험이 있습니까?	예( )	아니요( )

* '예'라고 응답한 항목에 해당하는 내용을 아래에 기입해 주십시오. 해당 직무를 수행하는 데 도움이 되었거나 도움이 될 것이라고 판단되는 교육과목(직업기초능력 포함)을 이수한 경험이 있으면 모두 적어주십시오.
  (예시 : 과목 1. 문헌정보학 입문 → 문서이해능력, 문서작성능력
  　　　　과목 2. 한국어 의미의 이해 → 문서이해 및 문서작성능력
  　　　　과목 3. 철학개론 → 사고력

학교교육		직업교육		기타교육	
교과목명	학점(내신등급)	교과목명	이수시간(h)	교과목명	이수시간(h)

3. 직무능력관련 자격사항(NCS 내 환경분석의 자격현황 참고)

* 자격은 직무와 관련된 자격을 의미합니다. 코드를 확인하여 해당 자격증을 정확히 기입해 주십시오.

직무관련 자격

* 자격에는 국가기술자격, 개별법에 의한 전문자격, 국가공인 민간자격, 기타자격이 포함됩니다. 위의 자격목록에 제시된 자격증 중에서 보유하고 있는 자격증을 아래에 기입해 주십시오.

코드	발급기관	취득일자	코드	발급기관	취득일자

* 그 외[직무 혹은 직무관련 지식]에 관련된 자격증은 아래에 기입해 주십시오.

자격증명	발급기관	취득일자	자격증명	발급기관	취득일자

4. 경력 및 경험사항(지원하는 직무와 관련성 있는 경력 및 경험사항을 제시하도록 안내)

* 4-1. 경력은 금전적 보수를 받고 일정기간 동안 일했던 이력을 의미합니다. 아래의 지시에 따라 해당되는 내용을 기입해 주십시오.

● 기업조직에 소속되어 [경영기획 업무]관련 업무를 수행한 경험이 있습니까?	예( )	아니요( )
● 기업조직에 소속되어 [경영평가 업무]관련 업무를 수행한 경험이 있습니까?	예( )	아니요( )
● 기업조직에 소속되어 [사무행정 업무]관련 업무를 수행한 경험이 있습니까?	예( )	아니요( )

• 기업조직에 소속되어 [지원기관의 직무관련 업무]관련 업무를 수행한 경험이 있습니까?			예( )	아니요( )
근무기간	기관명	직위/역할	담당업무	

* 그 외 경력사항은 아래에 기입해 주십시오.

근무기간	기관명	직위/역할	담당업무

* 자세한 경력사항은 경력 및 경험 기술서에 작성해 주시기 바랍니다.
* 4-2. 경험은 직업 외적인(금전적 보수를 받지 않고 수행한) 활동을 의미하며 교육과정 내 수행평가, 과제수행경험, 산학, 팀 프로젝트, 연구회, 동아리/동호회, 온라인 커뮤니티, 재능기부 활동 등이 포함될 수 있습니다. 아래의 지시에 따라 해당되는 내용을 기입해 주십시오.

• [경영기획 업무]관련 교육과정 내 수행평가, 과제수행경험 및 기타 활동경험이 있습니까?	예( )	아니요( )
• [경영평가 업무] 관련 교육과정 내 수행평가, 과제수행경험 및 기타 활동경험이 있습니까?	예( )	아니요( )
• [사무행정 업무] 관련 교육과정 내 수행평가, 과제수행경험 및 기타 활동경험이 있습니까?	예( )	아니요( )
• [지원기관의 직무관련 업무]관련 교육과정 내 수행평가, 과제수행경험 및 기타 활동경험이 있습니까?	예( )	아니요( )

* '예'라고 응답한 항목에 해당하는 내용을 아래에 기입해 주십시오.

교육과정 내 수행평가, 과제수행경험		기타 활동경험	
수행평가 내용	과제 내용	소속조직	주요역할

* 자세한 사항은 경력 및 경험 기술서에 작성해 주시기 바랍니다.

위 사항은 사실과 다름이 없음을 확인합니다.

지원날짜 :
지 원 자 : _____ (인)

출처 : NCS 기반 능력중심 채용 가이드북.

2) NCS 경력 및 경험기술서와 자기소개서

경력 및 경험기술서는 입사지원서에 작성한 경력 및 경험사항에 대해 당시 맡았던 역할 및 주요 수행업무, 성과에 대해 자세히 기술하도록 한 것이다. 입사지원서에 지원자가 작성한 경력 및 경험사항 항목의 내용에 대한 진위 여부 판단 및 면접 시 지원자에 대한 이해자료로 활용된다. 다음은 경력 및 경험기술서의 예시이다.

경력 및 경험기술서
입사지원서에 기술한 경력 및 경험(직무관련 기타 활동)사항에 대해 상세히 기술해 주시기 바랍니다. 경력을 기술할 경우 구체적으로 직무영역, 활동/경험/수행 내용, 본인의 역할 및 구체적 행동, 주요 성과에 대해 작성해 주시고, 경험을 기술할 경우 구체적으로 본인의 학습경험 혹은 과제수행 활동 내용, 소속 조직이나 활동에서 역할, 활동 결과에 대해 작성해 주시기 바랍니다. (글자 수는 해당기관의 사정에 따라 자유롭게 제한 가능)

출처 : NCS 기반 능력중심 채용 가이드북.

NCS 기반 자기소개서는 지원자의 일대기를 기술하는 방법이 아니라 지원자의 지원동기(조직/직무) 및 조직적합성(핵심가치/인재상), 직업기초능력을 평가하기 위한 질문문항으로 구성되어 있다. 특히 지원자가 작성한 자기소개서는 평정기준 개발을 통한 평가와 더불어 면접에서 지원자를 이해하기 위한 자료로 활용된다.

다음은 NCS 기반 자기소개서 항목들의 예시이다.

- 최근 5년 동안에 귀하가 성취한 일 중에서 가장 자랑할 만한 것은 무엇입니까? 그것을 성취하기 위해 귀하는 어떤 일을 했습니까?
- 예상치 못했던 문제로 인해 계획대로 일이 진행되지 않았을 때 책임감을 가지고 적극적으로 끝까지 업무를 수행해 성공적으로 마무리했던 경험이 있으면 서술해 주십시오.
- 현재 자신의 위치에 오기 위해 수행해 온 노력과 지원한 직무 분야에서 성공을 위한 노력 및 계획을 기술해 주십시오.
- 약속과 원칙을 지켜 신뢰를 형성/유지했던 경험에 대해 기술해 주십시오.
- 지금까지 학교생활 및 여러 조직에서 생활해 오면서 조직의 중요성 및 경험을 설명하여 주시고 또한 우리 조직의 역할이 무엇인지 설명하십시오.
- 직업인으로 직업윤리가 왜 중요한지 본인의 가치관을 중심으로 설명하십시오.

출처 : NCS 기반 능력중심 채용 가이드북.

퀴즈 정답 및 해설

[퀴즈 1 정답 및 해설]

엄마가 반을 가져간 후 남아 있는 끈은 1/2이다. 형이 반을 가져간 후에 남아 있는 끈은 1/4이 되고, 아빠가 가져간 후의 끈은 1/8이다. 누나가 가져간 후에는 1/8×3/5=3/40이다. 그러므로 30cm는 3/40이고 처음에 가지고 있던 끈의 길이는 30÷3/40=4m이다.

[퀴즈 2 정답 및 해설]

범위 : 58

계산식 : 199(최댓값)−141(최솟값)=58

평균 : 170

계산식 : (141+142+143+…+198+199)/30=170

분산 계산식 : (141−170)2+(142−170)2+(143−170)2+…+(199−170)2

표준편차 계산식 : 분산값의 제곱근

[퀴즈 3 정답 및 해설]

정답 : M 양

해설 : 남자의 응시대비 합격률은 1,929/11,153=17.29%, 여자의 응시대비합격률은 763/4,293=17.77%로 여자가 더 높다.

[퀴즈 4 정답 및 해설]

정답 : 선 그래프

해설 : 시간의 경과에 따라 수량에 의한 변화의 상황을 절선의 기울기로 나타내는 그래프로 시간적 변화에 따른 수량의 변화를 표현하기에 적합하다.

[퀴즈 5 정답 및 해설]

제시된 활동은 개인의 생각에 따라 각기 답이 다른 것으로 한 가지 정답은 없지만, 다음과 같은 예를 들 수 있다.

신차 개발의 상반되는 개념 : 중고차 판매, 신차 홍보 등

신차 개발의 비슷한 개념 : 신규 해외수출 지역 물색 등

[퀴즈 6 정답 및 해설]

제시된 활동은 고정관념을 버리고 발상의 전환을 통해서 비판적인 사고를 개발하게 하는 활동

이다. 활동을 통해서 비판적 사고는 고정관념이나 편견을 가지고 있어서는 안 되며 문제의식과 발상의 전환이 필요함을 인식한다. 제시된 활동은 개인의 생각에 따라 각기 답이 다른 것으로 한 가지 정답은 없지만, 다음과 같은 예를 들 수 있다.

드라이어 용도 : 머리를 말리는 용도, 젖은 옷을 말리는 용도, 먼지 제거

[퀴즈 7 정답 및 해설]

설악산으로 단합대회를 가는 예산에 포함되어야 할 항목을 예시로 세워 보면 숙박비, 교통비, 식비, 다과비, 기타 잡비 등이 있다. 숙박비는 설악산에서 1박 2일 동안 진행되는 것이기 때문이며 교통비는 서울에서 설악산까지 이동하는 데 드는 비용, 식비와 다과비는 식사나 자유시간 등의 행사를 진행하는 데 필요한 음식비 등을 나타낸다. 기타 잡비는 게임이나 기타 물품을 구입하는 데 드는 비용이 포함된다.

[퀴즈 8 정답 및 해설]

각각의 상황에 대한 효과적인 동기부여 방법을 제시해 준다.

- 상황 1의 해결책 : 팀원인 미숙에게 프로젝트를 뛰어나게 수행했다는 점과 그녀에 대해 높이 평가하고 있다는 점을 알려야 한다. 프로젝트에 임하는 미숙의 태도를 훌륭한 본보기로 삼아 팀원들에게 동기부여하는 것만큼 좋고 유익한 것은 없다. 미숙에게 여러 가지 방법으로 고마운 마음을 전할 수 있다. 이를테면 유급휴가를 줄 수도 있고 최고급 식당에서 식사할 수 있는 식사권을 선물로 줄 수도 있으며 미숙 본인이 차기 프로젝트를 직접 선택하게 해서 책임을 맡길 수도 있다.
- 상황 2의 해결책 : 미라의 업무를 대신할 직원을 새로 채용하기보다는 그녀에게 새로운 업무를 맡겨서 업무 속도를 변화시키도록 유도하는 것이 좋다. 그리고 미라에게 새로 입사한 직원을 직접 교육할 수 있는 기회를 부여한다. 그녀에게 팀의 다른 직원들과 함께 일하도록 해서 자신감을 불어넣는 업무를 맡겨 보는 것도 좋다. 또한 팀의 업무 생산성에 대해 기탄 없이 말하도록 하고 생산성 향상을 위한 의견도 적극적으로 말해 보도록 한다.
- 상황 3의 해결책 : 서류 작업을 지체함으로써 팀 전체의 생산성에 어떠한 차질을 빚고 있는지 상택에게 자세히 설명하고 이 문제와 관련해 최소한 두 가지 정도의 해결책을 스스로 찾아내도록 격려한다. 그가 실행 가능한 해결책을 찾지 못할 경우 업무 및 진행절차를 재분석해서 새로운 전략을 찾아본다. 어쩌면 상택은 자신이 진행하고 있는 서류 작업이 단조롭고 재미가 없기 때문에 늑장을 부리는 것이며 그로 인해 서류 작업들이 계속 쌓여 가는 것인지도 모른다. 이렇게 되면 상택은 머지않아 누적된 업무에 압도당하고 말 것이다. 또한 업무를 능숙하게 처리하는 직원과 상택을 한 팀으로 구성하는 것도 좋다.
- 상황 4의 해결책 : 다시 한 번 커뮤니케이션의 중요성을 생각해야 한다. 먼저 기용에게 뉴스

레터 업무를 어떻게 처리했냐고 물어본다. 그가 뉴스레터를 만들기 위해 필요한 레이아웃 프로그램을 익숙하게 다루는 데 시간이 턱없이 부족했다는 사실을 알고 놀랄 수도 있다. 이런 경우라면 프로그램을 능숙하게 다루는 직원을 기용과 함께 일하도록 해야 한다. 그것이 가능하지 않다면 외부 전문가에게 의뢰해 기용이 그 기술을 충분히 익히도록 지원해야 한다.

[퀴즈 9 정답 및 해설]

까다롭거나 화가 난 고객을 응대할 때는 우선 고객의 요구를 경청하고 사과를 하며 해결을 약속하고 신속하게 해결해 주는 것이 중요하다. 사례에 제시된 상황에서는 우선 고객이 원하는 것이 환불인지 새 것으로의 교체인지를 명확히 파악하고 사과를 하며 신속한 해결을 약속하는 자세가 필요하다.

[퀴즈 10 정답 및 해설]

① 불건전 정보의 유통 : 음란 사이트, 엽기 사이트, 도박 사이트, 폭력 사이트, 반사회적 사이트 등 우리에게 유해한 불건전 정보가 유통될 수 있다.

② 개인정보 유출 : 해킹이나 바이러스 감염 등으로 개인정보가 누출되어 사생활에 침해를 받을 수 있다.

③ 사이버 성폭력 : 채팅이나 게시판을 통해 성적으로 수치심을 주는 사이버 성폭력이 일어나고 있으며 실제 성폭력으로 이어지는 경우도 있다.

④ 사이버 언어폭력 : 사이버 성폭력과 마찬가지로 서로 얼굴을 볼 수 없기 때문에 욕설이나 비방, 유언비어 등 언어폭력이 많이 일어나고 있다.

⑤ 언어 훼손 : 보다 쉽게, 보다 빠르게, 또는 단순히 재미로 줄여 쓰고, 이어 쓰고, 발음 나는 대로 쓰는 등 올바른 언어를 사용하지 않아 실제 생활에서 언어 사용의 문제를 가져올 수 있다.

⑥ 인터넷 중독 : 인터넷 이용이 보편화되면서 인터넷에 지나치게 빠져 생활의 곤란을 겪게 되는 경우도 많이 생기고 있다. 특히 청소년은 온라인 게임이나 음란물에 지나치게 몰입하여 중독이 되는 경우가 많다.

⑦ 불건전한 교제 : 채팅이나 메신저를 이용하여 불건전한 교제의 가능성이 있다.

⑧ 저작권 침해 : 불법으로 복제된 소프트웨어 파일 등을 배포하거나 저작권자의 동의 없이 공개하기도 한다.

[퀴즈 11 정답 및 해설]

학습자마다 관점과 생각이 다르기 때문에 정답은 있을 수 없으나 문항에 대한 작성 예시는 다음과 같다. 자동차를 구입할 경우 의사결정 사항은 차를 구입하는 데 얼마나 투자할 수 있는가, 몇 명이 탈 것인가, 유지비는 얼마나 들 것인가 등일 것이고, 이에 따른 필요한 정보는 자동차 가격, 투자 가능 금액, 자동차 크기, 좌석수, 보험료, 세금, 기름값, 운행거리 등이 될 수 있다.

[퀴즈 12 정답 및 해설]

① 동적인 물건 : 오래된 식료품, 화장실용 휴지, 구멍난 양말
② 정적인 물건 : 컴퓨터, 자가용, 집
③ 동적인 정보 : 뉴스프로그램, 신문기사, 이메일
④ 정적인 정보 : 잡지, 책, CD-ROM

[퀴즈 13 정답 및 해설]

제시된 활동은 국제매너에 대한 예시를 인사, 시간약속, 식사 예절의 세 가지로 구분하여 제시한 것이다. 학습자들이 제시된 내용을 수정하는 과정을 통해 국제매너를 연습할 수 있도록 구성되었다. 이 활동에서는 올바른 국제매너를 가지고 행동할 수 있도록 중점적으로 지도한다.

먼저, 인사법에서는 소개를 위해 명함을 먼저 내밀어서는 안 되며 명함은 악수를 한 이후 주어야 한다. 그리고 미국인들과 악수할 때는 손끝만 살짝 잡아서는 안 되며 오른손으로 상대방의 오른손을 잠시 힘주어서 잡아야 한다. 시간약속과 관련해서는 이라크 사람들은 시간약속을 할 때 정각에 나오는 법이 없으며 상대방이 으레 기다려 줄 것으로 생각하므로 좀 더 여유를 가지고 기다리는 인내심이 필요하다. 식사예절에서는 스프를 먹을 때 입으로 불어서 식히지 않고 숟가락으로 저어서 식혀야 한다. 또한 스테이크는 처음에 다 잘라 놓지 않고 잘라 가면서 먹는 것이 좋다. 빵은 수프를 먹고 난 후부터 디저트 직전까지 먹고 칼이나 치아로 자르지 않고 손으로 떼어 먹어야 한다.

[퀴즈 14 정답 및 해설]

이런 경우 해법을 구하는 방법은 두 가지 방향으로 설명된다.

첫째는 상대방이 어떠한 방법을 선택하든 내게 유리한 방법이 있으면 그것을 선택하는 것이다(게임 이론에서는 '지배전략균형'이라고 함). 여기서는 범인 B가 고백하면 범인 A도 고백하는 것이 유리하고 범인 B가 침묵해도 범인 A는 고백하는 것이 유리하다. 결과적으로 상대방이 어떻게 나오든 범인 A는 고백하는 것이 유리하다. 결국 둘 다 고백하는 것으로 결론지어진다.

둘째는 상대방이 행동을 바꿀 필요가 없고, 그에 따라 자신도 행동을 바꾸지 않아도 되는 조합을 선택하는 것이다(게임 이론에서는 '내시균형'이라 함). 여기서는 범인 A가 고백하고 범인 B는 침묵하는 조합은 B가 고백으로 행동을 바꿀 것이므로, 이 경우의 내시균형은 둘 다 고백하는 것으로 첫 번째 방법과 같은 결과가 나온다.

　이 게임의 경우는 이기심에 바탕한 인간의 의사결정이 어떻게 이루어지며 그 결과가 어떠한가를 이해하는 데 도움을 둔다. 두 범인이 모두 침묵했으면 서로에게 유리한 결과를 얻을 수 있는데 모두 고백하여 불리한 결과를 초래하였다. 그렇다고 해서 자기를 배신할 상대방이 잘되게 하기 위하여 의리를 지키는 것은 자신에게 나쁜 결과가 오게 되므로 선택할 수 없을 것이다. 이 게임은 가상 상황을 전제한 것이라고 생각할 수도 있으나 경쟁과 협조가 공존하는 현실에서 흔히 있을 수 있는 정형적인 상황을 모형화한 것이다.

　그러나 이러한 결과가 나온 것은 주어진 상황이 불완전한 경쟁 상황이기 때문이다. 즉 참여자의 수가 적고 상대방의 선택에 대한 정보가 없으며 또 1회의 선택으로 종료되는 경우이다. 이러한 불완전한 경쟁 상황하에 연출되는 문제가 부패, 도덕적 해이 등 여러 가지 비윤리적 사회현상이다. 정보가 불투명하고 비대칭적이어서 상대방의 향후 행동을 예측할 수 없거나 본인이 최선을 다한다 해도 자신에게 돌아오는 혜택이 별로 없을 때 도덕적 해이가 발생한다.

[퀴즈 15 해설]

다양한 아이디어를 수집하여 정리한다. 특히 근면과 관련된 실례를 나열한다.

1. 나는 출근시간을 엄수한다.
2. 나는 업무시간에는 개인적인 일을 하지 않는다.
3. 나는 일이 남았으면 퇴근 후에도 일을 한다.
4. 나는 항상 일을 배우는 자세로 열심히 한다.
5. 나는 술자리를 적당히 절제하여 다음 생활에 지장이 없도록 한다.
6. 나는 일에 지장이 없도록 항상 건강을 잘 관리한다.
7. 나는 오늘 할 일을 내일로 미루지 않는다.
8. 나는 주어진 시간 내에서 최선을 다한다.
9. 나는 사무실 내에서 메신저 등을 통해 사적인 대화를 나누지 않는다.
10. 나는 회사규정에 정해진 시간(예 : 점심시간)을 지킨다.

1. 자신의 희망직무에 일치하는 NCS 학습모듈을 검색하고 하위능력들을 설명하시오.

2. NCS 직업기초능력에 대해 설명하시오.

3. 직업인으로서 직업윤리가 왜 중요한지 본인의 가치관을 중심으로 설명하시오.

제7장

취업서류 작성

🔘 수업 가이드

제7장에서는 자신의 취업준비 상태를 점검해 보고 취업준비 시 고려해야 할 사항에 대해 살펴본다. 또 취업준비를 위해 가장 중요한 서류인 이력서와 자기소개서 작성법에 대해 살펴보고 마스터 이력서와 자기소개서를 직접 작성한다. 영문이력서와 커버레터 작성법에 대해서도 학습한다.

🔘 학습목표

1. 자신의 취업준비 상태를 점검하고 취업준비 시 고려할 점에 대해 살펴본다.
2. 마스터 이력서와 자기소개서의 구성 요소와 작성법을 이해하고 직접 작성한다.
3. 영문이력서와 커버레터의 구성 요소와 작성법을 이해한다.

1. 취업준비

최근에는 취업준비를 위한 조기교육이 강조되고 있다. 취업은 단순히 자신이 지원에 필요한 서류를 잘 준비하고 면접을 잘 보는 것으로 그 결과가 좌우되는 것은 아니다. 취업을 위해 필요한 다양한 지식과 스킬들을 익히고 사회에서 요구하는 인성을 갖추는 등의 기초 작업이 필요한 과정이다. 따라서 취업은 1학년 입학과 동시에 준비해야 한다. 취업이 임박한 4학년 1학기에 S기업에 입사하기 위해 학점이 부족하다고 해당 과목 교수에게 학점을 정정해 달라는 말이 나와서는 곤란하다.

취업준비를 위해서 나는 어느 정도의 능력을 갖추고 있는지, 내가 도전해 볼 만한 회사의 수준은 어느 정도인지 먼저 파악해야 할 필요가 있다. 명시적으로 제시되어 있는 것은 아니지만 모든 회사들이 동일한 수준의 직원을 채용하는 것은 아니다. 또 암묵적으로 인정되는 회사 수준과 지원자 수준이 정해져 있다고 볼 수 있다. 따라서 자신이 어느 수준의 회사에 지원 가능한지 먼저 파악하기 위해서 자신에 대한 이해와 준비 상태에 대한 점검이 필요하다.

1) 취업준비 상태 점검

취업준비 상태 점검은 이 책의 앞 부분에서 살펴본 바와 같이 자신의 성격, 직업에 대한 적성과 흥미는 물론 학교 성적과 영어 점수 등 취업준비 상태를 점검하는 것을 말한다. 먼저 자신의 성격, 직업에 대한 적성과 흥미 등을 토대로 자신이 희망하는 직업 분야를 결정하는 것이 필요하다.

특정 기업에서 업무 분야별로 최고의 스펙을 가진 신입사원들을 채용했었다. 하지만 신입사원들 중 상당수가 입사한 지 얼마 되지 않아 퇴직하는 일이 발생했다. 그 이유는 주어진 일이 자신의 기대에 못 미치는 일이었기 때문이다. 아주 우수한 사원에게 난이도가 높지 않고 동일한 일을 반복적으로 수행해야 하는 업무배정이 문제가 된 것이다. 이럴 경우 지원자의 성격, 직업에 대한 적성과 흥미는 매우 중요하다. 그렇기 때문에 취업을 준비하는 입장에서 자신이 어떤 분야의 일을 잘 해낼 수 있을지에 대해 고민하는 것은 취업 전 반드시 필요한 일이다.

그다음으로는 학교 성적에 대한 점검이다. 학교 성적은 취업을 위해 매우 중요한 요소이다. 일반적으로 대학 성적은 평점 3.0 이상을 기준으로 한다. 하지만 최근 성적기준이 높아지고 있을 뿐만 아니라 암묵적으로 인정되고 있는 학교의 질적 수준에 따라서도 성적기준은 다르게 평가되고 있다. 따라서 자신의 학교 성적은 물론 자신의 학교 수준에 대해서도 객관적인 평가를 해 볼 필요가 있다.

이제 영어는 특별한 능력이 아니라 취업을 준비하는 사람이면 누구나 갖추어야 할 기본 능력이 되었다. 또 영어를 읽고 이해하는 능력중심에서 영어로 직접 듣고 말하는 능력중심으로 평가

기준이 달라지고 있다. 최근 토익 점수는 지원자들의 상향평준화로 인해 점수가 점점 더 높아지고 있는 추세이다. 따라서 자신의 토익 점수와 영어 말하기 수준 등에 따라 지원할 수 있는 기업이 달라진다는 점을 인식하고 이에 대한 점검이 필요하다.

다음으로 점검해야 할 것은 자격증 취득사항이다. 자신이 보유한 자격증을 확인하고 취업하고자 하는 분야와의 관련성을 분석할 필요가 있다. 특히 자신이 지원하는 분야의 직무와 관련된 필수 자격증을 확인하고 취업 전에 취득해야 한다.

다음은 취업준비 상태 점검표이다. 위에서 언급한 사항 이외에도 취업에 필요한 여러 내용을 포함하고 있다. 아래의 표를 작성하면서 자신의 취업준비 상태를 점검한다.

🔍 취업준비 상태 점검

점검사항	준비 상태
직업적성 및 흥미에 맞는 희망직무(직업)	
학교 전공	
학교 성적(평점)	
영어 점수	
자격증	
경력사항	
인턴십	
공모전/수상경력	
동아리활동	
봉사활동	
해외 경험	
기타	

2) 취업준비 시 고려할 점

다음은 취업을 준비할 때 고려해야 할 사항들이다.

첫째, 명함을 만들어라. 명함은 보통 직업을 가진 사람이 자신을 알릴 수 있는 방법으로 사용하는 것이다. 하지만 가끔 명함을 가지고 다니며 자신을 소개하는 대학생들을 만날 때가 있다. 한편으로는 당돌해 보이기도 하고 또 한편으로는 엉뚱해 보이기도 한다. 하지만 이들에게서 느껴지는 긍정적인 면은 적극성이다. 자신이 만나는 모든 사람은 자신의 미래와 관련된 사람이고 또 자신의 취업과 관련된 사람일 수 있다. 따라서 자신을 홍보하는 일은 입사지원서를 작성하는 일만큼 중요하다. 명함을 만들라는 의미는 정말로 명함을 만들라는 것이 아니라 취업을 하는 데 그만큼 적극성을 가지라는 말이다.

실제로 자신이 취업을 원하는 기업의 인사담당자들에게 이메일이나 전화문의를 해 보는 것도 좋은 방법이다. 이들이 많이 바쁜 것은 사실이지만 이들은 항상 유능한 인재를 찾고 있는 사람들이다. 따라서 기본적인 예의만 갖춘다면 이들에게서도 유용한 정보를 얻을 수 있다.

둘째, 한 우물을 파라. 취업을 준비하는 학생들 사이에 지원서를 100통 정도 쓸 생각을 하라는 말이 있다. 이는 취업이 그만큼 어렵다는 것을 방증하는 것이다. 취업에 성공하기 위해서는 무엇보다 집중해야 하는 직무를 정하는 것이 중요하다. 그다음으로는 자신의 취업준비 상태를 점검하고 자신에게 가능성이 있는 회사 수준을 결정해야 한다. 그래서 집중적으로 공략해야 하는 몇 곳의 회사들을 선정하고 여기에 집중해야 한다. 물론 몇 곳의 기업에만 지원서를 제출하라는 것은 아니다. 그런데 많은 기업에 지원서를 제출하다 보면 정작 자신이 집중해야 하는 기업에는 소홀할 수 있다. 이것이 문제라는 것이다. 따라서 자신이 집중해야 하는 회사들에 대한 정보를 구체적으로 파악하고 취업준비를 해야 한다. 만약 그렇지 않으면 자신이 취업할 수 있는 수준의 회사보다 훨씬 낮은 수준의 회사에 취업하게 될 수도 있다. 이것이 바로 한 우물을 파는 자세로 취업을 준비하라는 것이다.

셋째, 창의력를 발휘하라. 기업체 인사담당자들은 많은 지원서를 접하기 때문에 비슷한 내용의 이력서와 자기소개서를 쉽게 구별해 낸다. 또 작성 내용이 좋기는 하지만 어디선가 본 듯한 내용이고 다른 지원자들과 차별성이 없는 것까지도 구별해 낸다. 취업정보 사이트나 취업카페에서 얻은 모범답안을 제시한다면 좋은 결과를 기대하기 어렵다. 따라서 자신만의 차별성을 부각시킬 수 있도록 창의력을 발휘해야 한다. 그러기 위해서는 다른 사람들이 작성한 이력서나 자기소개서를 많이 보지 않는 것도 하나의 방법이다. 형식 정도만을 벤치마킹하고 나머지 내용은 자신의 글로 표현하는 것이 좋다.

넷째, 가슴 뛰는 일을 찾아라. 흔히 직업에는 귀천이 없다고 한다. 하지만 이 좋은 말이 자신의 직업을 선택할 때는 해당되지 않는 말이 된다. 모든 사람들이 그런 것은 아니지만 많은 사람들은 자신이 희망하는 일이나 직업을 가지고 있다. 하지만 여러 이유로 인해 그 직업을 갖지 못하는 경우가 발생한다. 실제 자신의 전공에 만족하지 못하는 학생들도 상당수 있다. 자신이 없어서, 부모님의 권유로, 너무 힘들 것 같아서 등 그들이 원하는 전공을 선택하지 못한 이유는 다양하다. 때로는 늦게나마 자신이 원하는 일을 찾겠다는 학생들도 있다. 이들은 자신의 전공학점도 관리해야 하고 관심분야에 대한 공부도 해야 하는 이중고에 시달린다. 하지만 그래도 이들은 그 길을 포기하지 않으려고 한다. 왜일까? 그 일이 바로 자신에게 가슴 뛰는 일이기 때문이다.

한 방송사의 TV 프로그램을 통해 미국에서 공인회계사 시험에 합격하고 한국에서 무명의 연극배우를 하고 있는 사람의 인터뷰를 본 적이 있다. 그 사람이 받는 월 급여는 100만 원이 채 안 되었지만 너무 행복하다고 했다. 연극배우라는 직업이 그에게는 가슴 뛰는 일이기 때문이다. 이처럼 사회적 성공 기준이나 금전적인 것은 중요하지 않을 수도 있다. 정말 중요한 것은 과연 그 일이 내 가슴을 뛰게 하는 일인가 하는 것이다. 이런 일을 선택할 수만 있다면 행복한 삶을 영위하는 데 큰 힘이 될 것이다.

다섯째, 지피지기면 백전불태(知彼知己 百戰不殆)이다. 내가 취업을 하는 데 채용에 대한 결정권을 가지고 있는 주체는 기업이다. 따라서 내가 입사하고자 하는 기업에 대한 정보를 분석하고 거기에 맞게 나를 준비하는 것은 취업을 하려는 사람이 갖추어야 할 기본 자세이다. 그러기 위해서 나에 대한 분석도 중요하지만 내가 지원하는 기업에 대한 분석도 매우 중요하다. 따라서 기업에 대한 구체적이고 정확한 분석과 함께 그들이 원하는 인재상에 대한 면밀한 검토가 필요하다.

3) 이력서와 자기소개서의 역할과 중요성

취업을 준비하는 데 이력서와 자기소개서는 반드시 작성해야 하는 필수 서류이며 자신이 가진 모든 것을 한 번에 보여 줄 수 있는 유용한 도구이다. 기업에서는 정해진 기간 이내에 제출된 이력서와 자기소개서를 검토하고 자신들이 채용하고자 하는 분야에 적합한 인재들을 선발한다.

이력서와 자기소개서는 보통 지원회사에서 제시한 양식에 따라 작성하게 된다. 물론 경우에 따라서는 자유양식으로 이력서와 자기소개서를 작성하게 되는 경우도 있다. 이력서 작성의 경우 보통 문구점에서 파는 이력서는 사용하지 않는 것이 좋다. 이 양식은 이력서에 필요한 여러 항목들을 나누어 놓지 않아서 작성했을 때 한눈에 내용 파악이 잘되지 않을 뿐만 아니라 정해진 규격 때문에 작성 시 내용을 잘 정리해서 쓰기가 쉽지 않다. 또 경우에 따라서는 성의 없게 보일 수 있다. 따라서 가급적 이 이력서 양식은 피하고 온라인상에서 많이 이용되는 이력서 양식을 사용하거나 자신의 장점을 드러낼 수 있도록 이력서 양식을 직접 만들어서 작성하는 것이 바람직하다.

자유양식으로 작성하는 자기소개서는 기업이 자기소개서 항목을 제시하지 않고 지원자가 스스로 항목을 선택해서 작성해야 한다. 이 경우는 보통 네 개 항목, A4용지 두 장 정도로 작성하는 것이 바람직하다. 자유양식의 자기소개서에 포함되는 네 개 항목은 성장과정, 성공 경험,

직무역량, 지원동기 및 입사 후 포부 항목이다. 그러나 성공 경험 항목에 마땅한 사례가 없는 경우 성공경험 항목 대신 성격 장단점 항목으로 대체하여 작성할 수도 있다.

　이력서 작성은 '있고' '없음'의 문제이다. 이는 주어진 양식대로 이력서를 작성할 경우 자신이 보유한 지식, 스킬과 경험에 대해서는 기재가 가능하지만 그렇지 못한 부분은 공란으로 비워 두어야 하는 것을 의미하는 것이다. 하지만 자기소개서는 이력서와는 조금 다르다. 자기소개서는 자신이 가진 장점과 자신이 드러내고 싶은 부분에 집중해서 작성할 수 있다. 이 점이 이력서와 자기소개서가 다른 부분이다. 그러므로 얼마나 자신의 현재 상태를 잘 표현해 내는가 하는 것이 좋은 자기소개서를 작성하는 핵심이 될 수 있다.

　평균 수명의 연장으로 인해 미래의 수명은 100세 이상이 될 것이고 60세 이후에도 계속해서 직업을 가지고 일을 해야 하는 상황이 될 수 있다. 그렇다면 우리는 평생 동안 얼마나 많은 이력서와 자기소개서를 작성해야 하는 걸까? 아마도 그 수를 짐작하기는 쉽지 않을 것이다. 하지만 한 가지 확실한 것은 우리가 평생 동안 작성해야 할 이력서와 자기소개서가 이전보다 더 많아질 수 있다는 것이다.

　이력서와 자기소개서 작성은 취업으로 가는 데 반드시 거쳐야 하는 중요한 절차이자 관문이다. 취업을 위해서는 여러 절차를 거쳐야 한다. 보통 이력서와 자기소개서를 제출하고 이를 심사 받는 것을 서류전형이라고 한다. 서류전형이 통과된 경우에 한해 인·적성 검사, 면접, 신체검사 등의 이후 과정이 진행된다. 그러므로 이력서와 자기소개서는 취업에 성공하기 위한 첫 번째 관문이다.

2. 마스터 이력서와 자기소개서

마스터 이력서와 자기소개서는 이직이나 전직이 많은 현대인들에게 지원서류를 제출할 때마다 작성 내용이 달라질 수 있다는 점을 감안하여 작성을 권유하는 서류이다. 마스터 이력서와 자기소개서를 작성해 두면 이력서와 자기소개서를 제출할 때마다 별도로 다시 이력서와 자기소개서를 작성해야 하는 번거로움과 시간 낭비를 줄일 수 있다. 이력서와 자기소개서를 항목별로 나누어 작성해 두면 지원 시 요구하는 사항이나 채용 유형에 따라 마스터 이력서와 자기소개서의 작성 내용에 변화를 줄 수 있다.

　마스터 이력서와 자기소개서는 업무 경험, 교육훈련, 성과 및 업적 등을 모두 한곳에 모아놓은 서류이다. 이는 취업에 유용한 개인 정보를 한곳에 모아 놓은 것인데 보통 4~20페이지 정도 된다. 여기에는 아르바이트 경험, 인턴십 경험, 정규직 경험, 봉사활동 경험 등이 모두 기재되어야 한다. 또 담당했던 업무와 책임, 중요한 임무, 프로젝트와 그 성과 등이 모두 포함되어야 하고 학위, 자격증 취득 일자와 학점, 수상 내역 등도 기재해야 한다.

1) 마스터 이력서

마스터 이력서에 기재해야 할 항목들은 다음과 같다. 각 항목들을 나열하고 이에 대해 좀 더 구체적으로 살펴보자.

(1) 인적사항

가. 성명

성명의 경우 한글, 한문, 영문을 모두 기재한다. 한문과 영문 성명의 경우는 오자가 발생하지 않도록 잘 기재한다. 한글의 경우도 주민등록상에 기재되어 있는 성명을 기재하고, 영문 성명의 경우 여권에 등록된 성명을 기재한다.

성명	한글		한문		영문	

나. 생년월일 및 연령

생년월일은 주민등록상의 생년월일을 기재한다. 연령의 경우 보통 만으로 기재하기 때문에 주민등록상에 등록된 생년월일을 기준으로 생일이 지났다면 우리나이에서 한 살을 빼고 지나지 않았다면 두 살을 뺀 뒤 기재한다.

생년월일		(세)

다. 주소 및 연락처

원적과 본적의 주소도 기재한다. 현 주소의 경우 주민등록상의 주소를 기재한다. 연락처의 경우 자택 전화번호와 핸드폰 번호를 적는다. 만약의 경우를 대비해 긴급연락처를 별도로 기재해 둘 필요가 있다. 요즈음은 기업에서 실제 이메일로 많은 업무를 처리하기 때문에 지원 시 이메일 주소는 반드시 적어야 한다. 이메일 주소를 적었다면 이메일을 잘 관리할 필요가 있다. 용량이 차서 이메일을 수신하지 못하는 일이 발생하지 않도록 주의를 기울여야 한다.

원 적			
본 적			
현 주 소	(우편번호 : −)		
전화번호		긴급 연락처	
핸드폰		이메일	

라. 가족관계

최근에 가족관계 항목은 주요 대기업을 중심으로 지원서에서 삭제되는 추세이다. 그러나 중견기업이나 중소기업 등에서는 작성을 요구할 수도 있는 항목이다. 따라서 아래 내용을 미리 작성해 둔다면 지원서를 작성하는 데 시간을 절약할 수 있을 것이다. 부모, 형제, 자매 등의 순으로 기입한다. 부모가 사망했을 시 부모를 모두 기재하고 비고란에 사망이라고 기재한다. 부모, 형제, 자매의 연령, 출신학교, 근무처, 직위 등을 모두 기재한다.

관계	성명	연령	출신학교	근무처	직위

(2) 학력사항

초등학교, 중학교, 고등학교, 대학교순으로 입학, 졸업일자를 자세히 기록하고 학적 변동사항이 있는 경우 이에 대해서도 함께 기재한다. 학창시절에 특이사항이 있는 경우 이를 간략하게 기재해 둔다. 초등학교, 중학교, 고등학교의 경우 특히 성적이 좋았던 과목 등에 대해서도 간략히 기재한다. 대학과 대학원의 학점도 기록해 둔다.

기간(년월일)	학교명	전공 및 특이사항	성 적
~	초등학교		
~	중학교		
~	고등학교		
~	(전문)대학		/
~	대학교		/

(3) 경력사항

이력서의 경력사항은 증빙서류를 제출할 수 있는 경우에만 기재하는 것을 원칙으로 한다. 반면 자기소개서에 기재하는 경력내용은 증빙서류를 제출할 수 없는 경우에도 작성할 수 있다. 따라서 마스터 이력서의 경력사항란에는 모든 경력내용을 기재해 두는 것이 바람직하다. 아르바이트, 인턴십, 프로젝트 경험과 직장 근무 경력의 기간, 근무 기관, 담당 업무, 성과 및 업적, 유익했던 점 등을 기재한다.

아르바이트	기간(연월일)	근무 기관	담당 업무	성과 및 업적	유익했던 점
	~				
	~				
	~				

인턴십	기간(연월일)	근무 기관	담당 업무	성과 및 업적	유익했던 점
	~				
	~				
	~				

프로젝트	기간(연월일)	실시 기관	담당 업무	성과 및 업적	유익했던 점
	~				
	~				
	~				

직장근무	기간(연월일)	근무 기관	담당 업무	성과 및 업적	유익했던 점
	~				
	~				

(4) 교육 및 연수사항

학교 공부 이외에 해외 어학연수나 직업훈련(교육) 경험이 있는 경우 그 사항을 자세하게 기재한다.

해외 어학연수	언어	기간	연수 국가	연수 기관	유익했던 점
직업훈련 (교육)	훈련 내용	기간	훈련 기관	성과 및 유익했던 점	

(5) 자격사항

국가공인자격증, 면허증, 민간 공인 및 비공인 자격증의 자격명, 취득일, 자격 수여 기관을 기재한다.

	자격명	취득일	자격 수여 기관
자격면허			

(6) 외국어 및 컴퓨터활용능력

자신의 외국어 시험 성적증명서가 있는 경우 그 점수를 기재하고 외국어능력을 상, 중, 하로 표시한다. 컴퓨터활용능력에 대해 사용 가능한 툴별로 수준을 기재한다.

	언어 종류	시험명	점수	수준(상,중,하)
외국어능력				
	사용 가능 툴		수준(상,중,하)	
컴퓨터 활용능력	WORD			
	HWP			
	EXCEL			
	POWER POINT			
	그외 사용가능 툴			

(7) 동아리 및 봉사활동 사항

동아리 활동과 봉사활동에 대해 기간, 실시 기관, 활동 내용과 유익했던 점에 대해 기재한다.

	기간	동아리명	활동 내용	유익했던 점
동아리 활동				
	기간	실시 기관	활동 내용	유익했던 점
봉사활동				

(8) 장학금 수혜 및 수상경력

장학금과 교내·외 수상경력에 대해 아래 내용을 중심으로 기재한다.

	일자	종류	수여 기관	금액	비고
장학금					
	일자	수상 내용	주체 기관	부상	비고
수상경력					

(9) 군경력 사항

병역 내용, 복무 기간, 군, 병과, 계급, 병역면제 사유 등을 상세히 기재한다.

병역	1.현역 2.방위 3.면제 4.미필	
	기간	–
	군별	1.육군 2.공군 3.해군 4.기타
	병과	계급
	면제 사유	

(10) 취미 및 특기

취미, 특기에 대해 세부 내용과 함께 기재한다. 특히 취미나 특기는 이력서에 기재할 때 세심한 주의가 필요한 부분이다. 이 부분에 대해서는 면접 시 면접관이 질문을 할 수 있기 때문이다. 따라서 취미란에는 자신이 정말 좋아하는 것을, 특기란에는 실제 잘하는 것을 기재해야 한다.

	내용
취미	
특기	

(11) 사진

정장을 착용한 사진을 준비하고 가급적 지원하는 계절에 맞는 복장을 갖춘 사진으로 준비하는 것이 좋다. 정성이 많이 들어간 느낌이 들면서 편안하고 밝은 표정의 규격에 맞는 사진을 준비한다. 또 온라인 지원 시 파일로 송부할 수 있도록 사진을 파일로 준비한다.

2) 마스터 자기소개서

한 취업 사이트가 기업 채용담당자를 대상으로 실시한 설문조사 결과에 따르면 '엄격하신 아버지와 자상한 어머니'가 자기소개서 비호감 문장 1위로 나타났다. 기업 채용담당자 10명 중 8명 이상은 자기소개서의 특정 문장에 호감 또는 비호감 인상을 갖는 것으로 조사됐다.

호감형 문장(복수응답)들은 다음과 같다.

1위 '(이 회사 · 직무)에 지원하기 위해 ~준비를 했습니다'(48.5%)
2위 '책임감을 갖고 있기 때문에'(27.1%)
3위 '~했지만 ~을 통해 극복했습니다'(23.9%)
4위 '항상 웃음을 잃지 않고 긍정적으로~'(22.1%)
5위 '몇 년 후 ~분야에서 전문가가 되고 싶습니다'(20.1%)

비호감형 문장(복수응답)들은 다음과 같다.

1위 '엄격하신 아버지와 자상한 어머니 사이에서 태어나~'(71.1%)

2위 '뽑아만 주신다면 무슨 일이든 하겠습니다'(48.0%)

3위 '귀사라는 단어가 반복되는 문장'(35.9%)

4위 '솔직히 말씀 드리면~'(31.7%)

5위 '저는·나는으로 시작되는 문장 반복'(27.4%)

6위 '학창시절 결석 한 번 없이 성실하게 생활했으며~'(22.1%)

7위 '귀사를 통해 발전하도록 하겠습니다'(14.1%)

다음은 전체 채용담당자를 대상으로 '서류전형 합격 여부에 가장 큰 영향을 미치는 자기소개서항목'을 물어본 결과이다.

1위 '사회경험 및 경력사항'(59.6%)

2위 '지원동기 및 입사 후 포부'(14.9%)

3위 '성장과정'(7.3%)

4위 '생활신조'(6.4%)

5위 '성격의 장단점'(5.0%)

6위 '학창시절'(2.6%)

7위 '감명 깊게 읽은 책'(2.4%)

기업 채용담당자들이 자기소개서 한 부를 검토하는 시간은 평균 2분 52초로 집계돼 3분 내외로 서류전형 당락이 결정되는 것으로 조사됐다. 이러한 결과를 통해 좋은 자기소개서를 작성하기 위해서는 식상하고 틀에 박힌 표현 대신에 적극적이고 도전적인 표현을 사용해야 하고, 특히 사회 경험과 경력사항에 대해 작성할 때는 자신의 경험에 근거한 에피소드 위주의 진솔한 내용을 쓸 수 있도록 신중을 기해야 한다.

다음은 평범하지 않은 자기소개서로 어려운 취업 관문을 뚫은 실제 사례이다. E여대 국문과를 졸업한 뒤 평범한 전업주부에서 서른 여덟에 남편의 사업실패로 한 광고회사 모집공고를 보고 지원해 카피라이터가 되었던 여성의 실제 사례이다. 당시 경쟁률은 1,331대 1이었다. 그녀가 그 높은 경쟁률을 뚫고 입사할 수 있었던 것은 독창적인 자기소개서 덕분이었다.

'삶에도 희망과 절망이 공존한다. 나는 좋은 쪽만 보고 살련다'

옛날에 멋진 초상화를 남기려는 애꾸 임금이 있었다. 그런데 아첨쟁이 화가는 눈을 멀쩡하게 만들었고, 고지식한 이는 애꾸 그대로 그렸다. 그때마다 핏대만 세우던 임금이 한 무지렁이 화가의 마지막 작품에 꽂혀 버렸다. 그는 성한 눈 쪽의 옆모습을 정성껏 그려 낸 것이다.

그녀는 이력서 특기란에 '멍하니 하늘 쳐다 보기', 취미란에는 '인상 쓰는 사람 간지럼 태우기' 라고 썼다. 또 희망 연봉란에는 '물질은 완전초월'이라고 썼다. 그 여성이 바로 행복전도사였던 최윤희 씨다. 물론 모든 지원 분야의 자기소개서가 이렇게 독창적이어야 하는 것은 아니다. 그녀가 지원한 분야는 특히 창의력이 많이 요구되는 카피라이터였다. 그녀가 그 어려운 관문을 뚫고 입사하게 된 것은 자신의 직무에 적합한 자기소개서를 작성했기 때문이다. 따라서 자신이 지원하는 분야에 적합한 자기소개서를 작성하는 것이 중요하다.

보통 자기소개서를 작성할 때는 지원하는 기업이 요구하는 항목에 제시된 글자 수에 맞게 작성하는 것이 원칙이다. 맞춤법, 띄어쓰기, 오자와 탈자 등이 없도록 작성해야 하고, 추상적이고 특징 없는 단어보다는 구체적이고 자신만의 차별성을 강조하는 단어를 사용해서 작성해야 한다. 또한 자기소개서의 내용은 지원자 자신의 경험에 충실한 것이어야 한다. 자신의 경험에 근거한 자기소개서는 보는 사람들에게 신뢰감을 줄 수 있다. 자기소개서를 쓸 때 한 가지 더 주의해야 할 점은 자신을 객관적으로 바라봐야 한다는 것이다. 그래야 자신이 가진 장점과 단점을 파악할 수 있고 선택한 회사에 적합한 인재인지가 보인다. 이러한 시각에서 자기소개서를 작성하면 차별화된 자신만의 자기소개서를 완성할 수 있다.

(1) 내 삶의 역사지도

최근에 기업에서 요구하는 자기소개서는 지원자 개인의 삶의 역사(History)이다. 어떤 사건들을 통해 무엇을 배우고 어떻게 성장했는지 그리고 자신이 왜 유능한 인재인지, 자신의 삶의 역사가 지원회사와 어떠한 관련성을 갖는지에 관한 것들이다. 따라서 자기소개서를 잘 쓰기 위해서는 자신이 살아온 삶의 역사지도를 그려볼 필요가 있다. 역사지도를 그리는 가운데 자신이 했던 다양한 경험들에 대해 생각해 보고 이를 정리할 수 있다. 이 때 사용할 수 있는 방법이 마인드 맵(Mind Map) 작성법이다.

역사지도는 세 개의 주요 시점을 선정해서 작성할 수 있다. 역사지도의 가운데 원 안에는 현재까지 자신의 삶을 정의할 수 있는 핵심 단어를 세 개 정도 찾아서 적는다. 세 개의 큰 가지는 자신의 출생부터 현재에 이르기까지 시점들을 구분하는 틀이 된다. 다음은 시점선택의 예시이다.

(예시) 첫 번째 시점 : 출생에서 고등학교 졸업까지 시기

　　　　두 번째 시점 : 대학생활 전반기

　　　　세 번째 시점 : 대학생활 후반기

　위의 각 시기는 개인에 따라 선택해서 작성이 가능하다. 군생활 경험이나 휴학 경험 등은 시기를 구분하는 주요 사건이 될 수 있다. 각 시기에 자신이 경험했던 사건들을 중심으로 핵심 단어만을 기록한다. 아주 작은 사건에서부터 자신의 삶에 중요한 영향을 미친 사건에 이르기까지 빼 놓지 않고 모두 기록해야 한다. 역사지도는 다음에 학습할 스토리보드(Story Board)의 토대가 될 수 있기 때문에 마스터 자기소개서 작성을 위해서 가장 중요한 기초 단계가 된다.

📷 **역사지도**

(2) 스토리보드

역사지도 그리기를 통해 발견한 자신의 삶의 역사를 중심으로 스토리보드를 작성한다. 자기소개서 작성 전에 스토리보드를 먼저 작성해야 하는 이유는 완성도 높은 자기소개서를 작성하기 위한 것이다. 사람들이 보통 그림을 그리기 위해서는 스케치, 즉 밑그림을 먼저 그리고 그림을 그리게 된다. 만약 밑그림을 그리지 않고 그림을 그리게 된다면 전체적인 구도의 문제가 생길 수 있고 결과적으로 자신이 원하는 그림을 그릴 수 없게 될 것이다.

우리가 자기소개서를 잘 작성하지 못하는 이유는 이러한 밑그림인 스토리보드 없이 자기소개서를 작성하기 때문이다. 많은 사람들이 자기소개서를 작성할 때 첫 문장부터 쓰려고 한다. 이는 글 쓰는 순서를 잘 모르고 거꾸로 자기소개서를 작성하는 것이다. 자기소개서의 첫 번째 문장은 특히 작성하기 어렵다. 그 이유는 작성한 자기소개서의 내용을 전체적으로 정리하는 것이고 전체 내용을 대변하는 것이기 때문이다. 따라서 자기소개서의 첫 번째 문장은 자기소개서를 다 완성한 후에 전체 내용을 대변할 수 있도록 살짝 올려놓듯이 작성해야 한다.

스토리보드에서 가장 먼저 작성해야 할 부분은 사례부분이다. 사례는 다른 사람에게 자신의 이야기를 들려주는 것처럼, 즉 스토리텔링하는 것처럼 이야기를 처음부터 끝까지 순차적으로 작성해야 한다. 그리고 그다음은 맺음말을 작성한다. 맺음말은 먼저 작성한 사례부분의 내용을 기초로 본인의 각오를 포함하여 작성한다. 마지막으로 첫 문장을 작성한다. 첫 문장은 간결하지만 아래 기술한 사례와 맺음말을 요약, 정리한 내용으로 적어야 한다. 이러한 스토리보드에 따라 자기소개서를 작성할 경우 서론, 본론, 결론을 논리적이고 설득력 있게 구성할 수 있다. 스토리보드를 잘 작성하게 된다면 자기소개서의 골격이 되는 내용을 잘 작성하게 될 것이고 이는 결국 완성도 높은 자기소개서를 작성하는 토대가 될 수 있다. 다음은 스토리보드의 예시들이다 (박윤희, 2018).

(예시 1) 성공 경험

첫 문장	대학생활 중에 끈기와 계획성을 바탕으로 1.85밖에 되지 않았던 학점을 평점평균 3.89까지 높인 성공 경험을 가지고 있습니다.
사례	<ul><li>대학 1학년 1학기 성적 1.85</li><li>1학년 2학기 성적 1.92</li><li>2학년 1학기 성적 2.85</li><li>군 제대 후 2학년 2학기 복학함</li><li>계획을 세우고 하루에 10시간 이상씩 공부에 몰입함</li><li>이런 일도 제대로 못 해낸다면 앞으로 큰 일을 어떻게 하겠는가라는 생각을 가지고 공부에 매진함</li><li>그 결과 4학년 1학기 종료한 현재 평점평균 3.89</li><li>그 어떤 일보다 열정적으로 임했고 성공한 경험이라고 자부함</li></ul>

| 맺음말 | 한 번 마음먹은 일은 꼼꼼하게 계획을 세워 반드시 해내고야 마는 끈기와 계획성을 바탕으로 ABC사의 구매직무에서 최고의 성과를 내는 인재로 회사발전에 기여하겠습니다. |

(예시 2) 윤리성을 발휘한 경험

첫 문장	대학교 3학년 때 A학점을 얻는 대신 제 자신과의 약속을 지키고 윤리성을 발휘한 경험이 있습니다.
사례	• 대학 3학년 1학기 인사관리 전공과목 수강 • 매주 과제 1개씩을 10주 동안 제출하고 이를 근거로 학점부여 • 담당교수는 4회 미제출로 B학점 부여 • 2회 미제출로 기억하고 있어서 담당교수에게 A학점 요구 • 담당교수가 의견을 수락하고 A학점으로 수정 • 집에 돌아와 과제 파일을 확인해 본 결과 미제출 4회 확인 • 정확한 사실을 밝히고 B학점을 받느냐, 거짓말을 하고 A학점을 받느냐 사이에서 갈등 • 한 과목의 학점을 잘 받는 것보다는 내 삶에서 진실되게 살자는 나와의 약속을 지키는 것이 더 중요하다고 판단 • 담당교수에게 솔직하게 이야기하고 B학점을 받음
맺음말	눈앞의 이익에 흔들리지 않고 정직하고 진실되게 삶을 살고자 하는 신념을 바탕으로 ABC사가 소비자의 마음을 얻을 수 있는 윤리적인 기업으로 발전하는 데 기여하는 인재가 될 수 있도록 최선을 다하겠습니다.

(3) 항목별 자기소개서 작성

다음은 기업들이 요구하는 자기소개서 항목 중 공통적으로 요구하는 항목을 중심으로 그 작성 방법에 대해 설명한 것이다. 많은 기업들이 자기소개서의 질문 항목들을 매년 새롭게 제시하고 있다. 따라서 마스터 자기소개서의 항목들은 기업들의 자기소개서에 많이 등장하는 질문을 중심으로 작성할 필요가 있다. 다음에 제시되어 있는 항목들을 중심으로 마스터 자기소개서를 작성해 둔다면 여러 기업에 지원한다 해도 큰 어려움 없이 지원서를 제출할 수 있을 것이다.

가. 성장과정

성장과정은 자신의 대표 인성을 소개하는 항목이다. 따라서 성장과정을 작성하기 위해서는 자신의 대표인성을 먼저 선택해야 한다. 즉 자신의 인성 중 강점이라고 생각되는 것을 하나의 단어로 표현해야 한다. 대표 인성을 선택할 때 고려해야 할 것은 선택한 대표 인성이 조직 생활을 하는 데 부합하느냐의 여부이다. 물론 선택한 대표 인성이 지원기업의 인재상에 부합하는 것이라면 더 좋겠지만 반드시 그럴 필요는 없다. 만약 그래야 한다면 매번 성장과정 항목을 다시 작성해야 하는 어려움에 처하게 될 것이다. 따라서 기업이라는 조직의 구성원으로 조직생활을 하는 데 큰 무리가 없다고 판단되는 인성이라면 좋을 것이다.

성장과정에 자신의 대표 인성을 표현하기 위해서는 대학생활 중에서 사례를 찾는 것이 바람직하다. 지원자에 따라 중·고등학교 시기의 사례를 쓰는 경우가 있는데 특별하지 않다면 좋은 방법은 아니다. 또 만약에 중·고등학교 시기의 사례를 사용할 경우에는 대학교 시기의 사례와 그 내용이 조화를 이루어야 한다. 그래서 보통은 대학생활 중에서 자신의 대표 인성을 발휘했던 경험을 중심으로 작성하게 된다. 만약 직장경력이 있는 경우라면 직장생활 경험 중에서 자신의 대표 인성이 발휘된 사례를 찾는 것도 좋다.

자기소개서에 제시하는 사례들이 모두 임팩트 있고 무게감이 있는 사례라면 좋겠지만 대부분의 지원자들이 성장과정 항목에 좋은 사례를 제시하기는 쉽지 않다. 왜냐하면 임팩트 있고 무게감이 있는 사례는 다른 자기소개서 항목에 양보해야 하는 경우가 대부분이기 때문이다. 따라서 사례의 무게감보다는 자신의 대표 인성이 잘 드러난 사례를 제시할 필요가 있다.

앞서 스토리보드의 예시에서 학습한 바와 같이 스토리보드는 스토리텔링을 하는 것처럼, 즉 자신의 이야기를 타인에게 들려주는 것처럼 작성해야 한다. 따라서 사례가 어떻게 시작되었고 어떤 과정을 통해 어떻게 진행되었으며 어떤 결과를 얻었는지에 대해 시간의 흐름에 따라 순차적으로 작성해야 한다. 또 전체적으로 스토리보드는 사례, 맺음말, 첫 문장의 순으로 작성해야 한다.

헤드라인	
첫 문장	
사례	
맺음말	

나. 성공 경험

성공 경험은 거의 모든 기업에서 요구하는 자기소개서 항목이다. 성공 경험 항목은 기업에 따라 조금씩 상이한 질문으로 제시되는데, 예를 들어 가장 열정적으로 임했던 경험, 큰 목표를 세우고 도전해서 목표를 달성했던 경험, 자신의 삶에서 가장 많은 노력과 에너지를 쏟았던 경험, 자신의 삶에서 가장 힘들었던 경험 등으로 제시된다. 성공 경험을 작성할 때 사례의 시기가 중요한데 가급적 자신의 대학생활 경험 중에서 그 사례를 찾아 작성하는 것이 좋다. 대학생활 중 성공 경험이 없는 지원자의 경우 고등학교 시기의 경험, 대학 재수 경험, 군대생활 경험에서 사례를 찾아 작성하는 경우도 있다. 하지만 특별한 사례가 아니라면 가급적 대학생활 경험 중에서 사례를 찾아 작성할 것을 권한다.

우리가 어떤 일이 성공적이었다고 말할 수 있는 것은 그 일을 해 보겠다는 도전의식을 가지고 목표를 세워서 실행했기 때문에 가능한 것이다. 따라서 성공 경험 항목을 작성하기 위해서는 먼저 사례를 선정하고 자신이 어떤 의도를 가지고 어떤 목표를 세워서 도전했는지에 대해 정리해 보아야 한다. 특히 사례를 시간의 흐름에 따라 기술할 수 있어야 한다. 그리고 사례의 성공을 위해 발휘된 자신의 역량과 그러한 성공 경험을 통해 배운 점 또는 얻은 점에 대해서도 놓치지 않고 기술해야 한다. 스토리보드도 이 순서에 따라 작성하는 것이 바람직하다.

성공 경험은 어떠한 사례의 결과가 성공적이어야 하기 때문에 문제가 되는 것이 사례의 무게감이다. 지원자가 지금까지 살면서 가장 성공한 경험을 적어야 하기 때문에 너무 가벼운 사례를 선택하는 것은 자칫 지나치게 평범한 대학생활을 보낸 사람으로 비춰질 수 있다. 따라서 성공 경험은 자신의 삶에서 가장 성공적인 사례를 들어 작성하는 것이 바람직하다. 또 한 가지 사례가 충족해야 할 조건은 그 결과가 가시적이고 측정 가능해야 한다는 것이다. 그저 기쁘고 마음이 뿌듯했다 정도의 사례로는 곤란하다.

성공 경험의 사례로 가장 적합한 것은 자신이 지원하고자 하는 직무 분야와 관련 있는 경험이다. 예를 들어, 인턴십 경험, 직장체험 경험, 현장실습 경험, 아르바이트 경험 등이 가장 직무분야와 관련성 있는 경험들이라고 할 수 있다. 이러한 경험들 중에서 자신이 직무와 관련된 활동들을 수행하면서 성공적인 결과를 경험했다면 가장 바람직할 것이다.

만약 이러한 경험들이 없는 지원자라면 공모전 입상 경험을 포함한 각종 대회 수상 경험, 힘든 여행을 마무리한 경험, 학과 행사를 잘 마무리한 경험, 동아리 활동 경험, 봉사활동 경험 중에서 성공 경험의 사례를 찾아야 할 것이다. 또한 그 사례의 결과가 매우 구체적이고 성과로 입증할 수 있는 것이어야 한다. 이러한 조건들이 충족된다면 성공 경험의 사례로 작성할 수 있다. 다음은 성공 경험으로 작성할 수 있는 사례들을 정리한 것이다.

- 국내 인턴십 경험
- 직장체험 경험
- 현장실습 경험
- 아르바이트 경험
- 서포터즈 경험
- 학생회 활동 경험
- 동아리 활동 경험
- 봉사활동 경험

- 해외 인턴십 경험
- 해외 봉사활동 경험
- 교환학생 경험
- 워킹홀리데이 경험
- 해외 어학연수 경험
- 힘든 여행 경험

- 특허취득 경험
- 공모전 입상경험
- 논문 발표 경험
- 프로젝트 성공 경험
- 각종 대회 수상 경험

헤드라인	
첫 문장	
의도 목표 사례 발휘된 역량 배운 점	
맺음말	

다. 직무역량

여러 자기소개서 항목 중 직무역량 항목은 입사에 결정적 영향을 미치는 가장 중요한 항목이다. 직무역량 항목의 작성방법에 대해 살펴보기 전에 먼저, 역량의 개념에 대해 이해할 필요가 있다. 역량은 1973년 하버드대학의 심리학자인 매클랜드(David McClelland)에 의해 처음으로 제시되었다. 그는 그의 연구 「Testing for Competence Rather Than Intelligence」에서 전통적인 의미의 지능검사보다는 개인이 수행하는 직무에서 실제 성과로 나타나는 역량평가가 더 의미 있다는 입장을 밝혔다. 학업적성검사나 성취도 검사들이 업무 성과나 직업에서 성공을 예측하지만 상당 부분 개선될 여지가 있다는 것을 강조하였다. 또 성공적인 업무수행자와 평균적인 업무수행자의 비교를 통해 성공과 관련된 특성을 규명하는 데 초점을 맞추었다. 이를 시발점으로 하여 다양한 분야의 업무에 대한 역량 연구가 이어지고 있다. 특히 조직의 리더나 전문직 종사자에게 요구되는 역량은 성과와 연결되는 중요한 지표이자 자격을 유지하게 하는 필수요건으로 인식되고 있다.

이러한 역량의 정의에 대해 살펴보면, 역량은 개인이 역할이나 활동을 수행하는 데 필요한 내재적 특성이나 개인의 능력 특성이다. 중요한 것은 역량이 역할이나 활동을 수행함에 있어 보편 타당한 것이 아니라 그 수행이 뛰어나고 우수하며 성공적이어야 하고 그것이 추상적이지 않고 실제 측정 가능해야 한다는 것이다.

스펜서 외(Lyle M. Spencer & Singe M. Spencer, 2000)는 직무나 상황에서 뛰어난 수행이나 준거 관련 효과와 연관된 개인의 특성에 기초하는 것으로 역량을 정의하였다. 또 역량에 해당되는 개인의 특성을 다음과 같이 다섯 가지로 분류하였다.

첫 번째 특성은 개인의 동기(motives)로, 개인이 일관되게 마음에 품고 있거나 원하는 어떤 것으로 행동의 원인이 된다. 동기는 특정한 행위나 목표를 향해 행동을 유발시키고 방향을 지시하며 선택하도록 작용한다.

두 번째 특성은 개인의 특질(traits)로, 신체적인 특성, 상황 또는 정보에 대한 일관적인 반응성을 의미한다. 이 때 감정적인 자기통제와 주도성은 다소 복잡한 형태의 일관적인 반응성이라고 할 수 있다.

세 번째 특성은 자기개념(self-concept)으로, 태도, 가치관 또는 자기상(self-image)을 의미한다. 특히 가치관은 주어진 상황에서 단기적으로 나타나는 반응적 행동에 영향을 주는 요소이다.

네 번째 특성은 지식(knowledge)으로, 특정 분야에 대해 가지고 있는 정보를 말한다. 지식은 그 사람이 무엇을 할 수 있다는 것을 말해 줄 수 있을 뿐 실제로 무엇을 할 것인지를 예측하는 데는 도움이 되지 못한다.

다섯 번째 특성은 기술(skill)이다. 이는 특정한 신체적 또는 정신적 과제를 수행할 수 있는 능력을 말하는 것으로 정신적 또는 인지적 기술은 분석적 사고와 개념적 사고를 포함한다.

이와 같은 개인의 역량은 [그림 7-1]과 같은 구조를 갖는다.

역량구조에서 알 수 있듯이 개인에게 기술과 지식은 비교적 잘 드러나는 부분이라고 볼 수 있는 반면, 자기개념, 특질과 동기는 잘 드러나지 않는 부분이다. 기술과 지식은 개인에게 개발이 보다 용이하기 때문에 다양한 교육 훈련 방법을 통해 개발할 수 있다. 이와 달리 자기개념, 특질과 동기는 상대적으로 개인에게 개발이 어려운 부분이다. 이에 대해 스펜서 외는 기업에서는 개인의 자기개념, 특질과 동기를 개발시키는 데 주력하기보다는 이러한 역량을 이미 갖춘 사람을 선발하는 것이 보다 바람직할 것이라고 주장하였다.

이러한 연구자들의 주장과 달리 기업에서는 내적인 태도인 자기개념, 특질과 동기뿐만 아니

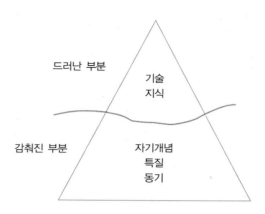

그림 7.1 역량구조의 내면과 표면

출처 : Spencer, L. M. · Spencer, S. M. (2000). Competence at work: Models for superior performance. p.21.

라 지식과 기술까지 모두 갖춘 인재를 선발하고자 한다. 기업은 영리를 추구하는 집단이다. 따라서 가급적 직원을 채용해서 교육과 훈련을 시키기보다는 교육과 훈련 없이 바로 직무현장에서 성과창출로 이어지기를 기대한다. 또 기업들은 개인의 내적 태도에 관해서는 인성검사와 인성면접 등을 통해 여러 단계의 검증을 실시하고 있다. 그러나 지식과 기술에 대해서는 전공면접이나 직무면접 등을 통해 검증을 실시하고는 있지만 이것만으로는 충분하지 않다고 생각한다. 또 기업의 입장에서는 그 어느 때보다도 높은 스펙을 가진 지원자들이 지원하고 있기 때문에 내적 태도는 물론 지식과 기술까지도 뛰어난 인재를 선발하고자 한다.

그렇기 때문에 자기소개서를 작성할 때는 내적 태도 부분에 다른 지원자들과 차별되는 특별한 경험을 가지고 있지 않다면 지식과 기술 부분에 초점을 맞춰서 작성할 필요가 있다. 태도 부분은 이미 자기소개서의 다른 항목(성장과정, 성공 경험, 성격 장단점 등)에서도 이미 여러 차례 언급되었을 가능성이 높기 때문이다. 따라서 직무역량 항목은 직무 경험, 지식과 기술 부분으로 나누어 작성할 필요가 있다. 지원자들이 특별한 교육과 훈련 없이 바로 직무현장에서 성과를 내는 데 필요한 것은 지원자의 실제 직무관련 경험이다. 이 점이 바로 기업들이 지원자에 대해 가장 알고 싶어하는 부분이기도 하다. 따라서 지원자가 직무역량 항목에서 가장 공을 들여 작성해야 하는 부분은 자신의 직무관련 경험이다. 이와 더불어 지원직무 선택 이유에 대해서도 기술할 필요가 있다. 특히 지원자의 지원직무 선택 이유는 첫 문장에 바로 작성할 수 있는데 이 경우 내용이 자연스럽게 직무 경험과 연결될 수 있다.

다음은 직무역량 항목에 작성해야 하는 내용들을 정리한 것이다.

- **직무선택 이유**
  - 특정 전공과목 수강, 직무관련 전시회 참관, 공모전 참가, 직무관련 교육·연수 참가, 직무관련 프로젝트 경험, 논문 작성 경험, 지인의 추천, 기업현장 견학
  - 지원자가 지원 직무에 관심을 가지게 된 사례를 기술한다.

- **직무 경험**
  - 인턴십, 경력사항, 직장체험, 현장실습, 아르바이트, 전공수업 프로젝트, 공모전, 경진대회, 교내 외 프로젝트, 직무관련 대외활동
  - 자신의 역할과 구체적으로 수행한 과업을 기술한다.
  - 모든 사례는 지원하는 직무와의 관련성이 중요하다.

- **지식**
  - 학교 내 직무관련 전공 교과목명, 학교 외 직무관련 교육·연수 과목명
  - 학교와 학교 외에서 학습한 직무관련 교과목명이나 과목명을 기술한다.

- **기술**
  - 학교 내 직무관련 전공 실습 교과목명, 학교 외 직무관련 교육·연수 실습 과목명, 직무관련 자격증, 어학성적, 컴퓨터관련 자격증(컴퓨터 문서작성에 관련된 자격증)
  - 학교와 학교 외에서 학습한 직무관련 실습 교과목명이나 과목명을 기술한다.
  - 직무관련 자격증, 문서작성 능력과 관련된 자격증 등 직무에 필요한 자격증을 기술한다.
  - 만약 외국어 능력이 필요한 직무의 경우 어학성적을 기재한다.

이상적인 직무역량 작성법은 직무 경험의 분량을 가장 많이 작성하는 것이다. 사실 기업의 입장에서는 지원직무에 가장 적합한 지원자를 선발하고자 할 것이다. 그때 가장 많이 영향을 미치는 것이 직무 경험이다. 기업의 입장에서는 직무와 관련해 실제 경험을 가지고 있는 지원자라면 입사 후에 자신의 직무에서 맡은 바 역할을 해내는 데 큰 무리가 없을 것으로 판단할 것이다. 따라서 직무 경험의 작성분량이 가장 많아야 한다. 그다음 지식과 기술은 꼭 기재해야 하는 중요한 사항이 아니라면 너무 많이 적지 않는 것이 오히려 더 바람직하다. 그 이유는 같은 전공을 한 지원자들이라면 그 내용이 유사할 수 있기 때문이다. 즉 학교에서 학습한 내용을 중심으로 지식과 기술을 너무 많이 기술할 경우 직무역량 항목에 차별성을 갖기 어렵다. 따라서 꼭 필요한 내용을 중심으로 차별성을 갖도록 작성할 필요가 있다.

직무역량 항목을 작성할 경우 단어 사용에 있어서도 전문성을 나타낼 수 있는 전공지식 관련 단어들을 사용하는 것이 바람직하다. 혹시 기업의 인사팀 직원이 자기소개서를 잘 이해하지 못할까 우려하는 마음에서 아주 평범한 단어를 사용하여 작성하는 지원자들이 있다. 하지만 이는 잘못된 생각이다. 어려운 직무관련 용어로 작성된 자기소개서를 읽을 책임은 채용기업에 있다.

따라서 자신이 가진 경험, 지식과 기술을 가장 잘 표현할 수 있는 단어들을 선택해서 직무역량 부분을 작성해야 한다.

또 지원자들이 가장 많이 하는 질문 중에 지원서(또는 이력서)의 작성란에 모두 기재한 내용인데 다시 자기소개서에 작성해야 하느냐는 것이다. 물론 기재해야 한다. 지원서의 작성란에는 간단히 적을 수밖에 없다. 따라서 하고 싶은 말이나 설명을 모두 기재할 수 없는 경우가 대부분이다. 하지만 자기소개서에 다시 적게 되면 하고 싶은 말이나 부연설명을 할 수 있어서 자신의 강점을 잘 드러낼 수 있다. 또 직무역량 부분은 자신이 가지고 있는 직무관련 역량을 모두 기재하는 것이기 때문에 한 번 더 강조해서 기술해야 한다. 왜냐하면 바로 이것이 본인의 강점이기 때문이다. 따라서 지원자들은 반복된다라는 생각을 버리고 자신의 강점을 최대한 보여준다는 마음가짐으로 직무역량 부분을 구체적으로 작성할 필요가 있다.

헤드라인		
첫 문장 (직무선택 이유 포함)		
사례	직무 경험	
	지식	
	기술	
맺음말		

라. 지원동기

여러 기업에 제출하는 자기기소개서에 절대 동일하게 작성할 수 없는 것이 바로 지원동기이다. 그래서 지원동기는 매번 지원할 때마다 지원회사에 맞게 새롭게 작성해야 한다. 그러나 여러 기업에 지원서를 제출해야 하는 지원자 입장에서는 좀 더 쉽게 지원동기를 작성하는 방법에 대해 생각해 둘 필요가 있다. 마스터 자기소개서에 지원동기를 작성할 때 몇 가지 기준을 정해 종류별로 지원동기를 작성해 두면 실제 지원할 때 도움이 될 수 있다.

최근에 지원동기 항목은 단순히 지원자가 지원기업을 선택한 이유만을 묻는 것이 아니라 지원자가 기업을 선택하는 기준이 무엇인지를 묻는 경향이 있다. 실례로 지원동기 항목에 "지원자가 다니고 싶은 회사를 선택하는 기준은 무엇입니까?", "본인이 회사를 선택하는 기준은 무엇이며 왜 ○○○기업이 그 기준에 적합한지 본인의 의견을 기술해 주세요." 등의 질문을 하고 있다. 이는 단순히 지원동기를 묻는 것과는 다른 것이다. 이러한 질문은 지원자의 지원동기 이외에 직업관을 엿볼 수 있는 문항들이다.

직업관은 지원자의 삶에서 직업에 대한 태도와 가치관으로 직업 의식이라고도 한다. 이 경우 직업을 생계유지와 출세를 위한 수단으로 보는 견해, 사회적 역할 분담이라는 전체주의적 측면에서 보는 견해 그리고 자아 실현의 과정으로 보는 견해들이 있을 수 있다(DAUM 온라인 사전). 가장 바람직한 답변은 직업을 개인의 자아실현 과정으로 보는 견해이다. 따라서 수평적 조직문화, 편안한 사내 분위기, 높은 복지 수준, 주 5일 근무, 야근이 없는 직장 문화, 높은 연봉 등의 내용보다는 직원을 키워 주는 곳, 글로벌 기업으로 성장 가능한 곳, 자신의 역량을 발휘할 수 있는 곳, 궁극적으로 자신의 희망하는 삶, 즉 자아실현을 할 수 있는 곳 등이 보다 바람직한 답변이 될 수 있을 것이다.

지원동기를 작성할 때 지원자들이 가장 범하기 쉬운 잘못은 지원자 자신의 입장에서 지원동기를 작성한다는 것이다. 그래서 대부분의 지원자들이 자신이 지원하는 회사가 왜 좋은 회사인지 그리고 향후 해당 산업의 전망이 얼마나 좋은지에 대해 많은 내용을 할애한다. 하지만 지원하는 회사 입장에서는 자신들이 좋은 회사인 것은 이미 다 알고 있다. 또 향후 해당 산업의 전망에 대해서도 지원자보다도 더 잘 알고 있다. 지원회사가 정말 궁금한 것은 자신들이 왜 이 지원자를 채용해야 하느냐는 것이다. 그렇다면 지원자는 자신이 왜 이 회사에 꼭 필요한 인재인지, 이 회사는 왜 지원자인 자신을 꼭 채용해야 하는지에 대해서 강력하게 설득할 수 있어야 한다.

지원동기를 작성할 때 지원기업을 선택한 이유에 대해서 구체적으로 기술할 수 있다면 지원동기 부분을 보다 부드럽게 시작할 수 있다. 또 향후 해당 기업이 속한 산업분야의 전망이나 해당 기업의 발전상 등에 대해서도 기술할 필요가 있다. 그렇기 때문에 지원동기는 오랫동안 한 회사를 집중해서 조사하고 분석해야 잘 쓸 수 있는 부분이다. 인사담당자들은 지원동기 작성 내용을 보면 지원자가 지원기업에 얼마나 많은 관심을 가지고 있으며 얼마나 열렬히 입사를 희망하고 있는지에 대해 알 수 있다. 따라서 지원자가 지원기업에 얼마나 집중하고 있는가가 지원동기를 통해 드러날 수 있도록 작성해야 한다. 다만 지원자 자신이 그 동안 지원 직무를 위해 준비했던 내용들은 자기소개서의 다른 문항, 즉 직무역량을 따로 물었을 경우 구체적으로 작성할 필요는 없다. 직무역량에서 작성한 내용을 간략히 요약하는 형태로 몇 줄 간단히 기술하면 좋을 것이다. 그러나 만약 직무역량을 따로 묻지 않은 경우라면 지원동기는 직무역량 중심으로 작성해야 한다.

이러한 논리에 따르면 지원자가 수십 개 또는 수백 개의 기업에 지원하게 될 경우 결코 독창적인 자기만의 지원동기를 쓸 수 없다. 하지만 많은 기업들에 지원할 수밖에 없는 지원자 입장에서는 좀 더 쉽게 지원동기를 쓸 방법을 찾을 필요가 있다. 이 때 사용할 수 있는 방법이 다음의 두 가지 양식으로 미리 지원동기를 작성해 두는 것이다. 첫 번째 양식은 직무역량 항목이 별도로 있는 경우의 지원동기 작성 양식이다. 두 번째는 직무역량 항목이 별도로 없는 경우의 지원동기 작성 양식이다. 전자는 후자에 비해 개인적인 에피소드가 중요한 반면 후자는 준비한 직무역량을 보다 강조해서 작성하는 것이 바람직하다.

다음은 지원동기 항목에 작성해야 하는 내용들을 정리한 것이다.

■ 직무역량 항목이 별도로 있는 경우의 지원동기
- 지원기업 선택 이유(지원기업과 지원자의 개인적인 에피소드)
- 지원기업의 우수성과 발전상
- 지원기업 사업분야의 향후 발전 가능성
- 지원자가 지원직무를 위해 준비한 역량(직무역량 부분에 작성한 내용 중 가장 핵심적인 내용을 요약 기술)
- 지원기업의 인재상에 부합하는 지원자의 태도와 경험

■ 직무역량 항목이 별도로 없는 경우의 지원동기
- 직무선택 이유
- 준비 역량(경험은 구체적으로 기술, 지식과 기술은 간략히 기술)
- 지원기업 선택 이유
- 지원기업과 사업분야의 향후 발전 가능성

위의 내용을 순서대로 기재해야 하는 것은 아니며 또 위의 내용을 모두 다 기재할 필요도 없다. 위의 내용 중에서 지원회사에서 요구하는 글자수나 질문 내용 등을 고려하고 지원자가 자신 있게 작성할 수 있는 내용을 보다 강조해서 작성해야 한다.

헤드라인	
첫 문장	
주요내용	
맺음말	

마. 입사 후 포부

기업들이 지원동기 및 입사 후 포부 항목으로 지원동기와 입사 후 포부를 함께 작성하도록 요구하는 경우도 있지만 지원동기와 입사 후 포부 항목을 분리해서 작성하도록 하는 경우도 있다. 후자의 경우는 기업들이 좀 더 자신의 회사에 적합한 인재를 채용하려는 노력의 일환으로 볼 수 있다. 따라서 입사 후 포부 항목은 과거와는 상이하게 좀 더 구체적으로 작성할 필요성이 증가하고 있다.

사실 지원자들이 작성하기 가장 힘들어하는 항목이 바로 입사 후 포부 항목이다. 그 이유는 입사 후 포부 항목에 무엇을 써야 할지 잘 모르기 때문이다. 입사 후 포부 항목은 역량개발 차원에서 작성해야 한다. 입사 후 포부는 지원자가 입사 후 어떻게 자기개발을 해 나갈지에 대한 내용으로 작성하는 것이 바람직하다. 그저 막연하게 회사에 잘 적응하고 사람들과 협력하면서 성과를 내겠다고 하는 것은 지나치게 추상적일 뿐 아니라 직무관련성이 전혀 없는 내용들이다. 따라서 자신이 지원한 직무와의 관련성을 염두에 두고 자기개발 노력을 중심으로 작성해야 한다.

입사 후 포부 작성 시에는 특히 다음과 같은 내용들을 고려할 필요가 있다.

첫째, 입사 후 연차이다. 입사 후 포부는 시기 구분 없이 그냥 작성하기보다는 입사 후 시기, 즉 연차를 구분해서 작성하는 것이 바람직하다. 그래야 좀 더 구체적이고 현실적인 내용으로 작성할 수 있다. 기업들 중에는 지원자에게 입사 후 3년, 5년, 10년 후의 입사 후 포부와 비전에 대해 작성하도록 요구하는 경우가 있다. 이렇게 입사 후 연차의 폭이 너무 좁으면 역할이나 필요역량에 대한 차이가 뚜렷하지 않기 때문에 작성에 어려움이 있다. 가장 작성하기 좋은 연차 구분은 입사 후 5년, 10년으로 작성하는 것이다. 다만 직급의 경우에는 가급적 드러나지 않도록 하는 것이 좋다. "최연소 이사, ○○○"의 내용을 작성하는 경우라면 이사라는 직급이 드러날 수 있지만 이렇게 특별한 경우가 아니라면 직급을 쓰는 것은 바람직하지 않다. 왜냐하면 직급은 기업이나 직군에 따라 승진연한이 상이할 수 있기 때문이다.

둘째, 회사 내에서 자신의 역할이다. 역할은 직급과는 다소 상이한 개념이다. 예를 들어, 프로젝트 매니저, 팀장, 팀 리더, 지역전문가, 스페셜리스트 등이 될 수 있다. 특히 자신이 지원한 기업에서 성취하고 싶은 구체적인 역할 목표를 제시함으로써 지원기업의 구성원이 되고자 하는 의지를 표현해야 한다.

셋째, 필요 역량이다. 최근에 역량중심의 자기소개서 작성이 요구되면서 입사 후 포부 항목도 과거와 달리 역량 중심으로 작성할 필요가 있다. 지식, 기술과 직무 경험 위주로 작성하는 것이 바람직할 것이다. 입사 후에 자신의 직무에서 요구되는 역량에 대해 구체적인 내용을 숙지하고 연차별 또는 역할별로 요구되는 역량에 대해 구체적으로 기술할 필요가 있다. 이를 위해서는 지원직무와 관련해 현직에 있는 사람들을 인터뷰할 것을 권한다. 그들은 지원자가 지원하고자 하는 직무관련 역량에 대해서 누구보다도 잘 알고 있는 사람들이다. 따라서 이들을 통해 입사 후 지원 직무에서 개발이 필요한 지식, 기술과 직무 경험에 대한 정보를 얻을 수 있을 것이다. 만약 현직에 있는 사람들을 만나기 어려운 경우라면 NCS 경력기술서의 직무역량 세부내용을 참고해서 작성하면 작성이 보다 용이할 수 있다. 필요 역량 부분을 작성 시 직무관련 전문 용어 사용을 권한다. 전문적인 지식이나 기술 습득에 대해서는 직무관련 전문 용어가 등장할 수밖에 없다. 이 부분을 잘 활용한다면 자신이 지원직무에 보다 전문성을 갖춘 지원자라는 인식을 심어 줄 수 있을 것이다. 또 필요한 자격증 취득이나 어학능력 향상 등에 대해서도 기술할 수 있다.

넷째, 삶의 비전과 목표이다. 지원자 자신의 삶의 비전과 목표 등을 지원하는 기업의 비전과 연관시켜 작성할 수 있다. 반드시 작성하도록 권하는 내용은 아니지만 지원자에 따라서 언급할 내용이 있다면 작성할 수도 있다. 이 경우 지원자 자신의 비전과 삶의 목표를 제시하고 이를 달성함으로써 회사와 함께 성장할 수 있다는 것을 강조해서 명확한 지원소신을 밝힐 수 있다.

위에서 언급한 네 가지 주요 사항들은 별개로 구분해서 따로 작성하는 것이 아니라 하나의 시점으로 묶어서 작성해야 한다. 즉 입사 후 5년 차에는 어떤 역할을 수행하고 그러기 위해 어떤 역량을 준비해야 하는지에 대해 하나의 시점에서 작성해야 한다.

헤드라인	
첫 문장	
연차 역할 필요 역량	5년차
	10년차
맺음말	

바. 성격 장단점

성격 장단점은 기업에서 자기소개서에 기재할 내용으로 채택하고 있기도 하지만 만약 자기소개서에서 요구하지 않는다면 면접 장면에서 질문할 가능성이 매우 높은 항목이다. 따라서 성격 장단점은 자기소개서에 작성하지 않았다 하더라도 면접을 위해서 반드시 준비해야 하는 내용이다.

성격 장단점 작성에서 가장 중요한 점은 지원 직무와의 관련성을 염두에 두고 작성해야 한다는 것이다. 그렇기 때문에 지원 직무와 관련성이 적은 장점을 적는다거나 지원 직무를 수행하는데 치명적인 단점을 적어서는 곤란하다. 특히 자신의 지원 직무와 관련해서 치명적인 단점이라면 입사에 부정적인 영향을 미칠 수 있기 때문이다. 또 성격 장단점 작성 시 주의할 점은 앞서 작성한 성장과정 항목의 키워드와의 조화를 고려해야 한다는 것이다. 성장과정 항목의 키워드를 친화력으로 작성했는데 성격 단점에 매사 너무 진지한 편이라고 한다면 자기소개서 항목의 작성 내용 간에 조화를 이루지 못하게 될 것이다. 따라서 성장과정 항목의 키워드를 고려하면서 성격 장단점 항목을 작성해야 한다.

성격 장점은 막연하고 추상적인 표현을 피하고 지원자의 실제 사례와 함께 작성해야 한다. 성격 장점이 어떠한 사례를 통해 드러났는지 실제 사례를 구체적으로 기술해야 한다. 물론 성격 장점이므로 사례 자체도 긍정적이어야 하고 결과도 긍정적이어야 한다. 성격 장점으로 사용할 수 있는 단어들은 책임감, 성실성, 배려, 포용력, 긍정마인드, 경청, 소통, 꼼꼼함, 계획성, 적응력, 적극성, 도전정신, 융통성, 자신감, 인사성(예의 바름), 친화력, 사교성, 유연한 사고, 창의성, 끈기, 협력마인드, 분석력, 준비성, 열정 등이 있다. 장점에 사용할 단어 선택에서 고려해야 할 것은 부정적인 느낌이 드는 단어 사용을 피해야 한다는 것이다. 예를 들어 통솔력, 독립심, 인내 등의 단어들은 신입사원답지 않게 지나치게 적극적이거나 수동적인 느낌이 들 수 있다. 이와 더불어 정직이라는 단어도 가급적 사용하지 않는 것이 좋다. 정직은 누구나 다 기본적으로 갖추어야 하는 것으로 특별히 정직을 자신의 장점이라고 강조할 필요는 없다.

성격 단점은 확실히 단점으로 이 역시 사례와 함께 작성해야 한다. 경우에 따라서는 장점을 마치 단점인 것으로 기재하는 경우가 있다. 이는 바람직하지 않다. 왜냐하면 기업이 알고 싶은 것은 지원자의 단점이기 때문이다. 따라서 단점은 반드시 단점을 적어야 한다. 하지만 보완적인 측면에서 적어야 한다. 따라서 단점이지만 보완하려는 노력을 통해 많이 개선되었으나 여전히 더 노력할 여지가 있다는 것을 반드시 명시해야 한다. 다음과 같은 방법으로 단점을 작성하는 것이 바람직하다.

> OOO한 것이 단점이다.
> 평상시에 OOO이 나타난다.
> 단점을 극복하기 위해 OOO한 노력을 해 왔다.
> 지금은 많이 좋아져서 OOO한 상태가 되었다.
> 하지만 계속해서 노력해야 할 부분이라고 생각한다.

경우에 따라서 장점과 단점을 동일한 내용으로 작성하는 경우가 있는데 이것은 바람직하지 않다. 예를 들면 꼼꼼한 것이 장점이면서 지나치게 꼼꼼한 것이 단점이라고 적는 경우가 있다. 이는 자칫 장점이 없거나 또는 단점이 없는 것처럼 비춰질 수 있다. 따라서 장점과 단점을 분리해서 각각 다른 내용으로 작성하는 것이 좋다. 이러한 논리에 근거한다면 사실 자기소개서에 단점으로 쓸 만한 내용은 많지 않다. 대부분이 기업에서 일하는 데 또 해당 직무를 수행하는 데 치명적일 수 있기 때문이다. 따라서 아래 단점 사례를 참고하되 자신만의 단점 사례를 발굴해 작성할 필요가 있다.

■ **단점 사례**

- 일 욕심이 너무 많다.
- 꼼꼼한 성격으로 일 처리가 다소 늦다.
- 생각이 많아서 결정이 다소 늦다.
- 유머가 부족한 편이다.
- 일을 준비하는 데 많은 시간을 할애한다.
- 긴장을 많이 하는 편이다.
- 낯을 좀 가리는 편이다.
- 남에게 싫은 소리를 못한다.
- 거절을 잘 못 하는 성격이다.
- 성격이 급해서 작은 것을 놓칠 때가 있다.
- 매사 너무 진지한 편이다.
- 남의 눈치를 많이 본다.
- 의욕이 앞설 때가 있다.

■ **단점으로 부적합한 사례**

- 완벽주의
- 우유부단
- 자기주장이 강하다.
- 자신의 의견이나 감정을 주저하지 않고 잘 표현한다.
- 싫증을 잘 낸다.
- 욱한다.
- 후회를 많이 한다.
- 지나간 일을 곱씹는다.
- 산만하다.
- 질투를 많이 한다.
- 결정장애
- 고집이 세다.
- 호불호가 강하다.
- 스트레스를 잘 받는다.
- 버럭 한다.
- 기분파이다.
- 냉정하다.
- 감정기복이 심하다.
- 겁이 없다.
- 무모한 편이다.

단점 사례에 제시된 단점들은 대체로 자기소개서에 기재하기에 치명적이지 않은 것들이다. 하지만 이들도 경우에 따라서는 치명적이 될 수 있는데, 영업업무에 지원하는 지원자의 경우 유머가 부족하다고 한다면 조금 문제가 될 수 있다. 왜냐하면 영업업무는 외향적이고 사람지향적인 성격에 적합하기 때문이다. 따라서 이 경우는 자기소개서에 단점을 작성할 때 신중을 기할 필요가 있다.

성격 장단점을 작성할 때 지원자들이 가장 많이 하는 질문 중 하나는 장점과 단점의 작성 분량에 대한 것이다. 통상적으로 성격 장단점 전체 작성 분량 중에서 2/3 또는 3/5 정도를 장점 내용으로, 나머지 분량을 단점 내용으로 작성한다. 이는 지원자 자신의 강점을 부각시켜 작성해야 하는 자기소개서의 특성을 반영한 것이라고 볼 수 있다. 따라서 성격 단점보다는 장점의 분량을 더 많이 작성할 필요가 있다.

헤드라인	
장점	
단점	
맺음말	

사. 원만한 결론

견해차이가 발생한 경우 이를 어떻게 극복하고 원만한 결론에 이르렀는지에 대한 항목은 비교적 많은 기업에서 요구하는 자기소개서 항목이다. 원만한 결론 항목은 기업에 따라서 갈등 극복 경험, 견해차이 극복 경험, 모르는 타인과 협력하여 성과를 낸 경험 등으로 바꾸어 묻기도 한다. 이 경우는 앞서 설명한 성공 경험 항목의 경우와 상이하게 사례의 무게감은 크게 중요하지 않다. 그러나 원만한 결론이기 때문에 결과가 가시적이고 측정 가능할 뿐만 아니라 긍정적이어야 한다.

원만한 결론 항목에 사용할 수 있는 사례는 다음과 같은 조건들을 충족해야 한다.

- 의견이 양분되거나 통일되지 못한 분명한 사례
- 이 사례에 지원자가 구성원으로 참여
- 지원자의 적극적인 개입이나 설득 노력
- 지원자의 의견이 수용되거나 여러 의견이 반영된 중재안 채택
- 명확하고 긍정적이며 가시적인 결과(성과)
- 원만한 결론을 이끌어 내기 위해 발휘된 지원자의 역량(창의력, 책임감, 설득력, 소통능력, 협업능력, 배려, 준비성 등)

우선 2인 이상의 집단에서 의견이 하나로 통일되지 못한 사례를 제시해야 하는데 집단의 크기가 클 경우 다수의 의견으로 의견이 나뉘어도 문제는 없다. 그리고 그 사례에 지원자가 구성원으로 참여해야 한다. 만약 제3자나 관찰자 입장이라면 작성하기 적합한 사례는 아니다. 그리고 지원자가 아무런 노력을 하지 않았는데도 원만한 결론에 이른 경우 역시 적합한 사례는 아니다. 지원자가 적극적으로 개입하여 의견을 제시하고 설득하는 노력을 통해 원만한 결론에 이른 경우가 적합한 사례가 될 수 있다. 가장 좋은 것은 지원자의 의견을 포함하여 여러 의견들이 반영된 중재안이 채택되는 경우이며 그다음으로는 지원자의 의견이 전적으로 수용되고 채택된 경우이다. 이러한 절차를 거쳐 원만한 합의에 이르고 명확하고 긍정적인 결과를 얻은 사례라면 이 항목에 적합한 사례라고 할 수 있다. 원만한 결론 항목의 사례의 마지막 부분에는 창의력, 책임감, 설득력, 소통능력, 협업능력, 배려, 준비성 등 원만한 결론을 이끌어 내기 위해 지원자가 발휘한 역량을 정리해서 기술할 필요가 있다.

헤드라인	
첫 문장	
사례 (발휘된 역량)	
맺음말	

아. 실패 경험

실패 경험은 작성하기 쉽지 않은 항목이다. 그 이유는 성공 경험 사례와 같이 사례의 무게감이 중요하기 때문이다. 따라서 사례 선택에 신중을 기할 필요가 있다. 사실 20대 중후반의 지원자들에게 실패 경험은 매우 생소한 항목이다. 특히나 부모의 관심과 보호 속에서 물질적·정신적으로 별 어려움 없이 성장해온 이들에게 실패라는 단어는 매우 낯설 수밖에 없다. 그렇기 때문에 기업에서는 이 항목에 더욱더 집중하는지도 모른다.

사실 기업은 치열한 경쟁환경 속에서 성과를 내야 하는 특성을 가진 조직이다. 따라서 기업의 구성원으로 근무하다 보면 예상하지 못한 어려운 상황에 직면하게 되는 경우가 많다. 이럴 경우 살면서 실패도 해 보고 성공도 해 본 사람이라면 큰 어려움 없이 위기를 잘 넘길 수 있지만 그렇지 못한 사람의 경우는 실패를 극복하지 못하고 쉽게 포기하거나 회사를 그만 두게 되는 경우가 발생할 수 있다. 즉 조금만 힘들어도 인내하지 못하고 쉽게 사표를 쓰게 된다는 것이다. 기업들은 바로 실패 경험을 통해서 지원자가 어려움을 잘 극복할 수 있는 사람인지, 그래서 조직 안에서 발생하는 여러 어려운 일들을 잘 해결해 나갈 수 있는 사람인지에 대해 판단하고자 하는 것이다. 그렇기 때문에 실패 경험은 이러한 기업의 의도를 잘 파악하고 작성해야 한다.

실패 경험을 작성하는 데는 몇 가지 기준이 있다. 지원자의 삶에서 가장 실패했던 경험이기 때문에 실패로 끝난 사례를 들어 작성해야 한다. 처음에는 어려움이 있었으나 이를 극복해서 다시 성공했다는 내용은 성공 경험이지 실패 경험이 아니다. 따라서 이것보다는 그냥 그 자체가 실패로 끝난 경험이어야 한다. 하지만 실패로 끝났다는 것을 강조하기보다는 그 실패 경험을 통해서 얻은 것과 배운 것들을 구체적으로 언급할 필요가 있다. 비록 실패는 했지만 그것을 통해서 배운 삶의 지혜, 노력하는 태도, 다시는 실수를 반복하지 않게 된 경험 등에 대해 강조하며 언급할 필요가 있다. 또 반드시 작성해야 하는 것은 아니지만 만약 이후에 이와 유사한 사례에서 성공한 경험이 있다면 이를 간단하게 언급하는 것도 좋다.

우리가 어떤 일을 실패했다고 말할 때는 어떤 일을 하기로 마음먹고 그에 대한 목표를 세우고 도전한 결과가 실패로 나타났다는 것을 의미한다. 따라서 성공 경험 항목을 작성할 때와 동일하게 어떤 일을 하기로 한 의도와 목표 그리고 사례를 시간의 흐름에 따라 작성해야 한다. 그리고 실패로 나타난 결과에 대해서도 구체적으로 언급해야 한다. 실패 경험 사례에서 가장 중요한 것은 비록 결과는 실패로 나타났다 하더라도 그 실패 경험을 통해서 배운 점과 얻은 점에 대해 기술하는 것이다. 그래서 이렇게 배운 점과 얻은 점을 토대로 이와 유사한 다른 사례에서 성공을 경험하였다면 최고의 실패 경험 사례라고 할 수 있을 것이다. 물론 이렇게 좋은 사례를 가지고 있는 지원자들은 많지 않을 것이다. 따라서 유사한 사례에서의 성공 경험은 반드시 작성해야 하는 필수 사항은 아니다. 이 점을 참고하기 바란다.

그렇다고 하더라도 지원자들이 실제로 작성할 수 있는 실패 경험 사례는 많지 않다. 공모전이나 경진대회 수상 실패 경험, 계획을 가지고 휴학했는데 계획대로 실천하지 못한 경험 등 어떤 일을 도모하고자 목표를 세워 도전했으나 뜻대로 이루지 못한 경우의 사례가 적합하다. 물론 실패를 경험했다면 사례로 쓸 수는 있지만 잊지 말아야 할 것은 사례의 무게감이다. 따라서 지원자는 자신의 삶에서 가장 실패한 경험이라고 면접관들을 설득할 수 있는 사례인지에 대해 고민해 볼 필요가 있다.

헤드라인	
첫 문장	
의도 목표 사례 배운 점 유사한 다른 사례 성공 경험	
맺음말	

자. 존경하는 인물 및 생활신조

존경하는 인물이나 생활신조 항목을 통해 기업은 지원자의 삶의 가치관이나 인생관에 대해 알 수 있다. 그렇기 때문에 존경하는 인물이나 생활신조에 대해 작성하는 경우 지원자가 주의할 점은 이 때 드러나는 자신의 가치관이나 인생관이 조직이라는 단체생활에 적합해야 한다는 것이다. 어떤 한 개인이 자기관리 능력이 뛰어나 혼자서 잘 먹고 잘 살아서 존경한다 라고 쓰는 것은 바람직하지 않다는 것이다. 사회인, 조직의 구성원으로 적합한 가치관이나 인생관을 드러낼 수 있는 존경하는 인물이나 생활신조에 대해 기술할 필요가 있다. 특정 기업의 경우 자기소개서 항목에 자신이 존경하는 사람과 그 이유에 대해 기술하라는 문항을 제시하고 근 현대사 인물 중에서 존경하는 인물을 선택하라는 시대적 제한을 두기도 하였다.

존경하는 인물을 작성할 때 지원자들이 가장 많이 하는 질문은 인물의 인지도와 관련된 것이다. 즉 어느 정도로 알려진 인물을 선정하는 것이 좋은가에 관한 질문이다. 사실 존경하는 인물은 지원자 개인에 따라 개인차가 있기 때문에 그 인지도에 있어서도 상이할 수 있다. 그러나 존경하는 인물을 작성할 경우 가급적 어느 정도 인지도가 있는 인물을 선정할 필요가 있다. 인지도가 너무 떨어지는 인물을 선택할 경우 면접에서 집중적인 질문을 받을 수 있다. 면접에서 질문을 많이 받는다는 것은 결코 바람직한 것은 아니다. 사실 면접을 잘 준비하지 못한 경우 질문이 많아지면 면접에서 어려움을 겪을 수 있다. 따라서 존경하는 인물은 어느 정도 인지도가 있는 인물들 중에서 선정하는 것이 바람직하다. 존경하는 인물 항목을 작성할 때는 존경하는 인물의 일화나 명언 등을 인용해서 작성할 수 있다. 또 여기에 지원자 자신의 사례를 더해서 작성하는 것이 필요하다. 자신이 그 사람을 존경하는 이유와 닮고 싶은 점, 그래서 평소 삶에서 그것들이 어떻게 발현되고 있는가 등에 대해 구체적으로 기술할 필요가 있다.

생활신조에 대해 작성할 경우 이 역시 조직생활을 해야 하는 조직 구성원으로서 잘 적응하고 생활하는 것에 무리가 없는 내용을 선택해 작성할 필요가 있다. 생활신조에 대해서는 지원자가 평소 자신의 삶에서 좌우명이 되는 것을 중심으로 작성하되 격언이나 명언이 될 수도 있고 또 때로는 위인들의 삶에서 본받을 만한 것일 수도 있다. 그래서 생활신조에 대해 작성하다 보면 존경하는 인물에 대해 작성하는 것과 그 내용이 매우 유사할 수 있다. 어떤 것을 써도 문제가 되지는 않지만 자신이 왜 그것을 생활신조로 삼고 있는지에 대해 명확하고 설득력 있게 기술할 필요가 있다.

헤드라인	
첫 문장	
존경하는 인물과 그 이유 자신의 사례	
맺음말	

차. 감명 깊게 읽은 책

감명 깊게 읽은 책 항목은 모든 기업들이 요구하는 자기소개서 항목은 아니다. 하지만 면접장면에서 필요한 내용이기 때문에 반드시 정리해 둘 필요가 있다. 감명 깊게 읽은 책은 지원기업과 관련성이 있다면 좋겠으나 반드시 그럴 필요는 없다. 오히려 너무 관련성이 있는 책은 플러스 점수를 얻기 어렵다. 따라서 자신이 평소 책을 읽고 감명을 받았다면 잘 정리해 두었다가 이 항목에 사용하는 것이 좋다. 책을 읽고 감명받은 내용이 무엇인지, 어떤 내용이 좋았는지에 대해 명확하게 표현해야 하고 이를 논리적으로 설득력 있게 기술해야 한다. 필요하다면 책의 내용을 일부 인용해도 좋다.

헤드라인	
첫 문장	
책 내용 사례	
맺음말	

카. 취미 및 특기

취미와 특기는 이력서 작성 부분에서도 간단히 기술하였다. 취미와 특기는 모든 회사가 자기소개서에 요구하는 항목은 아니다. 하지만 취미와 특기에 대해 쓰도록 하는 경우도 있으므로 이 항목에 대해서도 준비해야 한다. 지원자의 취미와 특기에 대해 기업들이 관심을 갖는 이유는 취미와 특기를 통해 지원자의 성격이나 평상시 생활하는 모습을 확인할 수 있기 때문이다.

따라서 지원자는 자신이 가진 취미나 특기에 대해서 기술하되 너무 추상적이거나 막연한 것을 기재하는 것에 대해서는 생각해 볼 필요가 있다. 취미는 분명히 취미여야 하고 특기는 누가 봐도 잘하는 것이어야 한다. 만약 독서를 취미로 썼다면 그간 읽은 책에 대해서 얘기해 보라는 질문이 있을 수 있다. 따라서 면접장면에서 문제가 될 수 있는 여지가 충분히 있으므로 이 점을 고려하여 구체적이고 사실적으로 기재해야 한다.

헤드라인	
첫 문장	
취미, 특기 사례	
맺음말	

(4) NCS 기반 자기소개서 작성

다음은 NCS 사이트에서 예시로 제시하고 있는 자기소개서 항목들(NCS 능력중심채용)과 그 작성요령에 대한 설명이다.

> **[자기개발능력]**
>
> 최근 5년 동안에 귀하가 성취한 일 중에서 가장 자랑할 만한 것은 무엇입니까? 그것을 성취하기 위해 귀하는 어떤 일을 했습니까?

위에 제시된 자기개발 능력의 자기소개서 문항은 앞서 학습한 성공 경험에 대한 항목과 동일한 것이다. 다만 여기에 '최근 5년 동안'이라는 시기 제한이 있다. '성취한 일 중에서 가장 자랑할 만한 것'은 바로 가장 성공한 경험을 의미하는 것이다. '그것을 성취하기 위해 귀하는 어떤일을 했습니까?'는 성취과정에서 드러난 자신의 의도와 행동에 대해 구체적으로 기술할 것을요구하는 것으로 볼 수 있다.

> **[자기개발능력]**
> 현재 자신의 위치에 오기 위해 수행해 온 노력과 지원한 직무 분야에서 성공을 위한 노력 및 계획을 기술해 주십시오.

이 문항은 앞서 학습한 직무역량 문항과 거의 동일한 내용으로 작성할 수 있다. '현재 자신의 위치에 오기 위해 수행해 온 노력'은 그 동안 지원직무에 지원하기 위해 준비해 온 모든 노력들을 기술해야 하는 부분이다. 즉 그 동안 쌓아온 자신의 역량을 기술해야 한다. '지원한 직무 분야에서 성공을 위한 노력과 계획'은 과거가 아니라 미래에 관한 것이므로 지원자 자신이 향후 지원 직무 분야에서 성공을 이루기 위해 어떤 노력을 계속해 나갈지에 대해 기술하는 것이다. 입사 후 포부 정도라고 보면 될 것이다. 따라서 이 문항은 직무역량과 입사 후 포부를 함께 기술해야 하는 문항이다.

> **[문제해결능력]**
> 예상치 못했던 문제로 인해 계획대로 일이 진행되지 않았을 때, 책임감을 가지고 적극적으로 끝까지 업무를 수행해 내어 성공적으로 마무리했던 경험이 있으면 서술해 주십시오.

위에 제시된 문제해결능력의 경우도 지원자의 성공 경험 중에 작성 가능한 사례가 있을 수 있다. 그러나 자기개발능력 문항에 성공 경험을 작성하였다면 다른 사례를 찾아야 한다. 이 문항에서 지원자들이 가장 당황하는 부분은 '예상치 못했던 문제로 인해 계획대로 일이 진행되지 않았을 때' 부분이다. 하지만 이 부분은 크게 어려운 내용이 아니다. 우리가 통상적으로 어떤 일을 수행할 때 항상 조금씩은 문제들이 발생한다. 이런 문제들 대부분이 처음에 예상했던 것과 상황이 달라지는 것 때문에 발생하는 것들이다. 이 부분을 구체적으로 확대해서 작성한다면 어렵지 않게 이 문항을 작성할 수 있다.

동아리 활동, 학생회 활동, 봉사활동, 학교축제, 교내 체육대회, 학과행사, 공모전, 경진대회 등 여러 행사나 일을 하다 보면 늘 이런 문제들은 발생한다. 따라서 이 부분을 놓치지 않고 구체적으로 기술한다면 사례를 찾기 어렵지는 않을 것이다. 또 이 문항을 작성할 때는 자신이 담당했던 역할과 수행했던 일을 중심으로 구체적으로 기술해야 한다. 기업들은 이 부분에 대한 내용 검토를 통해 지원자의 문제해결능력을 파악하게 된다.

[문제해결능력]

만약 당신이 업무가 회계 담당자일 때 계산착오로 비용 처리에 문제가 발생하였다면 어떻게 문제를 해결할 것인지 그 방법과 이유를 설명하십시오.

이 문항은 문제해결 프로세스를 설명함으로써 작성할 수 있다. 그러나 그 전에 가장 먼저 해결해야 할 일은 자신의 직속 상사에게 이 사실을 알리는 것이다. 자신이 혼자서 그 일을 처리하기보다는 책임자에게 알리고 책임자의 지시에 따라 문제를 해결할 수 있도록 해야 한다.

통상적으로 문제가 발생한 경우 이를 해결하기 위해 문제인식, 문제도출, 원인분석, 해결안 개발, 실행 및 평가의 단계를 밟아 문제를 해결할 수 있다. 먼저 문제인식 단계는 해결해야 할 문제가 무엇인지 파악하는 것이다. 문제도출 단계는 해결해야 할 문제가 무엇인지 명확히 하는 것이다. 원인분석 단계는 해결해야 할 문제의 근본 원인을 밝혀내는 단계이다. 해결안 개발 단계는 최적의 해결방안을 수립하기 위해 실행계획을 수립하는 것이다. 마지막으로 실행 및 평가 단계는 실행계획을 실제 상황에 적용하고 장애가 되는 문제의 원인들을 제거하는 단계이다.

이러한 프로세스에 근거해 회계 담당자로서 비용처리의 문제가 발생하였다면 우선 해결해야 할 문제는 얼마의 비용이 어떻게 잘못 처리되었는지에 대해 구체적으로 파악해야 한다. 이를 확인했다면 다음 단계는 해결해야 할 문제가 무엇인지 명확히 하는 단계로 잘못 처리된 비용이 얼마이고 이것은 다시 무엇으로 처리해야 하는지에 대해 명확히 해야 한다. 즉 잘못 처리된 것은 어떻게 바로잡아야 하는지에 대해 구체적인 사항을 확인하고 명확히 하는 것이다. 다음은 원인분석 단계로 무엇 때문에 이런 오류가 발생했는지에 대해 확인하는 단계이다. 원인분석 단계는 매우 중요하다. 왜냐하면 원인분석이 제대로 이루어지지 않았을 경우 차후에도 이와 같은 문제가 발생할 수 있기 때문이다. 따라서 정확한 원인분석을 통해 향후 오류를 사전에 방지할 수 있다. 단순한 담당자의 계산 착오인지 아니면 다른 원인이 있는지에 대해 명확히 해 두어야 한다.

원인분석이 이루어졌다면 이제는 문제해결을 위한 실행계획을 수립하는 단계이다. 오류를 바로잡기 위해 해야 할 일들을 나열하고 이를 업무의 효율성을 높이기 위해 일의 우선순위를 정하는 계획을 수립해야 한다. 마지막 단계는 실행 및 평가 단계이다. 실행계획을 실행하고 향후 재발가능성이 있는 부분을 해결함으로써 발생한 문제를 해결할 수 있다. 복잡하지만 이런 방법을 사용해 문제를 해결하지 않고 편법을 사용해 문제를 해결할 경우 완전한 원인제거가 되지 않을 뿐만 아니라 향후에 같은 문제가 발생할 가능성을 그대로 남겨두는 것이다. 따라서 오류를 공개하고 정보공유가 필요한 사람들에게도 공유함으로써 투명하고 공정한 업무처리가 될 수 있도록 해야 한다.

> **[대인관계능력]**
> 약속과 원칙을 지켜 신뢰를 형성/유지했던 경험에 대해 기술해 주십시오.

　　대인관계능력 문항은 사실 작성하기 쉽지 않은 문항이다. '약속, 원칙, 신뢰'라는 단어는 대부분의 지원자들이 어렵게 생각하는 것들이다. 이 경우 단어 자체에 너무 집중하기보다는 지원자 자신의 에피소드를 이 단어들과 연결시킨다는 느낌으로 작성할 필요가 있다. 이 문항을 작성할 때 주의할 점은 약속과 원칙을 모두 지킨 사례를 찾으려 하지 말아야 한다는 것이다. 물론 약속과 원칙을 모두 지킨 사례가 있다면 그것보다 더 바람직한 것은 없을 것이다. 하지만 약속과 원칙을 모두 지킨 사례를 찾기는 어려울 것이다. 따라서 약속을 지켰다거나 원칙을 지킨 사례를 찾아 이 항목을 작성해야 한다. 그리고 사람이 약속이나 원칙을 지키게 되면 대부분 신뢰가 형성되거나 유지될 수 있다. 그러니 신뢰 부분에 너무 집중하려 하지 말고 약속을 지켰거나 원칙을 지킨 사례를 먼저 생각하고 이를 바탕으로 신뢰부분을 기술하면 좋을 것이다.

　　이 문항의 사례는 앞서 학습했던 자기소개서 내용 중 원만한 결론(견해차이 극복) 항목의 사례를 이용할 수 있다. 지원자가 개입된 의견이 양분되거나 통일되지 못한 분명한 사례를 제시하고 이 때 지원자 자신의 의견제시나 설득 노력을 기술하면서 약속을 지키거나 원칙을 지킬 것을 주장한 경험을 기술한다면 이 문항에서 요구하는 답을 할 수 있을 것이다. 또 이를 통해 신뢰관계가 형성 및 유지되었고 이로 인해 명확하고 긍정적인 결과(성과)가 있었다는 것을 강조한다면 아주 좋은 사례가 될 수 있다. 결국 이 항목을 잘 작성한다는 것은 지원자가 자신의 사례를 얼마나 이 문항에서 요구하는 것에 맞게 잘 정리하느냐의 문제인 것이다.

> **[조직이해능력]**
> 우리 조직에 입사 지원한 동기 및 입사 후 실천하고자 하는 목표를 다른 사람과 차별화된 본인의 역량과 결부시켜 작성해 주십시오.

　　이 문항은 앞서 학습한 지원동기와 입사 후 포부 항목과 같은 내용으로 작성할 수 있다. '우리 조직에 입사 지원한 동기' 부분은 지원자의 지원동기에 대해 작성하는 것이다. 지원동기에 포함되어야 할 사항들로는 지원기관과 지원자의 개인적인 에피소드, 지원기관의 우수성과 발전상, 지원기관의 향후 발전 가능성, 공공기관의 경우 향후 국가와 사회에 기여할 수 있는 부분, 지원기업의 인재상에 부합하는 지원자의 태도나 경험 등이 있다. 지원자는 이 사항들을 중심으로 기술할 필요가 있다.

'입사 후 실천하고자 하는 목표를 다른 사람과 차별화된 본인의 역량과 결부시켜' 부분은 입사 후 포부를 작성하는 것이다. 단 이 때 주의할 점은 역량 중심의 입사 후 포부이어야 한다는 것이다. 지원자는 먼저 입사 후 자신의 목표를 제시할 때 역량 중심의 목표를 수립해야 한다. 그리고 미래에 갖추어야 할 역량보다는 현재 지원자가 보유하고 있는 역량이 입사했을 때 어떻게 목표와 관련될 수 있는지를 먼저 기술해야 한다. 이어서 목표를 달성하기 위해 향후에 갖추어야 할 역량 개발을 위한 노력에 대해서도 구체적으로 작성할 필요가 있다.

[조직이해능력]

지금까지 학교생활 및 여러 조직에서 생활해 오면서 조직의 중요성 및 경험을 설명해 주시고, 또한 우리 조직의 역할이 무엇인지 설명하십시오.

이 문항에는 두 가지 질문이 포함되어 있다. 따라서 작성할 때, 이 두 가지 질문을 명확하게 구분하여 답을 제시할 필요가 있다. 첫 번째 질문인 '조직생활에서 조직의 중요성 및 경험' 부분은 지원자가 몸담았던 조직에서의 경험을 제시하는 것이다. 이 때 지원자들이 어려워하는 단어가 '조직'이다. 본래 '조직'은 공동의 목적을 가진 2인 이상의 사람들이 모여서 만든 단체를 의미한다. 따라서 지원자에게 '조직'이 될 수 있는 것들은 학과, 소모임, 동아리, 봉사활동 모임, 직장체험이나 인턴십을 했던 기업이나 기관, 근무했던 기업 등 공동의 목적을 가진 2인 이상의 단체를 떠올리면 될 것이다. 이런 조직에서 생활하면서 느꼈던 조직의 중요성과 경험에 대해 기술하면 된다. 이때 중요한 것은 지원자 자신이 몸담은 조직을 어떻게 생각하느냐의 가치관이 드러날 수 있다는 점이다. 따라서 조직의 일원으로 개인이 희생하더라도 조직의 목표를 달성할 수 있도록 화합하는 모습을 강조하여 작성할 필요가 있다.

'우리 조직의 역할' 부분은 지원기관에 대한 이해를 바탕으로 작성해야 한다. 기업들을 포함해 대부분의 조직들은 그 조직의 존재 이유인 미션(mission)을 가지고 있다. 존재 이유이기 때문에 미션은 목표인 비전보다 상위에 위치한다. 미션은 기업에 따라 경영철학, 경영이념 등의 다른 단어로도 표현된다. 삼성그룹의 경영이념, 즉 삼성이 궁극적으로 추구하는 것은 "인재와 기술을 바탕으로 최고의 제품과 서비스를 창출하여 인류사회에 공헌하는 것, 삼성의 궁극적인 목표입니다."이다. 현대자동차의 경영철학은 "창의적 사고와 끝없는 도전을 통해 새로운 미래를 창조함으로써 인류사회의 꿈을 실현합니다."이다. 한국수력원자력주식회사의 미션은 "친환경에너지로 삶을 풍요롭게"이다. 이와 같이 기업의 미션은 미션이기 때문에 공기업과 사기업을 불문하고 영리를 추구하는 것을 강조하지 않는다. 대부분의 기업들이 사회에 기여하고 공헌하는 것에 집중하고 있다. 따라서 지원자는 자신이 지원하는 기업의 미션, 즉 역할에 대한 이해를 바탕으로 사회에 기여하고 공헌하는 내용에 집중해서 작성할 필요가 있다. 특히 이 문항은 공공기관들이 자기소개서에 문항으로 채택할 가능성이 높다.

[의사소통능력]

"K라는 직원이 업무관련으로 고객과 대화를 나누고 있다. 그런데 고객은 이해가 되지 않는다고 반문을 했다."
대화 중 무엇이 문제이고 어떻게 하면 해결할 수 있는지 설명하십시오.

이 문항은 지원자의 의사소통능력을 알아보기 위한 문항이지만 여기서 핵심은 고객의 입장을 고려하는 지원자의 태도와 공감적 경청능력이다. 먼저 고객의 입장을 고려한다는 것은 고객의 입장이 되어서 그의 이야기를 듣는다는 것을 의미한다. 즉 '역지사지(易地思之)'하는 마음과 태도가 요구되는 것이다. 이렇게 되면 고객의 눈높이에서 그의 입장이 되어 그가 이해하기 쉽도록 설명할 수 있다. 고객의 말을 자르는 것은 절대 금물이다. 이를 위해서 특히 말하는 것을 절제할 필요가 있다. 사람들이 말을 배우는 데는 2년이 걸리지만, 침묵을 배우는 데는 60년이 걸린다고 한다. 그만큼 자신의 말을 절제하고 상대방의 이야기를 듣는 것이 쉽지 않다는 것이다.

또 고객을 인정해야 한다. 고객을 완전한 인격체로 인정하고 존중해야 진정한 마음의 소리를 들을 수 있다. 더 나아가 자신이 모든 것을 다 알고 있으니 내가 하는 말대로 하면 된다는 태도는 고객의 불만을 살 수 있는 태도이다. 이를 방지하기 위해 겸손한 자세로 고객을 이해할 필요가 있다. 겸손하면 들을 수 있고 교만하면 들을 수 없다. 상대가 내 생각과 다른 말을 해도 들어 줄 줄 아는 자세가 가장 중요하다.

다음은 공감적 경청능력이다. "아, 그러셨군요.", "불편하셨겠네요." 등은 고객의 감정을 이해하고 있다는 것을 표현하는 말들이다. 이를 통해 고객은 자신이 존중받고 있다는 느낌을 갖게 된다. 따라서 공감적 경청을 잘하기 위해서 중요한 것은 상대방을 이해해 주고 배려해 주는 마음이다. 이러한 두 가지 문제점에 대해 언급하면서 답안을 작성하는 것이 필요하다.

[직업윤리]

직장인으로서의 직업윤리가 왜 중요한지 본인의 가치관을 중심으로 설명하십시오.

이 문항의 답을 작성하기에 앞서 먼저 직업윤리가 무엇인지에 대해 명확한 개념을 정의할 필요가 있다. 윤리(倫理)는 '인간과 인간 사이에서 지켜져야 할 도리를 바르게 하는 것' 또는 '인간 사회에 필요한 올바른 질서'라고 해석할 수 있다. 직업윤리는 직업을 가진 사람이라면

반드시 지켜야 할 공통적인 윤리규범을 말하는 것으로, 원만한 직업생활을 위해 개인에게 필요한 태도, 매너, 올바른 직업관을 의미한다. 그렇다면 직업관은 무엇을 말하는가? 직업관은 '직업의 의의, 목적, 가치 등에 대한 견해나 입장'이다(DAUM 온라인 사전). 즉 지원자가 생각하는 삶에서 직업에 대한 생각이나 입장이 바로 직업관인 것이다.

NCS 직업기초능력에서는 직업윤리를 크게 근로윤리와 공동체 윤리로 구분하였다. 이 중 근로윤리에는 근면성, 정직성, 성실성이 해당되며, 공동체 윤리에는 봉사정신, 책임의식, 준법성, 직장예절이 해당된다. 이 항목은 지원자의 존경하는 인물이나 생활태도와 관련이 있는 항목이다. 따라서 자신의 입장에서 직업윤리가 무엇인지 정의 내리고 자신의 삶의 가치관과 관련성이 높은 직업윤리의 하위 개념을 선정하여 작성하는 것이 좀 더 쉽게 답을 작성할 수 있는 방법이다.

(5) 헤드라인

헤드라인(headline, 소제목)은 자기소개서 각 항목별로 작성한 내용을 충실하게 반영할 수 있도록 선택해서 기재한다. 헤드라인은 글을 쓰는 사람이 중심이 아니라 자기소개서를 읽는 사람을 중심으로 작성해야 한다. 즉 이미 글의 내용을 잘 알고 있는 사람이 보고 이해하는 것이 아니라 글을 처음 보는 사람이 이해할 수 있도록, 또 궁금해서 읽고 싶은 마음이 생기도록 작성해야 한다는 것이다. 헤드라인은 강렬하면서도 마음을 끄는 매력이 있어야 한다. 또 식상하지 않고 창의적이어야 하며 감성을 자극할 수 있는 내용이라면 더욱 좋은 헤드라인이 될 수 있다.

경우에 따라서는 사자성어나 격언, 위인의 말들을 인용할 수도 있다. 그러나 그 말들을 그대로 사용하기보다는 자신만의 스타일과 내용에 맞게 바꾸어서 사용하는 것이 좋다. 헤드라인을 잘 만들 수 있는 가장 좋은 방법은 자신이 작성한 자기소개서 내용 중에서 헤드라인으로 적당한 것을 골라 그대로 사용하는 것이다. 이 경우 새롭고 창의적일 수 있다. 특히 대화 내용을 직접 인용한 것이 있다면 " " 표시를 하고 대화 내용을 그대로 사용하는 것이 효과적이다. 다음은 헤드라인으로 좋지 않은 사례와 좋은 사례를 나열한 것이다.

〈헤드라인으로 좋지 않은 사례〉

막내 같지 않은 막내

○○ 동안의 ○○ 체험

메모하는 습관으로 단점을 극복하다.

성실한 태도

열정

긍정적인 자세

〈헤드라인으로 좋은 사례〉

적자생존, 적는 자만이 살아남는다(메모로 단점을 극복한 사례).

두드리면 열리지 않는다. 밀고 들어가야 열린다(도전 또는 적극성을 발휘한 사례).

낮아지는 것이 높아지는 것이다(리더십을 발휘한 사례).

배는 항구에 있으라고 만들어진 것은 아니다(도전 또는 적극성을 발휘한 사례).

평온한 바다는 결코 유능한 뱃사람을 만들 수 없다(어려운 환경을 극복한 사례).

"100통의 이력서"

"최연소 이사, ○○○"(포부나 비전을 작성할 경우)

"첫 번째 펭귄"(용기를 가지고 도전한 사례)

"반도 안 했다면 시작한 것도 아니다."

"○○○ 씨는 참 긍정적이야."

"자 이번 일은 OOO에게 맡깁시다."

"Impossible? Yes, I'm possible"

"♬어려서부터 우리 집은 슈퍼를 했고요♬"

"오늘 걷지 않으면, 내일은 뛰어야 한다."

"♬○○ 스타일♬"

"○○아, 쉬엄쉬엄 해라."

(6) 이력서와 자기소개서 작성 체크리스트

완성도 높은 이력서와 자기소개서를 제출하기 위해서 작성된 이력서와 자기소개서의 다음 항목들을 최종 점검할 필요가 있다. 아주 간단해 보이는 내용들이지만 대부분의 지원자들이 실수를 많이 하는 항목들을 정리하여 제시한 것이다. 특히 지원기업명은 많은 지원자들이 오류를 범하는 항목이다. 따라서 지원자들은 지원서를 제출하기 전에 아래 점검항목들에 따라 지원서가 잘 작성되었는지 확인할 필요가 있다. 확인하는 과정 중에 오류사항이 발견된다면 이를 수정하여 지원서를 제출해야 한다.

점검항목	확인(✔)	수정할 내용
항목 누락 여부		
지원기업명		
지원직무		
근무 지역 선택		
긴급연락처와 이메일		
적당한 문장 길이		
헤드라인 작성		
오자나 탈자		
띄어 쓰기		
글자 수		
저는 · 나는 반복		
부정적인 단어나 사례		
성격 장단점의 직무관련성		
기타		

3. 영문이력서와 커버레터

영문이력서와 커버레터는 외국계 기업에 취업하기 위해 필요한 입사서류들이다. 영문이력서와 커버레터는 다양한 양식으로 작성이 가능하지만 일반적으로 사용 가능한 한 가지 양식을 중심으로 살펴보자.

1) 영문이력서

다음은 영문이력서 양식이다.

<table>
<tr><td colspan="2" align="center">(1) 성명, 주소, 연락처</td></tr>
<tr><td>(2) JOB OBJECTIVE</td><td></td></tr>
<tr><td>(3) SUMMARY</td><td></td></tr>
<tr><td>(4) EDUCATION</td><td></td></tr>
<tr><td>(5) HONORS</td><td></td></tr>
<tr><td>(6) ACTIVITIES</td><td></td></tr>
<tr><td>(7) INTERNSHIP</td><td></td></tr>
<tr><td>(8) REFERENCES</td><td></td></tr>
</table>

그림 7.2 영문이력서 양식

(1) 성명, 주소, 연락처

페이지 상단 중앙에 성명, 주소, 전화번호와 이메일 주소를 기재한다.

Name(이름 성/성 이름)
Street(아파트 이름과 동·호수, 번지, 동, 구)
City, State Zip(시, 도, 우편번호)
Phone
E-mail

(2) JOB OBJECTIVE

자신이 지원하는 직책 혹은 부서를 쓰면 된다.

Computer Programmer
Accountant
Engineer
Sales Department
Marketing Department
R&D Department
Entry-level position in international business

---

(3) SUMMARY

자신의 경험이나 능력에 근거한 강점을 중심으로 길지 않게 기술한다. 어학능력, 스킬, 자격증
등을 기술한다.

Good command of English(speak, read and write); TOEIC 850
Traveled alone 10 countries in Europe, communicating in English
Computer skills : Windows, Word and Excel

Effective communication skills in Korean and English
Self-motivated and able to work within minimal supervision
Strong organizational, follow-through and problem-solving skills
Advanced computer and internet skills; Windows 98/2000/XP, MS Office 2000—Word, Excel,
PowerPoint, HTML

Broad knowledge of airline safety and service procedures
Positive attitude and patient with challenging and difficult passengers
Excellent rapport with children, elderly and handicapped passengers
Enjoy working with the public
Conversant in Spanish
Knowledgeable about fine foods and domestic wines

---

(4) EDUCATION

가장 최근에 다녔던 학교와 졸업으로 시작한다. 기본적으로 대학 이전의 정보는 작성할 필요가
없다. 학교명, 학위 취득사항, 졸업년도는 반드시 기재한다.

Soongsil University, Seoul
Bachelor of Arts, Feb. 2011
Major : English

Good University, Seoul
BS in Economics, 2011

Smart Management School, Busan
MBA expected in August 2011(GPA 4.04) Emphasis : Finance

(5) HONORS

자신의 공적에 대해 기술한다. 수상경력이라든가 장학금 수혜 경험 등을 기술한다.

Scholarship from Soongsil University
March, 2010-August, 2010

ABC Scholarship, 2010-2011

Won two merchandising display contests

Citizen University, Lexington, Virginia
Exchange program with full scholarship from Hankook University, 2010

Exchange Program 2009-2011
Department of Adult Education, University of Pennsylvania, PA

(6) ACTIVITIES

봉사활동과 동아리 활동 등을 기재한다.

UNESCO, Volunteer worker, February, 2010-July, 2010
Taught English to children in Cambodia

Editor/Coordinator
National Association of Homemakers, Seoul

Contributing Editor for Campus Newspaper

English Conversation Club

(7) INTERNSHIP

인턴십, 아르바이트, 파트타임 근무 등의 경험을 기재한다.

Research Planning, Inc., Seoul, June-August, 2010
Prepared regional planning documents

ABC English Academy, Seoul, December, 2010-February, 2011
Office Coordinator

The Economic Center, Busan, January-August, 2010
Research Assistant

---

(8) REFERENCES

신용조회처는 특별히 쓸 필요는 없지만 요구가 있으면 써야 한다.

Available upon request

Available on request

Furnished upon request

References will be provided upon request

---

2) 커버레터

커버레터(cover letter)는 자기소개 성격이 강한 글로 구성된 이력서의 커버가 되는 서류이다. 커버레터에는 자신이 지원하는 업무와 관련된 경력이나 기술, 학업 등을 집중적으로 소개한다. 즉 경력 위주의 자기소개서라고 보면 된다. 커버레터는 외국계 기업에 지원할 때 필요한 서류이다. 외국 기업에서는 커버레터를 별도로 요구하지 않더라도 이력서와 함께 첨부하는 것을 당연하게 여긴다. 커버레터 없이 이력서만 제출하는 것은 실례가 된다.

커버레터는 지원 회사와 관련된 분야에 대한 관심과 지식을 강조하되 지나치게 전문적인 내용은 피한다. 지원 회사에서 관심을 가질 만한 단어들을 사용하고 채용공고에서 지원 자격에 제시된 단어들을 쓰는 것도 좋다. 오타 및 문법상 오류가 없도록 철저히 체크해야 한다. 여기에서는 일반적으로 사용 가능한 한 가지 양식을 중심으로 살펴보자.

다음은 커버레터 양식이다.

(1) 성명, 주소, 연락처
(2) 작성일자
(3) 수신인 성명, 직책, 회사명, 주소
(4) 첫인사
(5) 본문
(6) 끝인사
(7) 성명(서명)
(8) 동봉물 표시

그림 7.3 커버레터 양식

(1) 성명, 주소, 연락처

페이지 상단 왼쪽에 주소를 기재한다.

Name(이름 성/성 이름)
Street(아파트 이름과 동·호수, 번지, 동, 구)
City, State Zip(시, 도, 우편번호)
Phone

(2) 작성일자

주소를 기재한 후 작성일자를 기재한다.

March 10, 2011

September 29, 2010

(3) 수신인 성명, 직책, 회사명, 주소

작성일자 기재 후 3행 정도 띄우고 수신인의 성명, 직책, 회사명, 주소를 작성한다.

> Mr.(Mrs./Ms.)(성 이름)
> Position(Personal Manager)
> Company Name(XIAH Company)
> Street(건물 이름과 동·호수, 번지, 동, 구)
> City, State Zip(시, 도, 우편번호)

(4) 첫인사

수신인 성명, 직책, 회사명, 주소 작성 후 1행 정도 띄우고 첫인사를 작성한다.

> Dear Mr.(Mrs./Ms.) last name(성)
>
> Dear Mr. Kim

(5) 본문

첫인사 작성 후 1행 정도 띄우고 서론부터 작성한다. 본론과 결론도 각각 1행 정도를 띄우고 작성한다.

> 서론
> 지원 경로와 동기
> 지원하는 직책(position)
> 시선을 집중하는 문장
> I would like to offer my skills and experience for your consideration regarding administrative position available at ABC Company.
> (1행)
>
> 본론
> 경력중심의 자기소개
> 자격사항과 경력소개
> I have extensive, varied experience in administration, including staff supervision, meeting planning, and activities scheduling. I have the ability to speak effectively and communicate well through phone contact or the written word.
> (1행)

결론
　연락처
　지원 회사에 대한 관심 표명
　결과 기대(면접 일정)
　커버레터를 읽어 준 것에 대한 감사
　　Please consider me for this position as I start ready to make a considerable contribution. If you can allow me an interview at your convenience, I shall be happy to call at your office. I can be reached at cell-phone 000-0000-000 any time.

Thank you for your consideration.

(6) 끝인사

본문 작성 후 1행 정도 띄우고 끝인사를 작성한다.

Sincerely
Sincerely yours
Yours truly
Yours faithfully

(7) 성명(서명)

끝인사를 작성 후 3~4행 정도 띄우고 성명을 작성한다. 성명 위에 서명을 한다.

Hong Gil Dong

Hong Gil Dong

(8) 동봉물 표시

성명을 작성한 후 1행 정도 띄우고 동봉물 표시를 한다.

Enc. Resume

Enclosure : Resume

Enclosed : Resume

1. 마스터 이력서와 자기소개서의 필요성에 대해 설명하시오.

2. 스토리보드의 개념과 중요성에 대해 설명하시오.

3. 영문이력서에 포함되는 항목들을 모두 쓰고 이를 설명하시오.

제8장

면접

수업 가이드

최근 채용에서 강조되고 있는 면접시험의 중요성을 인식하고 다양한 면접시험의 종류와 방법에 대해 살펴본다. 또 지원자들이 면접시험을 대비해 준비해야 할 사항들에 대해서 검토한다. 성공적인 면접시험을 위한 프로세스에 대해 면접 전날부터 면접시험장에서 퇴실까지의 단계로 나누어 주의해야 할 핵심 내용을 중심으로 살펴본다. 마지막으로 면접시험 대비 유용한 질문들을 여덟 가지 범주로 나누어 살펴보고 면접시험 기출문제들을 검토한다.

학습목표

1. 다양한 면접시험의 종류와 방법에 대해 이해한다.
2. 성공적인 면접시험 프로세스에 대해 이해하고 자신의 면접준비 전략을 수립한다.
3. 면접시험 대비 유용한 질문들과 면접시험 기출문제를 검토하고 이에 대한 답변을 준비한다.

1. 면접시험의 역할과 중요성

면접시험이란 서류전형과 필기시험이 끝난 후 최종적으로 응시자의 지식, 태도, 인성, 가치관을 알아보는 면대면 구술시험을 말한다. 채용절차는 대체로 서류전형, 인·적성검사, 면접시험과 신체검사의 순으로 이루어진다. 이 중 가장 비중 있고 중요한 것이 면접시험이다.

다음은 기업들이 면접시험을 통해 파악하고자 하는 지원자의 특성을 정리한 것이다.

첫째는 팀워크와 자기관리능력이다. 기업은 여러 개의 그룹이나 팀으로 구성되어 있고 각각의 그룹이나 팀에는 구성원들이 있다. 그룹이나 팀의 구성원들이 같은 목표를 가지고 함께 움직이면서 성과를 내야 한다. 이럴 경우 중요한 것이 바로 팀워크이다. 또 자기관리능력은 조직에서 특히 강조되고 있는 역량이다. 기업의 인재로 성장하기 위해서는 타인을 리드하는 리더십도 필요하지만 그에 앞서 자신을 잘 관리할 수 있는 자기관리능력이 요구된다. 특히 신입사원이라면 리더십보다는 자기관리능력이 더 중요하게 요구된다. 따라서 기업들은 면접을 통해 지원자의 팀워크와 자기관리능력에 대해 파악하고자 한다.

둘째는 직무에 대한 전문지식과 스킬이다. 이는 업무수행을 위해 요구되는 역량으로 기업 입장에서는 채용을 위해 반드시 확인해야 할 부분이다. 필기시험을 통해서도 파악이 가능하지만 기업들이 필기시험을 거의 보지 않는 추세이기 때문에 면접을 통한 점검은 반드시 필요하다.

셋째는 언어능력과 창의성이다. 언어능력에는 외국어구사능력은 물론 조리 있게 자신의 의견을 말하고 상대를 설득시키는 능력까지 포함된다. 또 최근 기업에서 강조되고 있는 것이 창의성이다. 특히 창의성은 기업 현장에서 발생할 수 있는 직무와 관련된 다양한 문제들을 해결하는 데 필요한 능력으로 평가되고 있다. 따라서 기업에서는 면접 시 다양한 방법을 통해 지원자들의 창의성을 테스트하고 있다.

넷째는 지원동기와 입사 후 포부이다. 이 부분은 기업들이 신입사원을 채용할 때 가장 중점적으로 살펴보는 부분이다. 지원자는 지원동기와 입사 후 포부가 채용하는 기업의 비전이나 가치와 일치할 때 높은 점수를 얻게 된다. 따라서 지원자는 이 부분에 대해 논리적이고 명확한 답변을 준비해야 한다.

마지막은 적극성과 진취성이다. 치열한 경쟁 환경 속에 놓여 있는 기업 입장에서는 보다 적극적이고 진취적으로 행동하는 인재를 원하고 있다. 또 입사 후 지원자가 자신에게 맡겨진 업무에 임하는 자세도 이러한 적극성과 진취성에 따라 달라질 수 있다는 것이 기업의 입장이다. 따라서 지원자들은 짧은 면접시간이지만 이 시간 동안 자신의 적극적인 태도를 충분히 보일 수 있도록 준비하고 면접에 임해야 한다.

최근 들어 지원자들의 객관적인 능력이 지속적으로 향상되면서 채용시험에서 변별력이 문제가 되고 있다. 따라서 채용절차 중 면접의 영향력이 점차 확대되고 있다. 기업들은 지원자들 사이에 변별력을 높이기 위해 까다롭고 다양한 유형의 면접시험 방식을 고안해 자신들에게 적합한 인재를 선발하고 있다.

2. 면접시험의 종류와 방법

1) 면접시험의 종류

(1) 단독면접(일대일 면접)

단독면접은 면접관 한 사람과 지원자 한 사람이 일대일로 질문하고 답하는 형식의 면접이다. 보통 기업의 임원이나 인사담당자가 면접관을 맡게 되는데 이때 면접관의 주관이 개입될 여지가 많기 때문에 객관성 확보에 어려움이 있다. 또 다른 종류의 면접에 비해 면접시간이 많이 소요된다는 단점이 있다. 반면 지원자의 역량, 인성 등을 구체적으로 파악할 수 있다는 장점이 있다. 지원자는 편안한 마음으로 면접에 응할 필요가 있고 이력서와 자기소개서에 근거해서 준비한 답변을 하면 된다.

(2) 개별면접

개별면접은 여러 명의 면접관이 한 사람의 지원자를 면접하는 것이다. 주로 중요한 직책이나 소수의 인력을 선발할 때 사용하는 면접이다. 면접관이 여러 명이므로 다양한 질문이 가능해 지원자에 대해 구체적인 면접이 가능하다. 반면 기업의 입장에서는 시간과 노력이 많이 든다. 지원자에게는 지나친 긴장감을 유발할 수 있다는 단점이 있다. 지원자는 면접에 임할 때 한 사람의 면접관이 질문을 했더라도 면접관 전체를 상대로 분명하게 답변해야 한다.

(3) 집단면접(다대다 면접)

여러 명의 면접관과 여러 명의 지원자가 동시에 면접을 진행하는 것으로 일반적으로 대기업에서 많이 이루어지는 면접이다. 기업 입장에서는 면접에 소요되는 시간과 노력을 절약할 수 있고 여러 명의 지원자들을 동시에 비교 관찰할 수 있기 때문에 평가 시 객관성을 확보할 수 있다. 여러 명의 지원자가 동시에 면접을 보기 때문에 지원자의 긴장감을 낮출 수 있는 반면, 다른 지원자들과 비교가 되기 때문에 자신의 생각이나 의견을 솔직하게 표현해야 하고 개성 있는 답변을 통해 집단 속에 묻히지 않고 면접관에게 좋은 인상을 심어 줄 수 있어야 한다. 지원자는 자신의 답변이 끝난 이후에도 면접이 완전히 종료될 때까지 좋은 태도를 유지해야 한다.

(4) 토의면접

집단토론이나 토의면접은 비교적 많은 기업에서 면접 방법으로 채택하고 있다. 토론과 토의는 그 의미가 조금 다르다. 사전적 정의를 살펴보면 토론은 '어떤 문제에 대하여 여러 사람이 각자의 의견을 내세워 그것의 정당함을 논함', '각자의 의견을 내세워 그것의 정당함을 논함'이다(DAUM 온라인사전). 반면 토의는 '어떤 문제에 대하여 함께 검토하고 협의함', '함께 검토하고 협의함'이다(DAUM 온라인사전). 넓은 의미에서 본다면 토론도 토의에 포함되는 개념이라고 할 수 있다. 먼저 이 둘의 공통점은 문제를 해결하기 위한 방법이며, 집단 내 개인들의 사고를 통해 바람직한 문제를 해결하기 위한 방안을 찾는 과정이라는 것이다. 이를 위해서는 논리적인 근거를 들어 상대를 설득해야 한다. 이 둘의 차이점은 토의가 문제해결을 위한 의견의 합의점을 찾기 위해 서로 협력하는 형태라면 토론은 문제가 찬성과 반대로 구분되는 대립적인 주제에 적합하다는 것이다.

토론은 어떤 하나의 주제에 대해 찬성과 반대의 의견을 갖는 사람들이 자신의 의견이 옳다고 주장을 하는 것이다. 그렇기 때문에 자신과 다른 의견을 가진 사람들을 설득해야 하고 자신의 주장을 뒷받침할 증거를 제시해 정당성을 입증해야 한다. 토론에서 상대편의 논거를 반박할 때는 새로운 증거를 제시할 수는 있지만 새로운 주장을 내세울 수는 없다. 주장은 찬성과 반대만 있기 때문이다. 토론을 진행하는 사회자는 중립적인 조정자 역할을 한다. 좋은 토론을 하기 위해서 발언자들은 이성을 잃지 말고 차분하게 자신의 주장을 펼쳐야 한다. 또 감정적인 접근이 아닌 논리적이고 지식에 근거한 접근을 통해 평정심을 유지한 채 토론에 임해야 한다.

토의는 두 사람 이상이 공동의 문제를 해결하기 위해 자신의 의견을 제시하고 합의점을 찾는 것이다. 물론 이때 합의점은 토의 참여자들이 가장 바람직하다고 생각하는 방법을 말한다. 즉 찬성과 반대가 중요한 것이 아니라 그 주제에 가장 적합한 해결 방법을 찾는 것이다. 토의를 진행하기 위해서는 주제가 있어야 하고 주제의 원인과 실태에 대한 문제점을 파악해야 한다. 이 문제점을 토대로 해결책을 토의한다. 이 과정에서 여러 방안들이 검토되고 최선의 해결 방안을 선택하게 된다.

집단토론이나 토의면접은 여러 명의 지원자가 조를 이루어 주어진 주제에 대해 바람직한 문제를 해결하기 위한 방안을 찾는 과정을 평가하는 면접이다. 면접시간은 통상적으로 30분에서 1시간 정도로 진행된다. 주제가 주어지면 지원자들은 그 주제에 대해 토론이나 토의를 진행한다. 면접관은 이 과정에 개입하지 않고 지원자들의 토론이나 토의과정을 관찰하고 평가한다. 집단토론이나 토의면접은 보통 기본면접을 거친 다음에 실시한다. 집단토론이나 토의면접은 개인면접에서 파악하기 어려운 설득력, 상호존중, 배려, 경청능력, 협동심, 논리력, 리더십, 판단력 등을 평가하는 면접이다. 토론이나 토의를 통해 다양한 의견이 자유롭게 개진되며 지원자가 타인을 대하는 태도도 자연스럽게 드러난다. 면접 시 지원자는 주제에 부합하는 발언을 하고 요점을 명확히 표현하기 위해 결론부터 말해야 한다. 이때 논리적으로 자신의 주장을 펴는 것이 중요하다. 자칫 감정조절에 실패해 흥분하거나 과격한 발언을 하는 것은 면접에 부정적인 영향을 미칠 수 있으므로 삼가야 한다.

대부분의 집단토론 면접의 경우는 시사성 있는 주제들로 이루어진다. 집단토론 면접은 지원자 개인의 의사가 반영되지 않은 채 면접에 참가한 두 팀을 찬성 팀과 반대 팀으로 나누고 이들에게 찬성과 반대의 명확한 의견 제시를 요구한다. 이는 자신의 의사와 다르게 찬성이나 반대에 대한 의견을 피력해야 한다는 것이다. 따라서 집단토론 면접에서 찬성과 반대는 중요하지 않다. 얼마나 자신의 의견을 논리적으로 설득력 있게 전달하느냐가 중요한 것이다. 따라서 중립적인 태도를 보이는 것은 자칫 자기 생각이나 주장이 없는 사람으로 보여질 수 있다. 그러므로 자신이 맡은 찬성과 반대의 입장을 분명히 하고 이를 논리적으로 설명할 수 있어야 한다. 한 가지 주의할 점은 대부분의 집단토론 면접에서 찬성과 반대 자체가 중요하다기보다는 그것을 논리적으로 뒷받침하는 설득력과 협동심 그리고 토론에 참여하는 자세가 중요하다는 것을 잊지 말아야 한다.

토의면접의 경우는 주어진 주제에 대해 두 팀이 함께 의견을 제시하고 이들 중 문제해결에 가장 적합한 합의점을 찾아내는 것이다. 면접관은 이 과정에서 지원자들의 태도와 의견을 동시에 평가한다. 최근에 토의면접의 경우는 시사성 있는 주제보다는 전공 관련성이 높은 주제에 집중하는 경향이 있다. 즉 지원자의 직무나 전공관련 주제를 가지고 토의면접을 진행하는 경우가 많다. 또 토의면접에서 지원자의 직무와 관련해 실제 업무현장에서 발생하는 문제를 제시하고 이를 해결하기 위한 가장 적합한 방법을 찾도록 하는 경우도 있다. 이 경우 양 팀이 토의를 통해 주어진 문제를 해결하기 위한 가장 이상적인 방안을 협의해서 도출해야 한다. 면접관은 이 과정에서 지원자의 직무관련 지식과 토의에 임하는 태도까지 평가하게 된다. 경우에 따라서는 지원자 중 대표자가 합의한 내용을 설명하게 할 수도 있다.

앞서 설명한 집단토론과 토의면접에서 무엇보다 중요한 것은 타인을 존중하고 경청하는 자세이다. 따라서 자신의 의견을 피력하기에 앞서 항상 경청한 타인의 의견에 대한 경청 반응을 보일 필요가 있다. 예를 들어, "좋은 의견 감사합니다.", "적합한 사례를 들어 찬성의 입장을 설명해 주셨습니다.", "반대하는 입장을 잘 대변하는 사례라고 생각합니다.", "설명을 구체적으로 잘해 주셨습니다.", "좋은 사례라고 생각합니다.", "논리적으로 잘 설명해 주셨습니다." 등의 경청 반응을 보인 후에 자신의 의견을 피력할 필요가 있다. 또 발언을 시작할 때는 "찬성하는 입장에서 저는…", "반대하는 입장에서 저는 ○○○ 사례를 들어 설명 드리겠습니다.", "제가 찬성하는 이유는 ○○○ 때문입니다." 등의 결론을 먼저 말하는 형태로 임해야 한다.

(5) 프레젠테이션 면접

프레젠테이션 면접은 실무급 면접관들이 지원자가 진행하는 프레젠테이션을 관찰하고 지원자를 평가하는 면접이다. 보통 과장, 차장급의 실무자가 면접관이 되고 지원자의 문제해결능력,

언어구사력, 전문지식, 창의성, 논리력과 커뮤니케이션 스킬, 열정 등에 대해 평가한다. 삼성그룹이 가장 먼저 시작했다. 보통 지원자에게 문제를 내고 프레젠테이션을 준비할 시간을 준 뒤 발표하도록 한다. 기업에 따라 간단한 자기소개를 먼저 시키는 곳도 있고 전공지식과 관련된 문제가 출제되는 곳도 있다. 특정 기업의 경우는 영어 프레젠테이션을 실시하기도 한다. 해외 사업을 수행할 수 있는 능력을 평가하기 위해서인데, 사전에 사업 주제를 주고 사업전략을 작성해 오게 해서 이를 영어로 발표하게 한다. 또 그 이후에는 면접관들과 영어로 질의응답을 하는 프로세스로 면접을 진행하기도 한다.

최근에는 직무면접과 프레젠테이션 면접을 연결시켜 면접을 진행하는 회사들이 늘어나고 있다. 전공관련 지식이나 문제해결능력 등을 알아보기 위해 과제를 주고 문제해결 전략을 수립하게 하고 이를 프레젠테이션 하게 한다. 프레젠테이션이 종료된 이후에는 면접관과 작성한 답안 내용에 대한 질의응답 시간을 갖는다.

지원자는 프레젠테이션 면접에서 면접관이 요구하는 것을 빨리 파악하는 것이 필요하다. 즉 프레젠테이션 주제가 어렵지 않고 짧은 시간 동안 준비하게 한다면 이는 답의 내용보다는 프레젠테이션 능력이나 태도 등을 보려는 의도이다. 반면 주제가 어렵고 장시간 동안 준비해야 할 뿐만 아니라 전지에 답을 작성하고 발표해야 한다면 이는 문제해결능력과 프레젠테이션능력을 한꺼번에 평가한다는 것을 의미한다. 따라서 지원자는 프레젠테이션 면접 방법과 면접관의 의도를 빨리 파악하고 이에 적절한 대응을 통해 프레젠테이션 면접에 임해야 한다.

최근에 기업에서 실시하고 있는 프레젠테이션 면접의 종류와 그 대응 방법을 정리하면 다음과 같다.

첫째, 전지 프레젠테이션 면접이다. 이는 가장 고난이도의 프레젠테이션 면접으로 면접시간도 가장 길게 진행된다. 최근에는 면접시간이 많이 소요되는 관계로 많은 기업에서 실시하지 않고 있는 면접 방법이다. 대게 솔루션을 도출하는 문제해결 면접 방법과 같이 진행된다. 솔루션을 도출을 위해 지원자의 이해를 돕고자 필요한 자료를 A4용지로 지원자에게 제시하고 해결해야 할 과제도 함께 제시한다. 지원자는 주어진 자료를 잘 읽고 과제의 답을 전지에 작성해서 발표해야 한다. 제시되는 자료에 따라 상이할 수 있지만 대게 40~50분 정도의 시간을 지원자에게 주고 지원자가 전지에 답을 적게 한다. 이때 지원자는 너무 완벽한 답을 적으려고 하지 않아야 한다. 또 시간을 잘 관리해야 하는데 30분이 지나면 전지에 답을 적기 시작해야 한다. 이 경우 통상적으로 지원자가 전지를 붙이고 20분 정도 프레젠테이션을 한 이후에 면접관과의 질의 응답이 이어진다.

둘째, 파워포인트(power point) 프레젠테이션 면접이다. 지원자에게 주제를 제시하고 컴퓨터실에서 파워포인트 툴을 활용해 답안을 작성하게 한 후 프레젠테이션을 하게 하는 면접이다. 컴퓨터로 파워포인트를 활용해 프레젠테이션 자료를 작성하는 데 시간을 많이 주지 않는다. 대략적으로 약 20여 분 정도의 시간을 주는 것이 보통이다. 따라서 파워포인트 툴을 잘 다룰 수 없는 지원자라면 많이 당황할 수 있다. 이 경우 파워포인트 디자인에 지나치게 신경 쓰기보다는 전달하고자 하는 내용을 충실하게 반영한 자료를 간략하게 작성하는 것이 더 중요하다. 지원자가 면접관 앞에서 파워포인트 툴로 작성된 자료를 제시하면서 프레젠테이션을 실시하고 이후에 면접관과 질의응답이 이어진다. 이 경우는 간단한 전공지식의 개념을 묻거나 일반적인 시사성 있는 주제가 주어진다.

아주 드물기는 하지만 미리 주제를 주고 집에서 파워포인트 툴을 이용해 자료를 작성해 오도록 한 후 이를 면접장면에서 발표하게 하는 경우도 있다. 이 경우는 대부분 지원자의 자기소개 내용이 주를 이루는데 여기에는 자신의 학교생활이나 전공관련 보유지식에 대한 내용들이 포함되기도 한다. 사실 이 경우 지원자는 다른 프레젠테이션 면접보다 더 많은 스트레스를 받는다. 그 이유는 현장에서 즉시 이루어지는 것이 아니므로 개인 능력에 따라 미리 작성한 자료의 수준이 차이가 날 수 있기 때문이다. 이럴 경우에 긴장하지 말고 자신을 가장 잘 소개할 수 있는 내용 위주로 자료를 작성하되 글보다는 이미지 위주로 작성해야 한다.

셋째, A4용지 프레젠테이션 면접이다. 가장 일반적인 프레젠테이션 면접이다. 보통 지원자에게 2~3개의 주제를 제시한 후 지원자가 하나의 주제를 선택하도록 한다. A4용지에 선택한 주제의 답을 도출하는 과정을 적게 한다. 약 20~30분의 시간이 주어진다. 다 작성한 후에는 지원자가 작성한 A4용지를 복사하여 면접관에게 나누어주고 지원자에게 약 5분 정도 프레젠테이션을 하게 한다. 이후에 질의응답이 이어진다. 이 경우에도 간단한 전공지식의 개념을 묻거나 일반적인 시사성 있는 주제가 주어진다.

넷째, 판서 프레젠테이션 면접이다. 최근에 기업에서 많이 실시하는 프레젠테이션 방법이다. 방법은 위의 A4용지 프레젠테이션 면접과 동일하지만 판서를 하면서 프레젠테이션을 한다는 점이 상이하다. 이 경우 지원자는 긴장해서 판서를 하기가 쉽지 않다. 따라서 중요한 몇 가지 사항만 그림이나 공식 위주로 먼저 판서를 해 놓고 프레젠테이션을 하면서 누락된 부분을 추가로 판서해 나가는 방법을 선택할 것을 권한다. 판서시간이 너무 길어지면 면접관들이 지루해할 수 있고 이때 지원자는 더 긴장할 수 있다. 따라서 판서시간이 너무 길어지지 않도록 잘 조절할 필요가 있다. 이 경우 간단한 전공지식의 개념을 묻거나 일반적인 시사성 있는 주제가 주어지기도 하지만 대개는 전공지식이나 직무관련 지식, 솔루션 도출에 관한 주제가 주어진다.

(6) 역량면접

역량면접은 면접질문의 구조화에 따라 SI(Structured Interview), CBI(Competency Based Interview), BEI(Behavior Event Interview) 등으로 불리기도 한다. 역량면접은 지원자가 실제 경험한 것을 위주로 면접하는 방법으로 과거 경험한 사건에서 특정 장면(event)을 설정하고 '언제', '무슨 일을 했는가?', '왜 그렇게 했는가?' 등을 시계열에 따라 순차적으로 질문해 나가는 방식이다.

역량면접은 보통 질문의 내용과 순서, 지원자의 답변 내용에 따른 후속 질문 그리고 답변에 따른 점수가 이미 정해져 있기 때문에 역량구조화 면접이라고도 불린다. 질문 내용과 답변에 따른 점수를 미리 정해 놓고 면접을 진행하기 때문에 비구조화 면접에 비해서 면접 자체의 신뢰성과 타당성이 높다고 볼 수 있다. 구조화 면접을 진행하기 위해서 면접관들이 면접대비 교육을 받기도 한다.

최근 지원자들의 스펙이 상향 평준화되는 문제로 인해 기업들이 채용에 어려움을 겪고 있는데 역량면접은 이러한 어려움을 어느 정도 해소시켜 줄 수 있는 면접이다. 지원자의 이력서나 자기소개서에 기재된 것으로는 알기 어려운 지원자의 역량이나 행동 특성 등을 파악할 수 있기 때문에 최근 각광받고 있는 면접이다. 역량면접은 특히 지원자의 역량을 살펴보는 데 효과적이라고 할 수 있는데 지원자의 과거 경험이나 미래 상황에 대한 구체적인 질문을 통해 지원자의 역량에 대해 살펴보는 것이다.

역량면접의 종류에는 먼저 자격이나 지식에 관한 것이 있다. 이는 직무수행에 필요한 지식과 밀접한 관련을 가지고 있는 다양한 분야에서 과거 경험, 학력 및 교육관련 학위나 자격사항 등에 대해 지원자에게 질문하는 것이다. 두 번째는 행동적 또는 상황적 역량면접이다. 행동적 역량면접은 "~했을 때 어떻게 하셨습니까?"와 같이 과거 특정 상황에 대한 지원자의 행동 경험을 묻는 것을 말한다. 상황적 역량면접은 "만약 ~라면 어떻게 하시겠습니까?"와 같은 특정 상황에 대한 가상적 답을 요구하는 질문으로 구성되어 있다.

역량면접은 보통 STAR 기법에 근거해 탐침질문(probe question)으로 진행된다. 특히 행동적이나 상황적 면접질문과 관련된 경우 다음 예시와 같은 탐침질문이 가능하다. 탐침질문은 지원자가 거짓으로 답변하거나 분명하지 않은 답을 할 경우 보다 심층적인 정보를 획득하고 답변의 진실성을 파악하기 위한 방법으로 자주 사용된다.

STAR	면접질문
상황 (Situation)	• 다수의 인원이 함께 어떤 목적을 가지고 일을 했던 경험에 대해 말씀해 주십시오. • 당신은 어떤 역할/과제를 담당했습니까?
임무 (Task)	• ○○ 일을 할 때 어떤 어려움이 있었습니까? • 팀원들 간의 갈등은 없었습니까? • 문제를 일으킨 사람은 누구입니까? • 그러한 갈등이 생긴 원인은 무엇입니까?
행동 (Action)	• 그러한 어려움이나 갈등을 어떻게 해결했습니까? • 갈등 상황에서 당신이 한 행동은 구체적으로 무엇입니까?

결과 (Result)	• 그러한 행동의 결과는 어떠했습니까? 잘 해결이 됐습니까? • 동료들은 당신의 행동에 대해 어떻게 반응했습니까? • 당신이 이 경험을 통해 얻은 점은 무엇입니까? • 이러한 경험이 이후 당신의 행동에 구체적으로 어떤 영향을 주었습니까?

아래의 예시는 NCS 직업기초능력 중 직업윤리 영역을 평가하기 위한 질문들이며 경험면접의 형태로 출제되었다.

직업윤리 근로윤리, 공동체윤리 심사기준 : 자기관리/규범준수/근면	정의 : 일에 대한 존중을 바탕으로 근면성실하고 정직하게 업무에 임하는 자세인 근로윤리, 인간존중을 바탕으로 봉사하며 책임 있고 규칙을 준수하고 예의 바른 태도로 업무에 임하는 자세인 공동체윤리가 있는지 점검한다.

시작질문

• 남들이 신경 쓰지 않는 부분까지 고려하여 절차대로 업무(연구)를 수행하여 성과를 내신 경험에 대해 구체적으로 말씀해 주십시오.
• 조직의 원칙과 절차를 철저히 준수하여 업무(연구)를 수행하고 성과를 향상시킨 경험에 대해 구체적으로 말씀해 주십시오.
• 세부적인 절차와 규칙에 주의를 기울여 실수 없이 업무(연구)를 마무리한 경험에 대해 구체적으로 말씀해 주십시오.
• 조직의 규칙이나 원칙을 신경 쓰면서 성실하게 일하셨던 경험에 대해 구체적으로 말씀해 주십시오.
• 다른 사람의 실수를 바로잡고 원칙과 절차대로 집행하여 성공적으로 업무를 마무리하신 경험에 대해 구체적으로 말씀해 주십시오.

후속질문

상황 (Situation)	상황	구체적으로 언제, 어디서 경험한 일입니까?
		어떤 상황이었습니까?
	조직	어떤 조직에 속해 있을 때의 경험이었습니까?
		그 조직의 특성은 무엇이었습니까?
		몇 명으로 구성된 조직이었습니까?
	기간	해당 조직에서 얼마 동안 일하셨습니까?
		해당 업무는 몇 개월 동안 지속되었습니까?
	조직규칙	조직의 원칙이나 규칙은 무엇이었습니까?
역할 및 임무 (Task)	과제	과제의 목표는 무엇이었습니까?
		과제에 적용되는 조직의 원칙은 무엇이었습니까?
		그 규칙을 지켜야 하는 이유는 무엇이었습니까?
	역할	당신이 조직에서 맡은 역할은 무엇입니까?
		과제에서 맡은 역할은 무엇입니까?

(계속)

역할 및 임무 (Task)	문제의식	규칙을 지키지 않을 경우 생기는 문제점/불편함은 무엇입니까?
		해당 규칙이 왜 중요하다고 생각하셨습니까?
		해당 규칙으로 인한 불편함이 있었습니까?
		팀원들은 어떻게 생각하고 있었습니까?
		해당 규칙이 어떤 영향을 주고 있었습니까?
행동 (Action)	행동	업무과정의 어떤 장면에서 규칙을 철저히 준수하셨습니까?
		어떻게 규정을 적용시켜 업무를 수행하셨습니까?
		규정을 준수하는 데 어려움은 없으셨습니까?
	노력	그 규칙을 지키기 위해 스스로 어떤 노력을 기울이셨습니까?
		본인의 생각이나 태도에 어떤 변화가 있었습니까?
		다른 사람들은 어떤 노력을 기울였습니까?
	동료관계	동료들은 규칙을 철저히 준수하고 있었습니까?
		팀원들은 해당 규칙에 대해 어떻게 반응하였습니까?
		팀원들의 규칙에 대한 태도를 개선하기 위해 어떤 노력을 하셨습니까?
		팀원들의 태도는 당신에게 어떤 자극을 주었습니까?
	업무추진	자신에게 주어진 업무를 추진하는 데 규칙이 방해되지는 않았습니까?
		그럼에도 규칙을 준수한 이유는 무엇입니까?
		업무수행 과정에서 규정을 어떻게 적용하셨습니까?
		업무과정에서 규정을 준수해야 한다고 생각한 이유는 무엇입니까?
결과 (Result)	평가	규칙을 어느 정도나 준수하셨다고 생각합니까?
		그렇게 준수하실 수 있었던 이유는 무엇입니까?
		업무의 성과는 어느 정도였습니까?
		성과에 만족하셨습니까?
		비슷한 상황이 온다면 어떻게 하시겠습니까?
	피드백	주변 사람들로부터 어떤 평가를 받으셨습니까?
		그러한 평가에 대해 만족하십니까?
		다른 사람들에게 본인의 행동이 영향을 주었다고 생각하십니까?
	배운점	업무수행 과정에서 중요한 점은 무엇이라고 생각하십니까?
		이 경험을 통해 배운 것이 있습니까?

역량면접은 위에 제시된 STAR 기법에서 확인할 수 있듯이 한 질문에 답을 하면 그 답에 꼬리에 꼬리를 무는 형태의 탐침질문으로 구성되어 있어서 면접시간이 오래 걸릴 수 있다. 또 많은 탐침질문들로 진행되기 때문에 통상적으로 여러 명의 면접관과 1~2명의 지원자가 참여하는

면접 형태로 진행된다.

만약 기업들이 역량면접을 진행하고자 한다면 지원자들에게 자기소개서 문항을 제시할 때부터 문항선택에 신중을 기해야 한다. 왜냐하면 지원자의 역량을 확인하기 위한 자기소개서 문항을 제시해야 역량면접이 가능하기 때문이다. 다음은 역량면접을 위한 자기소개서 질문 항목들의 예시이다.

- 본인의 희생을 감수하고 조직의 규율에 따라 행동한 경험에 대해 기술하십시오.
- 자신에게 닥친 어려운 위기를 극복한 경험에 대해 쓰십시오.
- 리더십을 발휘한 경험에 대해 기술하십시오.
- 지원한 직무관련 프로젝트 성공 경험에 대해 기술하십시오.
- 본인이 이전과 다르게 창의성을 발휘하여 성과를 낸 경험에 대해 쓰십시오.
- 지금까지 살면서 가장 힘들었던 일은 무엇입니까? 그 상황을 어떻게 극복했습니까?
- 가장 어려웠던 문제를 해결한 경험에 대해 기술하십시오.
- 본인이 가장 열정적으로 임했던 경험에 대해 쓰십시오.
- 어려운 목표를 세우고 노력해 이를 달성한 경험에 대해 기술하십시오.
- 이제까지 살면서 가장 실패했던 경험에 대해 쓰십시오.
- 자신이 가장 소속감을 느꼈던 조직과 그곳에서 이룬 것들에 대해 기술하십시오.

(7) 협상면접

협상면접은 프레젠테이션 면접이나 인성면접과 같이 모든 기업에서 실시하는 면접이라기보다는 일부 특정 기업에서 실시하고 있는 면접시험이다. 기업의 업무 특성상 외부 거래업체와의 협상이나 설득이 많이 필요하므로 이에 대한 역량을 평가하는 면접시험이라고 볼 수 있다.

협상면접은 먼저 지원자들을 이해가 상충되는 두 집단으로 나누어 각각의 집단에 미션을 주고 미션 달성 여부를 점수로 채점하는 방식으로 진행된다. 이 경우는 보통 협상을 끝내고 결론을 도출해야 한다. 그리고 지나치게 자신에게 유리한 쪽으로 협상을 진행하기보다는 서로 윈윈(win-win)할 수 있는 방향으로 접근할 필요가 있다. 실제 비즈니스 현장에서도 한쪽이 지나치게 손해를 보는 협상의 경우 차후에 문제가 발생할 수 있기 때문이다. 협상면접의 다른 경우는 지원자에게 미션을 주고 면접관과 함께 협상을 진행하게 하는 방식이다. 이 경우는 지원자가 면접관을 설득하는 방식이 대부분인데, 면접관은 특정 역할을 연기하면서 지원자가 어떤 방식으로 설득을 하는지 평가한다. 다음은 협상면접에서 제시될 수 있는 상황들이다.

- 대형 쇼핑센터 건물에 영화관을 유치하려 할 때 쇼핑센터 관계자와 입점하려는 영화관 측의 협상
- 국내 남성 아이돌 그룹을 공연에 출연시키기 위해 연예기획사를 섭외하는 연출자와 이에 대응하는 연예기획사의 협상
- 선풍기를 구매하려고 온 고객에게 에어컨을 사도록 설득
- 성과는 좋으나 자기주장이 너무 강한 부하직원을 조직원들과 잘 지내고 조직에 잘 적응할 수 있도록 설득
- 소프트웨어 회사와 하드웨어 회사가 함께 컨소시엄을 만들어 정부에 납품하는 경우 두 회사 간 협상

2) 면접시험 방법

(1) 합숙면접

지원자와 면접관이 며칠 동안 합숙하면서 지원자의 평소 모습을 관찰하고 평가하여 선발하는 방법이다. 기업 입장에서는 시간과 비용이 많이 들지만 다양한 면에서 평가가 가능하기 때문에 확실한 인재를 발굴한다는 측면에서 채택하는 기업들이 있다. 지원자는 자신이 속한 팀에 적응하면서 팀을 리드하는 리더십과 적극성, 협동심 등을 보여 주면 된다. 지원자는 지나치게 부정적인 이미지로 자신의 존재감을 드러내지 않도록 하고 긍정적이고 적극적인 자세로 합숙면접에 임해야 한다.

(2) 역할연기 면접

조직생활을 하면서 실제로 일어날 만한 상황을 제시하고 그 상황에 어떻게 대처할 것인지를 직접 주어진 역할로 연기하도록 하는 면접방식이다. 주로 항공사 승무원 채용시험에 많이 적용되는 면접방식이다. 항공사 객실 승무원을 뽑는 경우에 다양한 상황을 설정하고 고참 여승무원이 승객 역할을 하면서 면접한다. 승객 역할을 맡은 고참 여승무원이 지원자에게 곤란한 주문을 하거나 커피를 쏟는 경우 등을 연기하고 이럴 경우 지원자가 어떻게 처리하는지, 순발력, 상황판단력, 문제해결력과 인성 등에 대해 평가한다.

(3) 술자리 면접

보통 공식적인 면접에 앞서 진행되는 면접으로 술자리에서 지원자들의 인성을 주로 평가하는 면접 방법이다. 지원자가 오해하지 말아야 할 것은 주량이 아니라 인성을 평가한다는 것이다. 따라서 주량에 관계없이 분위기를 리드하는 적극성, 협동성, 사회성 등을 평가한다. 술을 잘 마시는 지원자라면 자기 통제력을 보여 주고, 주량이 약한 지원자라면 분위기에 잘 적응하는 자세를 보여 주면 된다.

(4) 다차원 면접

선배 사원으로 구성된 면접단이 응시자들과 함께 조를 구성하고 회사 밖의 산이나 음식점, 사우나 등의 장소에서 만난 다음 자유롭게 집단토론을 하면서 지원자들을 관찰하는 방식이다. 이 때 면접관은 응시자들의 긴장감을 풀어 줄 수 있고 하루 동안 같이 보내게 됨으로써 창의력이나 개성, 조직적응력, 리더십 등을 자연스럽게 파악할 수 있다. 일반 면접시간보다 오랫동안 함께하기 때문에 지원자는 자신의 진솔한 면을 보여 줄 수 있다.

(5) 사원면접

비슷한 수준의 선배 사원을 면접관으로 참여시켜 서로의 세대에 동질감을 부담 없이 느끼면서 인재를 선발하는 면접방식이다. 신세대들의 사고방식을 수용할 수 있으며 실무자 입장에서 볼 때 창의성과 도전의식을 가진 젊은 인재를 가려낼 수 있다는 점에서 호평받고 있다. 특히 면접시험에서 미래에 함께 일하게 될 직원을 면접관으로 참여시킴으로써 편안한 분위기를 연출할 수 있다.

(6) 압박면접

면접관이 지원자에게 심리적으로 압박감을 느끼도록 분위기를 조성하고 지원자의 대처능력을 관찰하고 평가하는 면접방식이다. 압박감을 느끼게 하는 방법으로는 지원자의 답변과 무관하게 계속 질문을 한다거나 지원자의 말꼬리를 잡기도 한다. 또 지원자를 비난하기도 하고 고의로 약점이나 실수를 들춰내 질문을 하기도 한다. 지원자에게 불쾌감과 스트레스를 유발하게 한 후 그에 대처하는 자제력, 순발력, 판단력과 상황대처능력 등을 관찰한다. 지원자는 압박면접이라는 판단이 섰을 경우 그 의도를 빨리 파악하고 마음의 여유를 가질 필요가 있다. 면접관의 의도된 질문에 당황하지 말고 자제력과 인내심을 갖고 차분히 자신의 주장을 논리적으로 펴는 침착성을 보여야 한다.

(7) 자유면접

면접관이 질문 내용이나 시간의 구애를 받지 않고 자유롭게 질문하는 면접방식이다. 지원자의 인성과 역량을 보다 깊게 파악할 수 있으나 면접관의 주관에 따라 면접이 흐를 가능성이 많아 자칫 평가에 객관성을 잃을 수 있다. 또한 다른 지원자와의 객관적인 비교가 어렵다는 단점도 있다.

(8) 표준면접

면접관의 질문 내용과 평가과정을 표준화시킨 면접 방법으로 자유면접의 단점을 보완하기 위해 고안되었다. 면접 시 면접관은 미리 정해진 내용 및 순서에 따라 질문함으로써 객관적인 평가가 가능할 수 있으나 수험생 개인의 역량과 인성 등을 파악하는 데 어려움이 있다. 따라서 기업에서는 자유면접과 표준면접의 장점을 혼합하여 사용하고 있다.

(9) 블라인드 면접

다른 말로 무자료 면접이라고 불리는 블라인드 면접은 면접관이 지원자에 대해 학교, 전공, 성적 등에 대한 일체의 기초 자료 없이 표준질문서에 의거해 질문하는 면접방식이다. 면접 시 객관적이고 공정한 평가가 가능하다는 것이 가장 큰 특징이다. 이는 학연, 지연에 따른 선입관을 배제하고 면접과정에서 드러나는 자질과 인성을 통해 기업이 정말 필요로 하는 우수한 인재를 선발하려는 전략이라고 할 수 있다. 블라인드 면접은 주로 1차 면접에서 많이 활용된다.

(10) 활동면접

다양한 활동들을 통해 지원자의 직무능력 이외의 면을 관찰하고 평가하는 면접방식이다. 활동으로는 등산, 단축마라톤, 자전거 경기 등을 포함하는 철인3종경기, 축구, 요리, 고객서비스 등을 들 수 있다. 이를 통해 창의성, 협동성, 기초체력, 대인관계능력 등을 평가한다. 식품회사에서는 요리를, 고객을 직접 상대해야 하는 기업에서는 고객서비스 등의 활동에 지원자들을 참여시켜서 면접을 진행하기도 한다.

3. 면접시험 준비

1) 자기점검

이력서와 자기소개서를 써 놓고 아무 곳이나 되는 데로 지원하는 것이 아니라 자신에 대한 준비 상태를 점검하고 자신에게 맞는 특정 회사를 선택해서 지원해야 한다. 따라서 지원회사에 대한 이해에 앞서 자신에 대한 준비상태를 점검하는 것이 필요하다.

다음은 자신에 대한 준비상태 점검사항들이다.

점검사항	내용
전공선택 이유	
희망직무	
지원동기	
직무에 도움이 될 만한 지식, 기술, 경험	
입사 후 자신의 장·단기 목표와 구체적 계획	
입사 후 회사에 기여할 수 있는 분야	
성격 장단점	
취미/특기	
감명 깊게 읽은 책	
존경하는 인물	

2) 기업분석

지원회사를 이해하고 면접을 준비하기 위해서는 다음과 같은 기업분석이 필요하다.

기업분석 항목	내용
기업의 정식명칭	
기업의 연혁	
대표이사 성명 및 이력	
기업의 미션, 비전, 사훈, 사시	

(계속)

기업의 인재상	
주요사업 내용 및 상품	
전체 매출액 현황/ 제품별 매출현황/이익현황	
전체 직원 수	
국내 사업장 현황 및 사업장별 주요업무 본사/지사/공장 등	
계열사 현황	
해외지사 및 공장 현황	
국내 경쟁사 현황	
해외 경쟁사 현황	
회사제품 사용경험(장점 및 개선점)	
최근 주식시세	
최근 언론에 보도된 기사 내용	
수상실적	
농구팀, 야구팀, 축구팀, 배구팀 등 현황 및 성적	
회사 잠재능력 개발에 대한 의견	
신제품 개발에 대한 의견	

3) 모범답안 작성과 면접 클리닉

이력서와 자기소개서는 이미 지원회사에 제출된 상태이므로 이를 근거로 예상 가능한 면접질문들을 정리하고 여기에 가장 알맞다고 생각되는 모범답안을 준비한다. 질문을 정리할 때는 기존

면접시험에 출제되었던 기출문제들을 살펴볼 필요가 있다. 이렇게 함으로써 면접시험 최근 동향을 파악할 수 있고 어떻게 준비해야 할지에 대한 힌트를 얻을 수 있다. 또 가능하다면 취업에 성공한 선배나 동료에게 도움을 요청하고 자신이 작성한 모범답안을 이들과 공유한 후 유용한 피드백을 얻어야 한다. 예상질문에 대한 모범답안을 작성할 때는 앞서 살펴본 자신에 대한 준비 상태 점검 내용과 지원회사에 대한 이해 부분에 대한 답을 고려해서 준비해야 한다. 이는 면접시험을 위해 반드시 준비해야 하는 필수사항들이다.

면접 클리닉의 경우 학교 경력개발센터 등에서 수시로 제공하는 다양한 프로그램을 이용할 수 있다. 또 모의 면접기 등을 통해 면접시험을 준비하는 것도 가능하다. 취업에 성공한 선배나 동료가 있을 경우 그들에게 도움을 요청하는 것도 좋은 방법이다. 이미 면접시험을 직접 경험했다면 면접시험에서 좋은 성적을 거둘 수 있는 유용한 정보를 많이 가지고 있을 것이다. 따라서 그들에게 면접 클리닉을 받을 수도 있다. 만약 취업스터디 그룹에 속해 있다면 그룹원들과 함께 모의 면접을 실시하고 상호 간에 피드백을 해 주는 것도 좋은 방법이다. 다양한 시도들을 통해 면접시험 전에 클리닉을 받고 면접시험에 임해야 좋은 성적을 거둘 수 있다.

4) 면접시험을 위한 이미지 메이킹

이미지(Image)는 '모방하다'라는 의미를 지닌 라틴어 '*Imago*(이마고)'와 '*Imitary*'에서 유래되었다. 이미지는 사람이나 사물의 형태를 모조 혹은 모방한다든가 인상처럼 실제로는 존재하지 않는 사람이나 사물에 대한 정신적 그림을 뜻한다(박은희, 1996). 또한 우리 나름의 사고, 취향에 따라 편집되고 만들어진 그 사람에 대한 생각의 덩어리, 특유한 감정, 고유한 느낌, 타인이 보고 느낀 자신의 모습이다(김은영, 1991). 따라서 이미지는 추상적인 개념으로 한 개인이 특정 대상에 대해 가지는 신념, 아이디어, 인상의 총체라고 할 수 있다(조슬기, 2006). 현대인들에게 좋은 이미지는 사회생활의 필수적인 요소로 인식되고 있으며 좋은 이미지는 자기만족과 대인관계에 밀접한 관련을 맺고 있다(윤소영, 2007). 면접시험에서도 이미지는 중요한 영향을 미치는 요소로 작용한다. 면접시험에서 좋은 결과를 얻기 위한 이미지 형성에 대해 다음과 같이 살펴보고자 한다.

(1) 복장

남녀 모두 네이비 색상은 정장의 기본이 되는 색상이다. 옅은 회색이나 갈색은 면접 복장에는 잘 어울리지 않는 색상이다. 남성의 경우 네이비 색상의 수트는 셔츠, 넥타이와 매치해 다양한 스타일을 연출할 수 있다. 네이비 색상의 단추가 두 개 있는 수트가 가장 무난하다. 기본적으로 셔츠의 색보다 어두운 톤의 넥타이를 매는 것이 안정감이 있어 보이며 셔츠와 타이를 톤온톤(tone on tone)으로 매는 것도 좋다. 톤온톤은 같은 계열의 색상 중 어두운 색상, 밝은 색상과 같이 명도차가 있는 톤의 색들을 조합시키는 배색법을 말한다. 셔츠의 소매는 재킷 밖으로 1.5cm 정도 나오도록 입고 셔츠의 목 뒷부분도 재킷 깃 위로 조금 올라오도록 입어야 보기에 좋다. 타이의 경우 너무 화려한 색상은 피하고 넓이도 너무 넓거나 좁지 않은 중간 정도의 넓이를 선택한다. 또 타이는 바지의 벨트 버클에 살짝 닿을 정도의 길이로 매는 것이 적당하다.

여성의 경우 네이비 색상의 재킷 안에 흰색 블라우스나 탑을 매치하는 것이 좋다. 프릴이나 리본으로 장식된 너무 화려한 블라우스보다는 깔끔하고 단정한 슬리브리스 형태의 탑이 적합하다. 또 치마나 바지 정장 모두 면접복장으로 가능하다. 재킷은 약간 타이트한 것이 괜찮다. 옷이 너무 크면 사람이 꼼꼼해 보이지 않을 수 있다.

표 8.1		여성과 남성의 체형별 코디네이션
성별	체형	코디네이션
여성	키가 크고 마른 체형	대부분의 의상이 잘 어울린다. 남성스러운 스타일도 잘 어울린다. 긴 상의, 긴 바지가 잘 어울린다.
	키가 크고 풍뚱한 체형	직선적인 느낌의 의상을 선택한다. 어두운 계열의 색상은 피하도록 한다. 레이스, 망사 등 안이 비치는 소재는 피한다.
	키가 작고 마른 체형	늘어나는 소재의 옷은 피한다. 작은 무늬의 의상, 작은 장신구를 선택한다. 본인을 말라 보이게 하는 의상은 피한다.
	키가 작고 풍뚱한 체형	허리선이 높은 의상을 선택한다. 목걸이 등의 화려한 액세서리를 착용하여 상체에 시선을 집중시킨다. 복잡한 장식이 없는 의상을 선택한다.
남성	키가 크고 마른 체형	깃이 넓고 어깨가 각진 수트를 선택한다. 밝은색 계열의 타이를 선택한다. 단순한 모양의 세로 줄무늬는 피한다.
	키가 크고 풍뚱한 체형	어깨 선이 일직선으로 떨어지는 짙은 색 수트를 선택한다. 화려한 타이로 상체에 시선을 집중시킨다. 밑으로 통이 좁아지는 바지를 선택한다.
	키가 작고 마른 체형	품에 여유가 있고 길이가 짧은 상의를 선택한다. 상의에 맞는 잔잔한 무늬의 타이를 선택한다. 밝은색 계열의 가로 줄무늬 의상을 선택한다.
	키가 작고 풍뚱한 체형	복잡한 장식이 없는 짙은 색 수트를 선택한다. 선명한 색상의 타이로 화려하지 않은 것을 선택한다. 세로 줄 무늬 의상을 선택한다.

출처 : 윤세남 외(2015). SMAT 서비스경영자격, Module A. 비즈니스 커뮤니케이션. pp. 92~94.

　남성이나 여성의 경우 모두 옷의 주름은 깔끔하고 단정하지 못하다는 느낌을 주기 때문에 면접시험에 부정적인 영향을 미칠 수 있다. 따라서 면접시험 전에 가방을 어깨에 매지 않도록 주의해야 한다. 구두상태는 그 사람의 걸음걸이 습관이나 깔끔한 정도를 나타낸다. 따라서 구두는 상태가 좋고 깨끗한 것을 신어야 한다.

　양말의 경우 남성은 정장색상과 일치하는 색상의 양말을 착용해야 한다. 흰색 양말을 신거나 발목 양말을 신는 것은 절대 피해야 한다. 서구에서는 흰색 양말을 신었을 경우 그 직원이 회사를 그만 둘 때까지 가십거리가 된다. 그만큼 예의에 어긋나는 것이므로 양말 색상에 주의해야 한다. 여성이 스타킹을 착용할 경우는 살색보다 커피색 스타킹을 착용하는 것이 좋다. 또 겨울에 면접을 보는 경우에도 불투명 스타킹보다는 투명한 커피색 스타킹을 착용해야 한다. 실내는 그다지 춥지 않기 때문에 검은색 정장에 검은색 불투명 스타킹을 착용할 경우 사람이 둔해 보일 수 있다.

　최근에 면접시험에서 지원자에게 비즈니스 캐주얼 착용을 요구하는 경우가 늘어나고 있다. 비즈니스 캐주얼은 와이셔츠에 넥타이를 매고 수트를 착용하기보다는 기본적으로 '콤비' 또는 '세퍼레이트'로 불리는 상의 재킷과 바지나 치마인 하의를 다르게 착용하는 것을 의미한다. 이 경우 상의와 하의 색상이나 스타일을 다르게 가져갈 필요가 있다. 상의 색상이 짙은 경우 하의는 옅은 색상으로, 상의가 옅은 색상이면 하의는 짙은 색상으로 가져가야 한다. 아울러 체크무늬나 다른 무늬가 있는 상의를 선택했다면 하의는 무지로 가는 것이 좋고 하의가 체크나 무늬가 있을 경우 상의가 무지인 경우가 훨씬 더 세련돼 보인다. 경우에 따라서는 단정한 점퍼, 짧은 버버리 스타일 또는 사파리 등을 착용하는 것도 가능하다.

　비즈니스 캐주얼에서 기본은 네이비와 회색 계열의 카라(옷깃)가 있는 재킷을 입는 것이다. 남성의 경우는 재킷 안에 심플한 남방셔츠나 카라가 있는 폴로 티셔츠를 입을 수 있다. 또 재킷을 입지 않을 경우 버튼 다운 셔츠를 입으면 깔끔해 보인다. 하의는 정장 수트 느낌의 바지보다는 면바지나 캐주얼한 느낌의 바지를 입는 것이 좋다. 이 경우 벨트도 수트에 착용하는 벨트보다는 가죽 색감이 그대로 살아있는 캐주얼한 느낌의 벨트가 좋다. 양말도 정장용 짙은 색상보다는 하의나 구두 색상을 고려해 착용할 필요가 있다. 구두는 끈이 달린 옥스퍼드화나 캐주얼한 로퍼가 좋다. 또 너무 운동화같지 않다면 슬립온도 잘 어울릴 수 있다.

　여성의 경우도 가급적 재킷을 입는 것이 좋으나 경우에 따라서 가디건을 매칭할 수도 있다. 특히 원피스를 착용한 경우 가디건을 잘 매칭하면 비즈니스 캐주얼 느낌을 살릴 수 있다. 구두는 남성과 다르게 정장용 구두를 신는 것이 좋고 검은색이나 네이비 색상의 구두보다는 의상과 잘 어울릴 수 있는 밝은 색상의 구두를 매칭하는 것도 좋다. 정장용 수트를 착용했을 때보다 조금 밝고 경쾌하며 세련된 느낌이 드는 것이 좋다.

　비즈니스 캐주얼 착용 시 피해야 할 의상으로는 청 재킷, 스포츠용 점퍼, 무늬가 지나치게 화려한 티셔츠, 스리브리스 셔츠나 원피스, 후드 티셔츠 등이다. 이들은 비즈니스 용으로는 적합하지 않은 의상들이다. 또 청바지를 착용해야 할 경우는 가급적 색상이 짙은 것을 선택하고 상의는 밝은 톤의 재킷을 착용하는 것이 바람직하다. 비즈니스 캐주얼의 경우도 톤온톤으로 매칭하는 것이 세련된 느낌을 줄 수 있다.

안경의 경우는 면접 시 착용해도 별 문제는 없다. 따라서 평상시 안경을 착용하는 사람이라면 굳이 렌즈를 끼거나 안경을 벗고 면접에 임할 필요는 없다. 다만 안경의 경우 얼굴을 가리는 것을 최소화할 수 있는 것을 착용하는 것이 바람직하다. 대학생들의 경우 대부분 안경 렌즈가 크고 검은색이나 갈색의 두꺼운 뿔테 안경을 많이 착용하는데 이는 면접용 정장스타일과는 잘 맞지 않고 안경테가 얼굴을 가리게 된다. 이로 인해 얼굴 자체를 그대로 보여주기 어렵다. 따라서 렌즈가 크지 않고 테가 없거나 반 테의 안경을 착용하는 것이 바람직하다.

다음은 자신에게 잘 어울리는 안경을 고르는 방법을 설명한 것이다.

〈나에게 잘 어울리는 안경!〉

- 얼굴이 둥근형은 각이 지고 안경테 눈꼬리 부분이 내려간 디자인으로 골라야 좋은 이미지를 연출할 수 있다.
- 얼굴형이 긴 사람은 안경의 브리지 부분이 넓은 것이 좋다.
- 얼굴형이 둥글고 코가 낮은 사람은 투명 안경테를 고르면 코가 높아 보이는 효과를 볼 수 있다.
- 얼굴 아래쪽이 넓은 사람은 부드러운 선의 안경테를 고르는 것이 좋다.
- 안경의 한가운데에 눈동자가 위치하게 하는 안경테를 고른다.
- 안경 위쪽의 프레임이 눈썹과 일치하거나 가까이 있어야 한다.
- 안경 아래쪽의 프레임이 광대뼈에 닿지 않도록 한다.
- 미간이 좁은 사람은 안경 가운데 브리지를 투명하고 옅은 색으로 하면 좁은 미간이 덜 좁아 보인다.
- 미간이 넓은 사람은 안경 가운데 브리지를 짙은 색으로 하면 미간이 좁아 보인다.
- 코가 짧고 납작하면 안경의 브리지를 미간보다 조금 높게 하거나 투명하게 해서 코가 길고 오똑한 느낌을 주게 한다.

출처 : 김월순 외(2007), 토털·패션·코디네이션.

귀걸이 착용은 남성과 여성의 경우가 상이한데 남성의 경우는 귀를 뚫었더라도 귀걸이를 착용하지 않는다. 여성의 경우는 귀를 뚫었다면 귀걸이를 착용하되 너무 흔들림이 많은 귀걸이는 착용하지 않는 것이 좋다. 그 이유는 귀걸이의 흔들림으로 인해 면접관의 시선이 분산될 수 있기 때문이다. 따라서 귀에 붙는 스타일의 아주 작은 귀걸이를 착용하는 것이 바람직하다. 가장 좋은 것은 5mm 정도의 금색이나 은색의 금속이 큐빅을 감싼 스타일의 귀걸이 또는 5mm

정도의 진주 귀걸이이다. 목걸이의 경우는 보통 착용하지 않는 편이 좋다. 이 역시 면접관의 시선이 지원자의 얼굴이 아닌 다른 곳으로 분산될 가능성이 높기 때문이며, 특히 팬던트가 있는 목걸이의 경우는 팬던트가 정가운데 위치하지 않을 경우 깔끔한 사람으로 보이지 않을 수 있기 때문이다.

시계나 반지는 착용해도 무방하다. 다만 시계의 경우는 양복에 잘 어울리는 정장시계가 적합하며 시계가 너무 커서 정장 밖으로 많이 나오는 경우라면 조금 문제가 될 수 있다. 또 정장에는 스포츠시계나 숫자가 찍히는 전자시계는 착용하지 않는 것이 좋다. 반지의 경우는 너무 화려하고 큰 경우가 아니라면 착용해도 괜찮다. 하지만 경우에 따라서 면접관이 반지의 의미에 대해 질문할 수도 있기 때문에 이 점을 고려할 필요가 있다. 가급적 온전한 자신의 모습을 드러내는 데 방해가 될 수 있는 것들은 피하는 것이 좋다.

(2) 헤어 스타일

남성이나 여성 모두 앞머리가 이마를 가리지 않도록 한다. 앞머리를 내릴 경우 어린 느낌을 줄 수 있지만 앞머리가 이마를 가릴 경우 성격이 답답한 사람으로 보일 수 있다. 따라서 남성의 경우라면 다소 짧게 머리를 자르거나 딱딱한 왁스나 젤 등을 이용해 가능한 이마와 양쪽 귀가 잘 드러나도록 해야 한다.

여성의 경우도 이마와 양쪽 귀가 잘 드러날 수 있도록 해야 한다. 여성의 경우 웨이브가 강하고 긴 머리보다는 정장에 어울리는 단정한 스타일이 좋다. 과하다 싶을 정도의 머리 염색은 자칫 나이 많은 면접관들에게는 단정하지 못하고 불성실하다는 느낌을 갖게 할 수 있다. 그러므로 머리 색상에 대해서도 신경을 써야 한다. 남성의 경우 과하다 싶을 정도의 흰머리가 있는 경우는 면접 전에 자연스러운 색상으로 염색하는 것이 좋다.

면접시험 도중에 자꾸 머리에 손이 가는 것은 피해야 한다. 공식적인 자리에서 머리카락을 만지는 행위는 매너에 어긋나는 것이다. 특히 여성의 경우 면접시험 장소에서 인사를 할 때 머리가 흐트러질 가능성이 있다. 이 점을 미리 고려해서 머리를 어떻게 할지 계획을 세워두는 것이 필요하다. 보이지 않게 살짝 실핀을 꽂거나 젤이나 왁스를 이용하는 등의 방법을 생각해 두어야 한다.

(3) 메이크업

여성의 경우 얼굴 기초 화장은 너무 진한 느낌이 들지 않게 투명하다는 느낌을 줄 수 있도록 해야 한다. 그래서 면접관에게 경쾌하고 밝아 보인다는 느낌을 줄 수 있어야 한다. 눈 화장은 그레이 색상이 가미된 오렌지, 브라운 색상 등이 자연스러우면서도 깔끔한 인상을 준다. 짙은 아이섀도우와 아이라인은 강한 인상과 함께 나이가 들어 보일 수 있다. 따라서 아이라이너나 마스카라는 진하지 않고 연하면서도 부드러워 보일 수 있는 메이크업을 선택해야 한다.

여성의 경우 눈썹 화장은 얼굴 전체 이미지를 좌우할 만큼 메이크업에서 중요한 부분이다. 눈썹은 가급적 자신의 본래 눈썹 모양을 고려하되 너무 얇거나 길게 그리지 않도록 한다. 눈썹을 너무 얇게 그리거나 눈의 길이보다 길게 그릴 경우 나이가 들어 보일 수 있다. 또 눈썹 화장을 할 때는 펜슬보다는 브러쉬를 사용하는 것이 좋다. 그래야 눈썹을 약간 두껍게 그릴 수 있다. 또 기본적으로 눈썹의 색상은 머리 색상과 일치시키는 것이 좋다.

볼 화장을 하지 않았을 경우 자칫 생기 없어 보이고 밋밋해 보일 수 있다. 생기 없는 얼굴은 적극성이나 열의가 부족해 보인다. 따라서 핑크색보다는 브라운색을 골라 광대뼈보다 조금 아래쪽에 얇게 펴 바른다. 솔이 풍성한 브러시에 적당량을 묻힌 후 살짝 한 번 털어내고 웃을 때 둥글게 튀어나오는 광대뼈 주변에 원을 그리듯이 바른다.

입술 화장은 단정하고 밝은 느낌의 이미지를 연출할 수 있도록 하고 붉은 색상보다는 브라운 톤의 진하지 않은 립스틱을 선택한다. 자연스러운 색상 선택을 위해 진한 립스틱보다는 립스틱과 립그로스를 혼합한 중간형태의 제품을 선택하는 것이 좋다. 립스틱 색상은 본인에게 맞는 것을 잘 선택해야 한다. 너무 튀지 않고 자연스러워 보이는 것으로 선택한다.

남성이 화장을 한다는 것이 자연스러워진 것은 얼마 되지 않은 일이다. 물론 아직도 남성들이 화장을 하는 것에 대해서 곱지 않은 시선으로 보는 사람들도 많다. 하지만 젊은 남성들, 특히 고객을 상대하는 업무를 담당하는 남성들 중에 여성과 비슷하게 기초 화장을 하는 경우가 늘어나고 있다. 이 때 남성들이 사용할 수 있는 기초 화장품이 남성용 비비크림이다. 비비크림은 얼굴색을 화사하게 하고 얼굴색이 고르지 않은 경우 얼굴색을 전체적으로 고르게 하는 효과를 낼 수 있다. 따라서 남성의 경우 자신의 얼굴색이 어둡고 칙칙한 경우 면접뿐만 아니라 사진 촬영 시에도 비비크림을 사용할 수 있다. 다만 비비크림을 너무 과하게 사용해서 얼굴색이 지나치게 하얗게 보이지 않도록 하는 것이 필요하며 세안 시 비비크림 전용 클린저를 이용해 세안을 해야 한다.

남성의 경우 눈썹은 정리하지 않는 것이 좋다. 너무 깔끔하게 잘 정리된 경우 자연스럽지 않아 면접관에게 부정적인 이미지를 심어 줄 수 있다. 또 면도를 할 때 전기면도기보다는 수동면도기를 선택하는 것이 좋다. 전기면도기는 수동면도기에 비해 깔끔하게 면도가 되지 않기 때문에 지저분해 보일 수 있다. 따라서 상처가 나지 않도록 주의하면서 수동면도기를 사용해 면도를 하는 것이 좋다.

📷 면접 이미지 피드백

조원들 상호 간에 이미지에 대한 피드백을 실시한다. 먼저 가운데 원에 자신의 이름을 기재한다. 모든 조원들이 볼펜 색상을 같은 색상으로 통일한다. 자신의 이름을 기재한 책을 오른쪽 조원에게 전달한다. 다른 조원의 책을 받은 조원은 원 안에 기재된 이름의 조원에 대해 자신이 느끼는 이미지의 장점 한 가지와 단점 한 가지를 적는다. 다 적은 후 다시 책을 오른쪽 조원에게 전달한다. 이렇게 모든 조원들이 작성을 마쳤으면 이제 책 주인에게 책을 전달하고 책 주인은 다른 조원들이 작성한 자신의 이미지의 장점과 단점에 대해 꼼꼼히 살펴본 후 좋은 이미지를 갖기 위해 개선할 점에 대해 적어 본다. 작성을 마친 후에는 모든 조원들이 다른 조원들이 적어 준 이미지의 장점과 단점에 대해 이야기하고 자신이 작성한 좋은 이미지를 갖기 위해 개선할 점에 대해서도 조 안에서 발표한다.

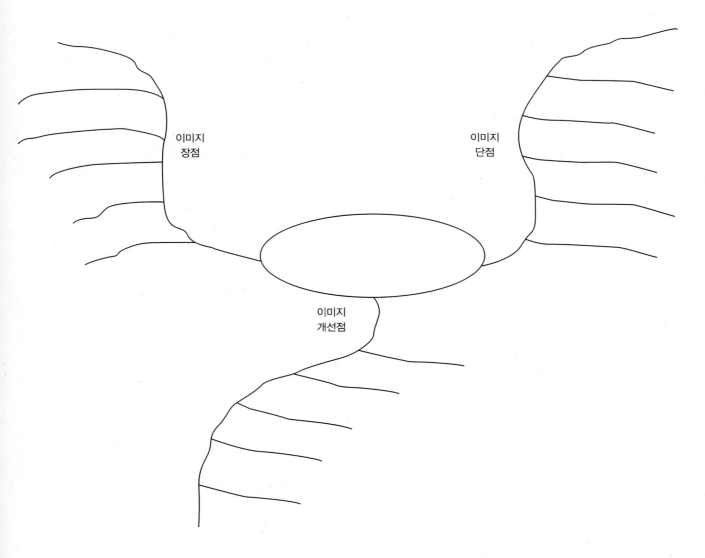

4. 성공적인 면접시험 프로세스

1) 면접시험 전날

마음을 편안하게 갖고 긍정적인 생각을 한다. 면접을 위해 그동안 준비했던 예상질문들과 답변들을 다시 한 번 점검한다.

- 기업분석을 통해 정리한 지원회사에 대한 다양한 정보를 숙지한다.
- 지원동기, 직무역량과 입사 후 포부를 포함하는 1분 자기소개 내용을 정리한다.
- 정리한 1분 자기소개 내용을 시간 내에 면접관에게 잘 전달할 수 있도록 준비한다.
- 자신의 이력서와 자기소개서에 기재된 내용을 다시 한 번 확인한다.
- 응시 수험표, 신분증 등을 반드시 확인한다.
- A4용지 한 장 분량의 면접시험 대비 요약본을 준비한다.

면접시험 전날 늦게까지 이어지는 약속을 만들지 말고 일찍 일과를 마치고 집에서 휴식을 취하면서 면접시험 준비를 한다. 또 교통편과 시험시간을 다시 한 번 확인하고 집에서부터 면접시험장까지 소요시간을 여유 있게 계산해 본다.

2) 면접시험 당일

면접시험 당일에는 좋은 컨디션을 유지해야 한다. 다음은 좋은 컨디션을 유지하기 위해 긴장을 풀 수 있는 방법이다.

- 조용히 눈을 감고 의자 등받이에 등을 기댄 후 등을 펴고 앉는다.
- 양 무릎을 붙이고 양손을 무릎 위에 자연스럽게 놓는다.
- 입을 조금 열고 전신의 힘을 뺀다.
- 체내의 공기를 전부 토해낸다. 그다음에 크게 숨을 들이쉬고 호흡이 끝나면 약간 쉬었다가 천천히 토해낸다.
- 하복부에 힘을 채우는 듯한 기분으로 숨을 토해낸다.
- 이를 5분에서 10분 정도 반복한다.

당일 아침 뉴스를 반드시 확인한다. 당일 주요뉴스는 면접시험에 질문으로 등장할 수 있다. 주요뉴스와 함께 면접시험 장소로 가는 교통상황에 대해서도 주의를 기울여 듣도록 한다. 이러한 정보를 바탕으로 면접시험 장소까지 교통편과 소요시간을 다시 확인한다. 면접시험 시간을 확인하고 수험표와 신분증을 지참한다.

늦어도 면접시간 30분 전까지는 면접시험 장소에 도착해야 한다. 면접시험 당일에는 어떠한 일이 있어도 지각하지 않도록 한다. 지각하면 아예 면접 볼 기회가 주어지지 않고 설사 면접을 볼 수 있다 하더라도 면접을 진행하는 회사 직원들에게 좋지 않은 인상을 주게 된다. 또 지각한 경우 지원자가 스스로 많이 당황하기 때문에 면접시험에서 좋은 결과를 얻기 어렵다.

3) 면접시험장 도착

면접시험장 로비에서부터 면접시험에 임한다는 생각으로 바른 자세를 가져야 한다. 일찍 도착했다면 잠시 화장실에 들러 자신의 복장상태 등을 점검하고 편안한 마음을 갖는다. 엘리베이터를 타고 이동해야 한다면 다른 사람들에게 양보하고 나중에 타도록 한다. 회사 건물 안에서 만나는 모든 사람들은 그 회사의 직원이나 거래업체 직원들이다. 따라서 자신이 입사하게 된다면 만나게 될 사람들이기도 하다.

계단을 이용할 경우 위에서 사람이 내려올 때는 한쪽에 비켜서서 기다렸다가 목례를 한 다음 올라가야 한다. 밑에서 사람이 올라올 때는 눈이 마주쳤을 경우 가볍게 목례한다. 복도를 걸을 때는 복도의 중앙을 피해서 걷고 문의 위치와 반대편으로 걷는다. 갑자기 문이 열리면서 방 안에서 사람이 나올 때를 대비해야 한다.

화장실에서 같이 지원한 지원자들과 잡담을 하는 일은 삼가야 한다. 서로 얘기를 나누다 보면 긴장이 풀려 하지 말아야 할 얘기들도 나올 수 있다는 점을 생각해야 한다. 그 밖에 엘리베이터, 식당 등에서도 자신이 면접시험 응시생이라는 것을 생각해 긴장을 늦추지 않도록 한다.

4) 대기실

면접시험은 대기실에서부터 이미 시작되는 것이다. 대기실에서 순서를 기다릴 때는 침착하고 바른 자세로 기다려야 한다. 기다리면서 예상문제와 답을 머릿속으로 정리한다. 대기하면서 다른 지원자들과 잡담을 하거나 큰 소리로 웃는 일이 없도록 한다. 대기실은 면접을 안내하는 회사 직원들이 수시로 드나들 수 있기 때문에 바른 몸 가짐을 가져야 한다. 또한 긴장을 풀고 편안해 보이는 얼굴표정으로 마음을 가라앉히도록 해야 한다.

대기실에 앉을 때는 들어가는 순서대로 안쪽부터 앉는다. 행동이 느려 보이지 않도록 신속하게 행동한다. 문을 열고 닫을 때는 큰 소리가 나지 않도록 조용히 한다. 또 특별한 일이 없다면 왔다 갔다 하지 않고 대기실에서 대기하도록 한다. 휴대품은 되도록 간단하게 지참하고 휴대품을 잃어버리는 일이 없도록 한다. 여성의 경우 화장을 고치는 일은 대기실이 아닌 화장실에서 해야 한다.

5) 입실

입실을 하는 과정에서 많은 경우 면접시험을 안내하는 직원이 있기 때문에 크게 어려움은 없다.

담당직원이 이름을 부르면 대답하고 조용히 일어서서 직원이 안내하는 면접실로 간다. 면접실 문을 두 번 노크한 후에 들어오라는 응답이 있으면 문을 열고 입실한다.

면접실에 들어서면 조용히 문을 닫은 다음 면접관들을 향해 가볍게 30도 정도 허리를 굽혀 공손하게 인사를 한다. 그리고 면접관이 지시하는 자리로 가서 면접관에게 정식으로 자기 수험 번호와 성명을 말하고 의자에 앉는다. 이때 몸을 심하게 흔들거나 우물쭈물하지 않도록 침착함을 잃지 말아야 한다.

의자에 앉을 때는 두 다리는 가지런히 모으고 남성의 경우 무릎의 넓이는 주먹 2개가 들어갈 정도로 하고 살짝 주먹을 쥔 양손을 무릎 위에 자연스럽게 올려 놓는다. 여성의 경우는 무릎이 벌어지지 않도록 하고 무릎 위에 한 손으로 다른 한 손을 겹쳐서 잡는다. 의자에 앉을 때는 의자 깊숙이 앉아 등받이에 등을 약간 기대는 것이 좋다. 상체와 등을 펴고 어깨에 힘을 빼고 시선은 면접관을 보되 눈을 빤히 쳐다보기보다는 면접관의 가슴 부분을 보는 것이 적당하다.

질문이 시작되면 침착하고 밝은 표정으로 질문한 면접관의 얼굴을 보며 답변한다. 면접관이 여러 명인 경우 질문을 한 면접관만을 바라보지 말고 여러 면접관에게 고른 시선을 주면서 답하도록 한다. 이때 시선처리가 자칫 산만해지지 않도록 주의한다.

6) 면접시험 보기

다음은 면접시험 장면에서 지원자가 주의해야 할 사항을 정리한 것이다.

(1) 적극적이고 자신감 있는 태도를 갖는다.

자신 있는 태도를 보이는 것은 좋으나 너무 큰 소리로, 너무 빨리, 너무 많이 말하지 않고 차분한 음성으로 질문에 대한 핵심만을 간추려 요령 있게 답변한다.

(2) 겸손하고 예의 바른 자세를 갖는다.

면접관의 질문이 있을 때 상대방의 눈을 주시하면서 응답하며, 시선을 다른 방향으로 돌리지 않는다.

(3) 정직하고 진실된 모습을 보인다.

응답 시에는 너무 말을 꾸미지 않는다. 솔직하고 진실된 태도로 답변해서 신뢰감을 주어야 한다.

(4) 자신의 의견을 말하되 핵심사항을 먼저 말한다.

먼저 이유를 말하고 나서 결론을 말하는 순서는 시간이 많이 걸린다. 따라서 결론을 먼저 말한다.

(5) 말하는 것보다 듣는 것이 중요하다.

면접관의 말에 귀를 기울이고 면접관이 말을 많이 할 수 있도록 잘 들어 줌으로써 포용력 있는 태도를 보인다.

(6) 모르는 질문을 받았을 때는 모른다고 솔직하게 답변한다.

잘 모르는 질문을 받았을 때는 머뭇거리지 말고 5~10초 정도 생각해 보고 생각이 나지 않으면 '모르겠습니다', '잊었습니다' 등 솔직하고 명료하게 답변한다.

(7) 대답이 틀렸을 때는 즉시 시인하는 태도를 보여야 한다.

자신의 답이 틀렸을 경우 인정해야 한다. 만약 오답을 시인하지 않거나 변명을 할 경우 부정적인 이미지를 심어 줄 수 있다.

(8) 질문의 핵심을 잘 알 수 없을 때는 면접관에게 다시 한 번 얘기해 달라고 부탁한다.

질문을 분명하게 이해한 후 정확하게 답변한다.

(9) 당황했을 때는 '잠시 시간을 주시겠습니까?'라고 하고 심호흡을 하면서 마음을 진정시키고 답변한다.

(10) 면접관과 웃음을 공유한다.

밝은 분위기에서 웃음이 자연스럽게 유발되는 상황일 경우 면접관과 웃음을 공유할 필요가 있다. 웃음을 공유한다는 것은 단순히 마음이 이어지는 것뿐만 아니라 이후 면접분위기를 같이 공유할 수 있게 하는 힘이 있다.

(11) 몸 전체로 큰 목소리를 낸다.

상대방이 확실히 알아들을 수 있는 크기의 목소리를 내야 한다. 면접관과 지원자의 물리적 거리에 맞게 좋은 목소리 볼륨을 만들어 내야 한다.

(12) 질문을 받으면 곧바로 대답하지 않는다.

면접관에게 질문을 받은 후 조심스럽고 성의껏 대답하고 있다는 느낌을 갖게 하는 것이 중요하다. 자신이 미리 준비한 질문이라 하더라도 생각하고 답하는 듯한 모습을 보여주어야 한다.

(13) 최대한 감사의 마음을 담은 표현을 한다.

면접시험에 응시할 기회를 준 것에 대해 고마움을 표하고 면접관으로 면접시험을 주관해 준 것에 대해서도 최대한 감사의 말을 전한다.

다음은 면접시험 시 지원자가 피해야 할 것들이다.

- 감정적 대응
- 지나치게 노련한 모습
- 신체적 나쁜 버릇
- 일반적이거나 추상적인 답변
- 지나치게 경청하는 자세(면접관에게 부정적인 인상을 주고 아이디어가 없는 사람으로 보일 수 있다.)
- 말을 장황하게 늘어놓음
- 지나친 자신감이나 자기비하

7) 퇴장

면접관은 지원자의 입실에서부터 퇴실까지 일거수일투족(一擧手一投足)을 관찰하고 있다. 면접이 끝났다는 해방감, 혹은 만족스런 답변을 하지 못했다는 좌절감 때문에 도망치듯 행동하거나 거칠게 문을 닫는 일이 없도록 한다. 면접 질문이 끝났을 때에도 예의 바른 태도를 잊지 말아야 하며 자신이 앉았던 의자를 정돈한 후 들어왔을 때와 똑같이 30도 정도 허리를 굽혀 공손히 인사해서 마무리하는 것이 바람직하다. 마지막 인사는 최대한 정중하게 한다. 면접시험에 꼭 합격해야겠다는 결의를 인사로 표현해야 한다. 인사는 최고의 마음을 담아서 약간 길고 깊이 있게 해야 한다.

대기실에서도 동일하지만 회사 건물을 나온 다음에도 긴장을 멈추지 말아야 한다. 차를 탈 때까지 긴장을 늦춰서는 안 된다. 잘되었더라도 흥분하지 않는다. 차에 타서도 차분함을 유지해야 한다. 집에 돌아 온 후 면접시험에 대해 성찰하는 시간을 갖는다. 합격했다면 더 바랄 것이 없겠지만 만약의 경우 잘 안 되었을 때를 대비하는 자세도 필요하다. 학점도 낮고 내세울 것 없는 사람이 좋은 회사에 취업했다는 얘기를 가끔 듣는다. 하지만 그 사람이 취업하기까지 얼마나 많은 어려움을 겪었는지에 대해서는 아무도 모른다. 그 사람이 취업하기까지 많은 어려움이 있었음을 잊지 말아야 한다.

5. 면접시험 예상문제

1) 면접시험 대비 유용한 질문

면접시험을 준비하는데, 유용한 질문들을 여덟 가지 범주로 나누었다. 다음은 각 범주별로 질문을 정리한 것이다.

(1) 가족

- 부모님의 교육방침은 무엇입니까?
- 부모님에게서 영향을 가장 많이 받은 점은 무엇입니까?
- 가족 중에 신뢰할 수 있는 상담 상대자가 있습니까?
- 부모님께서 본인을 키우면서 특히 강조하시는 교훈이나 가훈이 있습니까?
- 부친께서 시대에 맞지 않는 말씀을 하실 경우 어떻게 하겠습니까?

(2) 성격 및 대인관계

- 자신의 성격 중 장점과 단점에 대해 말씀하시오.
- 하기 싫은 일이 주어졌을 때는 어떻게 하겠습니까?
- 대인관계에 있어 가장 중요하다고 생각하는 것은 무엇입니까?
- 친구들이 자신을 어떻게 평가하고 있다고 생각합니까?
- 선·후배 관계는 어떠했습니까?
- 본인이 생각하는 이상적인 동료관계에 대해 말씀하시오.
- 사람들과 협조해 가는 데 있어 무엇이 중요하다고 생각합니까?
- 친구와 의견이 대립되어 설득되지 않을 때 어떻게 합니까?
- 우리 회사에 동기, 동창이나 아는 사람이 있습니까?
- 대인관계의 중요성을 말씀하시오.
- 귀하는 어떤 문제에 부딪혔을 때 혼자 있는 것과 여럿이 있는 것 중 어느 편을 더 선호합니까?
- 직장 내에서 상사와의 문제 발생 시 어떻게 해결하겠습니까?

(3) 학교생활과 경력

- 봉사활동이나 아르바이트 경험이 있습니까?
- 대학시절 당신에게 큰 영향을 준 교수님이 계십니까?
- 학창시절에 가장 인상에 남는 일이 있다면 무엇입니까?

- 학창시절에 공부 외에 열중한 일은 무엇입니까?
- 본인의 전공은 무엇이며 전공을 선택한 이유는 무엇입니까?
- 대학시절 당신이 얻은 것은 무엇입니까?
- 학교 성적은 어떠했습니까?
- 휴학은 왜 했으며, 그동안 무엇을 했습니까?
- 편입을 결심한 이유는 무엇이며 편입공부는 어떻게 했습니까?

(4) 가치관과 생활신조

- 자신에게 가장 소중한 것은 무엇입니까? (유형, 무형 한 가지씩)
- 가장 존경하는 사람은 누구이며 그 이유는 무엇입니까?
- 평소 가지고 있는 생활신조는 무엇입니까?
- 인간의 삶에서 가장 가치 있는 것은 무엇이라고 생각합니까?
- 신앙은 갖고 있습니까? 갖고 있다면 어떻게 신앙생활을 합니까?
- 행복이라는 것에 대해 느낀 바를 말씀하시오.
- 첫 월급은 어떻게 사용하겠습니까?
- 우리나라 국민성 중 고쳐야 할 점이 있다면 무엇이라고 생각합니까?
- 자신의 인생 지표가 되는 사람이 있다면 누구이며 그 이유는 무엇입니까?
- 살아오면서 가장 기뻤던 순간과 가장 슬펐던 순간에 대해 말씀해 주십시오.

(5) 지원동기와 직업관

- 2분 동안 자기소개를 하시오.
- 직장은 당신에게 어떤 의미입니까?
- 본인이 우리 회사에 적합하다고 생각하는 이유는 무엇입니까?
- 입사 후 원하지 않는 업무나 지역에 배치된다면 어떻게 하겠습니까?
- 선약이 있는 상황에서 야근을 해야 할 경우 어떻게 하겠습니까?
- 회사생활을 하면서 자기계발은 어떤 방법으로 해 나가겠습니까?
- 우리 회사를 특별히 지원하게 된 동기는 무엇입니까?
- 우리 회사의 어제 주가지수가 얼마였는지 아십니까?
- 다른 대기업에 응시한 곳이 있습니까? 왜 우리회사 같은 중소기업에 지원했습니까?
- 우리 회사와 타 회사에 모두 입사가 허락된다면 어떻게 하겠습니까?
- 우리 회사에 지원하기 위해 본인이 특별히 노력한 것이 있습니까?
- 외부 인사가 당신이 속해 있는 조직의 잘못된 점에 대해 비방한다면 어떻게 하겠습니까?

- 만약 입사하게 된다면 자신의 포부는 무엇입니까?
- 10년 후 자신의 모습에 대해 말씀하시오.
- 자신의 인생 목표를 달성하기 위해 지금 어떤 준비를 하고 있습니까?
- 입사했다고 가정하고, 상사가 납득이 안 가는 명령을 했다면 어떻게 하겠습니까?
- 당사의 제품을 사용해 본 적이 있습니까? 그 제품을 어떻게 평가하겠습니까?
- 만약 본인이 사장이라면 본인과 같은 사람을 채용하겠습니까? 그 이유는 무엇입니까?
- 영어로 자기소개와 본사에 지원한 동기를 말씀하시오.
- 바람직한 직장인 상은 어디에 기준을 둡니까?
- 직업과 직장에 관해서 어떻게 생각합니까?
- 입사 후 앞으로 몇 년 정도나 근무할 생각입니까?
- 우리회사에 불합격된다면 어떻게 하겠습니까?
- 지금 당장 본인이 이 회사의 경영주가 된다면 어떤 일을 하겠습니까?
- 해외 근무를 하게 된다면 어떻게 하겠습니까?
- 본인이 사장이라면 어떤 사람을 뽑겠습니까?

(6) 관심분야와 건강

- 평소 건강은 어떤 편이라고 생각합니까?
- 가장 감명 깊게 읽은 책은 무엇입니까?
- 술은 1주일에 몇 번 정도 마십니까?
- 최근 뉴스에서 가장 관심을 가졌던 것은 무엇입니까?
- 건강을 유지하기 위해 어떤 노력을 합니까?
- 취미와 특기를 말씀하시오.
- 취미와 특기로 인해 얻게 되는 좋은 점과 나쁜 점을 말씀하시오.
- 최근에 읽은 신문기사 중 특별하다고 느낀 것은 무엇이며 그 이유는 무엇입니까?
- 스트레스는 어떤 방식으로 풉니까?
- 오늘 아침 조간신문에서 인상 깊게 보았던 뉴스 두 가지를 말하고 그에 대한 느낌을 말씀하시오.
- 해외여행을 해 본 경험이 있습니까? 다녀온 나라는 어디입니까?
- 본인이 가장 즐기는 오락이나 스포츠는 무엇입니까?

(7) 직무역량과 상식

- 지금까지 경험한 분야 중 남을 가르칠 수 있는 자신이 있는 분야는 무엇입니까?
- 학교에서 배운 전공을 어떻게 업무에 응용하겠습니까?

- 전공 서적 이외에 주로 어떤 분야의 책을 읽습니까?
- 자기계발을 위해 무엇인가에 열중해 본 적이 있습니까? 있다면 어떤 내용이었습니까?
- 영어는 어느 정도 자신 있습니까?
- 졸업논문의 주제는 무엇입니까?
- 당신의 어학 실력은 어느 정도입니까? 영어인터뷰는 가능한가요?
- 마케팅 포지셔닝이 무엇입니까?
- 기획서를 작성하는 이유는 무엇입니까?
- 우리 회사의 해외진출 전략에 대해 설명하시오.
- 디지털과 아날로그의 차이점에 대해 설명하시오.
- e-Biz와 m-Biz에 대해 설명하시오.
- BRIC'S에 대해 설명하시오.
- 전공이 지원한 부서와 다른 이유를 설명하시오.

(8) 창의성과 리더십

- 국어사전을 가지고 할 수 있는 일을 최대한 많이 말씀하시오.
- 아프리카에서 난로를 파는 방법을 말씀하시오.
- 헌 신문지의 용도로는 무엇이 있겠습니까?
- 곤경에 처한 적이 있었습니까? 만약 있었다면 어떻게 극복했습니까?
- 보고 싶은 영화를 보러 갔는데 입장권이 다 팔렸다면 어떻게 하겠습니까?
- 일의 과정과 결과 중 어느 것이 더 중요하다고 생각합니까?
- 이곳에 혼자 있을 때 도둑이 들어왔다면 어떻게 하겠습니까?
- 프로의 정의에 대해 생각해 본 적이 있습니까?
- 내일 지구가 사라진다면 당신은 오늘 무엇을 하겠습니까?
- 지금 당장 1,000만 원이 생긴다면 어떻게 하겠습니까?

2) 면접시험 기출문제

- 취미나 특기가 있습니까?
- 교우관계는 어떠한가요?
- 어떤 학교 친구들이 많은 가요?
- 리더의 덕목은 무엇이라고 생각합니까?
- 우리 회사에 다니는 선배나 친구가 있습니까?
- 인턴으로 일했던 회사에 안 가고 우리 회사에 지원한 이유는 무엇입니까?

- K-means에 대해 설명하시오.
- 플랫폼사업이 무엇입니까?
- 데이터 시각화는 어떻게 처리했습니까?
- SW 개발자로서 본인이 보유한 대표적인 역량은 무엇입니까?
- 1학년 때 성적은 너무 안 좋고 그 이후로는 성적이 너무 좋은데 그 이유는 무엇입니까?
- 1학년 때 뭐하고 놀았나요?
- 카이스트에서 만든 머신러닝 툴을 알고 있나요?
- 원래 혼자 훌쩍 여행 떠나는 걸 좋아하나요? 나중에 힘들면 혼자 훌쩍 여행 떠날 수도 있겠네요?
- 부족한 역량을 키우기 위해 노력한 경험이 있나요?
- 가장 관심을 가졌던 전공과목은 무엇입니까?
- 지방 근무가 가능한가요?
- 고령화 및 인구감소에 따른 화장품 산업의 전망에 대해 설명하시오.
- 고객이 컴플레인을 하면 어떻게 대처할 건가요?
- 팀 프로젝트를 하면서 협조를 잘하지 않은 팀원이 있었나요? 있었다면 어떻게 대처했고 그 결과는 어떠했나요?
- 성적표에 F성적을 받은 이유는 무엇입니까?
- 주변 사람들에게 어떤 사람이라는 얘기를 듣고 싶은가요?
- 현재 카셰어링의 비대면 문제가 대두되고 있습니다. 해결할 수 있는 솔루션을 제시하시오.
- 1년간의 공백기 동안 무엇을 했습니까?
- 왜 영국으로 어학연수를 갔나요? 어학연수를 다녀왔는데 어학 점수가 너무 낮은 것 아닌가요?
- 1, 2학년에 비해 3, 4학년 학점이 낮는 이유는 무엇입니까?
- 행복했던 경험에 대해 말씀하시오.
- 면접장까지 오면서 어떤 생각을 했습니까?
- 감사했던 경험에 대해 말씀하시오.
- 전공과목 중 가장 힘들었던 과목은 무엇입니까?
- 그동안 취업준비하느라 고생한 자신에게 주고 싶은 선물과 그 이유는 무엇입니까?
- 스트레스 해소 방법은 무엇인가요?
- 자신이 생각하는 성격 장단점은 무엇입니까?
- 해외 여행 경험은 있습니까?
- 아르바이트 경험 및 힘들었던 점은 무엇입니까?
- 최근에 읽은 책은 무엇입니까?

- 학점이 낮은 이유는 무엇입니까?
- 가장 후회되는 경험이 있습니까?
- 전기공학 분야의 5년 후 동향을 말씀하시오.
- 유도전기의 구동원리를 설명하시오.
- 스마트 공장을 어떻게 구축할 건가요?
- 전동기의 속도를 어떻게 제어하나요?
- 집단을 위해 희생한 경험이 있습니까?
- 본인이 지원한 업무 이외에 다른 직무를 수행하고 싶은 것이 있다면 무엇입니까?
- 책을 많이 읽나요?
- 해리포터에게 탐나는 능력이 있다면 어떤 능력인가요?
- Leader와 Follower 중 본인은 어느 쪽에 더 가까운가요?
- 본인을 움직이게 하는 것이 자기만족인가요 아니면 주변의 평가인가요?
- 이공계 학생 치고 영어성적이 좋은데 이러한 역량은 어떻게 키웠습니까?
- 사회 환원을 좋아한다고 했는데 기업에 어떻게 적용할 수 있을까요?
- 우리 제품에 대해 아는 것이 있습니까?
- B2B와 B2C의 차이는 무엇입니까?
- 회사에 입사하면 하기 싫은 일을 해야 할 때도 있는데 그럼 어떻게 할 건가요?
- 삶과 일 중 어떤 것을 선택할 건가요?
- 회사에서 제시한 업무가 나와 맞지 않을 때 어떻게 할 건가요?
- 궁극적으로 우리 회사에서 이루고 싶은 것은 무엇입니까?
- 부모님은 면접 오기 전에 무슨 말씀을 하셨나요?
- 본인이 주말에 해외여행 일정이 잡혀 있는데 주말에 회사에 나와 일을 해야 하는 상황이 생겼을 경우 어떤 선택을 할 건가요?
- 별명은 무엇이며 별명을 얻게 된 이유는 무엇입니까?
- 엥겔계수란 무엇입니까?
- 적은 월급에 일은 엄청 많이 시키는데 견딜 수 있겠습니까?
- 우리 회사에 대한 정보는 어떻게 입수했습니까?
- 영어공부의 목적은 무엇이라고 생각합니까?
- 장기적으로 볼 때 가격의 결정 요인이 되는 것은 무엇입니까?
- 공개 시장정책에 대해 말씀하시오.
- 증권회사의 업무내용이 무엇인지 알고 있습니까?
- 자신 있는 외국어로 지원동기를 간략히 말씀하시오.

- 우리 회사와 경쟁관계에 있는 세계적인 기업들을 아는 대로 말씀하시오.
- 리더의 필수요건은 무엇이라고 생각합니까?
- 예고 없이 아프리카로 부임된 경우 손가방 하나의 짐만 허용된다면 무엇을 가져가겠습니까?
- 노사관계가 악화되면 어느 쪽이 손해라고 생각합니까?
- 존경하는 인물과 그 이유에 대해 말씀하시오.
- 지금까지 살아오면서 가장 어려웠던 일은 무엇입니까?
- 일의 과정과 결과 중 어느 것이 더 중요하다고 생각합니까?
- 해외 근무가 가능합니까?
- 우리 회사에 대해 어떤 이미지를 갖고 있습니까?
- 우리 회사에 대해 아는 대로 말씀하시오.
- 학교생활 중 가장 슬펐던 일은 무엇입니까?
- 인생의 목표가 있다면 무엇입니까?
- 리더십을 발휘한 적이 있다면 한 가지만 말씀하시오.
- 영어로 자기소개를 하시오.
- 누군가 모교를 비방한다면 어떻게 하겠습니까?
- 입사 준비는 어떻게 했습니까?
- 세계에서 가장 좋은 항공사는 어디라고 생각합니까?
- 회사 생활을 하면서 자기를 어떻게 개발해 나가겠습니까?
- 본사에 지원한 동기를 영어로 말씀하시오.
- 기존의 것에 아이디어를 가미해 개선한 사례가 있다면 무엇입니까?
- 최근에 읽은 책은 무엇입니까?
- 선배가 노조에 가입하길 원한다면 어떻게 하겠습니까?
- 학교생활 중 기억에 남는 것이 있다면 무엇입니까?
- 입사하게 된다면 어떤 각오로 회사생활에 임하겠습니까?
- 대학생의 현실 참여 문제를 어떻게 생각합니까?
- 바람직한 직장인상에 대해 말씀하시오.
- 부메랑 현상에 대해 말씀하시오.
- 조직과 의견이 일치하지 않을 경우 어떻게 하겠습니까?
- 입사하게 되었을 경우 회사에 바라고 싶은 것이 있다면 말씀하시오.
- 학창 시절에 특별히 성공한 경험이 있습니까?
- 지금까지 살아온 일 중에서 자기에게 변화를 준 사건이 있다면 무엇입니까?
- 자신이 자랑하고 싶은 것이 있다면 말씀하시오.

- 입사 후 비연고지인 외단 사무소에 배치된다면 어떻게 하겠습니까?
- 노사 분규에 대해서 어떻게 생각합니까?
- 우리 회사 제품을 사용해 본 적이 있습니까?
- 우리 회사 제품 디자인에 대한 느낌은 어떻습니까?
- 소비자의 요구와 자신의 견해에 대한 차이가 발생했다면 어떻게 하겠습니까?
- 경쟁사와 우리 회사 제품의 가장 큰 차이점은 무엇이라고 생각합니까?
- 맹인에게 구름을 설명하시오.
- 맹인에게 빨간색을 설명하시오.
- 코끼리를 냉장고에 넣는 방법 다섯 가지를 설명하시오.
- 백두산을 옮긴다면 시간과 비용이 얼마나 들까요?
- 자신이 얼마짜리 사람이라고 생각합니까? 또 그 이유는 무엇입니까?
- 지금 앉아 있는 의자로 할 수 있는 일 다섯 가지를 설명하시오.
- 전공에 대해 3분 동안 소개하시오.
- 가장 자랑스럽거나 보람찼던 일은 무엇이며 그 이유는 무엇입니까?
- 첫 월급을 받으면 제일 먼저 무엇을 할 건가요?
- 기업이 가장 중요시 해야 하는 것이 무엇이라고 생각합니까?
- 삼국지를 읽어봤나요?
- 가장 인상 깊은 대목은 어느 부분이었나요?
- 조조와 유비의 국가관 차이는 무엇입니까?
- 삼국지에서 얻은 교훈이 있다면 무엇인가요?
- 일을 언제까지 할 건가요?
- 좋아하는 친구와 싫어하는 친구의 유형에 대해 말씀하시오.
- 친구들을 만나면 무엇을 하나요?
- 공백기간에 무엇을 했습니까?
- 본인의 직업관은 무엇인가요?
- 스타크래프트와 워크래프트를 비교 분석하십시오.
- 좌우명이 있다면 무엇입니까?
- 배낭여행을 많이 다닌 것 같은데 가장 인상 깊었던 곳은 어디입니까?
- 최고경영자가 되는데 몇 년이나 걸릴 것 같나요?
- 만약 자기가 원하는 부서에 배치받지 못했을 경우 어떻게 할 건가요?
- 일과 가정의 비율은 어느 정도로 생각하고 있습니까?
- 회사에 내일 바이어가 와서 그 준비로 밤까지 일을 해야 하는 상황인데 부인이 교통사고가

났다고 연락이 왔습니다. 어떻게 하겠습니까?

- 야근이 가능한가요?
- 인터넷의 효용성과 문제점은 무엇입니까?
- 픽셀이란 무엇입니까?
- DB 마케팅이란 무엇인가요?
- xml에 대하여 설명하시오.
- 고속 통신망이 발달함에 따라 사회는 어떻게 변할 것이라 생각합니까?
- 초고주파가 가장 많이 나오는 곳은 어디입니까?
- 초고주파를 차단하는 방법은 무엇입니까?
- 동기식, 비동기식 IMT2000에 대하여 설명하시오.
- ADSL은 무엇입니까?
- FSK, PSK, ASK, QPSK는 각각 무엇입니까?
- 서킷과 패킷의 차이점은 무엇입니까?
- PCB판에 900MHz 안테나를 설계하려면 어떻게 설계하면 될까요?
- 설계한 안테나의 사이즈는 어느 정도인가요?
- 적자생존에 대해 어떻게 생각합니까?
- 30년 후의 세상은 어떻게 달라질 거라고 생각합니까?
- 자신이 살아오면서 가장 보람 있었던 일이나 후회했던 일이 있다면 무엇입니까?
- 인생을 살아가는 데 가장 중요하다고 생각하는 것 한 가지를 말씀하시오.
- 회사에서 영업을 시킨다면 어떻게 하겠습니까?

3) 토론면접 기출문제

- 최악의 발명품
- 재택근무
- 임금 피크제
- 조기유학
- 개인 워크아웃
- 인간복제
- 남북경제협력의 바람직한 발전방향
- 이중국적
- 중국으로의 공장이전
- 혼자 무인도에 남겨진다면 가지고 갈 물건

- 자체 시멘트 매장량이 30년 정도 되는데 계속 개발해야 하는가 아니면 대안으로 수입해야 하는가?
- 원정출산
- 기부입학제
- 고스톱 문화
- 사형제도
- 동성동본 혼인
- 맞벌이 부부
- 노래방은 필요한가, 필요 없는가?
- 시험관 아기의 출산에 대한 정당성
- 승용차 10부제
- 국가발전 중 경제발전과 정치발전 가운데 우선하는 것은?
- 대학 내 영어강의 확대
- 인기학과에 치중한 학과편제는 합당한가?
- 비만세(fat tax) 부과
- 이동통신단말장치 유통구조 개선에 관한 법률(단통법)
- 모바일 인스턴트 메신저 보안 문제
- 개인 질병 공개법안
- 남극개발
- 트위터를 이용한 선거운동 규제
- 취학연령을 만 5세 이하로 낮추는 것
- 임대형 민간 사업 기숙사(BTL) 건설
- 비실용 과목 통합
- 학부수업 영어 진행
- 인간 배아복제의 정당성
- 쌍방향 휴대폰 요금제
- 무가지 신문
- 제주도 해군기지 건설
- 그리스 사태, 선진국이 도와줘야 하는가?
- 이미지가 먼저인가, 본질이 먼저인가?
- 일반의약품 슈퍼판매
- 반값등록금

- 기준금리 인하
- 외환시장의 정부개입
- 메르스 사태관련 보건복지부로부터 보건부 독입안
- 정부의 지방인재 균등 채용
- 길거리 흡연규제
- 특별사면제도
- 금융기관 개인정보 유출 문제
- 담뱃값 인상
- 공무원 연금 개혁
- 환태평양경제동반자협정(TPP, Trans-Pacific Partnership)
- 계좌이동제
- 임금피크제
- 인터넷 뱅킹 시대에 ATM 점유율이 높은 C은행의 수익창출 방안
- 공장 내 휴게시설 개선안
- 산업스파이에 대비한 보안전략 수립
- AI 자동화가 노동시장에 미치는 영향
- A기업이 고객에게 친숙하게 다가가기 위해 개와 고양이 중 하나를 선택하고 어떻게 적용할 것인가에 대한 방안
- 전문자격증의 필요성
- 가상화폐의 화폐 인정 여부
- 새로운 플랫폼을 개발할 것인가 아니면 기존의 플랫폼을 활용할 것인가의 선택
- 공매도 허용
- 가상화폐, 암호화화폐를 은행에서 사용할 경우 발생할 수 있는 문제점과 해결방안
- 화학물질 유출에 대해 IT 기술을 기반으로 한 대책방안
- 미래 ATM기를 활용할 수 있는 방안
- 화력발전소를 증설하면서 대기오염은 줄일 수 있는 방안
- 소상공인 지원사업 중 골목시장 활성화 방안
- 고령화 사회로 인한 생산성 향상 방안
- 범퍼 품질문제에 대한 해결방안
- 고령화에 따른 자율주행자동차 판매전략 수립
- 액티브 시니어들의 홈쇼핑 유입방안

4) 프레젠테이션 면접 기출문제

- NETWORK형 세탁기에 대한 기획
- (NETWORK형 LIVING 가전 제품에 대한 기획) 기존 냉장고, TV, 세탁기, 청소기, 오디오 등 5대 가전제품을 제외한 새로운 LIVING 가전 제품에 대한 기안을 하라. 기존 제품의 복합형이나 완전 새로운 아이디어도 가능하다. 가전 네트워크화, 새로운 콘텐츠에 대한 내용이 반드시 들어가야 한다. 회사 임원을 설득할 경우, 회사의 전폭적인 지원이 가능하다.
- LCD 공정에 관한 새로울 기술
- 웨이퍼의 새로운 공정라인
- CD의 향후 발전 방향
- HOME NETWORK
- 15. BLUETOOTH
- 16. IEEE1394
- MOSFET의 작동원리
- 인터넷이 발달함에 따라 기업과 개인에게 미치는 영향
- 캐패시터의 기능이 기대에 못 미칠 때 그 원인과 해결 방안
- 휴대폰 배터리의 대체에너지 수집방법
- 차세대 디스플레이를 설명하고 OO전자가 나아가야 할 사업방향 제시
- 투자안의 의사결정 문제, EVA를 통한 경제적 의사결정 문제, 그리고 사업부 간 대체가격 산출
- WIFI와 3G 비교
- 임베디드시스템에 사용할 플래시메모리 추천
- 터치센서의 응용과 개발
- 태양전지
- LCD 회로설계
- AMOLED의 외부광에 의한 밝기가 약해지는 현상에 대한 대안
- 반도체 공정 중 세심한 온도조절이 필요한 공정을 위한 설비 설계
- 투명전극
- 발광재료
- TFT LCD의 반사현상
- 광학 이성질체
- 열전달이 발생하는 세 가지 mode에 대해 설명하고 일상 생활에서 한 가지씩 예를 제시

- 컴퓨터 CPU의 처리속도가 증가함에 따라 CPU에서 발생하는 열도 증가하여 이 열을 잘 냉각시켜야 CPU가 정상적인 작동을 할 수 있다. CPU의 냉각효율을 향상시키기 위해 사용될 수 있는 방법에 대해 설명
- 표면 온도가 영하 10도로 동일한 철판과 플라스틱판이 있다. 이 두 판을 손으로 만졌을 때 차가운 정도의 차이가 있는지 없는지에 대해 답하고 이유를 설명
- 재료의 점결함과 선결함
- 소음 발생과 방열 시스템의 크기를 최소화하는 GPU의 방열시스템 설계
- 히트 파이프의 열전달 원리
- (암모니아 반응식, 엔탈피 변화량 제시, 불균일 촉매를 이용함) 암모니아 반응을 효율적으로 하기 위한 공정 설계
- 카메라에서 CCD센서와 CMOS센서의 장단점 비교
- 유압유체의 장단점
- 열전달 메커니즘
- 맥스웰 방정식
- 연산증폭기 문제
- 소결 온도 급상승 시 장점이 많은데 고려해야 할 점
- 휨 문제에 있어 양방향 적층보다 단방향 적층에 유리한 점
- A사의 제품 중 하나를 선정하여 기발한 스토리텔링 마케팅 방안을 생각하고 구체적인 실행 방안 제시
- 우리나라의 음료시장 규모는 3조 3천억인데 이 중 탄산음료가 차지하는 비중을 예상해 보고 그 이유를 설명
- 제조기술의 차이점
- 베르누이 방정식으로 유량 구하기
- 스테인리스스틸 부식방지
- 10명의 직원(지점장, 차장, 과장, 대리, 사원 등)이 100만 원으로 1박 2일 바캉스를 떠나려고 하는데 숙소, 식사, 교통수단, 스케줄 등 여행일정을 계획
- 하드웨어의 한계를 고려한 알고리즘 자료구조 구현
- 기존의 와이파이 망을 활용해서 스마트폰 사용자의 실내 위치 정보를 알아내는 방법
- SSD
- PN junction에 대해 간단한 그림과 함께 설명
- P형, N형 반도체
- 여행 패키지 상품 만들어서 판매

- 전동기 슬립에 대해 정의하고 슬립과 회전속도의 관계에 대해 설명
- PT, CT, Ry, CB, Trip Coil의 명칭과 용도
- 110V와 220V 사용 시 각각의 장단점
- 탄소배출권 거래제도
- 온실가스 경감 대책
- BCG Matrix에 따른 A, B, C, D 기업에 따른 영업 마케팅 방안 수립
- 혼술, 혼밥족에게 전기자동차 판매 전략 수립

5) 세일즈 면접 기출문제

- 머리 숱이 많은 사람에게 가발을 판매하시오.
- 남극에서 선풍기를 판매하시오.
- 이자가 높은 제2금융권으로 이동하려는 고객에게 금리 낮은 상품을 판매하시오.
- 단풍나무, 테블릿 PC, 금고, 레몬, 홍삼 등을 면접관에게 판매하시오.
- 컵라면, 깔창 등을 면접관에게 판매하시오.
- 전방에서 일하고 있고 목돈을 마련하고자 하는 20대 육군 장교를 대상으로 금융상품을 판매하시오.
- 송금수수료에 대한 걱정을 가지고 신규거래를 위해 처음 찾아온 50대 자영업자 김사장을 대상으로 상품을 판매하시오.
- 대기업에 취업한 아들을 둔 50대 여성 자영업자를 대상으로 금융상품을 판매하시오.
- 체크카드 분실로 인해 재발급을 받기 위해 점심시간에 방문하였으나 20분간 대기한 최근에 취업에 성공한 20대 박모 씨를 대상으로 금융상품을 판매하시오.
- 연금저축을 가입하려고 하는 40대 남성 고객을 대상으로 금융상품을 판매하시오.
- 40년 동안 공무원 생활을 하다가 퇴직 후 재취업했으며 연금수령통장을 개설하기 위해 은행을 방문했고 연금수령액을 자산관리를 받고자 하는 60대 남성 고객을 대상으로 금융상품을 판매하시오.
- 예금만기가 도래하여 금리가 더 높은 타 은행의 상품을 이용하려고 하는 30대 여성 고객을 대상으로 상품을 판매하시오.
- 카메라, 정수기, 자동차, 공연티켓, 여행상품, 스마트폰 중 한 가지를 선택해 고객에게 판매하시오.

6) 페르미 추정 기출문제

페르미 문제(Fermi Problem) 또는 페르미 추정(Fermi Estimate)은 어떠한 문제에 대해 기초적인

지식과 논리적 추론만으로 짧은 시간 안에 대략적인 근사치를 추정하는 방법이다. 이는 이탈리아의 물리학자 엔리코 페르미(Enrico Fermi)의 이름을 딴 것으로 게스티메이션(Guesstimation)이라고도 하며 기업 채용 면접에도 종종 등장한다(위키백과).

- 강남의 한 SPA 캐주얼 브랜드 매장에 진열된 후드 티 개수는 모두 몇 개일까요?
- 국내에 있는 검은색 자동차 수는 모두 몇 대일까요?
- 사당역 앞에 있는 해산물 뷔페에서 하루에 사용하는 접시 개수는 모두 몇 개일까요?
- 국내에 있는 이발사는 총 몇 명이나 될까요?
- 서울 시내 중국집 전체의 하루 판매량을 근거와 함께 정량적으로 계산하여 제시하시오.
- 남산을 옮기는 데 며칠이나 걸릴까요?
- 서울 시내의 바퀴벌레 수는 모두 몇 마리일까요?
- 호텔에 비치되어 있는 크기의 샴푸와 린스는 전 세계적으로 매년 어느 정도 생산될까요?
- 63빌딩 유리창의 개수는 모두 몇 개일까요?
- 국내에서 1년에 교체되는 타이어의 개수는 모두 몇 개일까요?
- 국내 나무젓가락의 연간 소비량은 얼마일까요?
- 숭실대학교 앞 H 커피전문점의 1일 매출액은 얼마일까요?
- 40kg짜리 쌀 한 가마니에 들어가는 쌀은 모두 몇 톨일까요?
- 서울시에 있는 유리창문은 모두 몇 개일까요?
- 서울 시내 영화관 수는 모두 몇 개일까요?
- 국내에 있는 주유소는 모두 몇 개일까요?
- 서울 시내 10층 이상의 건물은 몇 개일까요?
- 해운대 모래알 개수는 모두 몇 개일까요?
- 사람의 모발 개수는 모두 몇 개일까요?
- 10원짜리 동전으로 63빌딩을 만든다면 모두 몇 개의 동전이 필요할까요?
- 한강 물은 모두 몇 리터일까요?
- 부산에서 하루에 소비되는 소주병 개수는 모두 몇 개일까요?

🔍 1분 자기소개서 작성

간단한 자기소개 1문장

지원동기

자신의 강점(직무역량/태도역량)

입사 후 포부

1. 1분 자기소개서 내용을 발표한다.

2. 프레젠테이션 면접 시 주의할 점은 무엇인지 설명한다.

3. 면접시험에 적합한 자신의 복장과 헤어 스타일에 대해서 생각해 보고 설명한다.

제9장

프레젠테이션

🎯 수업 가이드

제9장에서는 최근 면접에서 비중 있게 다루고 있는 프레젠테이션에 대해서 구체적으로 살펴본다. 유능한 프레젠터에게 요구되는 스피치 능력에 대해 살펴보고 이에 대해 실습한다. 성공적인 프레젠테이션 프로세스에 대한 검토를 통해 프레젠테이션이 어떻게 전개되는지 파악하고, 각 단계별로 요구되는 핵심사항에 대해 이해한다. 특히 자료 작성 실습과 프레젠테이션 실습을 통해 프레젠테이션능력을 향상시킨다.

📍 학습목표

1. 현대사회에서 프레젠테이션의 중요성을 인식한다.
2. 유능한 프레젠터에게 요구되는 스피치능력을 이해한다.
3. 성공적인 프레젠테이션 프로세스를 검토하고 각 단계별 핵심 내용을 이해한다.

1. 프레젠테이션의 중요성

기업의 채용 기준은 더욱 까다로워지고 있고 직무능력, 인성 등 다양한 측면에서 선발기준을 강화하고 있다. 이렇게 강화되고 있는 한 분야가 프레젠테이션 분야이다. 따라서 프레젠테이션 능력을 갖추는 것은 좋은 직장에 취업하는 것은 물론 입사 후 능력을 인정받고 유능한 직장인으로 평가받는 중요한 요소가 되고 있다.

프레젠테이션이란 자신의 생각, 의견 또는 솔루션 등을 다양한 시각자료와 매체를 통해 논리적으로 설득하는 커뮤니케이션의 한 형태이다. 프레젠테이션을 위해서는 먼저 전달해야 하는 가치 있는 생각, 의견, 솔루션 등이 있어야 하고 이를 들어줄 프레젠테이션의 상대방, 즉 청중이 있어야 한다. 또 프레젠터가 설득력이 있어야 하고 이를 위해 필요한 프레젠테이션 스킬을 갖추어야 한다.

많은 사람들은 프레젠테이션에 대해 어렵고 잘하기 힘든 것이라고 생각한다. 특히 훌륭한 프레젠터가 되기 위해서는 타고난 재능이 있어야 된다고 생각한다. 그래서 재능을 타고난 프레젠터는 더 노력할 필요도 없을 것이라고 믿는다. 또 프레젠테이션을 잘하는 사람들은 무대공포증 같은 것은 없을 것이라고 자기 나름대로 상상한다. 하지만 실제 프레젠테이션을 잘하는 사람들 중에서도 무대공포증을 느끼는 사람들이 있고, 또 유능한 프레젠터로 타고나지 못했지만 노력하고 연습한 결과 프레젠테이션을 잘하게 된 경우도 많다.

프레젠테이션을 할 때 가장 어려움을 겪는 것 중 하나가 긴장감을 극복하는 것이다. 프레젠테이션을 잘하지 못하는 사람들은 경험이 많은 프레젠터들은 자신과 같이 긴장하지 않을 것이라고 생각한다. 하지만 이는 잘못된 생각이다. 아무리 프레젠테이션 경험이 많은 사람이라 하더라도 늘 프레젠테이션 순간에는 긴장하게 된다. 또 그것이 정상이다. 긴장하지 않고 하는 프레젠테이션은 다른 사람들을 설득하는 데도 또 원하는 결과를 얻는 데도 실패할 확률이 높다.

프레젠테이션능력이 떨어지는 사람들 가운데 자신은 할 수 있는 모든 방법을 다 동원해 봤지만 프레젠테이션을 잘할 수 없었다고 생각하는 사람들이 있다. 하지만 프레젠테이션을 잘하는 데 모든 방법이란 없다. 어떤 방법도 좋은 방법이 될 수 있다. 따라서 자신이 미처 시도해 보지 못한 방법들이 있는지 찾아보고 또 가능하다면 프레젠테이션 전문가에게 코칭을 받는 등의 노력을 통해 프레젠테이션능력을 향상시킬 수 있다.

다음은 자신의 프레젠테이션능력을 알아보는 검사지이다. 이 검사를 통해 자신의 프레젠테이션능력이 어느 정도인지 알아보자.

번호	문제	예	아니요
1	나는 원고가 없어도 발표할 수 있다.		
2	나는 말을 할 때 제스처를 많이 쓴다.		
3	나는 말을 할 때 상대방의 눈을 본다.		
4	나는 오래 달리기를 해도 호흡이 안정되어 있다.		
5	나는 노래방에서 가사를 안 보고도 노래를 잘 부른다.		
6	나는 언제든지 나를 소개할 준비가 되어 있다.		
7	나는 낯선 사람 앞에서도 자신 있게 이야기할 수 있다.		
8	나는 언제나 메모할 준비를 하고 있다.		
9	나는 새로운 환경에 적응이 빠른 편이다.		
10	나는 매사에 빈틈이 없고 꼼꼼한 편이다.		
11	나는 적극적인 사고를 하는 편이다.		
12	나는 상대방의 마음을 잘 읽는 편이다.		
13	나는 프레젠테이션에 관한 지식이 있는 편이다.		
14	나는 나만의 메시지를 갖고 있다.		
15	나는 컴퓨터에 능숙한 편이다.		
16	나는 즉흥적인 애드립에 강한 편이다.		
17	나는 다양한 책을 읽는 편이다.		
18	나는 누군가에게 프레젠테이션을 배운 적이 있다.		
19	나는 창의력이 있다는 말을 듣는 편이다.		
20	나는 승부욕이 강한 사람이다.		

- **'예'가 16개 이상**
  언제라도 프레젠테이션에 성공할 수 있는 사람이다. 주도적으로 프레젠테이션을 할 수 있는 능력을 가지고 있다. 상황에 따라 적절하게 자신의 메시지를 전달할 수 있다.
- **'예'가 10~15개**
  어느 정도 프레젠테이션을 할 준비가 되어 있다. 나름대로 프레젠테이션을 준비해 왔지만 아직 프레젠테이션에 성공한 경험이 많지 않다. 전문적인 지식과 많은 프레젠테이션 경험을 쌓을 필요가 있다.
- **'예'가 9개 이하**
  아직 프레젠테이션을 하기에는 준비가 부족한 상태이다. 적극적인 프레젠테이션에 대한 관심이나 경험을 가져야 한다. 비즈니스 환경에서 살아남기 위해서는 청중들 앞에서 자신감 있게 프레젠테이션을 해야 할 필요가 있다.

출처 : 윤영돈(2005). 자연스럽게 Yes를 끌어내는 창의적 프레젠테이션. p. 10 수정.

유능한 프레젠터가 되기 위해서는 스피치능력, 전문지식, 자신감, 신뢰감, 진실성, 순발력, 외모와 매너, 끊임없이 노력하는 자세를 갖추어야 한다. 이러한 모든 것들이 조화롭게 갖추어졌을 때 유능한 프레젠터가 될 수 있다. 다음은 유능한 프레젠터가 되기 위해 필요한 스피치능력에 대해 살펴보자.

2. 스피치

스피치는 우리말로 **화법**이라고 한다. 이는 넓은 의미로는 담화, 연설, 토론, 토의 등과 같은 말하기에 쓰이는 일반적이며 특수한 모든 방법이다. 스피치는 말을 하는 사람이 자신의 의견이나 주장을 청자나 청중에게 가장 정확하게, 그리고 가장 효과적으로 전달하는 데 그 목적이 있다.

이를 위해 무엇보다도 화제(話題)가 뚜렷해야 하고 자신의 이야기를 뒷받침할 수 있는 자료가 풍부하고 정확해야 한다. 효과의 측면에서 음질, 말의 속도와 강약, 말에 따르는 몸짓과 태도, 시선 처리도 중요하고, 청자의 반응을 유도할 수 있는 방법이나 분위기, 상황에 유효 적절하게 대응할 수 있는 능력이 문제가 된다(NAVER, 지식백과).

피터 드러커(Peter F. Drucker) 박사는 "인간에게 가장 중요한 능력은 자기표현이며 경영이나 관리는 커뮤니케이션에 의해 좌우된다."고 하였다. 이는 스피치의 중요성을 잘 설명하는 것으로 스피치는 성공을 위해 반드시 필요한 능력이다.

1) 스피치의 3요소

스피치의 3요소에는 화자, 청자, 전달 내용이 있다. 다음은 각 내용에 대해 구체적으로 살펴보자.

(1) 화자

스피치의 3요소 중 하나이나 가장 중요한 요소로 보기 어렵다. 화자는 표면적으로는 스피치를 이끌어 가고 스피치에서 중심이 되는 요소로 보여지지만 실제 화자는 청자를 배려하고 청자를 이해하며 궁극적으로 청자가 스피치의 내용을 잘 흡수할 수 있도록 해야 한다. 따라서 화자는 스피치를 위해 필요한 기본 원칙들을 숙지해야 한다.

(2) 청자

스피치의 3요소 중 가장 중요한 것을 꼽으라고 하면 그것은 청자일 것이다. 스피치의 초점은 청자에게 맞춰져 있어야 하고 청자의 입장에서 스피치가 이루어져야 한다. 스피치의 완성은 청자가 이해하고 화자의 스피치에 설득됨으로써 이루어지는 것이다.

(3) 전달 내용

화자와 청자 사이를 이어 주는 매개물이 전달 내용이다. 전달 내용은 전문성, 진실성이 담겨져 있어야 하고 무엇보다 청자의 수준에 맞는 내용으로 구성되어야 한다. 아울러 설득을 위한 다양한 근거 자료와 청자의 흥미를 유발하는 것들을 포함해야 한다.

2) 스피치의 기본 원칙

(1) 자연스럽게 말한다.

스피치를 할 때 지나치게 연출된 느낌보다는 일상생활에서 대화를 하는 것과 같은 편안한 목소리로 자연스럽게 스피치를 해야 한다. 그래야 청자도 편안한 마음과 자세로 스피치에 집중할 수 있다.

(2) 쉬운 말과 고운 말을 사용한다.

전문용어의 경우는 잘 이해하지 못하는 청중들이 있을 수 있으므로 이를 우리말로 전달하는 것이 필요하다. 부득이하게 약어를 사용해야 할 때는 원어를 설명한 후에 약어를 쓰도록 한다. 전문용어나 약어를 너무 많이 사용하게 되면 청자들이 관심을 잃기 쉽다. 따라서 청자의 눈높이에 맞게 쉬운 용어를 사용해야 한다.

청자 앞에서는 은어, 속어 그리고 거친 말투는 사용하지 말아야 한다. 화자보다 나이가 어린 사람들이라고 해서 함부로 대해서는 안 된다. 앞에 선 사람은 항상 존댓말과 고운 말을 사용해야 한다.

(3) 감정을 표현한다.

감정의 표현은 스피치를 훨씬 더 풍부하게 할 수 있다. 전달하는 내용에 따라 기쁨, 노여움, 슬픔, 즐거움의 감정과 놀라움 또는 불쾌감 등의 감정을 표현할 수 있어야 한다. 청자는 화자의 이러한 감정 표현을 통해 전달 내용에 대해 보다 공감할 수 있게 된다.

(4) 정확한 발음을 한다.

화자는 내용의 전달에 충실하기 위해 정확한 발음을 해야 한다. 말을 더듬는다거나 말이 입 안에서 우물우물 하는 것으로 들린다면 전달 내용에 대한 신뢰뿐 아니라 화자에 대한 신뢰까지 떨어질 수 있다. 따라서 발음훈련을 통해 정확한 발음으로 내용을 전달할 수 있어야 한다.

(5) 확신에 찬 표현을 한다.

화자는 불확실한 표현을 삼가고 확신에 찬 표현을 해야 한다. 예를 들면 "그렇게 알고 있습니다.", "~할 것 같습니다.", "~일 수도 있습니다." 등의 확신이 없는 표현 대신 "그렇습니다.", "~해야 합니다.", "~입니다."와 같은 확실한 단언의 표현을 해야 한다. 불확실한 표현은 화자의 신뢰도를 저하시킬 수 있다.

3) 목소리 6요소

좋은 목소리는 음높이가 낮으면서 떨림이 없는 목소리이다. 또 타고난 자신의 목소리가 가장 좋기 때문에 목소리를 자연스럽게 구사해야 한다. 목소리가 밝고 발음이 분명한 것이 좋다. 자신 있고 당당하고 씩씩하게 내는 목소리는 청중에게 화자의 힘을 느끼게 한다. 다음은 목소리의 6요소로 빠르기, 크기, 높이, 길이, 쉬기, 힘주기에 대해 살펴보자.

(1) 빠르기

스피치는 일상생활에서 말하는 속도보다 약간 느리게 말하는 것이 좋다. 너무 빠르면 알아듣기 어렵고 너무 느리면 답답하다고 느낄 수 있다. 스피치에서 가장 바람직한 속도는 80~100단어 정도이다. 또 말을 항상 같은 속도로 하지 않는다. 이럴 경우 청자들은 강조점을 찾기 어렵다. 따라서 중요한 내용을 말할 때는 좀 더 천천히 말해야 하고, 보다 덜 중요한 말을 할 때는 말의 속도를 조금 빠르게 하는 것이 필요하다. 청자가 긴장감을 유지할 수 있을 정도의 빠르기가 좋다.

(2) 크기

화자는 청자의 수나 공간에 맞게 목소리 크기를 조절할 수 있어야 한다. 소수의 사람들에게 너무 큰 소리로 말하고 있지는 않은지, 뒤에 있는 사람들까지 소리가 잘 들리는지 항상 주의를 기울여야 한다. 청자의 수와 장소에 맞는 목소리 크기로 내용을 전달해야 한다. 또 목소리가 크지 않다면 마이크의 도움을 받을 수도 있다.

(3) 높이

화자가 높고 낮음의 변화 없이 말할 경우 청중의 관심을 끌지 못한다. 청자를 설득해야 할 경우 상황에 맞는 목소리 변화를 주어야 한다. 때로는 높게 또 때로는 낮고 조용하게 목소리를 조절해야 한다.

(4) 길이

목소리의 길이는 자연스럽게 과장하지 않는 것이 필요하다. 평소 대화하는 것과 같이 장단을 유지하는 것이 가장 좋은 방법이다. 또 너무 길게 한 문장을 연결하지 않도록 하고 한 문장은 하나의 메시지를 담도록 한다. 접속사나 연결어를 너무 많이 사용하면 설득력이 떨어질 수 있다.

(5) 쉬기

말을 잠깐 멈추는 것이 필요하다. 청자가 들은 내용을 이해하는 데 시간이 필요하기 때문이다. 따라서 말을 잠깐 멈추고 청자가 경청할 시간을 갖게 해야 한다. 일반적으로 단어와 단어 사이에서 쉬는 시간이 가장 짧아야 하고 문장과 문장 사이에는 그보다 더 쉬는 시간이 필요하다. 서론과 본론 그리고 본론과 결론 사이에서 쉬는 시간이 가장 길어야 한다. 스피치의 속도를 조절하기 위해서는 쉬는 간격을 적절히 조절해야 한다. 쉬는 시간이 길어지면 스피치가 지루해지고 쉬는 시간이 보통보다 짧아지면 너무 쫓긴다는 생각을 갖게 된다. 또 잠깐 동안의 쉬는 시간은 청자의 몰입도를 높일 수 있다.

(6) 힘주기

힘주기 또는 강세란 특정 음절이나 단어 또는 구를 다른 것들보다 더 힘주어 말하는 것을 말한다. 일상적인 대화에서도 그렇지만 스피치를 할 때는 자신이 강조하고자 하는 중요한 단어나 구에 강세를 주어야 한다. 메시지의 적절한 부분에는 강조를 하고 때로는 약하게 때로는 강하게 말해야 한다. 또 필요하다면 강조할 때는 과감한 제스처를 함께 사용해야 한다.

목소리 빠르기 훈련을 위해서 다음과 같이 연습한다.

다음의 문장을 한 번은 빠르게, 한 번은 느리게 반복적으로 연습한다.

멍멍이네 꿀꿀이는 멍멍해도 꿀꿀하고,
꿀꿀이네 멍멍이는 꿀꿀해도 멍멍하네.

목소리 크기 훈련을 위해 다음과 같이 연습한다.

사랑합니다. 사랑합니다. 사랑합니다. 사랑합니다.

(점점 목소리를 크게)

나는 자랑스러운 대한민국 국민입니다.

(보통) (조금 크게) (아주 크게) (보통)

목소리의 높낮이 훈련을 위해 다음과 같이 연습한다.

다음 문장을 한 번은 높게, 한 번은 낮게 반복적으로 연습한다.

들의 콩깍지는 깐 콩깍지인가, 안 깐 콩깍지인가.
깐 콩깍지면 어떻고 안 깐 콩깍지면 어떠냐.
깐 콩깍지나 안 깐 콩깍지나 콩깍지는 콩깍지인데.

---

4) 발성과 발음

자신이 낼 수 있는 소리의 영역을 확인하고 스피치를 할 경우 유지해야 하는 발성의 음을 확인할 필요가 있다. 개인이 낼 수 있는 발성의 음을 100까지로 본다면 10의 음성은 입만 벌리고 어떤 소리도 내지 않는 상태이다. 25음성은 보통 대화할 때 음성의 절반 정도로 낮은 음성이다. 50음성은 보통 자신이 대화할 때 음성으로 자신이 낼 수 있는 최고 음성의 절반 정도의 음성을 말한다. 이를 기본음이라고 한다. 75음성은 100과 50 사이의 중간 음성으로 고음에 해당된다. 100의 음성은 자신이 낼 수 있는 최고의 음성이다. 스피치를 할 때는 보통 대화할 때보다 약간 높은 60음 정도로 말해야 한다. 이렇게 말하는 것은 화자나 청자에게 스피치에서 긴장감을 유지할 수 있게 해 준다.

정확한 발음을 하기 위해서는 한 음절 한 음절 또박또박 발음하는 습관을 길러야 한다. 발음이 어려운 단어일수록 천천히 정확하게 발음한다. 평소에 어려운 발음을 연습하고 말의 시작은 부드럽게 끝은 분명하게 발음한다. 적절한 곳을 띄워서 말하고 발음이 분명하지 않다면 천천히 말하는 것과 또박또박 말하는 연습을 해야 한다.

5단계 발성훈련을 위해 다음과 같이 연습한다.

사랑은 오래 참고 사랑은 온유하며 시기하지 아니하며(20)

사랑은 자랑하지 아니하며 교만하지 아니하며(40)

무례히 행하지 아니하며 자기의 유익을 구하지 아니하며 성내지 아니하며

악한 것을 생각하지 아니하며(60)

불의를 기뻐하지 아니하며 진리와 함께 기뻐하고(80)

모든 것을 참으며 모든 것을 믿으며 모든 것을 바라며 모든 것을 견디느니라.(100)

발음훈련을 위해 다음 문장들을 연습한다.

안 촉촉한 초코칩 나라의 안 촉촉한 초코칩이

촉촉한 나라의 촉촉한 초코칩으로 살고 싶어서

촉촉한 초코칩 나라에 갔는데, 촉촉한 초코칩 나라의 문지기가

안 촉촉한 초코칩은 촉촉한 초코칩 나라에서 살 수 없다고 해서

안 촉촉한 나라의 안 촉촉한 초코칩으로 그냥 살기로 했다.

간장공장 공장장은 강 공장장이고 된장공장 공장장은 공 공장장이다.

저기 계신 저 분이 박 법학박사이시고 여기 계신 이 분이 백 법학박사이시다.

작년에 온 솥장수는 새 솥장수이고 금년에 온 솥장수는 헌 솥장수이다.

중앙청 창살은 쌍창살이고 시청의 창살은 외창살이다.

경찰청 쇠창살, 외철창살, 검찰청 쇠창살 쌍철창살

경찰청 철창살이 쇠철창살이냐 철철창살이냐.

박서방네 지붕 위에 콩깍지가 깐 콩깍지냐 안 깐 콩깍지이냐.

앞뜰에 있는 말뚝이 말 맬 말뚝이냐 말 안 맬 말뚝이냐.

내가 그린 기린그림은 잘 그린 기린그림이고

네가 그린 기린그림은 잘못 그린 기린그림이다.

한국관광공사 곽진광 관광과장

서울특별시 특허허가과 허가과장 허과장

우리집 옆집 앞집 뒷창살은 홑겹창살이고 우리집 뒷집 앞집 옆창살은 겹홑창살이다.

고려고 교복은 고급교복이고 고려고 교복은 고급원단을 사용했다.

생각이란 생각하면 생각할수록 생각나는 것이 생각이므로

생각하지 않는 생각이 좋은 생각이라 생각한다.

상표 붙인 큰 깡통은 깐 깡통인가 안 깐 깡통인가.

3. 성공적인 프레젠테이션 프로세스

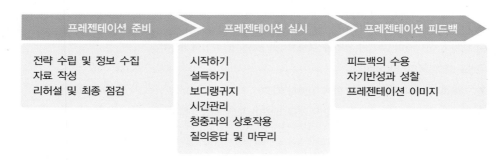

그림 9.1 성공적인 프레젠테이션 프로세스

1) 프레젠테이션 준비

(1) 전략 수립 및 정보 수집

성공적인 프레젠테이션을 위해 누구를 대상으로, 무엇을, 왜 프레젠테이션하는가에 대한 분석이
필요하다. 이를 3W 분석이라고 한다. 청중(Whom), 목적(Why, 이유), 내용(What)이다. 청중이
학생이나 청소년, 성인 또는 노인인가? 또 프레젠테이션을 하는 이유, 즉 목적이 무엇인가? 그리
고 프레젠테이션에서 어떠한 내용을 전달할 것인가에 따라 프레젠테이션 전략은 달라져야
한다.

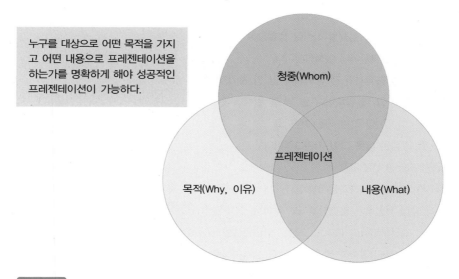

그림 9.2 프레젠테이션 3W

(2) 자료 작성

프레젠테이션의 골격을 구성하는 것은 크게 어렵지 않지만 골격에 살을 붙이는 작업은 쉽지 않다. 프레젠테이션 구조를 완성하고 프레젠테이션 내용을 좀 더 풍성하게 하기 위해 설득력을 발휘할 수 있는 세부 내용 구성 방법에 대해 살펴보자.

가. 프레젠테이션 구조

프레젠테이션 구조는 오프닝, 본론, 마무리 단계로 이루어져야 한다. 먼저 오프닝 단계는 프레젠터가 청중들과 라포 형성을 통해 프레젠테이션을 시작하는 단계이다. 따라서 왜 이 프레젠테이션을 하는지, 내용이 어떻게 구성되어 있는지 등에 대해 너무 장황하지 않게 설명할 필요가 있다. 또 프레젠터와 청중 간에 또 청중들 사이에 아이스브레이킹(Icebreaking)을 통해 서먹서먹하고 냉랭한 분위기를 프레젠테이션하기에 적합하도록 전환시켜야 한다. 이러한 상호작용을 통해서 청중이 프레젠테이션에 대해 흥미를 가질 수 있도록 해야 한다.

프레젠테이션의 본론 부분에서는 본격적인 내용 전달이 이루어져야 한다. 이러한 내용은 프레젠테이션의 목적에 맞도록 구성해야 한다. 또 내용에 적합한 사례나 에피소드 그리고 신뢰할 만한 전문가들의 의견을 인용함으로써 내용의 타당성과 설득력을 높일 수 있다. 이를 통해 궁극적으로 청중들이 내용을 이해하고 받아들일 수 있게 해야 한다.

프레젠테이션 마무리 단계는 프레젠테이션을 정리하는 단계로 전체 내용 중 핵심 내용을 요약하고 질의응답 후 프레젠터가 마무리 할 수 있도록 구성해야 한다. 또 궁극적으로 프레젠테이션의 목적을 다시 한 번 상기시키면서 청중들의 행동 변화를 촉구하는 내용으로 구성하는 것이 바람직하다.

다음 [그림 9.3]은 프레젠테이션 구조의 각 단계별 내용을 정리한 것이다.

나. 세부 내용 구성

세부 내용을 구성하는 데 가장 중요한 것은 자신의 주장을 뒷받침하는 설명이나 자료 제시이다. 프레젠테이션의 골격이 잘 구성됐다면 그 골격에 맞는 살을 붙여야 한다. 프레젠테이션 내용을 풍성하게 만들 수 있는 다양한 방법들에 대해 살펴보자.

(가) 사실

사실은 실제 존재하거나 발생한 것으로 그것을 증명할 수 있는 진실이다. 사실은 실제 존재하는 것이므로 프레젠터의 의견을 지지하고 설득력을 갖게 한다. 그러나 사실을 얘기하기 위해서는 그것이 지금 현재 사실로 받아들여지고 있는가에 대한 검토가 필요하다. 사실이 새롭게 바뀌었거나 달라졌을 경우 그것은 프레젠터의 발표 내용 전체에 대한 신뢰도를 저하시킬 수 있다. 따라서 사실은 반드시 확인하고 내용에 삽입해야 한다.

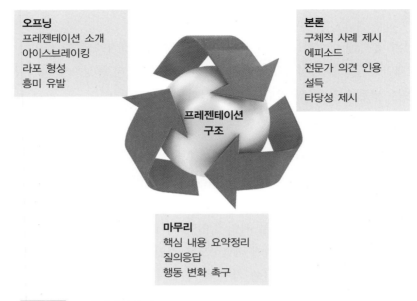

오프닝
프레젠테이션 소개
아이스브레이킹
라포 형성
흥미 유발

본론
구체적 사례 제시
에피소드
전문가 의견 인용
설득
타당성 제시

프레젠테이션
구조

마무리
핵심 내용 요약정리
질의응답
행동 변화 촉구

그림 9.3　프레젠테이션 구조

(나) 통계자료

통계자료는 가장 객관적인 자료가 될 수도 있으나 청중들에게 가장 거리감이 느껴지는 자료가 될 수도 있다. 따라서 현실적이고 청중들이 쉽게 이해할 수 있는 통계자료를 사용하는 것이 바람직하다.

때로는 충격적인 통계자료가 프레젠테이션에 극적인 효과를 가져올 수도 있다. 또 자신의 생각이 정확하다고 믿는 청중들에게 잘못을 일깨워 줄 수도 있다. 통계자료를 사용해 신뢰성을 확보하기 위해서는 자료의 출처를 반드시 밝혀야 하고 그 출처 또한 신뢰할 수 있어야 한다.

(다) 정의

명확하지 않고 모호한 것을 설명하거나 그것에 대해 청중들을 설득해야 할 경우 사용할 수 있는 가장 좋은 것이 개념에 대한 정의를 내리는 것이다. 또 정의를 내리기 위해서 가장 일반적으로 사용할 수 있는 것이 사전이다. 사전에 나온 개념 정의를 제시하면서 출처가 되는 사전을 밝히는 것은 내용의 설득력과 신뢰성을 높일 수 있다.

(라) 사례

개념에 대한 정의가 내용을 명확히 하는 것이라면 사례는 내용을 더욱 풍부하게 하는 것이다. 사례는 정의나 사실에서 구체적인 내용으로 연결할 수 있는 역할을 한다. 하버드 비즈니스 스쿨에서는 교수법으로 다음과 같은 사례를 선호한다.

"3M 사에서 한 직원이 접착테이프를 개발했습니다. 그런데 실험과정에서 그 테이프가 종이에 완전히 붙지 않는다는 사실을 발견했습니다. 3M 사는 그 제품을 폐기하는 대신 다른 용도를 찾아냈습니다. 그 제품이 바로 포스트잇입니다. 이러한 발상의 전환, 즉 창의적 사고는 실패를 성공으로 전환시킬 수 있습니다."

위의 사례에서 프레젠터가 전달하고자 하는 내용은 창의적 사고, 즉 발상의 전환일 것이다. 프레젠터는 이 사례를 통해 발상의 전환이 필요하고 이것이 기업의 성과로 이어질 수 있다는 것을 설득력 있게 전달할 수 있다.

(마) 에피소드

개인의 경험에 기반한 에피소드는 청중에게 전달하는 내용을 오래 기억하게 할 때 유용하다. 또한 프레젠터의 체험을 바탕으로 한 이야기는 감정적인 영향력이 매우 커서 청중에게 감동을 주고자 할 경우 효과적이다. 프레젠터가 에피소드를 청중에게 전달할 때는 노련한 스토리텔러가 되어야 한다. 따라서 내용 구성도 스토리텔링의 형식에 따라 작성하는 것이 좋다. 에피소드를 들려줄 때 주의할 점은 그것이 살아 있는 내용이어야 한다는 것이다. 책에 나온 내용이 아니라 실제 경험에 의한 것이기 때문에 진실성이 가장 중요하다. 청중들이 보기에 진실성이 느껴지지 않는다면 프레젠테이션 전체에 부정적인 영향을 미칠 수 있다.

(바) 역사적 상황

청중에게 어떤 내용을 전달하기에 앞서 배경이 되는 지식이나 정보를 전달하는 것이 필요하다. 예를 들어, 청중이 신입사원들이나 어떤 분야에 초보자일 경우 소속 단체나 부서 또는 제품에 대한 역사를 잘 모를 경우가 많다. 이럴 경우 역사적 상황에 대한 내용 제시는 매우 유용하다. 하지만 주의할 점은 역사적 상황에 대한 내용 전개가 너무 장황해서는 안 된다는 것이다. 이럴 경우 핵심 내용을 간과하기 쉽다.

(사) 권위 있는 자료 인용

인지도가 높은 특정 분야 전문가나 권위 있는 사람들의 말을 인용하면 단순한 사실이나 통계자료를 언급하는 것보다 더욱 효과적일 때가 있다. 이러한 인용은 청중들 대부분이 전문가로 인정해 주는 사람의 말을 인용해야 하고 그 인용 분야는 프레젠테이션의 내용에 따라 달라져야 한다. 경영이나 경제 분야라면 그 분야에서 성공한 학자나 기업인 등과 같은 저명인사의 말을 인용하는 것이 좋고, 역사나 철학, 문학 등 인문학 분야라면 그 분야 전문가들의 말을 인용해야 한다. 이렇게 프레젠테이션 내용과 관련된 분야의 전문가나 저명인사들의 말을 인용함으로써 청중의 몰입도를 높일 수 있다.

다. 자료 작성 스킬

다음은 자료 작성을 위해 고려해야 할 다양한 스킬들에 대해 살펴보자.

(가) 색상

자료 작성 시 색을 잘 이용하면 프레젠테이션 효과를 높일 수 있다. 하지만 무분별하게 색을 사용한다면 사용하지 않는 것보다 못한 결과를 가져올 수도 있다. 기본적으로 한 장의 슬라이드 안에 세 가지 색을 초과하지 않아야 한다. 세 가지 색을 초과해서 사용할 경우 청중들이 혼란스러워할 수 있다.

밝은 바탕에 짙은 색 글씨를 사용하거나 어두운 바탕에 밝은색 글씨를 사용한다. 하지만 장시간 프레젠테이션을 할 경우 바탕색은 보통 흰색으로 하는 것이 좋다. 이는 청중들의 눈의 피로도를 줄이고 장시간 진행되는 프레젠테이션에 집중도를 높일 수 있기 때문이다. 또 전체 슬라이드의 바탕색은 통일하는 것이 바람직하다. 이는 색의 통일을 통해 내용의 일관성과 통일성까지도 보여 줄 수 있기 때문이다.

다음 〈표 9.1〉은 슬라이드의 배경 색상에 따라 효과적인 글자색과 비효과적인 글자색을 정리한 것이다.

다음은 각 색상이 갖는 느낌과 이미지를 살펴보자.

먼저 빨간색은 열정, 애정, 혁명, 야망, 위험, 분노, 건조 등의 느낌을 갖는다. 이러한 빨간색은 타인을 설득하거나 사람의 마음을 움직여 행동을 이끌어 내고자 할 때 사용한다.

주황색은 원기, 적극, 희열, 만족, 풍부, 유쾌함, 건강, 온화의 느낌을 갖는다. 주황색은 심리적인 평안과 긍정의 마음 상태를 줄 수 있는 색상이다. 따라서 프레젠테이션의 성격에 따라 잘 사용한다면 좋은 효과를 거둘 수 있다.

노란색은 희망, 광명, 유쾌함, 경박함, 명랑 등의 느낌을 주는 색이다. 때에 따라서는 미래에

표 9.1	배경색에 따른 글자색 비교	
배경색	**효과적인 글자 색**	**비효과적인 글자 색**
파랑과 검정	노랑, 주황, 흰색	빨강, 검정, 하늘색, 초록
초록	주황, 흰색	검정, 노랑
갈색(브라운)	노랑, 하늘색	검정, 빨강
빨강	흰색	초록, 검정

출처 : 노진경(2009). 프리젠테이션 마스터 A-Z. p. 150 번역.

대한 희망을 나타내기도 한다. 빛을 반사하고 청중들의 시선을 사로잡을 수 있으므로 제목으로 사용하기에 좋다.

초록색은 안식, 평정, 친애, 인정, 지성, 여름, 중성, 절박의 느낌을 주는 색이다. 초록색은 소속감이나 상호작용을 불러일으키는 색상으로 교육이나 청중의 참여를 이끌어 내야 하는 프레젠테이션에 적합하다.

파란색은 진실, 냉정, 명상, 영원, 성실, 바다, 희망, 유구의 느낌을 주는 색이다. 차분하고 보수적인 색상으로 파란색은 청중의 혈압이나 심장 박동수를 낮추는 효과가 있으며 신뢰도를 높이기 위해 사용한다.

보라색은 고귀, 신비, 경솔, 예술, 우아, 고가, 위엄, 실망의 느낌을 주는 색이다. 특히 신비로운 특성을 가지고 있다. 보라색은 중요하게 인식되지 않기 때문에 비즈니스 정보를 전달하는 데는 적합하지 않다.

흰색은 명쾌함, 청결, 신앙, 순수, 소박, 정직, 눈의 느낌을 주는 색이다. 흰색은 강조하는 느낌을 주는 색상이 아니므로 글자색보다는 배경색으로 바람직하다.

회색은 평범함, 음울, 겸손, 무기력, 답답함, 우울, 점잖음의 느낌을 주는 색이다. 회색은 참여도 부족 또는 중립을 나타낸다. 설득을 요하는 프레젠테이션에 사용하는 것은 적합하지 않다.

검은색은 정숙, 비애, 불만, 죄악, 암흑, 절망, 정지, 침묵, 부정, 주검의 느낌을 주는 색이다. 검은색은 권력과 궤변을 의미하는 등 부정적인 느낌이 강함에도 불구하고 슬라이드의 바탕색이 밝은 경우 글자색으로 가장 많이 사용된다. 변하지 않는 금융데이터나 정보를 나타낼 때는 검은색 바탕을 사용하는 것이 효과적일 수 있다.

(나) 이미지와 동영상

청중에게 전달 내용의 이해력과 설득력을 높이기 위해서 이미지와 동영상을 적절하게 사용하는 것은 바람직하다. 전달 내용과의 관련성이 적은 이미지와 동영상을 사용할 경우와 지나치게 많은 이미지와 동영상을 사용할 경우, 프레젠터의 전문성이 떨어져 보일 수 있다. 또 청중에게 시간 때우기라는 느낌을 갖게 할 수 있다. 따라서 전달 내용과의 관련성을 고려하고, 이미지와 동영상의 양을 조절해서 사용하는 것이 필요하다.

[그림 9.4]는 청중의 정보 흡수량과 기억 정도를 인간의 오감각에 따라 비교한 것이다. 정보 흡수량 측면에서는 시각과 청각 순으로 효과성이 높고, 시각과 청각을 따로 사용하는 것보다는 시청각을 함께 사용하는 것이 기억의 지속성을 높일 수 있다.

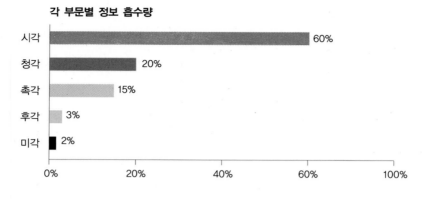

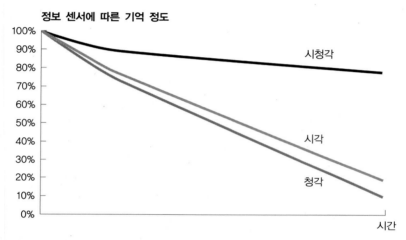

그림 9.4 시각과 청각 사용의 효과성

출처 : 윌리엄 장(2006). 1시간 만에 마스터하는 프레젠테이션. p. 140.

(다) 글씨 크기와 글꼴

글씨체는 한 슬라이드 안에 두 가지를 넘지 않아야 한다. 제목이나 강조할 사항에 대해서는 굵은 글씨나 다른 색상을 사용해 한눈에 들어올 수 있게 해야 한다. 중요한 단어를 강조하기 위해 볼드체나 밑줄을 사용하기도 한다.

글씨 크기는 강의장 크기나 청중의 수에 맞추어 작성한다. 너무 작거나 너무 큰 글씨는 오히려 청중의 집중력을 저하시킬 수 있다. 전달 내용에 따라 글씨체를 무겁거나 가볍게 선택해서 사용한다. 가장 무난하게 사용하는 글씨체가 맑은고딕체이다.

내용을 좀 더 돋보이게 하기 위해 보통의 프로그램에는 없는 글씨체를 다운받아 사용할 경우 자신의 노트북을 지참하는 것이 좋다. 그럴 수 없다면 내용 슬라이드와 함께 글씨체 프로그램도 함께 가져가서 설치해야 한다. 그렇지 않을 경우 글씨들이 깨져서 보이거나 다른 글씨체로 자동 변환되어 슬라이드상에 정렬되지 못한 모습으로 보여지기 때문에 프레젠테이션의 완성도를 저하시킬 수 있다.

제목은 간결하게 작성해야 하고 한 슬라이드에 너무 많은 내용을 담지 않도록 한다. 한 슬라이드에 기본적으로 일곱 줄 이상의 내용은 넣지 않아야 한다. 그렇기 때문에 한 슬라이드에는 한 가지 주제만 담아야 한다.

라. 프레젠테이션 매체

프레젠테이션을 위해서는 다양한 매체들을 사용할 수 있다. 다음은 프레젠테이션에 사용 가능한 다양한 매체의 종류와 그들이 갖는 장점과 단점에 대해 살펴보자.

표 9.2 프레젠테이션 매체의 장단점

종류	장점	단점
컴퓨터 (파워포인트)	다루기 쉽고 제작 용이 즉시 수정 가능 재사용 가능 다양한 표현 가능	시스템 고장 가능성 빔 프로젝터 소음과 호환성 문제
OHP (OHP 필름)	비용 저렴 현장에서 즉시 제작 가능 프레젠테이션 중 내용 첨가 가능	너무 많이 사용하면 효과성 저하 페이지 이동의 복잡성
슬라이드	고품질 효율적 재사용 가능	높은 비용 많은 제작시간 소요
플립차트	비용 저렴 사용과 이동이 편리	40명 이하만 가능 인원이 많거나 강의장이 너무 넓을 경우 효과성 저하
유인물 (핸드아웃)	비용 저렴 융통성 준비 용이	준비시간 소요 프레젠테이션에 집중하는 것을 방해할 가능성
비디오테이프	청중의 관심 자극 휴대 가능 사용 용이	시청시간이 길어질 경우 청중이 산만해 질 가능성 주제에 맞는 비디오 선정의 어려움
화이트보드	융통성 편리성 컬러 사용 가능 청중과 함께 호흡 가능	변화의 어려움 고가의 초기 비용 경우에 따라서 프레젠터의 전문성이 떨 어져 보임

(3) 리허설 및 최종 점검

리허설 전에 먼저 프레젠테이션용으로 제작된 슬라이드를 점검한다. 다음은 슬라이드 점검용 체크리스트이다.

	점검 내용	예/아니요	수정사항
1	슬라이드 한 장에 들어갈 내용은 적당하게 구성되었는가?		
2	슬라이드는 프레젠테이션 내용에 맞게 구성되었는가?		
3	내용은 간결하게 구성되었는가?		
4	내용에 오자나 탈자는 없는가?		
5	바탕색은 안정감이 드는 색상인가?		
6	글자 크기는 적당하게 작성되었는가?		
7	글자 색상은 3종류 이내로 작성되었는가?		
8	슬라이드 레이아웃에 통일감이 있는가?		
9	이미지와 동영상이 적당히 배치되었는가?		
10	발표시간 대비 슬라이드 수가 적당한가?		

슬라이드 점검용 체크리스트를 확인한 후 수정사항을 보완하고 슬라이드 점검을 마무리한다. 리허설은 실제 프레젠테이션을 하는 것과 동일하게 실시하는 것이 좋다. 실제와 똑같은 리허설을 할 수 있는 상황이라면 좋겠지만 만약 그렇지 못할 경우에는 최대한 실제 프레젠테이션 상황과 유사한 상황에서 리허설을 해야 한다. 경우에 따라서는 전신 거울을 이용해 리허설을 하기도 한다. 자기만의 리허설 방법을 개발해서 리허설을 하는 것도 좋은 방법이다.

리허설이 끝났다면 이제 최종 점검을 해야 한다. 프레젠테이션의 목적에 대해서 다시 한 번 프레젠테이션 주최측과 확인하고 프레젠테이션 장소, 청중 수, 시설 등에 대해서도 확인한다. 가장 좋은 방법은 프레젠테이션 장소에 미리 가 보는 것이지만 이는 사정상 쉽지 않다. 이럴 경우 프레젠테이션 당일 좀 더 일찍 도착하는 것이 하나의 방법이다. 일찍 도착해서 예상하지 못했던 문제점들이 발생할 경우 이를 미리 해결해야 한다.

다음은 프레젠테이션 준비물과 준비사항 점검용 체크리스트이다.

	점검 내용	예/아니요	조치할 사항
1	프레젠테이션 파일을 노트북에 잘 저장하였는가?		
2	노트북 작동에 필요한 장비들은 준비하였는가?		
3	프레젠테이션 파일을 USB에 저장하여 별도로 준비하였는가?		
4	레이저포인터는 준비하였는가?		
5	발표자용 프레젠테이션 슬라이드 출력본은 지참하였는가?		
6	청중에게 배부할 프레젠테이션 교재는 준비하였는가?		
7	프레젠테이션 장소 약도는 지참하였는가?		
8	프레젠테이션을 주최한 담당자의 연락처는 지참하였는가?		
9	프레젠테이션 장소까지 가는 길과 소요시간은 미리 파악하였는가?		
10	명함은 지참하였는가?		
11	노트북은 지참하였는가?		
12	손수건과 비상약은 지참하였는가?		

최종적으로 프레젠테이션 준비물과 준비사항 점검용 체크리스트를 확인한 후 준비가 미비한 부분을 보완하고 프레젠테이션에 대한 모든 준비를 완료한다.

2) 프레젠테이션 실시

(1) 시작하기

프레젠테이션 시작 전에 프레젠테이션 시작 후 약 3분 동안 진행될 내용에 대해 이미지를 그리며 혼자 말로 연습한다. 직접 프레젠테이션을 하는 것과 동일하게 연습한다. 이렇게 몇 번 프레젠테이션 시작 부분을 반복함으로써 프레젠테이션이 시작되었을 때 당황하지 않고 자연스럽게 프레젠테이션을 이끌어 갈 수 있게 된다. 아무리 노련한 프레젠터라 하더라도 이러한 시작 전 준비시간이 필요하다는 것을 잊지 말아야 한다.

상대방에게 첫인상을 심어 주는 데는 10초도 채 걸리지 않는다. 첫인상이 좋지 않았을 때 장시간 이루어지는 프레젠테이션의 경우는 회복할 가능성이 있으나 짧은 시간에 이루어지는 프레젠테이션의 경우는 회복할 가능성이 없다. 장시간 이루어지는 프레젠테이션의 경우도 처음에 좋지 않았던 첫인상을 회복하는 것은 대단히 어려운 작업이다. 따라서 첫인상을 좋게 심어 주는 것이 가장 현명한 방법이다.

특히 프레젠터는 프레젠테이션 장소에 입장하는 순간부터 청중의 평가 대상이 된다. 즉 말을 시작하기 전부터 이미 프레젠테이션은 시작되는 것이다. 대부분 프레젠테이션 장소는 건물 안에 있는 소규모 회의실 또는 프레젠테이션을 위해 준비된 장소이다. 이럴 경우 프레젠테이션 장소가 위치한 건물 안에 들어서는 순간부터 이미 프레젠테이션은 시작되는 것이다. 건물 안 복도에서 마주쳤던 사람들 혹은 엘리베이터 안에서 만났던 사람들이 청중이 될 수도 있다. 그래서 항상 바른 몸가짐과 좋은 인상을 심어 줄 수 있는 자세가 필요하다.

프레젠테이션을 시작할 때는 자신감 있고 밝은 표정으로 당당하게 입장한다. 심호흡을 하고 청중이 준비되어 있는지 확인하고 그들과 서로 에너지를 교류한다. 자연스러운 미소를 지으며 자신감 있는 부드러운 목소리로 "안녕하십니까?"라고 인사하고 청중이 반응할 수 있도록 기다려 준다. 인사가 끝났다면 과정 소개를 시작으로 프레젠테이션을 시작하면 된다.

프레젠테이션을 시작할 때 주의할 점은 프레젠터가 사과의 말이나 자신을 낮추는 말을 사용해서는 안 된다는 것이다. 이는 프레젠터의 전문성을 떨어뜨리는 것이다. 특히 프레젠테이션을 시작할 때 "제가 준비를 제대로 못해서…", "제 전문 분야가 아니어서…", "제가 초보자라서…", "제가 무대 공포증이 있어서…", "원래 말 재주가 없어서…", "남 앞에 서는 것이 익숙치 않아서…" 등의 말은 금해야 한다. 만약 정말 이런 상황이라면 그 사람은 프레젠터가 되면 안 되는 사람이다. 프레젠터는 프레젠테이션을 위해 준비된 사람이어야 한다.

또 만약 프레젠터가 프레젠테이션 중에 실수를 했다면 가볍게 "죄송합니다."라고 말하는 정도가 적당하다. 지나치게 실수에 대해서 사과하는 것은 프레젠테이션의 흐름을 깰 뿐만 아니라 프레젠터로 전문성이 부족해 보일 수 있다. 실수는 누구나 할 수 있다. 큰 실수가 아니라면 가볍게 사과하고 빨리 잊고 다음으로 넘어가야 한다. 프레젠터는 언제나 자신감 있고 당당하게 프레젠테이션을 할 수 있어야 한다.

(2) 설득하기

설득은 쉽지 않은 일이다. 청중들을 설득하기 위해서는 탄탄한 내용 구성도 필요하지만 이를 전달하는 기술 또한 필요하다. 청중을 설득하기 위해서는 다음과 같은 점에 유의해야 한다.

가. 간결하게 표현하라.

짧고 간결한 표현이 길고 복잡한 표현보다 훨씬 설득력이 있다. 간단하고 명확하게 전달해야 청중의 관심을 끌 수 있기 때문이다. 또 지나치게 자세한 설명은 청중을 지루하게 만들 수 있다. 따라서 청중을 설득할 수 있을 정도의 충분한 정보를 주되, 모든 정보를 주어서는 안 된다. 지나치게 자세히 설명할 경우 청중에게 혼란만 가중시킬 수 있다.

나. 능동적인 단어를 사용한다.

능동적이고 역동적인 느낌을 주는 능동형 단어를 사용해야 한다. 구직자들이 이력서나 자기소개서를 작성할 경우 적극적인 의미의 단어를 사용해야 좋은 것과 같이 청중들을 설득할 때도 적극적이고 능동적인 의미의 단어를 사용해야 한다. 수동적인 단어를 능동적인 단어로 바꿔서 사용해야 한다.

다. 정확한 표현을 한다.

추상적이고 모호한 표현은 청중과의 상호교류를 방해한다. '조금'이나 '많은'과 같은 말은 추상적이고 정확하지 않기 때문에 프레젠터가 전달하고자 하는 바를 청중에게 정확하게 전달하기 어렵다. 따라서 구체적이고 정확한 표현을 써서 청중들을 설득해야 한다.

라. 단호한 표현을 한다.

설득을 위해 때로는 단호한 표현이 필요하다. '항상', '결코', '확실히', '절대적으로' 등과 같은 표현은 청중에게 확신을 줄 수 있다. 또 '~할 필요가 있습니다', '하십시오', '하셔야 합니다' 등과 같은 명령어의 사용을 통해서도 설득이 가능하다. 다만 명령형 표현을 너무 많이 사용하거나 너무 강하게 사용하는 것을 자제해야 한다. 만약 이를 남발하게 된다면 청중들에게 설득을 하는 것이 아니라 명령을 하는 것이라는 느낌을 갖게 할 수 있다.

마. 감정에 호소하는 표현

감정에 호소하는 표현은 여러 표현 방법 중 가장 설득력이 있다. 프레젠테이션이 끝났을 때 청중들은 많은 지식을 얻게 된 프레젠테이션보다는 감동을 받은 프레젠테이션이 더 좋았다고 생각한다. 따라서 청중의 감정에 호소할 수 있는 표현을 쓰는 것이 중요하다. 또 청중을 부르는 호칭에서도 청중을 몰입하게 할 수 있다. 청중들이 동일한 직책을 가진 사람들이라면 '팀장님들', '차장님들', '임원님들' 등의 호칭을 쓸 수 있을 것이다. 만약 이런 상황이 아니라면, '여러분'이란 표현을 쓰는 것도 나쁘지 않다. 하지만 더 좋은 표현은 프레젠터가 자신을 포함해서 '우리는'이라는 표현을 쓰는 것이다. 이럴 경우 청중들은 더욱더 프레젠테이션에 집중하게 되고 프레젠터와 자신들이 하나라는 생각을 갖게 된다.

바. 탁월한 스토리텔러가 되라.

프레젠터가 탁월한 스토리텔러가 되어야 하는 이유는 스토리 형식이 사람들에게 무엇인가를 이해시키고 설득시키는 데 효과적이기 때문이다. 스토리는 추상적인 개념을 생생하게 만들고 듣는 사람으로 하여금 자기 것처럼 느끼게 하는 힘을 가지고 있다. 다음은 스토리텔링 사례이다.

여러분 혹시 20세기 추상미술의 선구자 칸딘스키를 아시는지요? 칸딘스키가 처음부터 추상화를 그렸던 것은 아닙니다. 1910년경 어느 날, 야외 스케치를 마치고 자신의 화실로 들어서던 칸딘스키는 아주 묘한 매력을 발산하는 그림 하나를 발견했습니다. 누가 화실에 저렇게 멋진 그림을 가져다 놓았을까 궁금해하며 그림을 요리조리 살펴보던 칸딘스키는 그것이 자신이 그린 그림이라는 것을 깨닫고는 흠칫 놀랐습니다. 단지 비스듬히 세워져 있었을 뿐인데 그림의 느낌이 전혀 달라 다른 그림으로 보였던 것입니다. 우연히 찾아온 이 기회를 통해 칸딘스키는 고정된 사고의 틀에서 벗어나 확신을 갖고 추상화를 그렸다고 합니다.

앞의 사례에서 볼 수 있듯이 스토리텔링에서 사실감을 높이기 위해서는 구체적인 인명, 지명, 연도 등을 밝혀야 한다. 이야기를 너무 장황하게 늘어놓거나 이야기를 하다가 다른 내용으로 갑자기 전환하는 것은 바람직하지 않다. 너무 길지 않으면서도 확실하게 내용을 전달해야 한다.

(3) 보디랭귀지

프레젠테이션에서 보디랭귀지는 내용 전달을 더 잘하기 위한 중요한 수단이다. 보디랭귀지는 청중에게 어떤 의사나 감정을 전달하기 위해 사용하는 의식적 또는 무의식적인 몸짓, 표정, 자세이다. 때로는 상대방의 표정이나 제스처, 움직임만 보고도 무슨 말을 하는지 잘 알 수 있다. 보디랭귀지는 구두가 아닌 신체의 각 부위 즉 손이나 시선, 얼굴 표정, 움직임 등에 의한 의사전달 방법이다.

앨버트 메라비언(Albert Mehrabian) 박사의 침묵의 메시지라는 저서에 따르면 의사전달에 가장 큰 영향을 주는 요소가 바로 보디랭귀지이다. 의사소통 시 상대방의 이해를 돕는 데는 시각(보디랭귀지) 55%, 청각(목소리) 38%, 언어(말의 내용)가 7%의 영향을 미친다고 한다. 즉 우리의 의사전달에 몸짓이나 표정 등 비언어적 요소가 93%나 영향을 미친다는 것이다. 따라서 효과적인 의사전달에 충실한 프레젠테이션을 위해서도 보디랭귀지는 매우 중요하다.

프레젠테이션에서 중요한 보디랭귀지의 요소로 표정과 자세, 눈맞춤과 제스처에 대해 살펴보자.

가. 표정과 자세

기본적으로 프레젠터는 밝고 생기 있는 표정을 지어야 하고, 자연스러운 미소를 띠고 청중 앞에 서야 한다. 프레젠터가 밝은 표정으로 자신감 넘치는 표정을 지으면 청중도 같이 기분이 좋아져 프레젠테이션 분위기가 한결 좋아지게 된다.

프레젠터는 전달하는 내용에 따라 그에 맞게 얼굴 표정을 변화시켜야 한다. 즐거운 이야기를 할 때는 즐거운 표정을, 진지한 이야기를 할 때는 진지한 표정을, 슬픈 이야기를 할 때는 슬픈 표정을 지어야 한다. 그러나 화난 표정이나 지나치게 흥분된 표정은 피하는 것이 좋다. 프레젠테이션을 하다가 실수를 했다고 해서 쑥스런 표정이나 머쓱한 표정을 짓는 것은 좋지 않다. 실수를 하더라도 별것 아닌 표정으로 지나쳐야만 그 실수가 필요 이상으로 확대 해석되지 않는다.

프레젠터는 편안한 자세를 유지하면서도 긴장감을 늦추지 말아야 한다. 프레젠테이션을 하는 동안 두 발을 어깨 넓이로 벌리고 체중을 양 발에 균등하게 실은 상태에서 허리와 어깨를 펴고 머리를 똑바로 들고 서야 한다. 그렇다고 해서 너무 자세가 경직돼서는 안 된다. 가능한 편안하게 서서 프레젠테이션을 해야 한다. 필요에 따라서는 자세를 조금씩 바꾸어 가며 프레젠테이션을 할 수도 있다. 그러나 프레젠테이션을 할 때 다음과 같은 자세는 취하지 않는 것이 좋다.

먼저 양손을 앞으로 모으는 자세이다. 이런 자세는 지나친 겸손을 나타내고 자신감이 없어 보이므로 이런 자세는 취하지 않는 것이 좋다. 청중에 따라서는 프레젠터를 소심하고 자신감이 부족하거나 우유부단한 사람으로 오해할 수도 있다.

두 번째는 뒷짐을 진 자세이다. 뒷짐 진 자세는 열중 쉬어와 같은 자세로 청중에게 건방지거나 거만하다는 느낌을 준다. 이런 자세는 지나치게 거만하게 보이고 청중에게 프레젠터가 프레젠테이션에 몰입한다는 느낌을 주지 않는다.

세 번째는 손을 주머니에 넣는 자세이다. 이런 자세는 청중 앞에서 자신도 모르는 사이에 취하게 되는 좋지 않은 버릇 중 하나이다. 한 손 또는 양손을 주머니에 넣는 것도 지나치게 거만해 보이고 청중보다 프레젠터 자신이 위에 있는 듯한 느낌을 줄 수 있다. 손을 주머니에 넣었다 뺐다를 반복함으로써 산만하다는 느낌을 줄 수도 있다. 이는 청중이 프레젠테이션에 집중하는 것을 방해한다.

네 번째는 연단에 기대거나 연단을 두 팔로 짚는 자세이다. 프레젠테이션을 할 때 연단이 마련되어 있다고 해서 이러한 자세를 취해서는 안 된다. 이러한 자세는 상당히 권위적인 느낌을 준다.

다섯 번째는 팔짱을 낀 자세이다. 청중이 팔짱을 끼고 있다면 이는 전달 내용에 대한 거부 또는 방관의 의미일 수 있다. 프레젠터가 이런 자세를 취한다면 이는 청중과의 상호작용을 포기한 것으로 볼 수 있다. 이런 자세를 취함으로써 프레젠터가 상당히 건방지거나 거만하다는 느낌을 준다. 어떠한 경우에도 팔짱을 끼어서는 안 된다.

여섯 번째는 몸을 흔드는 자세이다. 프레젠터가 자신도 모르게 무의식적으로 몸을 흔드는 경우가 있다. 이런 자세는 본인은 잘 인식하지 못할 수 있지만 청중은 매우 산만하다는 느낌을 갖게 되고 이로 인해 청중의 집중력이 떨어질 수 있다. 프레젠테이션을 하는 동안에 프레젠터의 움직임은 굵고 단호하며 편안해야 한다.

일곱 번째는 한쪽 발에 체중을 싣고 서 있는 자세이다. 평상시 사람들과 대화를 나눌 때도 체중의 중심을 한쪽 다리에 두고 서서 말하는 것은 상대방에 대한 예의가 아니다. 이런 자세는 바른 성격의 소유자로 인식되지 않을 수 있다. 또 거만한 사람으로 보일 수도 있다. 따라서 프레젠테이션을 하는 동안 이런 자세를 취하지 않도록 해야 한다.

나. 눈맞춤

프레젠터의 눈맞춤은 청중과의 상호작용을 위해 가장 빈번하고 적절하게 사용해야 하는 보디랭귀지이다. 프레젠터가 얼마나 눈맞춤을 잘하느냐에 따라 프레젠테이션 경험과 능력 정도를 가늠할 수 있다. 프레젠테이션에서 프레젠터가 청중에게 보내는 눈맞춤에는 진실성, 자신감, 존중감 등이 담겨 있고, 청중이 프레젠터에게 보내는 눈맞춤에는 전달 내용에 대한 반응이 담겨져 있다. 따라서 프레젠터는 프레젠테이션을 하는 동안에 청중과 눈맞춤을 잘하기 위해 노력해야 한다. 다음은 프레젠터가 청중과의 눈맞춤을 위해 주의해야 할 사항을 정리한 것이다.

첫째, 바라보고 미소 짓고 이야기하라. 청중을 주시할 때 바람직한 것은 청중 개개인의 눈을 자연스럽고 부드럽게 바라보는 것이다. 이러한 눈맞춤은 프레젠터와 청중 간에 교감을 형성하게 하고 프레젠테이션의 효과성을 높인다. 따라서 청중을 주시할 때는 청중을 바라보고 미소 지은 상태에서 이야기해야 한다.

둘째, 지그재그(zigzag)로 시선 처리를 하라. 앞에서 뒤로, 뒤에서 앞으로 우에서 좌로 좌에서 우로 항상 천천히, 그리고 여유 있게 시선을 바꾸어야 한다. 지그재그로 시선 처리를 할 때 청중에게 고루 시선이 배분될 수 있다. 다음 [그림 9.5]는 지그재그 시선 처리 방법을 보여 주는 것이다.

셋째, One Sentence, One Person 규칙을 유지한다. 이 말은 한 사람을 바라보며 한 문장을 끝내라는 것이다. 즉 한 문장이 끝나기 전에 다른 사람에게 시선을 이동해서는 안 된다는 것이다. 한 사람에게 한 문장에 대한 의미를 이해시키고, 다른 사람에게 다른 문장을 이해시키는

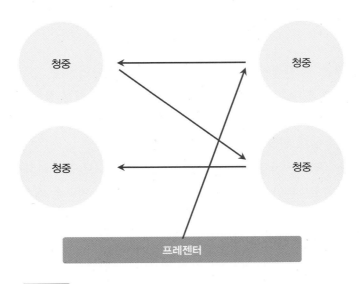

그림 9.5 지그재그 시선 처리

방식으로 시선 처리하는 것을 의미한다. 만약 자신이 초보 프레젠터라면 자신의 이야기를 호의적으로 경청하는 사람을 찾고 그런 사람들 위주로 시선 처리를 할 수도 있다. 하지만 이런 방법을 지나치게 많이 사용할 경우 다른 청중들로부터 오해를 불러일으킬 수도 있기 때문에 주의해야 한다.

넷째, 항상 일대일로 커뮤니케이션을 한다. 청중을 하나의 그룹으로 보되 내용을 전달할 때는 청중을 한 개인으로 보아야 한다. 따라서 프레젠테이션을 하는 동안에는 항상 누군가와 일대일로 대화를 한다는 느낌을 가지고 프레젠테이션을 진행해야 한다.

다섯째, 뒷줄의 청중을 잊지 말아야 한다. 앞쪽에 앉은 사람들만 바라보면 뒤에 앉은 청중들을 잃게 될 수도 있다. 뒷자리에 앉은 청중들이 소외감을 느끼지 않도록 균등한 눈맞춤이 필요하다. 많은 청중에게 이야기를 할 때 멀리 있는 청중에게 눈길을 주면 그 주변에 앉은 여러 명이 프레젠터가 자신을 바라보는 것으로 생각할 수 있다. 하지만 앞자리에 앉은 사람을 바라보면 프레젠터가 자기 혼자만을 바라본다고 생각한다. 따라서 뒷자리 청중에게 균등한 눈맞춤을 하는 것은 훨씬 더 많은 청중과 교감하는 것이 된다.

다. 제스처

프레젠테이션을 하면서 전달 내용을 강조하거나 변화를 줄 때 그에 맞는 적절한 제스처가 필요하다. 제스처는 전달 내용의 의미를 더욱 명확하게 해 주고 강조함으로써 청중의 이해와 집중을 돕는다. 프레젠테이션에서 제스처 사용을 위한 주의사항을 살펴보자.

첫째, 제스처는 자연스러워야 한다. 일상적인 대화를 할 때처럼 제스처가 특별하지 않다는 느낌을 가질 수 있도록 해야 한다. 제스처를 자연스럽게 사용하려면 프레젠터는 프레젠테이션 하는 동안 손을 자유롭게 두어야 한다. 그래야 제스처도 자연스럽게 나올 수 있다.

둘째, 내용에 맞는 제스처를 한다. 제스처가 효과적이기 위해서는 말하는 내용과 상황에 맞는 제스처가 되어야 한다. 비록 작은 동작의 제스처일지라도 하찮은 것이라고 생각하지 말고 말하는 내용과 분위기에 일치된 제스처를 사용할 수 있도록 해야 한다. 어떠한 경우나 상황에서도 말의 내용과 제스처의 의미가 서로 달라서는 안 된다.

셋째, 제스처는 팔 전체로 한다. 제스처는 역동적일수록 더 효과적이다. 제스처를 역동적으로 하기 위해서는 어깨에서 손에 이르기까지 팔 전체를 움직여서 제스처를 해야 한다. 만약 이렇게 하지 않고 양손만을 작게 사용해서 제스처를 할 경우 청중이 답답함을 느낄 수 있고 전달 내용에 따라서는 청중의 이해를 돕기 어려워진다.

넷째, 제스처는 분명하게 한다. 제스처를 분명하게 한다는 것은 제스처의 시작과 끝이 명확해야 한다는 것이다. 제스처가 절도 있고 분명하게 이루어져야 설득력을 높일 수 있다.

다섯째, 제스처와 말의 타이밍을 맞춘다. 제스처는 말과 타이밍이 맞아야 한다. 말과 일치하지 않는 제스처나 말보다 늦게 나오거나 빨리 나오는 제스처는 프레젠테이션 전체에 부정적인 영향을 미치게 된다. 따라서 자연스럽게 말과 함께 제스처를 사용할 수 있도록 연습해야 한다.

여섯째, 제스처는 꼭 필요할 때만 사용한다. 제스처는 꼭 필요할 때 자연스럽게 사용해야 한다. 작고 사소한 손동작도 제스처로 보일 수 있으므로 불필요한 동작은 피하고 전달 내용에 맞도록 타이밍을 맞추어 제스처를 사용해야 한다.

일곱째, 습관성 제스처를 하지 않는다. 제스처라고 보기 어려운 손동작을 습관적으로 사용해서는 안 된다. 전달 내용과도 관계없이 프레젠터 자신이 습관적으로 사용하는 손동작을 계속해서 반복한다면 청중은 지루함을 느낄 것이고 이것이 과해진다면 청중은 프레젠터의 말은 듣지 않고 그 손동작 사용 횟수만 세고 있을 것이다. 그러므로 자신이 좋지 않은 손동작 습관을 가지고 있다면 이를 고쳐야 한다.

(4) 시간관리

프레젠테이션을 처음부터 끝까지 잘 운영하는 것과 관련된 것이 시간관리이다. 프레젠터는 최소한 프레젠테이션 시작 30분 전에 도착해야 한다. 일찍 도착해서 프레젠테이션 장소를 익히고 프레젠테이션에 필요한 장비들을 점검하고 프레젠테이션을 시작하는 데 문제가 없도록 최종 준비를 마무리해야 한다. 이렇게 하고 나면 시간적·정신적 여유가 생기기 때문에 편안한 마음으로 프레젠테이션을 시작할 수 있다.

유능한 프레젠터는 청중의 심리적 시간까지 고려하며 프레젠테이션을 해야 한다. 프레젠테이션에서 보통 한 슬라이드당 3~6분 정도를 할애하는 것이 좋다. 한 장의 슬라이드를 띄워 놓고 너무 장시간 설명한다면 청중들이 지루함을 느끼게 된다. 따라서 긴장감을 유지하는 차원에서 약간은 빠르게 슬라이드를 전환하는 것이 필요하다.

일반적으로 프레젠테이션 시간을 60분이라고 보면 도입과 종결은 각각 10분 정도로 진행하고 본론은 40분 정도로 시간 배분을 하는 것이 좋다. 심리학자들에 의하면 인간이 집중할 수 있는 최대 시간은 약 20분 정도이다. 따라서 프레젠터는 프레젠테이션을 진행하는 동안에도 청중의 상태를 수시로 파악해서 가볍게 스트레칭을 하거나 분위기를 전환하는 등의 노력을 통해 청중이 긴장을 완화할 수 있는 시간을 주어야 한다.

프레젠테이션이 예정된 시간보다 빨리 끝나면 큰 문제는 없지만 길어질 경우 청중은 지루함을, 프레젠터는 조급함을 느끼게 된다. 프레젠터가 프레젠테이션을 정말 잘하든가 아니면 시간 내에 프레젠테이션을 끝내야 청중에게 좋은 프레젠테이션이었다는 평을 들을 수 있다는 말이 있다. 이는 그만큼 프레젠터에게 시간관리가 중요하다는 것을 의미한다. 따라서 예정된 시간에 맞춰 프레젠테이션을 끝낼 수 있도록 준비해야 한다.

질의응답과 마무리를 할 때 시간이 부족하다면 먼저 청중에게 몇 개의 질문만 받겠다고 공지

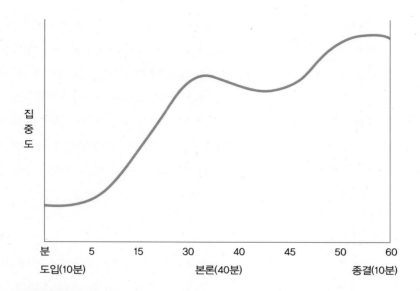

그림 9.6 프레젠테이션 시간 배분에 따른 청중의 집중도 변화
출처 : 윤영돈(2005). 자연스럽게 Yes를 끌어내는 창의적 프레젠테이션. p. 103.

한 후 질의응답 시간을 갖도록 한다. 프레젠테이션을 할 때 질의응답과 마무리 시간을 줄이는 것보다는 본론의 내용을 줄이는 것이 더 바람직하다. 마무리 시간에는 청중을 설득하고 행동 변화를 촉구하는 작업이 진행되므로 마무리 단계는 프레젠테이션에서 매우 중요하다. 따라서 시간관리를 잘해서 마무리 시간을 잘 운영하고 종료할 수 있도록 해야 한다.

[그림 9.6]은 프레젠테이션에 집중하는 청중의 집중도를 나타낸 것이다. 도입 단계에서부터 서서히 집중도가 높아져 프레젠테이션이 중반부에 이르면 집중도가 많이 높아지게 된다. 이러한 청중의 집중도는 종결부분에서 가장 높아진다. 프레젠테이션 시작 후 20분 이후와 약 40~45분 이후에는 청중들의 집중도를 높이기 위한 가벼운 활동들을 실시해서 청중들이 집중력을 유지할 수 있도록 해야 한다.

(5) 청중과의 상호작용

프레젠테이션이 시작되면 그 장소에는 보통 프레젠터와 청중만이 있을 뿐이다. 따라서 이들 간의 원활한 상호작용은 프레젠테이션 성공의 핵심 요소이다. 청중이 부정적인 반응을 보이거나 지루함을 느낀다면 프레젠터는 이에 대해 즉각적으로 대응해야 한다. 이는 청중과의 지속적인 눈맞춤을 통해서 파악할 수 있다.

만약 이렇게 청중의 반응이 좋지 않을 경우 프레젠터는 다양한 방법을 사용해 청중의 집중도를 끌어올려야 한다. 먼저 청중이 부정적인 반응을 보일 때는 청중의 이해를 도울 수 있도록 좀 더 구체적인 설명을 하거나 전달 내용과 관련된 질문을 통해 청중을 적극적으로 참여시켜야 한다. 또 청중이 지루한 표정을 짓는다면 유머나 자신의 경험담을 들려주는 것도 좋은 방법이 된다. 청중이 졸고 있을 경우에는 졸고 있는 사람 바로 옆 사람에게 질문을 한다든지 혹은 졸고 있는 사람 옆에 서서 프레젠테이션을 할 수도 있다. 만약 청중이 내용을 이해하지 못하는 것처럼 보이면 쉬운 예를 들어 설명을 해 주고 말의 속도를 조금 줄이는 것이 필요하다.

실제 프레젠테이션을 해 보면 위와 같은 방법으로 청중과 상호작용이 잘 이루어지기도 하지만 경우에 따라서는 특별히 까다롭고 다루기 힘든 청중을 만날 때도 있다. 이럴 경우 어떻게 대처하는 것이 바람직한지 〈표 9.3〉을 통해 살펴보자.

(6) 질의응답 및 마무리

질의응답 시간은 프레젠터에게 결코 쉬운 시간은 아니다. 청중에 따라서는 프레젠테이션 내용과 전혀 상관없는 질문을 한다거나 또는 즉시 답하기 어려운 질문을 하기도 한다. 따라서 프레젠터는 이에 대한 사전준비를 철저히 할 필요가 있다.

청중이 하는 질문은 다음과 같이 네 가지 정도로 분류할 수 있다. 먼저 좋은 질문이다. 이때 프레젠터는 감사의 마음을 전달해야 한다. 그리고 가능한 충실하게 답해야 한다. 두 번째는 어려운 질문이다. 대답을 할 수 없거나 안 하는 것이 좋은 질문에는 답하기 어렵다고 말한다. 이때는 그 질문을 한 청중에게 답을 물어본다. 세 번째는 불필요한 질문이다. 이 질문은 청중이 이미 그 답을 알고 있는 경우이다. 이때는 명확하고 간단하게 답변하거나 다른 청중이 답하도록 하고 다음으로 넘어가면 된다. 마지막 질문은 관련성 없는 질문이다. 이때는 관련성 없음을 상기시킬 필요가 있다. 청중과 말싸움을 하지 말고 자연스럽게 다음 질문으로 넘어갈 수 있도록 한다.

다음은 질의응답 시간에 질문을 받고 이에 대처하는 방법을 단계별로 살펴보자.

1단계, 예상질문 리스트를 작성하고 이에 대한 답변을 준비한다. 1단계는 프레젠테이션 시작 전부터 이루어진다. 프레젠테이션을 준비하는 단계에서 예상질문 리스트를 작성하고 이에 대한 모범답안을 작성한 후 답변을 연습한다.

2단계, 청중의 질문을 잘 경청한다. 청중이 질문하는 내용을 귀담아 들어야 한다. 경청은 상대방의 질문 의도를 정확히 파악하기 위한 이유도 있지만, 상대방을 존중한다는 의미도 포함되어 있다.

3단계, 질문한 청중을 칭찬한다. "예, 좋은 질문입니다." 또는 "매우 유용한 질문입니다." 등의 칭찬으로 질문자를 칭찬해 준다. 이러한 칭찬은 질의응답 시간의 분위기를 훨씬 더 부드럽게 만들고 청중들을 프레젠터에게 우호적인 자세를 취하도록 만들어 준다. 이렇게 된다면 질문에 대한 답변은 자연스럽게 청중들에게서 나올 수도 있다. 이때 한 가지 주의할 점은 지나친 칭찬

표 9.3	청중 유형과 대처 방안	
청중 유형	**특징**	**대처 방안**
열정파	언제나 제일 먼저 손을 드는 사람으로 관심을 보이며 적극적으로 참여한다.	"참 좋은 지적입니다. 다른 분들은 어떻게 생각하는지 의견을 들어봅시다."
반대파	저항적이며 모든 것에 도전적이다.	더욱 직접적으로 접근한다. 정면으로 대응한다. 이들의 의견을 모두 플립차트에 적고 가능하다면 그 자리에서 즉시 해결하고 그렇지 못한 것은 나중에 해결한다. 한 번에 하나씩 의견을 설명하고 해결한 다음 목록에서 지운다.
투덜파	불평하기를 아주 좋아하지만 반대파와는 다르다. 배우는 데 지나치게 저항적이지는 않지만 모든 것에 대해 불평한다. 실내가 너무 덥다든지, 조명이 너무 어둡다든지, 쉬는 시간이 부족하다든지 하는 것들이 모두 불평거리이다.	여기에 맞서는 것은 승산이 없다. 이들의 불만을 인정하고 다른 사람들에게 해결책을 물어봐야 한다.
전문파	두 가지 유형이 있다. 진짜 전문파와 무엇이든지 아는 체하는 가짜 전문파가 있다. 진짜 전문파는 자신의 업적과 지식을 인정받고 싶어 한다.	진짜 전문파는 인정해 준다. 일찌감치 전문가들에게 도움을 청하여 그들의 의견을 물어본다. 자신이 전문가라고 생각하는 가짜 전문가들에 대해서는 그들의 견해를 받아들이고 선택은 청중에게 맡긴다. 논쟁에 휘말리지 않도록 한다.
유머파	이들은 끊임없는 농담을 해댄다. 이들의 농담은 때로는 부적절하기도 하고 방해가 되기도 한다.	개인적으로 이들에게 농담을 자제해 달라고 부탁한다. 질의응답 시간에는 이들의 농담에도 진지한 태도를 취해야 한다.
의존파	의존파에 속하는 사람은 언제나 동의를 하기 때문에 자칫 아무 문제가 없는 것처럼 여겨질 수 있다. 그러나 실제로 이러한 사람은 자신감이 결여되어 있다.	이들에게 쉬운 질문을 하여 자신감을 심어준다. 이들이 도움을 준 것에 대해 칭찬하고 필요할 때 도움을 줄 수 있도록 해야 한다.
이야기파	천성이 이야기꾼인 사람들이다. 이런 유형의 사람에게 시간에 대해 물으면 이들은 시계 제작의 역사에 대해 얘기한다. 이들은 자주 옆길로 샌다.	질문과 관계없는 얘기를 하지 않도록 도와야 한다. 이들의 얘기에 끼어들어 질문이 무엇인지 확인시켜 준다. 이들이 끊임없이 얘기하도록 내버려 두면 안 된다.
침묵파	이들은 프레젠테이션에 참여하지 않는다. 몸은 그 자리에 앉아 있지만 마음은 어떤지 알 수 없다. 이들은 겁내고 있거나 지루해하고 있을 수 있다.	이들이 침묵하는 이유부터 알아야 한다. 이들의 침묵이 수줍음 때문이라고 생각되면 자신감을 북돋워 주고 쉬운 주제에 대해 그들의 의견을 묻는다. 지루해하고 있는 경우라면 이들에게 의견을 물어봄으로써 참여를 이끌어 낸다.

(계속)

표 9.3	청중 유형과 대처 방안(계속)	
청중 유형	특징	대처 방안
지방방송파	강당과 같은 넓은 장소에서는 옆 사람과 소곤거리는 것을 무시할 수 있다. 하지만 소규모 청중의 경우에는 이러한 잡담이 방해가 될 수 있다.	침묵한다. 하던 말을 중단하고 소곤거리는 사람 쪽을 쳐다본다. 장내가 조용해지면 그들은 고개를 들어 사태를 확인한 후 입을 다물 것이다. 직접적으로 "혹시 질문 있습니까?"라고 말한다. 소곤거리는 사람들 쪽으로 걸어간다. 그리고 그들 앞에 설 때까지 말을 멈추지 않는다. 그러면 그들은 무슨 의미인지 알아차릴 것이다.
물리적 방해파	볼펜을 가지고 장난을 한다든지 의자를 찬다든지 핸드폰으로 통화를 한다. 이러한 행위는 청중 모두에게 방해가 될 수 있다.	주의를 주려면 보디랭귀지를 이용하고 시선을 마주친다. 그러나 이러한 행위가 아무에게도 방해가 되지 않을 경우에는 그냥 무시해도 좋다.

출처 : Diane Diresta, 심재우 역(2006). MBA에서도 가르쳐주지 않는 프레젠테이션. pp. 312~317 수정.

은 피해야 한다. 자칫 아부하는 것처럼 보일 수 있다.

4단계, 질문을 청중과 공유한다. 청중과 질문을 공유한다는 것은 질문 내용을 요약해서 전체 청중에게 다시 한 번 이야기하는 것을 말한다. 이는 질문을 다시 한 번 확인하는 것과 청중과의 공감대를 형성하는 효과가 있다.

5단계, 전체 청중에게 답을 묻는다. 프레젠터가 이미 질문에 대한 답을 알고 있더라도 일단 전체 청중에게 답을 물어야 한다. 프레젠터가 답을 주는 것보다는 청중이 답변하게 함으로써 청중의 집중도를 높일 수 있고 또 자신이 답을 맞췄다는 자부심을 갖게 할 수 있다. 만약 프레젠터가 답을 모를 경우에는 청중에게 답을 물음으로써 답을 준비할 시간을 얻게 된다. 또 프레젠터 자신이 생각한 것보다 훨씬 더 좋은 답을 얻을 가능성도 배제할 수 없다.

6단계, 간단 명료하게 답변한다. 답변은 가능하면 간단 명료하게 한다. 답을 할 때는 답부터 먼저 이야기하고 그에 대한 설명을 간단하게 한다. 장황하게 이야기하거나 좌충우돌하는 모습을 보이면 지금까지 잘 진행한 멋진 프레젠테이션을 망칠 수도 있다. 만약 프레젠터가 답을 모르는 경우 솔직하게 모른다고 이야기하고 청중에게 이에 대한 이해를 구할 필요가 있다. 또 청중을 다음에 다시 만날 기회가 있는 경우라면 답을 준비해서 다음에 이야기해 주겠다고 하는 것도 나쁘지 않다. 청중에게 잘 모르면서 틀린 답을 주는 것보다 훨씬 더 신뢰감을 줄 수 있다.

7단계, 추가관련 사항이 있으면 언급해 준다. 질문에 대한 답변만 하는 것보다 추가 관련 사항이나 보충사항도 같이 이야기해 주면 청중의 이해도를 높일 수 있을 뿐 아니라 프레젠터의 전문성도 부각시킬 수 있다. 또 성의 있는 답변은 청중에게 긍정적인 이미지를 줄 수 있다.

8단계, 다음 질문으로 넘어간다. 질문에 대한 답변이 잘 마무리되었다면 다음 질문으로 넘어간다. 만약 시간이 부족할 경우는 양해를 구하고 질의응답 시간을 마무리할 수도 있다.

프레젠테이션 마무리는 핵심 내용을 간단하게 요약 정리하고 질의응답 시간을 가진 후 행동 변화를 촉구하는 것으로 구성된다. 이후 프레젠터는 프레젠테이션이 종료되었음을 알리고 인사한 후 퇴장한다. 프레젠터는 마무리를 위해 자신만의 히든카드를 준비해야 한다. 여기서 히든카드란 청중들에게 자신의 프레젠테이션 내용과 관련해 정서적 감동을 주고 청중이 스스로 자신의 행동 변화가 필요함을 인식할 수 있는 짧은 내용의 마무리 멘트를 의미한다. 이러한 마무리 멘트를 통해 프레젠테이션의 성공 가능성을 더욱 높일 수 있다.

마무리가 완료되었다면 이제 퇴장을 해야 한다. 퇴장도 프레젠테이션의 일부이다. 프레젠터가 완전히 퇴장해야만 프레젠테이션이 끝나는 것이다. 연단에 입장할 때와 마찬가지로 당당하고 절도 있게 퇴장하되 프레젠테이션을 성공적으로 완수하였다는 확신에 찬 표정을 지으며 퇴장해야 한다.

3) 프레젠테이션 피드백

프레젠테이션이 모두 종료된 후 프레젠터는 자신의 프레젠테이션을 돌아보는 시간을 가져야 한다. 특히 프레젠테이션에 대해 청중이 평가한 정보를 얻을 수 있다면 자신의 프레젠테이션을 돌아보는 데 많은 도움을 얻을 수 있다. 또 청중 이외에 프레젠테이션을 관찰했던 사람들이 있다면 그들로부터도 피드백을 얻을 수 있다. 이러한 피드백 결과를 토대로 자신의 프레젠테이션에 대한 성찰과 반성이 필요하고 이는 다음 프레젠테이션을 성공적으로 이끌기 위한 중요한 과정이 된다.

(1) 피드백의 수용

다음은 유능한 프레젠터가 갖추어야 할 피드백의 수용 자세를 설명한 것이다.

첫째, 청중의 평가 결과를 수용하는 자세를 가져라. 프레젠테이션이 종료된 후 청중의 프레젠테이션 평가 결과는 유용한 피드백 자료가 된다. 경우에 따라서는 프레젠터가 인정하고 싶지 않은 부정적인 피드백 결과를 얻기도 한다. 하지만 프레젠터는 이러한 피드백 결과에 항상 귀를 기울이고 있는 그대로 수용할 수 있어야 한다. 이는 자신이 유능한 프레젠터로 성장하는 데 중요한 지침이 될 수 있기 때문이다.

둘째, 타인의 충고에 귀를 기울여라. 타인으로부터 받은 피드백은 긍정적이건 또는 부정적이건 간에 프레젠터 자신의 발전에 도움이 되는 것이다. 특히 자신에게 부정적인 피드백을 해 주는 사람이 있다면 그에게는 감사함을 표현해야 한다. 타인에게 긍정적인 피드백을 하기는 쉬워도 부정적인 피드백을 하기는 어렵기 때문이다. 프레젠터가 타인의 부정적인 피드백에 귀를 기울이지 않는다면, 자칫 매너리즘(mannerism)에 빠질 수 있고 한계의 벽을 넘지 못할 수 있다.

셋째, 항상 프레젠테이션이 종료된 이후에는 자신의 프레젠테이션을 성찰하고 반성하는 시간을 가져라. 프레젠테이션이 종료된 이후에 프레젠터는 성찰하고 반성할 수 있는 자신만의 시간을 가져야 한다. 프레젠테이션 시작에서부터 퇴장에 이르기까지 전 과정의 기억을 떠올려 보고, 혹시 부족한 부분이 있었는지 돌아볼 수 있어야 한다. 이러한 자기 성찰과 반성은 유능한 프레젠터가 되기 위한 인고(忍苦)의 시간임을 기억해야 한다.

넷째, 자신의 단점을 파악하고 이를 개선하기 위한 노력을 하라. 피드백을 통해서 항상 자신의 단점이 무엇인지 파악해야 하고 이를 개선하기 위한 개선책에 대해 고민해야 한다. 청중이나 타인으로부터 받은 피드백 내용과 자신의 피드백 내용을 모두 검토하고, 이 가운데서 단점을 파악해야 한다. 단순히 단점을 파악하는 데 그쳐서는 안 되고 단점이라고 생각되는 부분이 있다면 이를 개선할 수 있는 개선 방안을 강구해야 한다. 유능한 프레젠터로 성장하기 위해서는 항상 연구하고 노력하는 자세가 필요하다.

(2) 자기 반성과 성찰

프레젠테이션 피드백에서 가장 중요한 것이 프레젠터가 자기 자신에 대해 성찰하고 반성하는 것이다. 프레젠터는 다음에 제시된 체크리스트의 점검 내용에 대해 스스로 답하고 만족스럽지 못한 부분이 있다면 자신에게 피드백을 해야 한다. 다음은 프레젠터를 위한 피드백 체크리스트이다.

	점검 내용	예/아니요	피드백 사항
1	입장해서 프레젠테이션하기 좋은 위치에 섰는가?		
2	자기소개를 잘했는가?		
3	아이스브레이킹은 잘했는가?		
4	레이저 포인터의 사용은 적절했는가?		
5	목소리 크기가 적당했는가?		
6	말하는 속도가 적당했는가?		
7	음의 높이가 60음으로 적당했는가?		
8	목소리가 힘이 있고 자신감이 있었는가?		
9	제스처 사용이 적절했는가?		

	점검 내용	예/아니요	피드백 사항
10	불필요한 손동작이나 발동작은 없었는가?		
11	말과 제스처를 함께 사용했는가?		
12	청중들과 눈맞춤을 잘했는가?		
13	스크린보다 청중에게 더 많이 집중했는가?		
14	밝은 표정으로 미소를 지었는가?		
15	청중의 질문에 알맞은 답변을 했는가?		
16	청중과의 상호작용은 잘했는가?		
17	종료 시 전체 발표 내용에 대해 잘 요약했는가?		
18	동영상과 이미지 사용은 적절했는가?		
19	슬라이드 수는 적당했는가?		
20	시간을 잘 지켰는가?		
21	마무리 행동 변화 촉구는 잘했는가?		
22	퇴장을 잘했는가?		

　프레젠터는 자신이 기재한 피드백 사항에 대해 그 원인을 분석하고 개선책을 마련해야 한다. 특별히 개선해야 할 부분이 있다면 반복 연습과 훈련을 통해 지속적인 개선 노력을 해야 한다. 이렇게 함으로써 자신의 프레젠테이션 능력을 향상시킬 수 있다.

(3) 프레젠테이션 이미지

프레젠테이션을 위해 프레젠터는 전문가로부터 자신에게 맞는 복장에 대해 조언을 받을 필요가 있다. 체형에 따라 또 장소에 따라 복장이 달라져야 하기 때문이다. 프레젠터가 착용한 옷, 넥타이 또는 스카프, 구두, 양말, 스타킹 등은 모두 세 가지 색상을 초과하지 않도록 해야 한다. 너무 많은 색으로 구성된 복장을 착용했을 경우 청중들이 혼란스러워할 수 있다.

　짙은 색 정장이 가장 무난하다. 그 속에는 흰색 셔츠나 블라우스 등을 매치해서 착용한다. 프레젠터의 복장은 청중보다 한 단계 보수적으로 착용해야 한다. 청중이 체육복이나 단체복을 착용하고 있을 경우 프레젠터는 상·하의가 같은 색상의 수트 착용을 가급적 피하고 약간은 캐주얼한 스타일, 즉 상·하의가 서로 다른 색상과 스타일로 된 옷을 착용한다. 너무 끼는 옷은 피해야 한다. 이는 움직임에 불편함을 주고 청중에게는 불안감을 줄 수 있다.

　액세서리는 과하지 않게 착용해야 한다. 특히 손에 반지나 팔찌 등을 착용할 때는 특별히 주의를 기울여야 한다. 반지의 경우 너무 크기가 크지 않아야 하고, 팔찌의 경우 너무 많은 움직임이 있는 것은 피해야 한다.

구두의 경우 깨끗하고 편안한 것을 신는다. 구두가 지저분하다면 전체적인 느낌이 지저분해 보일 수 있다. 따라서 깨끗한 구두를 착용해야 한다. 프레젠테이션 시간이 길어지면 발에 피로가 쌓일 수 있으므로 이에 대비해 편안한 구두를 신어야 한다.

향수는 은은하게 뿌린다. 특히 여성인 경우 향이 너무 과하지 않도록 주의한다. 검은색 고급 필기구와 다이어리, 명함 케이스를 갖춘다. 이는 전문가의 상징이 될 수 있다. 하지만 지나치게 비싼 명품제품, 특히 여성의 경우 고가의 명품 가방은 피하는 것이 좋다. 청중과의 상호작용에 걸림돌이 될 수 있기 때문이다.

1. 목소리 6요소에 대해 설명하시오.

2. 사례나 에피소드를 이용해 새로운 변화를 두려워하는 사람들을 설득하시오.

3. 주어진 주제에 대해 5분 프레젠테이션 슬라이드를 작성하고 이를 발표하시오.

✔ 참고문헌

Beach, D. S.(1980). Personnel : The management of people at work(4th ed.). NY : MacMillan Publishing Co., Inc.

Charles F. Boyd, 김영회·허흔 역(2007). 우리 아이는 왜 이럴까?. 서울 : 도서출판 디모데.

Christophe Andre, 김용채 역(2003). 스트레스 보이지 않는 그림자. 서울 : 궁리.

David Keirsey·Marilyn Bates, 정혜경 역(2005). 나를 제대로 아는 법 남을 확실히 읽는 법. 서울 : 행복한 마음.

Diane Diresta, 심재우 역(2006). MBA에서도 가르쳐주지 않는 프레젠테이션. 서울 : 비즈니스북스.

Holland J. L.(1985). Making vocational choice : A theory of vocational personalities and work environments. Englewood Clifts, MJ : Prentice-Hall.

How to Create Valuable Master Resume(2011. 2. 27). http : //www. Ayushveda .com/mens-magazine/how-to-create-valuable-master-resume/.

Isabel Briggs Myers, 정명진 역(2008). 성격의 재발견. 서울 : 부글북스.

I-Sight(2011). 한국교육컨설팅연구소.

Jack Canfield·Mark V. Hansen, 류시화 역(1998). 영혼을 위한 닭고기 수프 2. 서울 : 푸른숲.

Joachim de Posada·Ellen Singer, 공경희 역(2008). 마시멜로 두 번째 이야기. 서울 : 한국경제신문.

John Lubbock 외, 임희철 엮음(2005). 행복한 인생경영. 인천 : 뜨란.

J. Weissmann(2013. 6. 17). Will the Robots Steal Your Paycheck? Breaking: They Already Have. The Atlantic.

Karen O. Dowd·Sherrie Gong Taguchi, 최종옥 역(2009). 커리어비전. 서울 : 시아.

Ken Blanchard·Jesse Stoner, 조천제 역(2006). 비전으로 가슴을 뛰게 하라. 경기 : 21세기 북스.

Ken Voges·Ron L. Braund, 김영회.이경준 역(2005). 사람들은 왜 나를 오해할까? 워크북. 서울 : 도서출판 디모데.

Ken Voges·Ron L. Braund, 김영회·이경준 역(2007). 사람들은 왜 나를 오해할까?. 서울 : 도서출판 디모데.

K. Schwab 지음, 송경진 역(2017). 클라우스 슈밥의 제4차 산업혁명. 서울: 새로운 현재.

Littauer, F., 정동섭 역(2006). 부부와 기질 플러스. 서울 : 에스라서원.

Lothar J. Seiwert 외, 전재민 역(2005). 따뜻한 성공. 서울 : 북폴리오.

Margo Murray, 이용철 역(2005). 멘토링. 경기 : 김영사.

Martine, C., 김현숙, 박정희, 신영규, 심혜숙, 이정희(2009). 성격유형과 진로탐색. 서울 : 어세스타.

McClelland, D.(1973). Testing for competence rather than intelligence.American Psychologist, January, 1-14.

Mitsuyo Arimoto, 신정희 역(2010). 석세스 영문이력서 Ver. 2.0. 서울 : 인터윈.

Mitsuyo Arimoto, 인터윈 편집부 역(2009). 세계에서 통용되는 영문이력서. 서울 : 인터윈.

Nathanial Hawthorne, 고정아 역(2010). 큰바위 얼굴. 서울 : 바다.

Paul D. Tieger · Barbara Barron-Tieger, 강주헌 역(1999). 사람의 성격을 읽는 법. 서울 : 더난.

Richard Chang, 임정재 역(2004). 열정플랜. 서울 : 하이파이브.

Richard S. Sharf, 이재창 · 조봉환 · 안희정 · 황미구 · 임경희 · 박미진 · 김진희 · 최정인 · 김수리 역(2008). 진로발달이론을 적용한 진로상담. 서울 : 아카데미프레스.

Rick Warren, 고성삼 역(2004). 목적이 이끄는 삶. 서울 : 디모데.

Robert A. Rohm, 박옥 역(2009). 성격으로 알아보는 속 시원한 대화법. 서울 : 나라.

Seiwert, L. J., 이은주 역(2005). 자이베르트 시간관리. 서울 : 한스미디어.

Spencer, L. M. & Spencer, S. M., 민병모 · 박동건 · 박종구 · 정재창역(2000). 핵심역량모델의 개발과 활용. 서울 : PSI 컨설팅.

Stephen R. Covey, 김경섭 역(2006). 성공하는 사람들의 7가지 습관. 서울 : 김영사.

Stuart McCready 엮음, 김석희 역(2002). 행복의 발견. 서울 : 휴머니스트.

Stuart McCready 엮음, 김석희 역(2010). 행복에 대한 거의 모든 것들. 서울 : 휴머니스트.

What is a Master Resume?(2011. 2. 27). http : //www.anifestyourpotential. om/work/take_up_life_work/8_get_hired/how_to_create_master_resume.htm.

DAUM(www.daum.com) 온라인사전.

NAVER(www.naver.com) 온라인사전.

NAVER(www.naver.com) 지식백과.

NCS 국가직무능력표준(www.ncs.go.kr).

NCS 기반 능력중심 채용 가이드북.

NCS 능력중심채용(http://www.ncs.go.kr/onspec).

NCS 직업기초능력 교수자용 매뉴얼.

고승주 기자(2011. 1. 24) 금융감독원 "160억 여직원 횡령 사실 아니다". 시사코리아.

고용노동부(2018. 3). 2016~2030 4차 산업혁명에 따른 인력수요 전망.

高志堅, 문소라 역(2006). 세계 500대 초일류 기업의 관리기법. 서울 : 집사재.

교육개발웹진(2015 AUTUMN). 미래 유망 직업 및 인기 직업.

구본장 · 박계홍(2008). 인적자원관리론. 서울 : 형설출판사.

국제미래학회(2016). 대한민국 미래보고서. 경기 : 교보문고.

국제미래학회 · 한국교육학술정보원(2017). 대한미국 미래교육보고서. 경기 : 광문각.

국제터치본부, 정세광 역(2009). 건강한 관계 세우기 소그룹 워크북. 경기 : NCD.

기호익(2007). 인적자원관리. 서울 : 도서출판 대진.

김동규 외(2018). 4차 산업혁명 미래 일자리 전망. 한국고용정보원.

김미경(2000). 중학생에 있어서 Holland의 진로유형 성격과 적성과의 상관관계. 건국대학교 교육대학원 교육학과 상담심리 전공 석사학위 논문.

김병숙(2008). 직업상담 심리학. 서울 : 시그마프레스.

김용규(2007). 설득의 논리학. 경기 : 웅진지식하우스.

김용환(2006). 상대를 사로잡는 면접의 기술. 서울 : 버들미디어.

김용환(2006). 이력서 & 자기소개서 작성법. 서울 : 버들미디어.

김월순 · 김은희 · 이언영(2007). 토털 · 패션 · 코디네이션. 서울: 예림.

김은숙(2002). Holland 성격유형에 따른 사회서비스 직업종사자의 직무만족도 검증. 경기대학교 행정대학원 석사학위 논문.

김은영(1991). 이미지 메이킹. 서울: 김영사.

김종서 · 김신일 · 한숭희 · 강대중(2009). 평생교육개론. 경기 : 교육과학사.

김지완 · 김영욱(2007). 영어로 나를 세일즈 하는 영문이력서 쓰기. 경기 : 김영사.

김지혁 · 안지용(2007). 스트레스와 몸.숨.맘 수련법. 서울 : 조은.

김충기(1991). 미래사회와 진로선택. 서울 : 배영사.

김현숙 · 박정희 · 신영규 · 심혜숙 · 이정희(1999). 성격유형과 진로탐색. 서울 : 한국심리검사연구소.

나카타니 아키히로, 이선희 역(2004). 면접의 달인, 서울 : 바다.

남억우 편(1996). 교육학대사전. 경기 : 교육과학사.

노안영 · 강영신(2012). 성격심리학. 서울 : 학지사.

노진경(2009). 프리젠테이션 마스터 A-Z. 경기 : 이담북스.

류시화(1998). 지금알고 있는 걸 그 때도 알았더라면. 서울 : 열림원.

무라카미 마사토 · 노리오카 다카코, 배정숙 역(2002). 더 이상 스트레스는 없다. 경기 : 다리미디어.

문선희 · 안성길(2008). 취업전략, 글쓰기와 말하기. 서울 : 문장.

미래전략정책연구원(2016). 10년 후 4차 산업혁명의 미래. 경기: 일상이상.

민진(2004). 조직관리론. 서울 : 대영문화사.

박상권 기자(2010. 8. 30). " '엄격하신 아버지와 자상한 어머니…' 자소서 비호감 문장 1위". 뉴시스.

박윤희(2012). 커리어코칭 입문. 서울 : 시그마북스.

박윤희(2015). 커리어코칭의 이론과 실제. 서울 : 시그마프레스.

박윤희(2018). 자기개발능력의 이해와 실습. 경기: 공동체.

박은희(1996). 미국 네트워크 뉴스에 나타난 한 · 일 국가 이미지 연구. 한국방송개발원.

박준성(1992). 한국임금의 개선사례-생산성을 높이는 임금체계는 어떤 것인가. 생산성본부.

박창욱 기자(2008. 6. 4). "안철수의 멘토는 누구?". 머니투데이.

박창욱 기자(2008. 9. 9). "멘토 없이 성공한 경우는 별로 없다". 머니투데이.

박희석 · 한진아(2008). 서울시 개인파산의 현황과 특성. 서울경제.

백기락(2004). 석세스플래닝. 서울 : 한스미디어.

백기락(2006). 목표달성을 위한 석세스플래닝. 서울 : 크레벤지식서비스.

백기락(2008). 시간을 지배하라. 서울 : 크레벤지식서비스.

변상우(2005). 인적자원관리론. 서울 : 무역경영사.

서민희(2001). 한국 고등학생들에 대한 HOLLAND 직업흥미이론의 문화간 타당도 평가. 이화여자대학교 대학원 석사학위논문.

서울대 교육연구소(1994). 교육학 용어사전. 서울 : 하우.

손언영(2008). 자기소개서 이력서 쓰기. 서울 : 랜덤하우스코리아.

송균석 · 신정수(2005). 기업체 취업맞춤전략. 서울 : 무한.

송미영 · 유영만(2008). 자아창조와 공적 연대를 지향하는 폐기학습 모델에 관한 연구. Andragogy Today, 11(3). 29-56.

송민수(2002). 현실요법 집단상담프로그램이 초등학생의 내적 통제성과 자아존중감에 미치는 영향. 서울 교육대학교 교육대학원 석사학위논문.

송준호 · 김인호 · 김도경(2007). 인적자원관리. 서울 : 도서출판 범한.

스기무라 타로, 황미진 역(2005). 면접의 기술. 서울 : 한국재정경제연구소.

시사정보연구원편(2005). 포커스 취업 면접. 서울 : 산수야.

신영균(2007). 뉴스위크가 선정한 스트레스 이기는 방법 100. 서울 : 행복을 만드는 세상.

신웅(2009). 스트레스 해소방법. 서울 : 하나플러스.

안창규(1996). 진로 및 적성 탐색검사의 해석과 활용. 서울 : 한국 가이던스.

엄미경(2000). Holland와 Prediger의 적성이론에 따른 고등학생의 계열별, 성별 직업흥미와 직업군 차이분석. 이화여자대학교 대학원 석사학위 논문.

오인수 · 서용원(2002). 구조화된 역량기반 채용면접 체계 : 이론적 고찰과 개발 사례. 인적자원개발연구, 4(1), 48-74.

우수명(2010). 청소년 꿈찾기 코칭. 서울 : 아시아코치센터.

워크넷(www.work.go.kr). 성인용 직업적성검사 결과표.

워크넷(www.work.go.kr). 직업가치관 검사 결과표.

워크넷(www.work.go.kr). 직업선호도검사(L형) 선호도검사 길잡이.

워크넷(www.work.go.kr). 직업선호도검사(S형) 선호도검사 길잡이.

워크넷(www.work.go.kr). 직업심리검사가이드e북(대학생 및 성인의 자기이해/직업탐색을 위한 검사 종류).

위키백과(https://ko.wikipedia.org).

위키피디아(www.wikipedia.org).

윌리엄 장(2006). 1시간만에 마스터하는 프레젠테이션. 경기 : 청림.

유성은(2006). 시간관리와 자아실현. 서울 : 중앙경제평론사.

유성은(2007). 명품인생을 창조하는 목표관리와 자아실현. 서울 : 중앙경제평론사.

유홍준(2005). 현대사회와 직업. 서울 : 그린.

윤광희(2004). 만점 면접 노하우. 경기 : 물푸레.

윤세남·김화연·최은영(2015). SMAT 서비스경영자격, Module A. 비즈니스 커뮤니케이션. 서울 : 박문각.

윤소영(2007). 여대생의 외모관리에 대한 의식 및 태도 연구: 헤어, 피부, 화장, 미용성형을 중심으로. 한남
　　대학교 사회문화 대학원 석사학위논문.

윤영돈(2005). 자연스럽게 Yes를 끌어내는 창의적 프레젠테이션. 서울 : 지식나무.

윤정애(2008). 대학생 자원봉사 활동이 자아존중감과 사회성에 미치는 영향(대전광역시 대학생을 중심으
　　로). 대전대학교 경영행정·사회복지 대학원 석사학위 논문.

윤치영(2004). 면접, 하루 전에 읽는 책. 서울 : 팜파스.

윤호상(2009). 인사담당자를 저격하라. 서울 : 올하우.

이동하(2010). 헤드헌터가 직접 쓴 영문이력서·자기소개서 에지 있게 써라. 서울 : 책과 사람들.

이병숙(2006). 차별화된 면접 경쟁력을 키워라. 서울 : 팜파스.

이상길(2000). 일반계 여고생이 지각한 부모의 양육태도와 진로적성과의 관계. 건국대학교 교육대학원
　　석사학위 논문.

이우곤(2009). 이우곤의 면접스킬 업. 경기 : 청년정신.

이은철(2006), 튀는 인재의 이력서와 자기소개서. 서울 : 새로운 사람들.

이종호(2017). 4차 산업혁명과 미래직업. 서울: 북카라반.

이한분(2008). 파워스피치의 이론과 실제. 서울 : BG북갤러리.

이현림·김영숙(1997). 진로선택에 있어서 Holland의 성격이론에 대한 고찰. The Journal of Korean
　　Education, 23(1), 59-85.

이호승·이재철·고승연·정석우·임영신·배미정·김유태 기자(2011. 3. 27). "생존·영민함·홀로서는
　　힘… 한국 20대는 'S세대'". 매일경제 창간45주년 특집기사.

임정택(2011). 상상, 한계를 거부하는 발칙한 도전. 경기: 21세기 북스.

장동엽(2010). 바보Zone. 서울 : 여백미디어.

장인선(2007). 패턴활용 영문 이력서 작성법. 서울 : 조은문화사.

정경아(2001). 중학생의 성격유형에 따른 직업가치관 연구, 건국대학교 교육대학원 석사학위 논문.

정동수·백승우(2009). 면접의 기술. 서울 : 은행나무.

정혜연(2009). 부모진로기대에서 적성의 고려여부가 학생의 진로결정자율성과 자아존중감에 미치는 영
　　향. 고려대학교 교육대학원 석사학위 논문.

조맹섭·신규상·조윤지(2010). 대덕연구단지 과학자가 안내하는 파워 오럴 프레젠테이션. 서울 : 시그마
　　프레스.

조성환(2002). 성격. 서울 : 한림미디어.

조슬기(2006). 외적 이미지를 리드하는 여성들의 외모관리행동 연구. 성신여자대학교 조형대학원. 석사학
　　위논문.

조신영(2005). 성공하는 한국인의 7가지 습관. 서울 : 한스미디어.

조영탁 · 유소영(2010). 행복하게 성공하라. 서울 : 지혜정원.

조현 · 김종웅(2008). 행복한 사람이 성공한다. 서울 : 미네르바.

차두원 · 김서현(2016). 잡킬러. 서울: 한스미디어.

차미애(2005). 매일매일 성공하는 사람들. 서울 : 크라운 출판사.

차타순 · 안창규(1996). 진로선택을 위한 Holland의 직업적 성격 유형론. 수산해양교육연구, 8(1).

커리어 넷(www.career.net). 2009 미래의 직업세계.

통계청, 한국의 사회지표 : 2009 한국의사회지표/2009 한국의사회지표/1. 인구/1-19. 성 및 연령별 기대여명.

한경제용어사전.

한국경제(2012. 9. 5). "[하반기 취업 올 가이드] 면접관 앞에만 서면 '멘붕' 상태… 구조화 면접을 돌파하라".

한국고용정보원2015 한국직업전망.

한국산업표준분류(2007). 통계청.

한우신 기자(2008. 7. 17). "금쪽같은 신입사원님들 이래도 회사 떠날 겁니까?". 동아일보.

한종문 · 이상훈(2007). 이것이 프레젠테이션이다. 서울 : 맥그로우 컨설팅.

행정안전부 지방행정연수원(2009). Teaching Skill 향상을 위한 교수법 매뉴얼.

홍광수(2010). 관계. 서울 : 아시아코치센터.

황매향(2010). 진로탐색과 생애설계. 서울 : 학지사.

황정하(2003). 학습우수아와 학습부진아의 자아존중감 비교 연구. 대구대학교 특수교육대학원 석사학위 논문.

✔ 찾아보기